·山西师范大学戏剧与影视学院学科攀升计划经费资助
·山西师范大学博士科研启动经费资助

山西高平神庙剧场调查研究

颜伟 著

Investigation and Research on Gaoping Temple Theatre

中国戏剧出版社
CHINA THEATRE PRESS

图书在版编目（CIP）数据

山西高平神庙剧场调查研究 / 颜伟著. — 北京：
中国戏剧出版社，2019.6
ISBN 978-7-104-04783-4

Ⅰ. ①山… Ⅱ. ①颜… Ⅲ. ①古代戏曲－历史文物－
研究－山西 Ⅳ. ①K875.54

中国版本图书馆 CIP 数据核字（2019）第 079444 号

山西高平神庙剧场调查研究

责任编辑：黄艳华　张　霞
责任印制：冯志强

出版发行：中国戏剧出版社
出 版 人：樊国宾
社　　址：北京市西城区天宁寺前街 2 号国家音乐产业基地 L 座
邮　　编：100055
网　　址：www.theatrebook.cn
电　　话：010-63385980（总编室）
传　　真：010-63383910（发行部）

读者服务：010-63381560
邮购地址：北京市西城区天宁寺前街 2 号国家音乐产业基地 L 座

印　　刷：北京鑫海达印刷有限公司
开　　本：787mm×1092mm　1/16
印　　张：25
字　　数：440 千
版　　次：2019 年 6 月　北京第 1 版第 1 次印刷
书　　号：978-7-104-04783-4
定　　价：148.00 元

河西村三峻庙　北宋政和元年（1111）献楼刻字

河西村三峻庙　正殿

西李门二仙庙　金正隆三年（1158）献楼碑记

西李门二仙庙　金代正殿及殿前台基

王报村二郎庙　金大定二十三年（1183）戏台

王报村二郎庙　金代戏台梁架

中庙村炎帝中庙　明天启二年（1622）石刻

原村乡窑则头五虎庙民国十六年（1927）舞台题记

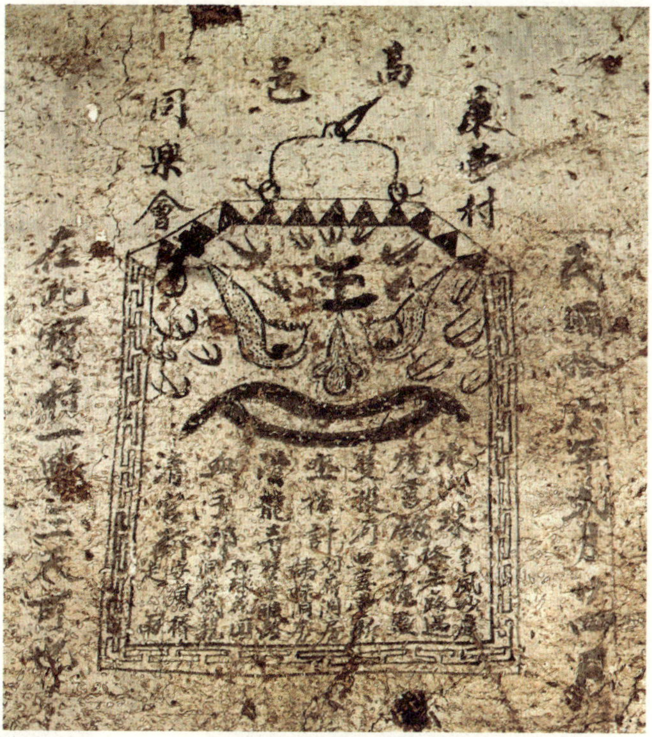

良户村玉虚观　元代正殿

中庙村炎帝中庙　金元风格戏台藻井

龙尾村东岳庙　元至治元年（1321）
重修东岳庙记

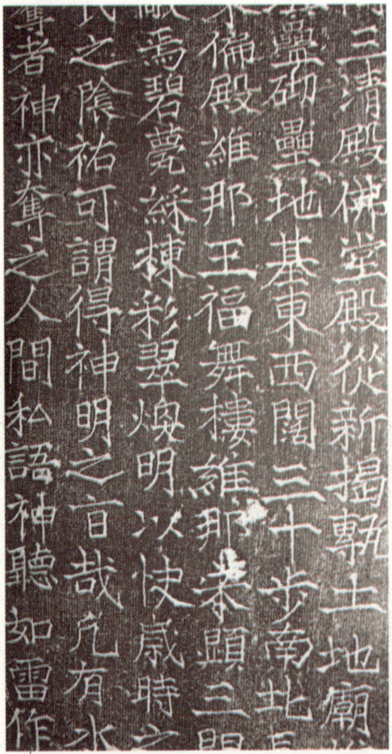

龙尾村东岳庙　元至治元年
（1321）重修东岳庙记细部

中庙村炎帝中庙　金元风格戏台

王何北五龙庙　明代看楼

神农镇故关村炎帝行宫　明崇祯十六年（1643）创建演奇楼记

石堂会关帝庙　清顺治三年（1646）山门戏台

章庄村唐王庙　清顺治十七年（1660）山门戏台

上董峰万寿宫　山门

上董峰万寿宫　清代依附式戏台

陈庄万寿宫　清代戏台

陈庄万寿宫　清代戏台夜间演出

晁山村白龙王庙　清代戏台

定林寺　山门

北苏庄圣姑庙　清代戏台

康营村成汤庙　清代戏台

康营村东关帝庙　清代关门戏台

康营村成汤庙　民国戏台隔扇

康营村西关帝庙　清代戏台

朴村玉皇庙　清代过路搭板戏台

沟村关帝庙　清代过路搭板戏台

琚村成汤庙　庙外剧场

岭坡村三官庙　清代戏台

石末村宣圣庙　清代山门戏台

郭村大庙　清代戏台

上韩庄玉皇庙　清代剧场

侯庄村丰乐馆　清代剧场

南村雷音寺　清代剧场

东周村仙佛寺　清代山门戏台

西李门二仙庙　清代记荒警示碑记

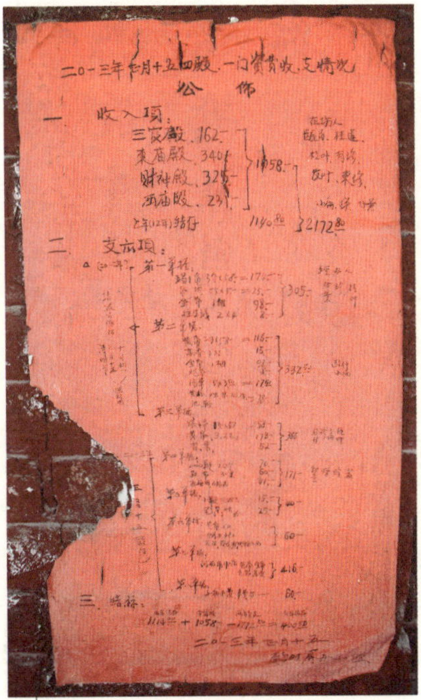

北小仙村　2013 年四殿收支明细

马家庄玉皇庙　清代戏台

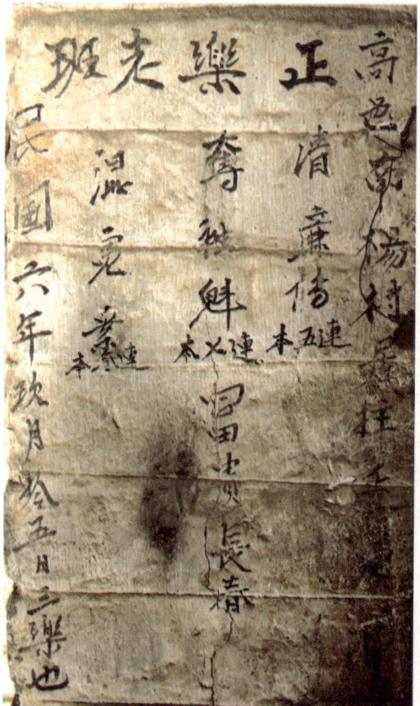

马家庄玉皇庙　民国六年（1917）舞台题记

原村乡窑则头五虎庙　清代戏台

东庙村玉皇庙　清代戏台隔扇

东李门玉皇庙　清代戏台楹联

公家山大庙　民国戏台隔扇绘画

贾村炎帝庙　清代戏台楹联 1

贾村炎帝庙　清代戏台楹联 2

郭庄村关帝庙　清代山门戏台

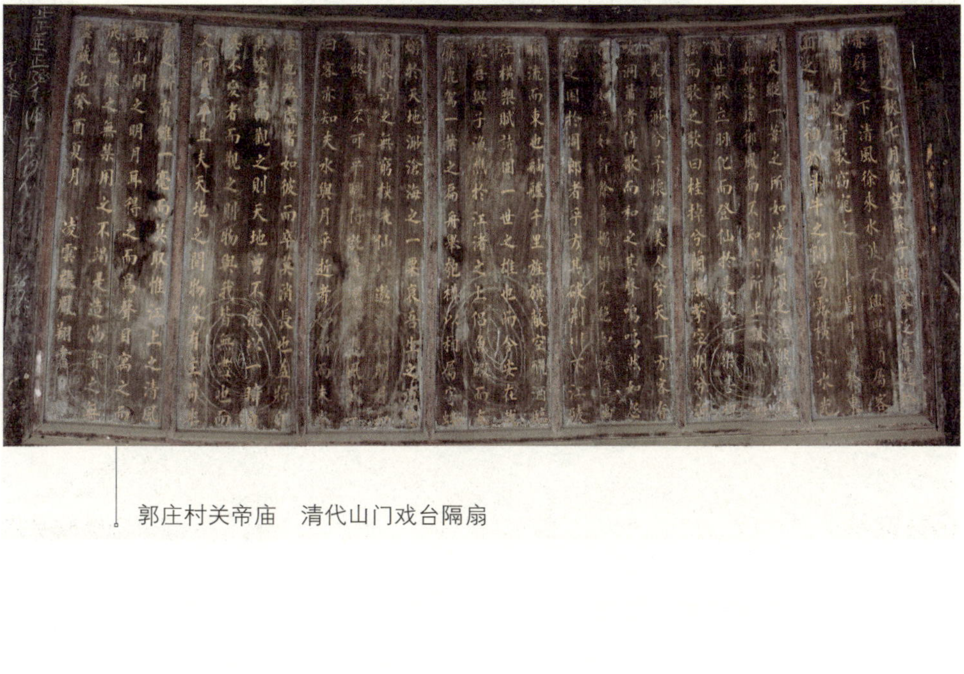

郭庄村关帝庙　清代山门戏台隔扇

下庄玉皇地藏庙　清代戏台

北诗午大庙　清代山门戏台

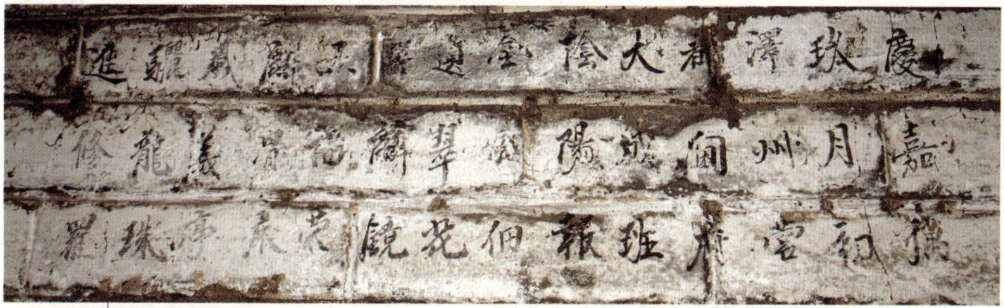

北诗午大庙　清嘉庆二十三年（1818）舞台题记

北诗午大庙　舞台题记社头写戏题记

北诗午大庙　清乾隆五十九年（1794）舞台题记

东李家庄三义庙　清代剧场

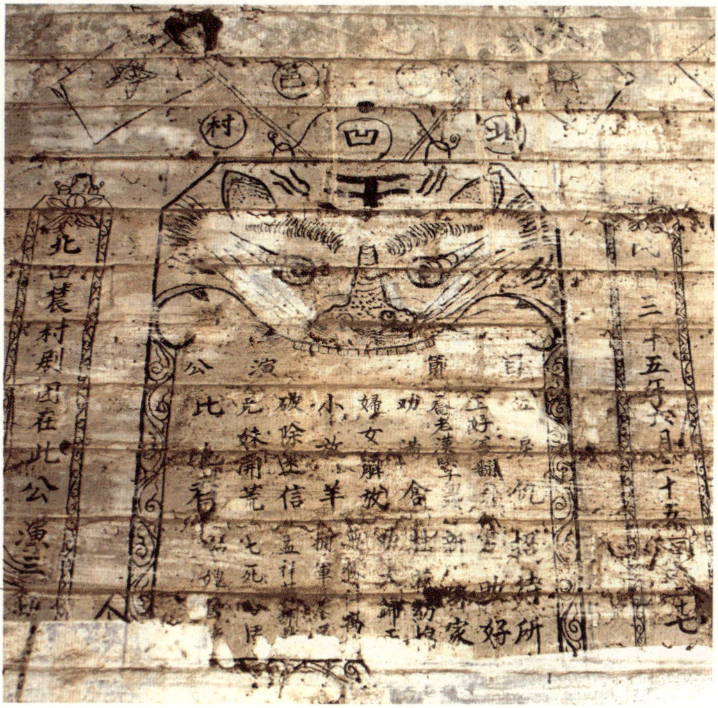

东李家庄三义庙
民国三十五年（1946）
舞台题记

丹水村凤山二仙庙
民国二十四年（1935）
舞台题记

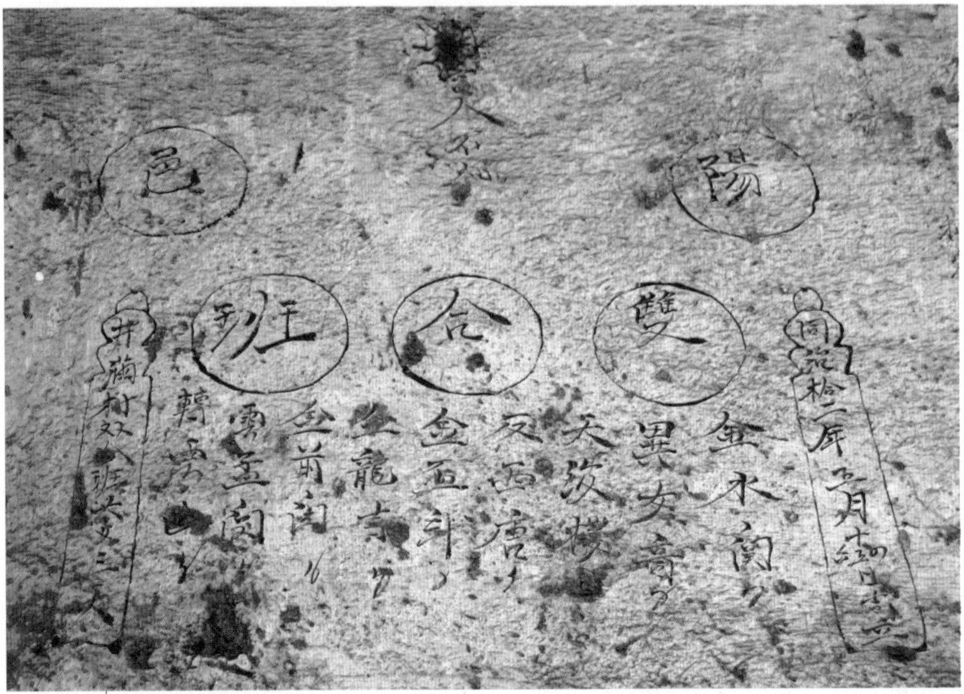

白家坡观音庙　清同治十二年（1873）舞台题记

中坪二仙宫　鸣凤班舞台题记

神、人共享的空间

——序《山西高平神庙剧场调查研究》

麻国钧

神庙剧场是传统戏曲演出空间一种重要形态，它曾经是中国城乡戏曲存续、发展与演变的见证地之一，是底层百姓在贫困生活中获得一丝安慰与释放、宣泄情感的场所。

庙会是由多种因素共同构成的大众聚会，是一种戏曲艺术赖以生存的文化空间。这里所谓空间，有大小两个。其一，是戏曲赖以展演的空间。传统戏曲演出空间形态多种多样，在乡间，它可能是神庙剧场，也可能是堂屋、场院抑或任何一个相对开阔的地方，只要在这里搭建一个临时祭坛，祭礼与演出的空间旋即形成。这种意义下的空间，笔者谓之"演出空间"。其二，这个"演出空间"势必在一个更大的空间中存在，它可能是一个以某座神庙为中心的、或大或小的独立村落，也可能由数个村落所组成的集落，这种相对大型的村落，可能包括数座神庙。当任何一座神庙举行庙会的时候，便围绕这座神庙形成一个临时性的祭礼与狂欢、商贸活动的空间，本文把这种空间称之为"文化空间"。

联合国教科文组织以及中国政府所颁布的一系列非物质文化遗产保护公约或相关文件中，都在显要的位置提出文化空间的定义以及对文化空间的保护义务。《国务院办公厅关于加强我国非物质文化遗产保护工作的意见》[①] 指出："非

---

① 国发办〔2005〕18号第一款：《充分认识我国非物质文化遗产保护工作的重要性和紧迫性》。

物质文化遗产是各族人民世代相承、与群众生活密切相关的各种传统文化表现形式和文化空间。”继之，2006年文化部在《国家级非物质文化遗产代表作申报评定暂行办法》之第二条，明确地说：“非物质文化遗产指各族人民世代相承的、与群众生活密切相关的各种传统文化表现形式（如民俗活动、表演艺术、传统知识和技能，以及与之相关的器具、实物、手工制品等）和文化空间”。该办法第三条又说：“非物质文化遗产可分为两类：（1）传统文化表现形式，如民俗活动、表演艺术、传统知识和技能等；（2）文化空间，即定期举行传统文化活动或集中展现传统文化表现形式的场所兼具空间性和时间性。”具体指出，非物质文化遗产的范围包括：

（一）口头传统，包括作为文化载体的语言；

（二）传统表演艺术；

（三）民俗活动、礼仪、节庆；

（四）有关自然界和宇宙的民间传统知识和实践；

（五）传统手工艺技能；

（六）与上述表现形式相关的文化空间。

在漫漫的历史长河中，那些存在于广大农村的庙会文化空间，恰恰是地方戏艺术存在的空间，至少是一种主要的文化空间。从前，数百人的村子建有几座戏台也是常见现象。在山西，劫后残余的戏台数量已经足以令人惊叹。然而“随着全球化趋势的加强和现代化进程的加快，我国的文化生态发生了巨大变化，非物质文化遗产受到越来越大的冲击。”（引证同前）即便在国家文件中也发出了如此慨叹！

本文所关注的主要是农村的传统戏曲演出文化空间。在笔者看来，从前的中国，城市乃至宫廷演剧，犹如大海中的座座岛屿，固然生动，但数量有限，而浩瀚的大海无边无际。所谓汪洋大海正是那些无以数计的围绕神庙所形成的地方戏赖以存在的文化空间，它们散落在960万平方公里大地上，犹如繁星高挂夜空一样，浩大无际。

中国戏曲的一个重要属性是它的地方性，即从本质上说，从古至今几乎所有的戏剧形态都带有地方色彩。这些戏剧形态也无不在地方性文化空间中孕育成长，并反过来服务于生存在某种文化空间的民众，甚至成为这种文化空间的组成部分。所以，戏曲地方性都或多或少的带有封闭性。固然，地方戏也是流动的，在商路、军路、移民路等条条路上流动，从而显现其一定程度的开放性。但是，长期以来，与其封闭性相比，流动总是相对的、少量的。于是，地方性文化空间的存在便成为任何一种地方戏存在的保障。

地方戏文化空间的缺失，是地方戏乃至戏曲衰落、萎靡不振的因素之一，甚至可能是一个重要原因，只不过未能引起人们足够重视罢了。笔者理解的戏曲文化空间，是地方戏赖以存在的诸如地方性信仰、地方语言、地方音乐、地方习俗、地方建筑如神庙、祠堂等方方面面以及上述诸项的综合体。千余年以来，乡村包括部分城镇的神庙、部分寺院、祠堂等是地方戏主要的献艺场所，那里供奉的神灵、建筑、陈设、祭礼仪式以及祭礼期间众人的聚会、序齿、餐饮、游乐、商贸甚至周边的地理环境以及在那里竞演的四方散乐、地方戏曲等，一同构成这种特定的文化空间。从前的人们，从小在这样的文化空间中成长，耳濡目染于家乡的戏曲。农村的庙台演戏，无不与庙会文化融为一体。每一次庙会都是民间的一次狂欢，人们在那里购物、在那里看戏、在那里互通情感、在那里交朋觅友、谈情说爱甚至“吊膀子”。这些都可能形成村民对乡礼、乡戏的长久记忆。当地方性作为艺术的活体融入这些文化空间时，是那样的充满活力。

中国经历了一个长久的乡土社会，而乡土社会有着地方特点。这种特点渗透在地方戏之中，形成每种地方戏有别于其他剧种的特点与风貌。

地方戏意味着相对的稳定性，对泥土的眷恋情怀不断地加深这种稳定性。家庭是构成中国社会最小的细胞，自古如是。在中国农村，家庭规模既小，人口也不多，所拥有的土地面积有限，于是群集而居便成为必然，从而形成无以数计的村落。在那种长期相对闭塞的环境中以及各种灾难困苦中，人们只有在群居中获得相互的庇护进而获得个体的安全与稳定。在这种情况下，寻找某种理念与行为的同一性来聚拢人气就显得格外重要。村寨如此，国家更如此。最初的仪式被朝廷修定、整理完善后，上升为国家的礼仪法典。全套的、具有相对稳定性的朝廷礼仪必定程度不同地辐射全国州县甚至更加偏远的村寨，历朝历代乡土志的记述可以获得印证。虽然，在向下辐射过程中，朝廷的礼仪程序随着逐渐深入基层而越来越淡化。尽管如此，其精神实质以及礼仪规程依然会不同程度地保存下来，融入民间祭礼，而佛、道等仪式仪轨也程度不同地渗透在民间祭祀与乡傩等礼仪之中，于是混合着不同因素的民间礼仪出现并在社会整体进程中不断消长。

礼是仪式的内核，而仪式是礼的外化形态，礼与仪式是表里关系，至于各种演艺不过是其构成因素之一。因此，乡土中的地方戏，便在一定程度上具备了仪式的意味。在乡间，戏剧常常活跃在神庙剧场，成为供奉神灵的祭品——与丝帛、牺牲具有同类性质的祭品，不同的是，祭礼仪式以及其中的演出艺术是一种活态祭品，而不是被焚烧或瘗埋的牺牲与丝帛；它们不会随着祭礼的结束而消失，而是在任何一次祭祀仪式完结后，依然被保留下来，传承下去，从而获得相对的稳定性。礼仪虽然具有相对稳定性，却也在历史的不断演进、不断变化而不断丰富与发展，从而形成传统。戏剧恰恰在这种不断变化与发展中丰富起来，最终脱离仪式而独立。届时，戏剧再以成熟的形态反转而进入仪式之中，再一次显示其作为仪式品类的意义。不同的是，这时的戏剧已经具备了独立的艺术形态，它既可作为祭礼仪式的构成部分而存在，也可以摇身一变，成为娱人的艺术进入瓦舍勾栏等商品市场。

上述神庙剧场这种重大属性以及地方戏性质，或许是山西师范大学老中青学者之所以坚持三十余载踏遍山西大地，走近村村屯屯对神庙剧场进行不休止考察的动机，而在近几年中，他们又把视野扩大到外省，所获第一手考察文献可谓车载斗量，在此基础上完成多种学术成果，施惠于全国戏曲研究者，让人叹羡不止。

曾几何时，农村的许多寺庙，连同寺庙戏台不是被侵华日军野蛮地摧毁，就是视为“四旧”而被无知无畏者轻易地拆除、砸烂。一场又一场浩劫之后，不少寺庙的砖瓦、石碑，砌在了农民自家的房屋、墙垣、牛棚、猪圈之中；庙里、庙外的戏台被拆毁，十余其一算是万幸。那些劫后幸存于世的，也不见得仍然用为地方戏演出，断壁颓垣者比比皆是，修葺后依然空闲着的未必少见。乡村、城镇人民观看戏剧演出的古老风俗习惯几乎不复存在，历史上戏剧赖以存活的文化空间虽然不能说荡然无存，也盛景不再。

我们更不能忘记，地方戏的欣赏者曾经是这一空间的主体，戏曲艺术主要活在与之相对应的地域中的乡亲们中间。今天的戏曲艺术基本上脱离了它的欣赏主体，离开乡村走进城市。诚然，戏曲艺术需要经过市民文化的洗礼、熏陶而快速成长，洗礼、熏陶、成长的过程同时也是适应城镇文化、争取市民观众的过程。但是她也不应该脱离那曾经养育过她的文化土壤，不应该抛弃她的主要观众群体。就这样，戏曲被人为地拖拽，离开养她育她的空间，而当她脱离民众，特别是乡村民众之时，也是被那些基本观众抛弃的时候。

时下，戏曲向着高雅文化的目标高歌猛进，大制作、高票价的风气愈演愈烈，戏曲逐渐地变成了城市少数人的娱乐品。更有甚者，躲在某些戏曲演出炫目大制作背后的，却是内容的空泛、思想的浅薄，到头来，绚丽的布景成了过眼烟云。在光环褪去之后，思想内涵缺失的作品却不能给人以启迪，何谈流芳百世?

复杂的因素还在于，观众虽然久已被剥夺了在剧场观摩戏曲的权力，但是当电视普及到最偏僻的乡村的时候，他们的品味却在提高，他们通过那个小匣子，看到了高水平的演出，从前五子班、七子班艺术水准相对低下的演出不再能够满足他们的口味了，大剧团、大演员或不屑于上山下乡，或无暇上山下乡，即便走出城市，走进村寨，也只是蜻蜓点水，杯水车薪。前几年剧院团改革之命颁布全国，改革者的头脑里装着的主要是城市观众，目光盯着的主要是城市演出市场。于是乎，在错综复杂因素的共同作用下，我们曾经看到过的乡村戏剧文化空间几乎被蚕食殆尽。

除了空间氛围之外，作为文化传统的庙会演出在特定的时间内周期性地重复展现，这种特定的空间与特定的时间，共同构成庙会演戏的文化空间。也就是说，这种文化空间兼具演出空间与演出时间的恒常性。神灵的诞辰、神迹的显现日期等，往往是庙会举行的恒定日期，周而复始，不可易换。庙会期间所上演的剧目，大都与前述之空间性、时间性吻合。由此可知，神庙剧场是一个神、人共享的空间。长久以来，奔赴庙会的乡民百姓，不过是借了神灵的光而看戏。他们不必买票进入神庙剧场看戏。庙会主持人从他们上香的银钱中提取部分，用以聘请戏班。进庙看戏的人们不像走近城镇商业演出剧场那样任意地评头品足，而作为“欣赏”主体的神，是绝对不会提出意见的。因此，奉神的剧目演出具有一定的恒常性，甚至有敬祭某位神灵的专门演出剧目，年年上演。当神灵信仰被作为迷信而扫荡之后，寺庙变得可有可无，庙会以及由此而形成的系列文化——祭祀礼仪、戏剧演出、乡人狂欢、经贸活动、交友联谊等，也便骤然消歇。传统戏曲文化在农村，至少在为数不少的乡村断了档。

从前在寺庙等演剧空间中所能够得到的最初的戏剧熏陶，在数十年间很少或不复存在。那些从小疏离了这种文化空间以及缺少戏曲熏陶的少年，无论是留在乡村的，还是走向城市的人，已经成长为青壮年，成为城乡社会的主体。试想，从小失去欣赏地方戏曲机缘的这些城乡的主体人群怎么可能会唤起对戏曲的怀恋呢？他们的乡愁记忆何在？古老的神庙剧场尽管属于文物，但是，这种文物不同于其他文物，神庙剧场不应该成为摆设，而应该发挥其特有的作用。活态保存，充分利用其特有的功能是最好的保护，藉以培育源源不断的戏曲接受主体，以涵养濒临贫瘠的、戏曲艺术赖以存在的文化沃土。

文化空间的丧失所失去的，与其说是物质文化以及非物质文化本身，不如说丧失了一代甚至两三代观众，失去观众的影响对戏曲传承更加致命。物质空间的丧失可以修复，可以重建，然而观众群体的丧失是致命的，没有数十年的培养则基本无望。说到底，保护、振兴地方戏曲本身不过是治标，而恢复、培育戏曲赖以生存的文化空间才是治本。后者比前者更加艰难，更加难以见效。诸多难点中，最难的是这种文化空间中的地缘环境、以及人的因素。传统戏曲文化空间的恢复与养育，需要有识之士的努力，也需要当地各级政府的努力，然而需要正视的是，有许多人都是在戏曲文化空间缺失的环境中成长起来的，由此造成的戏曲文化修养的相对缺失，将是戏曲文化空间恢复与养育的最大障碍。

可能以上种种颓废现象引起山西师大老中青教师及学子的高度重视吧，于是他们从40年前开始了默默地、扎扎实实的田野考察。他们在大量田野考察的同时，扎扎实实学习古代建筑学，并将二者结合起来，以科学的理念与方法对山西以及其它地域尚存的神庙剧场进行全方位的考察、记录与整理、研究，所取得的学术成果犹如雪片一样落地，化为水，滋润着戏曲学术园地，也使得国内外戏曲研究者得到学术上的恩惠。颜伟作为其中一员，他继承其前辈的传统，在对神庙剧场研究的路上继续前行，取得不错的成果。本书是他在硕士论文基础上，听取前辈学者的意见并适当修改后的著述。

《山西高平神庙剧场调查研究》是一部资料性见长的著作，具有区域戏曲文物资料数据库的性质。高平市戏曲文物文献遗存数量巨大、史学序列完整、演进线索清晰，使这一区域在剖析中国古代神庙剧场演进历史上具有典型意义。正如作者所言，高平市如今依然遗存有1500余座古代神庙，其中有342座拥有古戏台的神庙不同程度的保存下来，碑刻文献遗存达2300余通，还有多达231条古代神庙剧场演出题记得以留存。笔者判断，这些资料的获取绝非易事，是作者在多年间、多频次的田野调查基础上，用脚步丈量出来的宝贵资料。而同时这部著作也以具有代表性的案例为基础，勾勒出了高平这个区域神庙剧场演出场所与观剧场所的发展演变两条线索。作者重视区域研究，却也并未忽略整个中国剧场史的大环境。事实上，对神庙剧场的研究理应建立在个案——区域——全域的研究历程上，哪一环都不可或缺。最重要的是，这个充满学术乐趣、也充满学术地气的苦活、累活需要有人来做，而且需要不断的有人来做才行，而颜伟就是其中的一员。

更令人佩服的是，他并未就此停下脚步，而是继续在前辈耕耘过的土地上精耕细作。在这个过程中，既有新获，也有新知。他常常与我电话联系，分享他在田野考察时的新发现。从言语中，我深深感受到这位年轻学者对学术的痴迷以及不断提升自己的深切愿望与执着精神。

未来属于无数的像颜伟这样的年轻人，在这些青年学者身上，作为老者，我既获益良多，也看到戏曲研究可预知的未来。

戊戌年月次乙丑

于京师惜宝刀斋

目　录

引　言

一、研究缘起

高平市地处山西省东南部，太行山西南边缘。高平，古称长平、泫氏，战国赵邑，秦赵之间的“长平之战”即发生在这里。西汉置泫氏县，属上党郡，东汉、晋因之，唐宋以降，行政区划基本稳定，多属泽州，称高平（图 0-1）。高平地处山区，明清以来没有受到特别大的战争破坏；自然灾害如旱灾虽然频仍，但没有发生过像晋南地区的特大地震；地理位置的相对闭塞也使得区域内诸多历史遗迹得以留存，这些遗存主要体现为古建筑、碑刻、雕塑、壁画等形式，呈现出数量众多、类型多样、保存完整、研究价值高等特点。

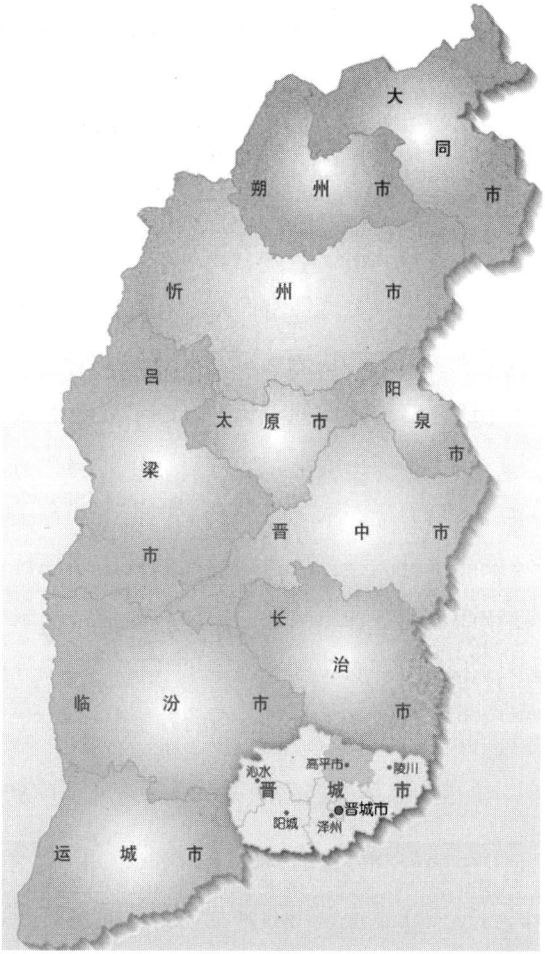

图 0-1　高平市在山西省的位置

神庙剧场以神庙为依托，以戏台、看楼等建筑为表现形式，遍布于乡村之中，可谓村必有庙，庙多有台。除了部分年代久远，文物价值很高的剧场建筑已被公布并得到修缮外，那些较为简朴的乡村神庙剧场还在湮没无闻之中，种种原因致使它们得不到修缮，正在快速地消亡着，故而对于神庙剧场的抢救性调查刻不容缓。本著旨在通过全面、细致的田野考察取得新资料，对高平神庙剧场的遗存状况作出客观记录，为后续研究提供帮助。并以神庙戏台、看楼等剧场建筑为载体，结合碑刻文献、民俗活动以及建筑学知识，梳理出高平神庙剧场的发展演变史。

高平神庙剧场对于中国神庙剧场史和戏曲史研究有着重要意义，表现在以下几个方面。

（一）神庙剧场遗存数量大

高平区域内至今现存神庙 1500 余座，村均庙宇数量约 3 座。神灵信仰类型众多：高平是晋东南炎帝信仰的辐射源；晋东南成汤、二仙、三嵕等特色信仰的重要流布区域；区域内炎帝、皇王、仓颉信仰呈现出明显的地域分布特点；作为儒、释、道三教融合的庙宇表现形式——三教堂数量可观；玉皇、关帝、龙王、观音、文昌等信仰更是在高平全面覆盖；有历史上以当地商人为主促成的商业会馆，有代表家族祭祀的宗祠，有群神共处的诸神庙，当然也有历史、文化遗留信仰，诸如“长平之战”之于骷髅庙。如此丰富的信仰必然有数量巨大的庙宇和祭祀活动与之对应，作为酬神演艺之场所——神庙剧场的大量存在也就不足为奇。本著收录高平现存古戏台 342 座，由于各种原因，一些神庙剧场未能进行测绘，故高平现存的神庙剧场数量应多于笔者之统计。因为自然毁坏和而其他各种原因下的拆除、改建，剧场建筑原有而现今不存的情况多之又多，很多庙宇的碑刻中出现了戏台、舞楼等信息，但戏台已经不存，可以说高平历史上实际存在的神庙剧场数量是巨大的。

（二）高平神庙剧场史学脉络清晰，序列完整

中国现存最早的戏台——高平王报村二郎庙金大定二十三年（1183）戏台，由冯俊杰先生带领山西师范大学戏曲文物研究所师生们发现，作为金代戏台的实物遗存，是中国剧场史和戏曲史研究之大幸。高平西李门二仙庙献殿台基束

腰石上的杂剧线刻图、金人乐舞图则呈现了在金代前期，这一地区不但有自北宋继承下来的杂剧演出，而且有女真人带来的民族乐舞，共同进入到北方神庙演艺的体系之中。① 高平神农镇中庙村炎帝中庙至今仍存有一座具有金元建筑风格的戏台，车文明先生在其《中国古戏台调查研究》一书中提道："虽然没有具体的文字资料，但确有元代建筑风格。" ② 除了已经公布的高平金元时期的神庙剧场外，笔者及考察团队成员在调查期间又有新的资料发现：如高平河西村三峻庙宋政和元年（1111）重修献楼石柱题字；高平西李门二仙庙金正隆三年（1158）献楼碑刻；高平寺庄镇公家山紫金山三峻庙金崇庆元年（1212）舞楼碑刻；高平北诗镇龙尾村东岳庙元至大四年（1311）舞楼碑刻等。这些宋、金、元时期的神庙剧场信息都属于近年来戏曲文物的新发现。如此丰富的宋、金、元神庙剧场实物和资料的遗存对于研究高平所在的晋东南乃至中国神庙剧场发展史都有重要的支撑作用。

高平现存明代神庙剧场戏台除去已公布的高平王何北五龙庙"庆云楼"、高平故关炎帝行宫"演奇楼"以及石末乡侯庄村丰乐馆舞楼外，在庙宇遗存的碑刻中还发现高平明代神庙剧场的诸多线索。明代是神庙剧场发展革新并定型的重要时期，山门舞楼和看楼的创建最具代表性。高平王何北五龙庙看楼被认为是迄今发现的最早的看楼实物。对于看楼的创建，车文明先生在《20世纪戏曲文物的发现与曲学研究》中认为："古代神庙剧场发生的又一具有划时代意义的变化，这一变化对于清代剧场布局有着广泛的影响，成为古代神庙剧场形制的典范代表。" ③

高平清代神庙剧场承继明代的发展趋势，并呈现出极为繁荣的景象。山门戏台、看楼大量兴建，并多样化发展，出现了诸多极具特色的神庙剧场。正面看楼的出现更是体现出神庙剧场人性化、多样化的发展趋势。民国时期神庙剧场的创建、重修数量虽然也十分可观，但建筑规制和舞台装饰上较之前代稍逊，

① 景李虎、王福才、延保全：《金代乐舞杂剧石刻的新发现》，载《文物》第12辑，文物出版社1991年12月版，第33—37页。

② 车文明：《中国古戏台调查研究》，中华书局2011年11月版。

③ 车文明：《20世纪戏曲文物的发现与曲学研究》，文化艺术出版社2001年版，第38页。

显得比较简朴，然而戏曲表演不会过分挑剔戏台的华美与否，可以说民国时期的高平神庙剧场及其演艺活动依然比较兴盛。

（三）高平神庙剧场对于区域性赛社演艺研究提供重要资料

高平神庙剧场遗存戏台上发现的舞台题记数量已达231处，且上至清乾隆五十九年（1794），下至20世纪80年代，剧目、班社众多，序列较为完整，是不可多得的戏曲演出史料。神庙碑文中也包含众多关于村落迎神赛社、酬神献戏的记载，本著中对戏台的考述大多数都参考了相关碑文，但由于碑刻众多，而有时又识读不易，全面地整理和把握高平遗存下来的碑刻文献有时只是一种奢望，所以后续的整理研究依然十分必要。

戏曲文物文献遗存数量大、史学序列完整、演进线索清晰，使高平市在剖析中国古代神庙剧场演进历史上具有典型意义，也是其他地区所不具备的天然优势。

二、研究综述

目前从已公布的高平神庙剧场研究成果来看，大部分是以个案的形态呈现，这也构成了学界对高平神庙剧场自20世纪90年代以来的总体研究状况。1991年，景李虎等《金代乐舞杂剧石刻的新发现》一文中详细介绍并考证了高平西李门二仙庙献殿台基束腰石上的杂剧线刻图和金人乐舞图。2000年，王志峰先生《高平康营村关帝庙舞楼碑刻考述》一文对康营村关帝庙搭板式和跨街式山门过路戏台的结合体——关门舞楼这一特殊的戏台形式做了描述和考证，对庙内所存清同治五年（1866）《重修舞楼碑记》中蕴含的“戏者，戏也”的戏曲审美观念做了深入分析。文中还提到了康营村另外两座神庙剧场：“康营村现有庙宇三座，较大的是成汤庙和岱岳祠，二者相连，呈前后院式布局，成汤庙在后院，岱丘祠在前院，内外各有舞楼一座。”[1]

---

① 王志峰：《高平康营村关帝庙舞楼碑刻考述》，载《中华戏曲》第24辑，文化艺术出版社2000年6月版，第228—238页。

2001年，冯俊杰先生等编著的《山西戏曲碑刻辑考》出版，其中收录高平市米山镇宣圣庙元泰定二年（1325）《有元泽州高平县米山宣圣庙记》、定林寺清乾隆二年（1737）《定林寺创建舞楼记》，石末乡侯庄丰乐馆明天启元年（1621）《侯庄增修馆庙记》，神农镇故关村炎帝行宫明崇祯十六年（1643）《创修演奇楼碑记》，马村镇康营村关帝庙清同治五年（1866）《重修舞楼碑记》，并做相关考述。2002年，冯俊杰先生《中国现存时代最早的戏台》一文对现存高平王报村二郎庙内大定二十三年（1183）戏台及其庙宇建筑作了详细的描述，其公布也证明了金代戏台至今仍存的事实，对于中国剧场史的研究具有重大意义。[①]2007年，清华大学建筑学院罗德胤先生《中国古代戏台测绘图（一）》将高平王报村二郎庙戏台的测绘图展示出来，让我们从建筑学角度对戏台有了更专业的认知。[②]王星荣先生《山西高平市良户村玉虚观及歌舞楼考述》一文依据庙内建筑和所存碑刻考述了玉虚观及其魁楼、戏台的建修过程以及建筑现状，并详细介绍了“歌舞楼的创建及其与之有关的民俗演艺活动”。[③]王福才先生《高平炎帝陵及其行宫演奇楼考》一文通过对庙内现存明崇祯十六年（1643）《创修演奇楼碑记》等相关碑刻的解析，介绍了拥有雅致、绮丽之名称的“演奇楼”，认为这是村民偏爱曲折而有趣的戏曲故事的反映，同时，传奇已登上当地神庙舞台，成为经常献演的剧目。文中还提到了高平王何北五龙宫的明代山门舞楼——“庆云楼”，并言这些戏台名称的出现，无疑提高了戏曲艺术的品位和社会地位。[④]2003年，樊淑敏先生《高平故关村炎帝行宫及演艺考》一文也对炎帝行宫及其“演奇楼”进行了介绍和分析。文中所言“演奇楼”之“奇”即

---

① 冯俊杰:《中国现存时代最早的神庙戏台》，载《戏曲研究》第58辑，文化艺术出版社2002年4月版，第80—87页。

② 罗德胤:《中国古代戏台测绘图（一）》，载《中华戏曲》第36辑，文化艺术出版社2007年12月版，第333—336页。

③ 王星荣:《山西高平市良户村玉虚观及歌舞楼考述》，载《戏曲研究》第60辑，文化艺术出版社2002年11月版，第96—106页。

④ 王福才:《高平炎帝陵及其行宫演奇楼考》，载《中华戏曲》第26辑，文化艺术出版社2002年4月版，第98—110页。

为传奇，因传奇讲求“事不奇则不传”，故而将戏楼冠以“演奇楼”之名。① 此说与王福才先生所论相同。

2003 年，王福才先生《高平谷口村骷髅庙考述》一文对高平“骷髅能成王，此地所独有”的谷口村骷髅庙的产生原因做了分析与阐述，并且在文中最后提到“每年春季三月十八日至三月二十一日，与本村济渎庙一起同会，在济渎庙外所建戏台唱戏四天”这一献戏方式。②2004 年，曹飞先生《万寿宫历史渊源考——金元真大道教宫观在山西的孤例》一文介绍了位于高平上董峰村万寿宫依附式戏台，这座戏台做法新颖独特，是中国古代神庙剧场多样化的一个重要例证。③

2014 年，王潞伟《高平西李门二仙庙方台非“露台”新证》发表，文章以庙内新发现的镶嵌在后殿基座上的金正隆三年（1158）“献楼碑刻”为依据，对二仙庙正殿前方台一直以来被认为是“露台”提出了质疑，并更正其是献楼基座。④

学界以神庙剧场为研究对象的著作也对高平神庙剧场关注有加。2001 年，车文明先生《20 世纪戏曲文物的发现与曲学研究》出版，著作将高平市王报村二郎庙戏台收录在单层镜框式戏台类型之中，将高平王何北五龙庙戏台列入伸出式过路戏台类型之中，同时将高平康营村关帝庙清同治五年（1866）《重修舞楼碑记》收入专门类戏曲碑刻中，且将高平米山五瘟洞、高平平头东庙、高平侯庄玉皇庙等神庙剧场的舞台题记收录其中。2006 年，冯俊杰先生《山西神庙剧场考》出版，著作共收录高平古戏台 11 处，分别为高平市西李门二仙庙及其金代露台（后经王潞伟提出献楼基座说）、高平市王报村二郎庙及其金代戏台、

---

① 樊淑敏：《高平故关村炎帝行宫及演艺考》，载《运城学院学报》第 21 卷第 6 期，山西运城，2003 年 12 月版，第 42—43 页。

② 王福才：《高平谷口村骷髅庙考述》，载《山西师大学报》（社会科学版）第 30 卷第 4 期，山西临汾，2003 年 10 月版，第 38—42 页。

③ 曹飞：《万寿宫历史渊源考——金元真大道教宫观在山西的孤例》，载《山西师大学报》（社会科学版）第 31 卷第 1 期，2004 年 1 月版，第 80—85 页。

④ 王潞伟：《高平西李门二仙庙方台非“露台”新证》，《戏剧》，中央戏剧学院，2014 年第 3 期。

高平市下台村炎帝中庙及其戏台、高平市王何村五龙宫及其天启五年（1625）山门庆云楼、高平市侯庄村丰乐馆及其康熙五十一年（1712）之剧场、高平市康营村成汤庙及其同治元年（1862）以前之剧场、高平市伯方村仙翁庙及其剧场、高平市康营村关帝庙及其同治五年（1866）以前之关门舞楼、高平市上董峰村圣姑庙及其道光三十年（1850）依附式戏台、高平市秋子村关帝庙及其内外剧场、高平市米山镇定林寺及其乾隆二年（1737）剧场，且将这些剧场案例放在中国神庙剧场发展的不同阶段，成为神庙剧场演进历史的重要节点。2012年，曹飞先生《山西清代神庙戏碑辑考》出版，著作收录高平团池乡（现神农镇）下台村（今中庙村）炎帝中庙、故关村炎帝行宫、庄里村大庙，石末乡侯庄村丰乐馆、唐庄乡（现北城街道）谷口村济渎庙以及原村乡上董峰万寿宫六座庙宇的13通碑刻，并结合神庙剧场建筑，逐一考述。① 2011年，蔡敏《晋东南汤王崇拜与赛社演剧研究》论文写就，作者从晋东南独特的人文地理因素出发，探讨晋东南汤王信仰的产生缘由和流布区域，并结合建筑与碑刻对晋东南现存大量的汤王庙戏台的建筑类型、形制演变及其装饰艺术做了梳理，并以碑刻文献中的祷雨资料和舞台演出题记为线索，再现了汤王庙赛社演艺的繁盛。后2016年蔡敏博士论文《太行成汤信仰及其赛社演剧研究》又在其硕士论文基础上拓展延伸，其中涉及高平区域内诸多汤王庙宇及其剧场。② 2016年，王潞伟《上党神庙剧场研究》出版，该书对上党地区神庙剧场实物及史料遗存予以整理和分析，是区域神庙剧场研究的一部力作；③ 同年，曹飞、颜伟《中国神庙剧场史》出版，是对神庙剧场历史变迁的进一步梳理和研究，两部著作中有诸多剧场案例来自高平。④

2016年3月，由车文明先生任总主编的《中国戏曲文物志》出版发行，这部汇集迄今发现的中国戏曲文物资料的大型志书共分戏台卷（上中下）、舞台题记卷（上下）、戏曲碑刻卷（上下），服饰道具、戏画抄刻本、戏曲雕塑（共一

---

① 曹飞：《山西清代神庙戏碑辑考》，三晋出版社2012年版。

② 蔡敏：《太行成汤信仰及其赛社演剧研究》，山西师范大学，2016年博士学位论文。

③ 王潞伟：《上党神庙剧场研究》，中国戏剧出版社2016年版。

④ 曹飞、颜伟：《中国神庙剧场史》，三晋出版社2016年版。

册），对中国戏曲文物做出了全方位的记录，全书包括千余幅实物图片资料，计280余万字，涉及全国30个省（自治区、直辖市），全面、客观、详实地反映了中国戏曲文物的遗存状况、文物价值以及学术价值。[①] 此外《山西省志·古戏台志》由冯俊杰任主编，牛白琳、王潞伟任副主编，于2016年出版，有选择性地收录了自20世纪90年代以来山西省仍有遗存的古戏台。[②] 以上著作都对高平神庙剧场有所收录。

除上述戏曲文物学科领域内的研究之外，其他诸如建筑学、社会学等学科的研究成果中也多涉及高平神庙剧场的信息：如薛林平、王季卿《山西传统戏场建筑》[③]；姚春敏先生《清代华北乡村庙宇与社会组织》等。[④]

上述这些已公布的高平神庙剧场的研究成果，从剧场建筑、碑刻遗存以及演艺、民俗等多角度切入，个案精致，论述得当，构成了自20世纪90年代以来对于高平神庙剧场研究的持续繁荣的学术成果。这些个案作为“点”的突显必然催生对于高平区域性神庙剧场整体的考察与关注，既能够获得更多的新资料，也可以在此基础上梳理出更全面且紧凑的高平神庙剧场发展脉络。

三、研究方法

本研究是依托人类学的田野调查方法，对具体地理区域内遗存的戏曲文物、文献资料进行全面的考察与搜集工作；利用建筑学相关知识对区域内遗存的古代神庙剧场建筑空间进行测量、绘图与影像记录；利用文献学与考据学的研究方法对区域内神庙剧场遗存碑刻文献等进行甄别、采集与校释；利用类型学学理对神庙剧场建筑以及碑刻文献资料进行类型化处理，在保留多样性的基础上，探究和归纳其共性和规律性的特征。采用文物鉴定、文献考证以及二重证据等

① 车文明主编：《中国戏曲文物志》（全八册），三晋出版社2016年版。

② 冯俊杰主编，牛白琳、王潞伟副主编：《山西省志·古戏台志》，中华书局2016年版。

③ 薛林平、王季卿：《山西传统戏场建筑》，中国建筑工业出版社2005年版。

④ 姚春敏：《清代华北乡村庙宇与社会组织》，人民出版社2013年版。

是本课题的研究方法。具体实施如下：

1. 通过对古戏台实地考察、测量，得出第一手资料。并对庙宇建筑、戏台、碑刻等信息进行整理、录入和分析。

2. 从建筑学角度出发，结合相关文献探寻神庙剧场建筑流变。神庙剧场戏台等建筑的遗存，首先是建筑学意义上的存在。以建筑为切入点，结合相关文献，探寻戏曲表演与剧场建筑的相互作用，进而得出以建筑为存在方式，以相关文献资料为补充的神庙剧场发展史。

3. 结合碑刻、舞台题壁等相关资料探寻高平神庙剧场演艺活动。

关于神庙剧场及其演艺的历史沿革信息多存在于庙宇遗存的碑刻等文物资料中，碑刻以其材质上的优势使得文字信息的遗存相对准确、可靠。舞台题记则直接记录了神庙剧场曾经的演艺信息，同样不可忽视。以上皆是探寻神庙剧场演艺活动的重要支撑资料。

图 0–2　笔者拓碑现场

第一章

高平市神庙剧场演艺场所的创建

自 10 世纪始，北方农村庙宇内出现了供敬献乐艺、供品之用的建筑——“舞亭”或“舞楼”，如山西阳城马寨村汤王庙北宋开宝三年（970）舞亭；[①] 山西万泉桥上后土庙宋天禧四年（1020）舞亭；山西沁县关侯庙宋元丰三年（1080）舞楼；山西平顺县九天圣母庙宋建中靖国元年（1101）舞楼等，不过因为没有实物遗存，其具体的建筑形制不详。这一时期，神庙之中的露台、献楼、舞亭、舞楼从职责上存在着相似性，尤其是上有顶盖的献殿与舞亭、舞楼建筑在建筑位置以及功能上更加相似，可以说宋金时期神庙正殿前的建筑，虽然有“舞楼”“舞亭”“献楼”“献殿”等的多种称呼，但名异而实同。虽然严格来说它们还都不是专门化的戏台，但却在很长的一段时期内，承载着神庙祭礼演艺活动。

第一节　高平市宋、金神庙剧场

高平市宋、金神庙剧场文物资料（碑刻）和建筑实物均有遗存。河西镇河西村三嵕庙宋政和元年（1111）献楼碑刻是迄今发现的唯一一处建在神庙之中

① 安建峰、张建军:《北宋“舞楼”碑刻的再发现》，载《中国文物报》，2019 年 4 月 30 日第 006 版。

的北宋时期献殿资料；[①] 高平西李门村二仙庙内，镶嵌在后殿基座上的金正隆三年（1158）《举义□□乡仙□村重修献楼□□记》的发现也印证二仙庙曾经有一座金代献楼存在。高平市这两处献楼碑刻的发现证明在宋、金时期，位于晋东南地区的高平乡村神庙已经建造献殿以承应神庙祭礼演艺活动。

一、宋和金献楼遗存

献殿为中国古代神庙布局中的一座基本建筑，一般是位于正殿之前，规模略小于正殿，主要供举行祭拜礼仪之用，亦名献厅、拜厅、拜殿、享殿等。献殿之设，始于北宋，最初是建造在北宋皇陵。[②] 金元之际进一步发展，至明清时，祠庙里建献殿已非常普遍，几成定制，陈列供品、献演乐舞是献殿的两大功用。高平市河西镇河西村三嵕庙宋政和元年（1111）“新建献楼”石柱题刻与高平市河西镇西李门二仙庙金正隆三年（1158）《举义□□乡仙□村重修献楼□□记》两处碑刻资料的发现证明在宋、金时期的神庙已经建有献殿。在此之前，就文献资料和实物资料的遗存来看，北宋及以前的神庙中还未发现有献殿建迹或记载，而宋、金时期祠庙中的献殿资料也比较少见。这两处高平神庙献殿信息遗存，再加上同属晋东南地区的长子县西上坊村成汤庙金正隆元年（1156）《潞州长子县重修圣王庙记》中的“庭中建献殿五间，高广深邃，足以容乐舞之众”的相关记载。[③] 可以推断，宋、金时期该区域民间神庙创修“献楼”“献殿”或已成为一种流行做法。本文现将高平市两通宋、金献楼碑刻逐录、标点，并对其庙宇沿革做简单考述。

---

① 2013 年 5 月 17 日笔者与王潞伟等人考察发现，王潞伟抄录。对于此献楼碑刻的新发现，王潞伟已撰文《高平市河西村三嵕庙及其“献楼”碑刻考》，载《中华戏曲》第 50 辑。

② 车文明：《神庙献殿源流》，载《古建园林技术》2005 年第 1 期。

③ 该碑现存长子县西上坊村成汤庙正殿东侧，高 192 厘米、宽 87 厘米、厚 29 厘米，另见《光绪长子县志・卷三七・金石志》，第 299—301 页。

1. 河西镇河西村三嵕庙宋政和元年（1111）献楼

三嵕庙宋政和元年（1111）石柱题铭[①]（图 1-1）：

图 1-1　三嵕庙宋政和元年（1111）石柱题铭

牛村保首领李谏 糺司李道 录翁李概，三人于政和辛卯孟秋五日重瓦正殿、五道殿、三门、行廊，新修扑檐、献楼、殿阶，谨记。

牛村老人牛楚 张庆

仙井南村老人张概 张真 张喜

仙井北村老人巩景 焦端

刘庄刘京

杜村郭宗

常乐郭景

河西王善

庙官牛均正 梁济 刊

三嵕庙位于河西村北三嵕岭上，坐北面南，在庙宇山门处向南可将整个河西村收于眼底。庙宇一进大院，因年久失修，建筑多有损坏，院内长满杂草，渐几荒芜。庙宇现存有正殿，东西侧殿，献殿，东西廊庑。山门三门式，除去正门仍可通行外，两旁耳房下的山门都已封砌。庙内存碑刻共 11 通，其中纪年最早的为镶嵌在正殿墙壁内的宋天圣十年（1032）《三嵕庙门铭记》，另有一处正殿东侧宋政和元年（1111）石柱题铭以及散落于献殿前的金大定九年（1169）经幢一座（2018 年 8 月再次考察时，经幢已丢失），其余 8 通皆为清代勒石。

考诸庙内碑刻，三嵕庙始建不详，宋天圣十年（1032），王通等人因三嵕庙“门楼前面土阶废堕，踏道崩摧”，因而以石为基，重砌基阶。宋政和元年

① 2013 年 5 月 17 日笔者与王潞伟等人考察发现，王潞伟抄录、整理并提供。

（1111），牛村保李谏、李道、李概三人重瓦正殿、五道殿、三门以及行廊，并新修献楼，由此可知三嵕庙在当时已经具备比较整肃的规制，且专门修建了祭祀献演之所——献楼。而后，金大定九年（1169），三嵕庙附近几个村庄的信众为三嵕庙施舍醮盆，其中包括诸多女性信众。元明两代，三嵕庙的建筑沿革不详。至清代，三嵕庙的一系列修建接踵而来。清顺治六年（1649），“创立香亭五间”并补修“舞楼”，这里所说的香亭五间大概与现今庙宇留存的五间献殿形制相同，而宋代献楼或许早已毁坏（图1-2）。言舞楼，然已是补修，舞楼之创建或在前代。

图1-2　三嵕庙清代香亭

三嵕庙在清乾隆己亥年，即清乾隆四十四年（1779）夏发生过一次火灾，庙宇烧毁的具体情况不详，但是年曾因此而补修西南角楼、山门以及庙宇阶梯。而后清道光、咸丰、同治年间皆有不同程度的补修。三嵕庙的舞楼今已不存，庙宇建筑除去正殿的部分构件外，其余多是清代遗构。

正殿面阔三楹，移柱造，明间甚为宽大，通檐三柱，进深六椽，悬山顶，前山面用筒瓦，后山面则通用仰瓦。前檐用四根粗大的方形凹角青石柱，收刹侧脚明显，素方础，角柱、平柱施通绰木枋。额枋用材较大，分为两段，于正殿西侧平柱对接，绰木枋与大额枋均伸出柱外，断面垂直截去，不做雕饰。斗拱共七攒，除角柱科为严格意义上的柱头斗拱外，其余均不在柱头上。明间正中为五踩双杪，其余皆五踩双下假昂，耍头均刻作六分头。金柱则用粗大的圆木柱，柱头卷杀，柱础亦为素方础（图 1-3）。

图 1-3　三嵕庙正殿

献殿面阔五间，紧靠正殿，建在砂石砌造的台基上，与正殿所在台基之间建有散水。献殿卷棚硬山顶，进深五椽，合瓦覆布，筒瓦剪边。两侧山墙各辟小门，前后檐各用四根平柱，均为小八角形制，无柱础。最初应是前后通透，因曾改作他用，将前后檐砌墙，今人拆除，但仍残留有改造时的砖墙痕迹。

河西村三嵕庙尚未得到修缮，据村内相关负责人介绍，三嵕庙正在积极申报成为国家重点文物保护单位。虽然那座北宋时期的献楼建筑已非原貌，但石柱上的献楼刻字却留存至今，填补了北宋神庙中献楼记载的空白。

2. 河西镇西李门二仙庙金正隆三年（1158）献楼

《举义□□仙□村重修献楼□□记》[①]（图 1-4）

图 1-4　二仙庙金正隆三年（1158）献楼石刻

此庙昔大□□□，因□录事皇甫谏诚心，□乡众重构前后三殿。□荐献楼高悬，日废及之地，谨等切念献楼土基，岁久隳堕，乃忧。勤率村众，命匠增石，创砌正面石阶，益土基址，完葺功垂，方悦众心。故纪其年月矣。

正隆三年岁次戊寅季秋九月十有九日乙亥刻石。

长老

焦谨　王近　王兴　焦叔　焦赟　李和　秦林　焦言　司贵

焦志　□□　□□　董德　祁元　李坚　焦义　王润　李存

苏宝　王卿　李□　焦彬　□吉　秦俊　董琭　李赟　□□

① 2013 年 5 月 23 日笔者与王潞伟、杨波、赵丹荣一行考察发现，王潞伟、杨波抄录、整理并提供。

焦周 焦□ 牛顺 韩荣 宋进 王□ 李珏 焦珎 赵顺

焦贵 李寔 秦主 李□ 丁全 焦庠 董仪 焦□ 焦荣

焦琮 李完 王德 焦□ □□ 焦善 申□ 王平 焦琁

申□ 焦□ 焦□ □□ 赵春 李达 李□ 李□ 焦迪

司聂 □陈 宋□ 郭通 宋满 韩元 刘直 祁元 张俊

元用 韩德 刘万 郭元 成一 司顺 □琮 苏俊 □□

维那 李仝 田谨 焦仝 焦桂

陇西李涧书

石匠 乔镇 乔进

荐献楼木匠 丁壁村冯□宝

通过碑文，可以得知二仙庙献楼在金正隆三年（1158）已是重修，依据古代神庙建筑维修间隔的大致规律，献楼之建应在北宋末或金初。碑文中“献楼”共出现四次，除碑刻题名“重修献楼”以及正文“谨等切念献楼土基”之外，文中“□荐献楼高悬，日废及之地”与文末“荐献楼木匠”两处则均言“荐献楼”。文末一处另起一行，并且“石匠乔进”在庙内正殿门楣正隆二年（1157）题记亦载其名，可见“荐”字与“乔进”并无关联，如此可知，二仙庙献楼是有名称的——荐献楼。荐献意为向鬼神进献。从“荐献楼”之命名上，可以知其为祭祀之期向神灵行荐献之礼以及乐舞表演的场所。现存二仙庙正殿前的须弥式方台束腰石上的“队戏图”和“巾舞图”，则是当时二仙庙祭祀之期献演歌舞的真实反映。[①]

这座二仙庙之所以引人瞩目，有几个原因：一是因为其正殿为金代遗构；二是殿前方形台基从其公布之日起就被学界认定为迄今仅存的露台（图 1-5）；三是其束腰石上的乐舞杂剧线刻图对于宋金神庙演艺形式的研究提供形象资料。自 1991 年公布，露台的称谓似乎已经成为定论。2014 年，王潞伟通过对献楼碑记的整理和相关考述，提出其并非露台，而是献楼基座，论述有据。在没有

① 参见景李虎、王福才、延保全：《金代乐舞杂剧石刻的新发现》，载《文物》第 12 辑，文物出版社 1991 年 12 月版，第 33—37 页。

实物参照的情况下，建筑类型的判定有时有迹可循，有时则扑朔迷离。笔者曾撰文《宋代神庙露台的新发现》，介绍考证了福建漳州白礁慈济宫现存的南宋露台，与对露台的一般认识相比，它并非单层，而是双层，与正殿之间虽相对独立，但在建筑空间上亦与正殿有所连属。[①] 此外，北方乡村诸多神庙中，在正殿之前也有类似的砖石台子，它们其中一面与正殿连接，平面呈近似正方形，显然它们并不是月台，而应滥觞于露台。这些台子被现代人称为“神台”或“祭台”或“献台”，事实上也正契合了露台一以贯之的拜祭献艺功能。于露台而言，它最初进入列为国家祀典的政统神系本庙之中，在后续的发展中，露台也存在着世俗化和多样化的倾向。所以，对于露台的判定和阐述不必拘泥于所谓的“露台应与正殿分离”的标准，也不必过分强调它的衰落甚至消失。学科专业一直在追求一种衡量研究对象的标尺，这并无不当，但对于乡村来说，多样性才是其生命力所在。

图 1–5　二仙庙正殿及方台侧影

① 参见拙作：《宋代神庙露台的新发现》，载《戏剧》（中央戏剧学院学报）2018 年第 1 期。

如今，二仙庙正殿前的这座方台经历了从露台到献殿基座的角色改变，王潞伟的论证有理有据，考证扎实。既是田野调查不断深入、新材料不断发现的必然结果，也是对既往学术研究结论的补充和纠正。毋庸置疑的是，金代的二仙庙已经建有供祭礼演艺之用的献楼，并且其演艺类型既包括从北宋传承而来的杂剧、队戏演出，也包括女真族乐舞演出，呈现出民族文化交流融合的状态，这本身就具有十分重要的意义。

"宋金时期作为戏曲的形成期，歌舞百戏演出盛行。虽然杂剧在教坊十三部中为正色，但它毕竟只是散乐中的一种，未从百戏中脱颖而出。百戏杂陈需要一个共同献艺的地方，上无顶盖，旁无遮拦的露台正好适应其需要，于是应运而兴。"[①] 露台的出现并兴起，一定程度上改变了早期歌舞百戏演出撂地为场的局面，因为露台既然称为台，则要高于地面，这符合将表演区升高从而提高观演效果的趋势，在台上表演，不仅便于观看，也可增加观众人数，而且使艺术与生活在三维空间上分离，是艺术的进一步自觉。舞亭、舞楼以及有着相同功用的献殿、献楼的出现则实现了歌舞杂剧与百戏的第一次分离，因为加上顶盖，百戏中的一些技艺表演如爬竿、顶幢等必然受到限制。可以说，宋、金舞亭、舞楼以及献楼等建筑的出现处在神庙剧场演出场所由非专门化向专门化过渡的时期。随着金元时期神庙剧场专门化舞台的兴建，表演逐渐从早期舞亭、舞楼以及献殿中独立出来并且转移到远离正殿的舞台之上，而舞亭、舞楼以及献殿这一类位于正殿前，且紧靠正殿的建筑也逐渐褪去了表演场所的色彩。作为神庙建筑的一部分，献殿并未自此退出神庙，明清时期神庙里普遍建造的献殿主要职能是拜祭和陈列供品，此外又增加了另一种职能，即在祭礼完毕后，摆上桌椅，从而成为官绅阶层的正面观剧场所了。

① 车文明:《20世纪戏曲文物的发现与曲学研究》，文化艺术出版社2001年版第32页。

第二节 高平市金、元神庙剧场

金代中后期，专门化的舞台开始出现，与早期舞亭、舞楼、献楼四面透空的形制不同，它们在顶部加盖的基础上将后山面砌墙，成为三面观。并且其建造位置一改靠近正殿而变为建在远离正殿的中轴线上，正殿和戏台之间的空地自然而然成为了观剧的主要场所，神灵和民众被纳入到了同向的观剧空间中。有元一代，神庙剧场所建戏台在延续金代后期方形规制的基础上面积有所扩大，并呈现出相对统一且规范化的趋势，这主要是为了适应比较成熟的戏曲表演的需要。舞楼等的名称虽然得到沿用，但其独立性增强，职责明确，主要是演戏了。

王报村二郎庙金大定二十三年（1183）戏台建筑实物遗存，是为中国现存最早的神庙戏台。[①] 与沁水县交界的寺庄镇公家山村紫金山三嵕庙金崇庆元年（1212）舞楼碑刻以及北诗镇龙尾村东岳庙元至大四年（1311）舞楼碑刻的发现则又为金元舞楼添得新生力量。高平神农镇下台村炎帝中庙现存具有金元建筑风格的舞亭类建筑，以及建宁乡建南村济渎庙遗存的疑似金元舞楼建筑基址都值得关注。

一、金和元遗构神庙剧场

1. 寺庄镇王报村二郎庙金大定二十三年（1183）戏台[②]

在神庙之中露台，舞亭、舞楼、献殿等类型建筑承担祭礼乐舞职能的同时

---

① 参见冯俊杰:《中国现存时代最早的神庙戏台》，载《戏曲研究》第58辑，文化艺术出版社2002年4月版，第80—87页。

② 2013年8月14日，笔者与王潞伟、段飞翔一行考察；2014年9月24日，笔者再次实地考察。

图 1-6　二郎庙戏台

或稍后，功能比较纯粹的舞台类建筑也出现在神庙剧场之中。已经发现的中国现存最早的古代戏台——山西高平市王报村二郎庙金大定二十三年（1183）戏台，由冯俊杰先生带领师生于 1998 年 6 月 30 日田野调查时发现。2006 年，二郎庙因这座具有不凡意义的舞台建筑被确定为国家重点文物保护单位（图 1-6）。

二郎庙位于王报村北的一个高岗上，坐北面南，一进大院，院落宽 18.3 米，南北深 30.2 米，中轴线上自北向南依次为正殿、献殿和戏台，东西角殿、东西廊庑分列院落两侧。庙宇业已全面修缮，虽然不再破败，但却也少了几分厚重和沧桑。

二郎庙正殿重修于清康熙四十年（1701），脊枋有是年重修题字，可为确论。正殿面阔五间，悬山顶，七架梁对前单步梁，通进深七椽。前檐用方形抹角砂石柱，方凳础，形制均比较大，柱头斗拱五踩双下昂，瓜棱坐斗，补间各一朵，为单杪单昂，耍头雕作含珠龙头，两侧斜拱、斜昂为龙爪变体。由额、雀替施圆雕，多为龙凤、花卉题材。正殿前即为献殿，建在高 1 米许的石砌台基之上，与正殿相距不过 2 米，悬山顶，面阔三间，进深四椽，用圆木柱。

戏台位于庙宇中轴线最南端，距献殿 16 米许，面向献殿、正殿。单檐歇山顶，山花向前，平面呈正方形，面宽 5.02 米，进深 5 米，四角立柱，为粗大的圆形木、石对柱，通高 3.13 米，其中木柱高 2.65 米。柱头施十字相交绰木枋，上承接宽厚的大额枋，额枋及绰木枋都伸出柱外，断面皆垂直截去不做雕饰，额枋上补间斗拱每面各两朵，为重拱四铺作单下昂，用琴面真昂，四转角斗拱皆三缝，出 45° 由昂、斜昂，正、侧面耍头为蚂蚱头。

戏台下基座为简易须弥式，束腰石间以兽头蜀柱，束腰石有线刻图，其中在东三束腰石上有“时大定二十三年岁次癸卯秋十有三日，石匠赵显、赵志刊”的刻字留存，学界皆以此作为这座金代戏台的断代依据（图 1-7）。

图 1-7　二郎庙戏台台基束腰石刻字

戏台内顶是由二重井架构成的，简洁大方，四根宽厚的额枋构成第一层井字架构，四面补间铺作的耍头后尾向上撑起抹角梁和采步金梁，构成第二层井字架构。方井之上，南北为山花，山花内的合踏、叉手、侏儒柱直接支撑脊榑，然后铺设屋椽（图 1-8）。

图 1-8　二郎庙戏台梁架结构

2. 神农镇下台村（今中庙村）炎帝中庙舞亭[①]

下台村现有人口470余户，约2000人，主要姓氏为殷、孟。炎帝中庙位于村之西北，坐北面南，该庙2006年被确定为国家重点文物保护单位，并于近年将庙宇建筑悉数修复，所以今日看起来焕然一新。庙宇原为内、中、外三院，外院南端原建有戏台，但已被拆除，故我们无法确知其形制。外院现只留存有西侧五间禅房，东侧留存的二层建筑五间，应为原之看楼。

由前院进入中院的旧山门在中轴线西侧，为券形门，上有明天启二年（1622）所立匾额“炎帝中庙”，不过现在已经砌封。而位于中轴线上的中院山门，前檐施方形凹角砂石平柱两根，青石方凳础雕刻精美，为典型的清式做法。中院山门两侧各有悬山顶建筑各三间，再向两侧延伸则各有一座二层悬山顶建筑——钟鼓楼位于中院的东南、西南角。通过山门进入中院，中院面积并不大，进深仅7米许，比较狭窄。中院和内院的分界是由中轴线上的歇山顶建筑以及东西通道、东西三间悬山顶房屋而形成的自然隔断。内院宽22.2米，进深31米，较为宽大，正殿三楹，左右各有悬山顶侧殿三间，角殿各三间，东西廊庑各七间。

中轴线上的歇山顶建筑就位于内院最南端，且面向正殿而建，平面近似正方形，面阔5.5米，进深5.15米。琉璃脊饰比较精美，四角立圆木柱，角柱用素平础，柱侧脚、柱升起明显，前后各有两根细木柱，柱下无础，难以与建筑主体木构件相称，当是后世重修时添加的辅柱。柱上施四根宽厚的大额枋，与阑额一起伸出柱外，断面垂直截去，不做雕饰，构成第一重井字形框架。大额之上承接斗拱，瓜棱坐斗，斗拱每面四朵，为五铺作双下昂，耍头出作昂形。从其位置和朝向来看，它更像是金元舞台建筑，从建筑木构件的用材和形制上来看，也仍然具有金元时期舞楼的建筑特征[②]（图1-9、图1-10）。按照太行山乡村神庙的建筑常规，这里无疑是祭祀时向神灵敬献歌舞戏曲的场所——舞亭。[③]

---

① 2013年7月21日，笔者与王潞伟、赵丹荣等人实地考察。

② 对于这座建筑的功能属性，尚有争论。高平市炎帝文化研究会编《炎帝古庙》一书中称其为太子殿、或无梁殿。依据是这座建筑内墙壁嵌有元至正二十一年（1361）刊立，由长平乡贡进士宋士常撰书的《创修神农太子祠并子孙殿志》，这也是该庙现存最早的碑志资料。

③ 曹飞:《山西清代神庙戏碑辑考》，2012年4月，第15页。

图 1-9　炎帝中庙舞亭正立面

图 1-10　炎帝中庙舞亭藻井

与早期舞亭、舞楼以及献楼等建筑位置不同，二郎庙舞台和炎帝中庙舞台的位置显然已经远离正殿并在后山面砌墙成为三面观（根据二郎庙所在的地形，舞楼之背后为陡坡，故二郎庙舞台已经不可能是四面观；炎帝中庙舞台的背后虽然有中院，但面积狭小，况且由舞台、正殿等建筑组成的内院，面积很大，当然能够容纳更多的观众，所以也不太可能为四面观）。位置上的变化和三面观的出现表明戏曲观演模式的相对成熟。延保全先生《宋金元时期北方农村神庙剧场的演进》论证，北宋至金代前期，“舞楼”的独立性还未完全成熟，除了演艺功能之外还兼有祭献；金代中后期，随着金院本的成熟与繁荣，势必对演出场所提出相应的要求，戏剧演出与祭祀礼仪相分离，使得戏剧演出成为纯粹的艺术表演，导致了戏台与神殿距离拉大。① 曹飞先生在其《敬畏与喧闹——神庙剧场及其演艺研究》中言：“舞台类建筑是走向神庙剧场的里程碑，属于真正的专业舞台，从唯一幸存的宋金神庙舞台实例和其他砖雕模型来看，它已经摆脱了四面通透的样式，变为三面观规制的戏剧舞台，舞台与正殿拉开了距离，是因为考虑到要尽可能安置观众，神庙献艺的宗旨开始发生动摇，向实际上的娱人目的过渡。”②

二、碑刻所见金元舞楼信息遗存及其考述

1. 寺庄镇公家山村金崇庆元年（1212）舞楼及《创建灵贶庙记》③（图 1-11）

【额篆】创修灵贶庙记

① 延保全：《宋金元时期北方农村神庙剧场的演进》，载《文艺研究》2011 年第 5 期。

② 曹飞：《敬畏与喧闹——神庙剧场及其演艺研究》，中国戏剧出版社 2011 年 5 月版第 34 页。

③ 2013 年 8 月 19 日考察时由孟伟、王娟娟等人首次发现；笔者于 2013 年 11 月 20 日、2013 年 11 月 27 日两次前往公家山拍照并抄录碑文；2014 年 9 月 24 日与段飞翔、靳晓靓、侯璐莎一行传拓。碑高 114 厘米、宽 52 厘米、厚 24 厘米，原在紫金山三嵕庙，20 世纪 50 年代，庙宇损毁，村民将碑刻改造加工为水渠构件，现存公家山村头水渠中，碑额遗失，碑体两处穿孔。拓片现存山西师范大学戏曲文物研究所。

图 1-11 金崇庆元年（1212）《创建灵贶庙记》拓片

【碑名】创修灵贶庙记

夫建祠立像，为神化去，与民祈福。有在世立功于民，灵显致应，其所祀者□□可所掩。今端氏明庄紫金山巅有灵贶庙者，实出屯留三嵕，盖山神也，或□□羿，或曰三王，语尤不经，无可考据。有司以灵应事迹，上之朝廷，赐名□□，则实贵在乎此矣，兹固无疑。昔定年初，素无此庙，其山颖锐，有小虚室，建□□所，惟神谴怒，□□□勤与风，村人大恐，遂毁弃□□□创起之。至岁丙午，□□其地，当山下□□□□阔坦平所，架构大成，廊□□□，彩塑俱全，其祠□□，高跨危峰，东□□□，北对仙翁，西连圣石，名□□□□□徘徊周览，气象□□，大为绝境，甚□□深，叹欤。今功既毕，立圣像严重□者，莫不悚然，起乡人□□，祭陈不辍，亟蒙福地。国无拔木之妖风兮，声息长林，垅足苏苗之沛泽兮，□□云深，菌有匝时之蓄兮，岁搛凶临，家余兼岁之储兮，众溢欢心。于本村者□□见之，神明悉重罔助其诚并竭力兴祠，能勤终始，大集厥功，不亦善乎！□□而书之。（阙文）

长平腐儒崔瑁记

松岩懒叟李颢书丹篆（阙文）

碑阴：

【额篆】众修灵贶王庙记

明庄村正殿舞楼众人户修盖下项

明福 王贵 王成 张愿 明松 明珍 明毅 明存 论枤

东行廊修盖人男明辛 明琮 孙男明庭……

西行廊修盖人张振 张智恩 张厚 王□……

五道□□人弟王真 武全 王荣 宋成……

……张玘

……修盖人明存 孙明炳 □男明□……

……人郭真 王准

芦家峪王信 王海 王□ 王彬 王烦 王玘 王□……

釜山村宋亨 宋元 宋宝 郭聚 王辛 □□ □立……

随年轮审响赛，车道村众人户等，明祝 明著 明成 贾元……

崇庆元年七月终

立碑人明松 明毅 孙明□

此碑现存高平寺庄镇公家山村头水渠中，碑额遗失，碑体两处穿孔。碑高114厘米、宽52厘米、厚24厘米，原在端氏紫金山三嵕庙，20世纪50年代，庙宇损毁，村民将碑刻改造加工为水渠构件。

撰碑人崔瑁自署长平腐儒，生平事迹无考；篆额书丹者李颢，自称松岩懒叟，生平亦不详，倒是书法水平值得称赞，其楷书师法颜真卿，用笔、结体出规入矩，却并不呆板；其所篆额“创修灵贶庙记”，用笔在铁线篆的基础上，寓方于圆，结体平正且多有处理巧妙之处。结合其楷书而共论，师古不泥古，书学积淀深厚且又自出新意，书法造诣多可称述。

端氏设县始于西汉，隶属河东郡。三国、西晋、北魏时期，先后属平阳郡、安平郡管辖。隋开皇三年（583），端氏县治由西城村迁至端氏村，隶属长平郡。唐、五代、宋归泽州管辖。到元至元三年（1266）也即南宋咸淳二年，端氏县并入沁水县，隶属于晋宁路。其县治从西汉至元历经1000多年时间。1941年，晋冀鲁豫边区为了纪念著名抗战将领武士敏，端氏设士敏县，1947年端氏、沁水二县又合并为沁水县至今。

此碑刊立时间为金卫绍王崇庆元年，即公元1212年。所以碑刻刊立之时，这里仍然为端氏县。碑文里提到的明庄村在今高平、沁水两市县交界处，属于沁水县管辖，位于此碑发现地高平公家山自然村西北，相距约两公里。按碑文所载“今端氏明庄紫金山巅有灵贶庙者”，说明碑刻所在的三嵕庙在紫金山上，紫金山应该位于明庄与公家山之间，也就是明庄之东南，公家山之西北。

碑文随即说紫金山三嵕庙“实出屯留三嵕，盖山神也”。是说该三嵕庙所祀神灵以屯留三嵕庙为本庙，祀奉山神——三嵕。屯留县有三嵕山，现名老爷山，位于屯留县城西北 25 公里，属余吾镇上莲乡，海拔 1226 米。三嵕山山峰并峙，三嵕庙位于东峰麟山上，一般认为三嵕信仰发源于这个三嵕山的三嵕庙。碑文言：“或曰后羿，或曰三王，语尤不经，无可考据。”可见对于三嵕所指何神，除后羿的说法以外，另有三王的说法，且至少在那个时候的此地是没有确切定论的。一般情况下，三嵕庙主祀之神为后羿，而“三王”则一般是指夏、商、周三代的君王，即夏禹、商汤和周文王或周武王。

“昔定年初，素无此庙”，应为金大定年间（1161—1189）。“至岁丙午”而“架构大成”，若大定年间确为碑文所指，则丙午年就是金大定二十六年（1186），且依照碑文的刊立年代——金崇庆元年（1212）距此年不远，所言应是可信。如此，紫金山三嵕庙之初建在金大定二十六年（1186）。“东□□□，北对仙翁，西连圣石，名□□□□□徘徊周览。”当是对于彼时三嵕庙周围的重要名胜古迹的描述，不过因为碑文残缺，信息未获完全。北对仙翁，当是指高平县北仙公山之仙翁庙。这也可以辅证，至迟在此时，高平仙公山已经有仙翁庙存在。“西连圣石”不知所指为何处。

碑刻碑阴有“明庄村正殿舞楼众人户修盖下项”的信息遗存，可见自三嵕庙始建，舞楼及其所承载的神庙演艺就纳入到庙宇的整体建设和祭祀体系当中（图 1-12）。

图 1–12 《创建灵贶庙记》碑阴拓片细部

且依据碑阴上所提到的村庄，其中明庄村、车道村在今沁水县境内，而芦家峪、釜山村则属于今高平寺庄镇。可见三嵕庙的建设是周围的几个村庄共同完成，并“随年轮审响赛”，亦可窥见紫金山三嵕庙祭祀、赛社的既定规则和辐射范围。

宋金时期，围绕着某一座神庙，以祈福求雨，禳灾避祸为主题，多个村社联动祭祀，赛社演艺十分繁盛。高平河西村三嵕庙在宋代天圣十年（1032）有四社同祭，“春秋献贺，踧踖而战战兢兢；送故迎新，鞠躬而悚悚惕惕，畴昔前年逢辛未，月值夹钟，当两乡祷庙之时，乃四社祈神之次。”① 山西长子县色头镇紫云山三嵕庙在宋代亦是“大兴供献，仪仗、法物，僭拟王者，百戏妓乐，所费不赀，官司莫之禁，习以为常”。② 金人统治北方后，民间赛社演艺活动有增无减。长子县上坊村成汤庙金正隆元年（1156）《潞州长子县重修圣王庙记》：“祭祀祈赛，殆无虚日。”③ “每当季春中休前二日，张乐祀神，远近之人不期而会……肩摩踵接，塞于庙下。”④ “赛秋社，仪卫之物颇僭制度。”⑤ 并且，赛社活动组织有序，多个村落轮值，成为定制。与高平公家山金代碑刻中所记相似，长子县小关村三嵕庙在金代贞元元年（1153）也建有舞楼，以三嵕庙为中心，数村联合赛社，至今仍有该庙赛社活动“李（收）董（村）鲍（村）谷（村）

---

① 〔宋〕天圣十年（1032）《三嵕庙砌门铭记》，圭首，行书，碑高90厘米、宽50厘米，乡贡三传郭遗直撰文，学究王在存书，镶嵌在高平市河西镇三嵕庙墙壁内，王树新主编《高平金石志》收录，笔者考察抄录。

② 〔宋〕宣和四年（1122）《紫云山新建灵贶庙记》，碑高122厘米，宽67厘米，侧宽16厘米。碑存山西省长子县色头镇琚庄村北紫云山三嵕庙东碑亭内，申修福编《三晋石刻大全·长子县卷》收录，三晋出版社2013年版，第46页。几乎与该书出版同时，2013年7月18日，王潞伟于田野考察中发现，并在其《上党神庙剧场研究》中首次对该碑基于戏曲文物视角的研究，中国戏剧出版社2016年版。

③ 〔清〕光绪《长子县志》卷三十七《金石志》。

④ 陕西耀州三原后土庙金泰和五年（1205）《耀州三原县荆山神泉谷后土庙记》，乡贡进士王希析撰文，乡贡进士刘光书并篆额，正书，额篆“重修后土庙记”。王新英辑校《全金石刻文辑校》，吉林出版集团，吉林文史出版社2012年版，第455—456页全文收入。

⑤ 金赵秉文《史少中碑》，《闲闲老人滏水文集》卷十二，《四部丛刊》初集本。

常（村），大（关）小（关）宋（村）辛庄（前后辛庄）”的俗语。[①]

2. 北诗镇龙尾村东岳庙元至大四年（1311）舞楼[②]

龙尾村现有人口约300户、1400人，主要姓氏姬、杜。东岳庙为村之大庙，位于村庄东北大坡上，五进院。主殿祀奉东岳大帝，庙宇之侧殿、配殿分祀诸神，可谓一应俱全。东岳庙会日期为每年的农历三月二十八日。庙宇除却前院三门式山门、山门戏台、耳楼、钟鼓楼以及两侧看楼所组成的前院外，其余已全部新修为砖瓦房。戏台、看楼等建筑似亦曾重修，但基本构架并未更换，基本保留了原貌。

东岳庙始建不详，庙内现存元至治元年（1321）《重修东岳庙记》（图1-13），碑中载："昔亡金泰和元年，前本村魏公因梦圣感，创建岳庙三间，全新塑像，彩绘庄严。至我皇元大德四年，庙为风雨摧坏。"如此来看，东岳庙之创建或在金泰和元年（1201）。碑文记载的对庙宇的一系列修建除去诸多殿宇的增建之外，还有东岳庙舞楼的创建信息，碑文载："至大四年，维那李荣纠领人户，创建东西廊三十间，西偏殿维那姬珍，东偏殿维那王福，舞楼维那宋显（图1-14），三门维那姬彬，五道殿维那姬玉，而作新焉。"如是则至迟在至大四年（1311），东岳庙就已经有了承载祭礼演艺的专门场所——舞楼。

【额题】重修东岳庙记（篆）

【题名】龙尾乡重修东岳庙记

篆额书丹上党县南董村李荣

① 段建宏:《舞楼碑刻与晋东南社会：金代舞楼碑发现的意义》，载《中华戏曲》第48辑，2014年11月版，第127页。

② 〔元〕至治元年（1321）《重修东岳庙记》，前高平县儒学教谕长平书院主人可斋宋鳞记，上党县南董村李荣篆额书丹并刊石，笏首，额题篆书"重修东岳庙记"，碑高170厘米、宽83厘米，现存庙内，局部漫漶。2013年8月24日考察时由杨波等人发现并拍照；笔者于2014年9月25日考察时补拍照片并传拓。拓片现存山西师范大学戏曲文物研究所。

图 1–13　龙尾村东岳庙元代碑刻拓片

《易》曰:“大而化之之谓圣,圣而不可知之谓神。”[①]《洞冥记》曰:“东岳,天帝之孙,太昊氏。居东方,封泰山,主世间万物,人之生死之司。”[②]盖天之生斯民,既有长育,莫不有所主焉。推其源则知其本,凡人生贵贱,贤愚寿夭,痴聋喑哑,所生气质之禀不齐,皆前生今世之所报也。今为贤哲则前世之为善也。今世之愚贫贱则前生之为恶也。痴聋喑哑即前世误人巨奸大猾险伪人也。神明之化,设像欢人,导之以仁义,成之以礼乐,居之以富贵,使之为善,充其善生之本,而复其本然之善耳。上至帝王公卿,府州司县之官,下至万民有生之类,莫不皆属所掌。由此观之,则七十二司,百二十曹,何由之所设也?自天地开辟,古今生死虽为常道,未有不为神司者焉。高平,泽之上县,春秋末为晋墟,赵廉颇、秦白起相拒之地,汉卫将军故封之邑,宋金人物辈出,衣冠之会,文章之薮,皆在此矣。龙尾去县四十里,村东有神山焉,

① 《孟子·尽心下》,原文是“充实之谓美,充实而有光辉之谓大,大而化之之谓圣,圣而不可知之之谓神。”原文比这里的引文多一“之”字,当为引文脱漏。《易经》和《易传》中都没有这句话,这里说这句话出自《易》可能是碑文撰写者的记忆错误。

② 碑文中对于东岳神的叙述是引用《洞冥记》,这里的《洞冥记》应为汉代郭宪《汉武洞冥记》,然而通过对《汉武洞冥记》的检索,并没有关于东岳神的任何文字信息。撰碑人宋璘在元代所见的《洞冥记》是否有关于东岳的记载则不得而知了。明代《封神演义》出现之后,东岳被认为是黄飞虎的说法很快占据了统治性的地位,其他的说法很少再出现。

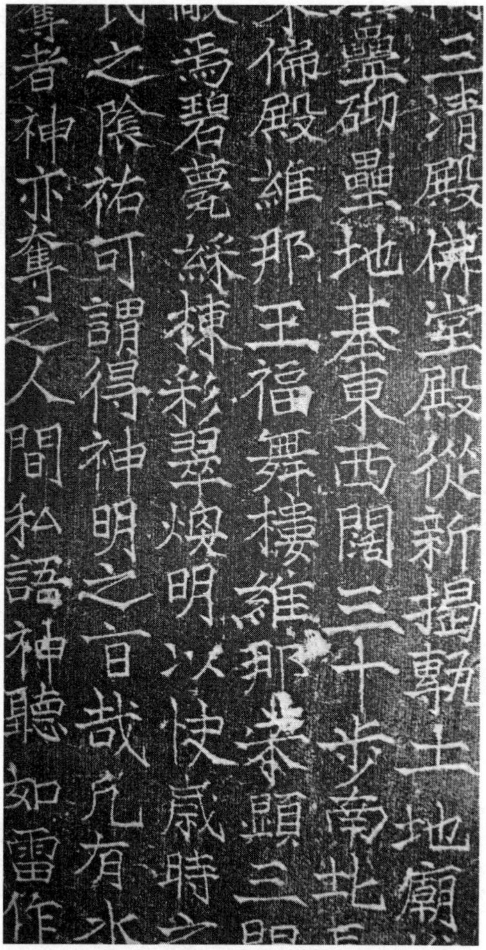

图 1-14 东岳庙元代碑刻拓片细部

曰卧龙，今棲神之地也。[①]峰峦秀丽，叠嶂万状，绝壑千寻，濛濛翠□吐日月于遥岑，渺渺晴岩，锁云霞于朝暮，四时景物，咸归造化之权衡。一气捞笼，出自幽明之主执。昔亡金泰和元年，前本村魏公因梦圣感，创建岳庙三间，全新塑像，绘彩庄严。至我皇元大德四年，庙为风雨摧坏，本村都录公姬崇纠领大小人户重修东岳正殿三间，三清殿、佛堂殿从新揭瓦，土地庙维那李英；二仙庙维那姬谅、姬玉，为庙地隘窄，大德五年作维那搬载土石，庙南埴垒，砌垒地基，东西阔三十步，南北长亦如之。至大四年维那李荣纠领人户，创建东西廊三十间；西偏殿维那姬珍，东偏殿维那王福，舞楼维那宋显，三门维那姬彬，五道殿维那姬玉，而作新焉。荐献之位，庖厨之所，莫不备具，而其中敞焉。碧甍彩栋，彩翠焕明，以快岁时之祀，繄（惟）我圣帝陶镕，

① 龙尾东岳庙见于县志，乾隆《高平县志》和同治《高平县志》中均有著录，将它称作泰山庙。县志中记载的东岳庙有三个，米山镇（现米东村）的东岳庙现存，改为粮站。回山北里的东岳庙不知道确指何处，县志所见八十八里中并没有回山北里，回山以北现在所知的东岳庙最有可能的是康营的东岳庙。除以上三所东岳庙之外，高平现有东岳庙还有大野川东岳庙、原村东岳庙和朴村东岳庙。以上六座东岳庙中，康营和朴村东岳庙比较特别，均位于村中心区域，是村中大庙。大野川、原村、龙尾和米东村的东岳庙都位于村东高地。所有东岳庙碑刻以龙尾东岳庙中此元代碑刻为最早，其他仅有康营东岳庙中有明代晚期碑刻一通，其余碑刻均为清代民国时期的。

生民之阴祐，可谓得神明之旨哉。凡有水旱，祈祷辄应，运生成赞化育非外至，御灾干旱非外来。噫，好与者，神亦与之，好夺者，神亦夺之。人间私语，神听如雷，作善降祥，作恶降殃。善恶生死，吉凶祸福，非东岳其孰能此欤！义不获辞，故摭其实以书之，以示来者云尔。

前高平县儒学教谕长平书院主人可斋宋鳞记

大元国至治元年九月重阳日都维那姬明立石

石匠上党县南董村李福，男李荣刊

东岳庙现存舞楼为山门倒座式，其脊枋有清乾隆四十九年（1784）的重修题记①，可见在清代，东岳庙的戏曲演出已经是在山门舞楼上进行了。山门舞楼，筒瓦屋面灰脊饰，面阔三楹 7.42 米，其中明间 2.9 米，进深 4.14 米，柱高 3.3 米，础高 0.3 米；东西看楼各面阔三楹 7.15 米，进深 4.4 米，下柱高 3 米，上柱高 2.7 米，俱为悬山顶（图 1-15）。

图 1−15　龙尾村东岳庙清代戏台

自元至清，其间 400 余年，庙宇必定几度兴废，而建筑也毋庸置疑发生了巨大变化，从舞楼维那、三门维那分述来看，元代东岳庙的舞楼应遵从了元代

① 时大清乾隆四十九年岁次甲辰合社众善同住持重修戏楼三间，东西耳楼八间……同建，自修之后，合村人等平安，永垂不朽于后耳。

舞楼的一般建筑规制，背对山门，面对正殿。东岳庙及其元代舞楼碑刻还是为我们提供了元代舞楼的又一个确切信息，这已是十足令人欣喜了。

3. 高平市中坪村二仙宫元至元五年（1339）《重修二圣庙记》[①]（图 1–16）

图 1–16　中坪村二仙宫元代《重修二圣庙记》碑

【额题】重修二圣庙记（篆）

【题名】大元国泽州高平县举义乡话壁村翠屏山重修真泽行宫之记

郭良撰

张彦书

李从道额

自古仙登羽化者，特受异气，禀之自然，非力学所可至。故吸沆瀣，餐朝露，乘云气，御飞龙，呼乎物境外，绵日月而不衰也。若赤松、王乔之属，是已处于昆之室，一陈其嵩岳之巅，或随风雨上下，或驾凫鹤往来，后人有追之而俱去，望之而不到者。神仙之事，岂虚言哉！俗子或谓上□得道行解，变化轻举紫□者，事如诞妄，蒙窃惑焉。殊不知，西王母外之戴胜也，青鸟为使；穆公女之吹箫也，丹凤来迎。周王见之于异代，秦祠之于当时。前哲遗尘，显载□□。繇是观之，则流妄惑之说，不待辩争，断可以破尔。吾乡二真人，世传相辅之子，生而神奇，自幼致孝，妙然复有绝俗之志。既笄而山居，因遇异

① 2013 年 9 月 23 日颜伟、杨波实地考察，2014 年 9 月 25 日颜伟、段飞翔等人实地考察。

人，教以采饵灵药之法，遂隐形于石室；又云天赐红衣，袭服之，而白日飞升矣。虽其语不经，见搢绅者弗道，然而余尝于乡先生状元登第中靖大夫赵安时处，得太常寺墨碑本，中录《二仙五瑞记》，考之颇有可据者。乃唐昭宗乾宁元年，布衣上殿张瑜所纂，云大唐广平郡乐公二女灵圣通□，古墟任村人也。号紫团川，连赤壤，石关有之上望立庙久矣，亦不知几托年世。化现时，但以素首金钗之迹，洞□长存红裳绣履之仪。山曲屡见，无有远通，嵺□士庶，奔□奉祠者不可胜计。时俭求之即丰，岁旱求之即雨，祸盈福谦，靡差毫百者，众果服信而有徵尔。吾瑞者，盖是年春祈之际，巫女通言：二神女要重葬先代之父母。其父讳山石、母杨氏，云藏骨在樱桃郊。村人寻访其处，月回为指踪，山间取石，有白蛇现。在石之日，有仙鹿引车地之时，闻空中有哀声。于时，士豪刘刚、王美合掌，幼数□指辈，葬之村南二里地。后黄巢之乱，此地独免屠烧者，非神相之力乎！又宋之方成于西边也，军士偶乏食，有神女鬻饭以给，数万人者，累日釜鬻常满，挹之不怯，竟莫测其所由来。或怪而问之，曰："我非恒人也，即晋阳之二仙女也，以未有功于民，故于斯而济国耳。"言讫不见，兹事尤异，兢播泽潞之间居士也，人之□诚不谬焉。推此数端，神应功德，昭然著见，宜乎明号，脱有阴阳，交冲淑真人、冲惠真人。榜曰灵真之观，纪在祀典，庙食无穷。泽北邑泫水东乡，天祐末年建立行祠，居民岁时致祭，朔而又朔，终而复始，靡有旷阙，神亦以此飨。然□□□□□泰之人，罔不废赖则之。长陵女子之神合慢骇言，闻夫人之□祠，深溪之泉，背随城而面太行，肘天党而履龙井。堆牧翠岫，稠迭四围，桑柘平原，已塞其贵。重念二圣灵迹碑文，往往罕记其详，使后之君子难为考信。仆□□此而显录之，庶作古文，里中众者老行游幢右翠屏之山，坐于真泽庙前，四顾观览，看山外之山，坐之良久，翠庵叹而言曰：仰观山河胜概，东带长川□岸，桑土农耕之家何可胜数？因而指示曰：列于寅方，镇于癸位，见山形巇险，上有佛塔巍峨，偃蹇乔松，势若老龙之壮，猵猢怪石，形如猛虎之蹲。乃法玉山□南，卓立七村之山，上有龙潭，干旱祷而为雨。背有蟠溪凤凰头，上立佛堂。下有七贤庄，四时花柳青红，溪流东去。西有武峰之山，上立胡王□。背靠翠屏，山巅磊落，突兀危峰。上有灵贶之王祠，前有真泽之大殿。屏山之阳，武□之背，中有东西之路。有石蛇伤人，遇则天之有感，将石蛇断之。今得大道通行，乃石蛇古道也。西北有马头双峰，岚光接岫，森森寒松，流水带冰青漱玉，晚山衔日翠描金。双鬠峰，古有仙人之旧迹。□城隍之故宫，祥云常绕卧龙岗，瑞霭镇迷千佛岭，乃古话阴之徵邦也。言既录毕，余应之曰："诚哉！此景可拟湘故事，为八景图。"因与同志本村大小人户，齐发原心，自施□财，将正殿重修壁画。并盖挟殿塑像壁画。□盖两廊二十二间，壁画塑马二疋（匹）。创盖舞楼一座，三门三间五道殿一座。太尉殿、太保殿，前后大小门窗二十余合。里外基阶墁砖，排□俱全，至今补修三□，□才完备。凡为民者，修立宫庙，奉事神祇，斋戒严肃，意诚而神至，德归厚矣。今立石标书祀典，□其圣迹，使后代识其功目，知此伦排名姓，彰□先□之德。至今岁次己卯，至元五年仲冬十二月日，社长秦弘、乡司郭良立石。

司吏李思恭 陈仕利 张芳贵 李宗彦 邢思恭 贴书郭好礼

晋宁路高平县典史史侯彬

晋宁路高平县尉王士钦

进义校尉晋宁路高平县主簿田祚

承事郎晋宁路高平县尹兼管本县诸军奥鲁劝农事李友闻

敦武校尉晋宁路高平县達鲁花赤兼管本县诸军奥鲁劝农事伯帖木儿

二仙宫位于中坪村北的翠屏山南麓，庙宇坐北朝南，山门走马板有"惠淑流芳"四字，取自乐氏二女的封号"冲惠、冲淑"。二仙宫建筑沿中轴线依次为正殿、正殿前方形石台、山门戏台，两侧配以廊庑，布局严谨，形制规整。正殿为二仙殿，金建元修，面阔三间，进深六椽，筒瓦屋面，琉璃脊饰。梁架结构为四椽栿对前乳栿，通檐三柱，乳栿下设前廊，柱头施五铺作双昂斗拱，补间五铺作。廊檐置四根抹角方形石柱，侧脚明显，素平础，具有明显的金元时期建筑风格。两侧殿均面阔三间，东西廊庑各面阔九间。山门戏台三间，东西耳楼三间，两侧尚有钟鼓楼。2006 年，中坪二仙宫被列为第六批全国重点文物保护单位。

二仙宫的始建时间，碑记中载为"天祐"，如其可信，距今已有千年历史。金大定十二年（1172）《重建真人行宫记》中载为二仙重建神台。自至元年间的补修之后，“从元统三年（1335）重修庙殿，又至元二年（1336）”再修。[①] 明代重修二仙庙的大部分修缮记录集中在明末，至清顺治、康熙、雍正、乾隆、咸丰、同治各朝均有不同程度修葺。碑文言：“创盖舞楼一座，三门三间”，此当为创建。舞楼、山门分立，依据元代神庙舞楼的一般建筑位置，当背对并靠近山门，面对并远离正殿。然而这座元代舞楼已经无处觅其踪迹，现存的是建于明代天启五年（1625）的山门舞楼。[②]

二仙庙舞楼在漫长的历史沿革中，必定发生了诸多建筑样式或位置上的变化，献演内容的变化等等，然而不变的，则是一直以来舞楼都存在着，也就是说酬神演艺一直都在二仙庙的祭祀体系当中。以上两处新发现的神庙剧场遗存史料及其神庙，皆曾在元代就建有舞楼，再者均现存有山门舞楼，证明神庙演艺的传统得到了延续。

三、其他金和元舞楼遗址

1. 建宁乡建南村济渎庙及其舞楼[③]

建南村济渎庙位于村南翠屏山上，坐北面南，三进院，中轴线上自北向南依次为后殿、济渎大殿、疑似金元舞亭遗址、二道山门、山门、山门前小广场。侧殿、配殿分列东西，整个庙院气势恢宏，所有建筑均筒瓦覆顶，脊饰琉璃，然除了一、二道山门补修一新之外，其余建筑均未能补修，且多有坍塌。院内荒草丛生，甚至有人还辟田种上了玉米。庙内现存碑刻可识读者仅两通，俱为清康熙年间勒石，记叙了济渎庙维修大殿和三门的事宜。[④]

---

① 〔明〕万历二十年（1592）《重修真泽二仙庙记》，现存庙内，保存完好。

② 笔者于 2014 年 9 月 25 日考察时拍照。

③ 2013 年 8 月 9 日笔者与杨波考察时发现并测量。

④ 〔清〕康熙二十二年（1683）《重修济渎庙大殿记》，韩恩晋撰文，夏士琇书丹，壁碑，高 41 厘米、宽 67 厘米，现镶嵌大殿东墙壁外侧，保存较好。康熙三十一年（1692）《重修济渎庙三门记》，申道址撰文，申道埏书丹，壁碑，高 40 厘米、宽 64 厘米，现镶嵌于山门内东墙壁，保存完好。

济渎大殿面阔五楹，进深六椽，前后三柱，悬山顶，屋顶用琉璃筒瓦，脊饰、鸱吻等均已散佚，明间正中三架梁与上金檩仰马撑起雷公柱，柱头刻作莲花状。檐柱、金柱均用圆木柱，侧角、收分明显，素平础。前檐柱头斗拱五踩双下昂出45度斜拱，补间斗拱各一，五踩双杪计心造，耍头六分头，后檐仅施柱头斗拱五踩双杪。因原作学校之用，庙内建筑均在檐柱间砌墙，虽改变了建筑原貌，但也一定程度上保护了木构建筑。后殿面阔五楹，进深六椽，明间同施仰马撑起雷公柱，斗拱样式与济渎大殿同，而较之济渎大殿，后殿均用方形抹角砂石柱，收分侧角亦十分明显。

二道山门过厅面阔三楹，悬山顶五架梁进深四椽，前后檐各用四粗大圆木柱，侧角明显，素平础，柱上施大额枋，上施坐斗，柱头斗拱九踩，出四翘，台基砂石须弥座，雕简易莲瓣花纹，束腰石浮雕行龙，间以兽头蜀柱，甚为精美（图1-17）。

图1-17 建南村济渎庙二道山门

悬山顶山门面阔三楹，五架梁进深四椽，前后三柱，前檐四柱用砂石抹角砂石柱，收分侧角明显，浮雕升龙、降龙、凤凰、蕃草图案，柱头上施通额枋，斗拱五踩双下昂。补间斗拱五踩双昂出45度斜拱，由额雀替雕花。

庙宇中轴线上，济渎大殿前15米，紧靠二道山门有一方形台基，东西宽8.03米，南北深7.85米，基高0.5米，村民介绍其上原有四圆木柱撑起的亭楼式建筑物（图1-18）。

图1-18　济渎庙舞楼基址

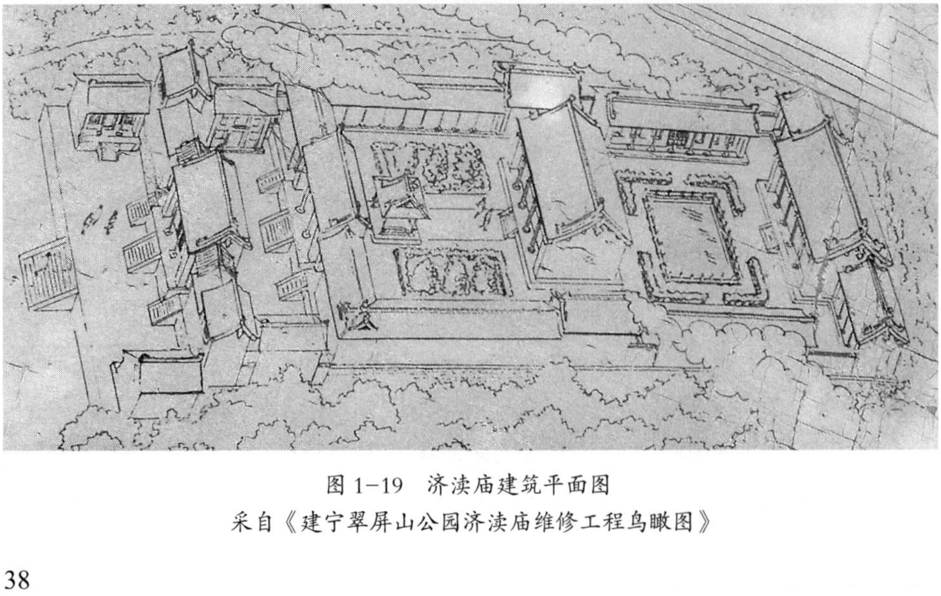

图1-19　济渎庙建筑平面图

采自《建宁翠屏山公园济渎庙维修工程鸟瞰图》

庙外墙壁上悬挂的《建宁翠屏山公园济渎庙维修工程鸟瞰图》中可以看到，其为单檐歇山顶，山花东西向（图 1-19）。之所以将此考虑为疑似金元舞楼建筑遗址，依据一：中轴线上紧靠二道山门、面向并远离正殿的建筑位置，单开间的面宽，符合神庙中金元专门化戏台建筑建造的一般规律。依据二：遗存建筑构件柱础为砂石素平础，础中间距东西面宽 5.5 米，南北进深 5.2 米，近似正方形。这些都与迄今发现的金元戏台建筑实物有相似性，参照下表。

表 1-1 现存金元戏台形制一览表

序号	名称	时间	面阔（m）	进深（m）	面积（m^2）	建筑位置	遗存状况
1	高平王报村二郎庙戏台	金大定二十三年（1183）	5.02	5	25.10	庙院中轴线最南端	存
2	高平下台村炎帝中庙戏台	金元	5.5	5.15	28.33	内院中轴线最南端，背靠庙宇二道山门	存
3	临汾魏村牛王庙乐厅	元至元二十年（1283）	7.45	7.42	55.28	庙院中轴线南端，背靠庙宇南围墙	存
4	芮城永乐宫龙虎殿戏台（存疑）	元至元三十一年（1294）	20.68	4.80	99.26	宫门兼戏台	存
5	永济董村三郎庙戏台	元至治二年（1322）	8.38	6.70	56.15	庙不存，戏台在当地小学院内	存
6	翼城武池村乔泽庙舞楼	元泰定元年（1324）	9.30	9.07	84.35	庙宇中轴线南端，背靠庙宇山门	存
7	洪洞景村牛王庙戏台遗址	元至正二年（1342）	7.40	7.40	54.76	不详	
8	沁水海龙池天齐庙戏台遗址	元至正四年（1344）	7.00	5.50	38.50	不详	
9	临汾东羊村东岳庙戏台	元至正五年（1345）	8.04	7.90	63.52	外院中轴线上，背靠庙宇山门	存
10	石楼张家河圣母庙戏台	元至正七年（1347）	4.65	4.30	20.00	不详	存

续表

序号	名称	时间	面阔（m）	进深（m）	面积（m^2）	建筑位置	遗存状况
11	临汾王曲东岳庙戏台	元	7.37	6.83	50.34	庙宇中轴线南端	存
12	翼城曹公村四圣宫戏台	元至正年间（1341—1368）	8.00	7.86	62.66	庙宇中轴线南端	存
13	泽州冶底村东岳庙舞楼	元	5.00	5.00	25.00	庙宇上院最南端	存

虽然没有直接的证据证明这就是一座金元戏台，但是济渎庙遗存的诸多金元风格的建筑以及上文提到的两组证据还是为济渎庙曾经存在金元戏台提供了有力佐证。

高平市宋金神庙剧场及相关碑刻文献基本勾勒出在这一时空区域内的神庙演艺场景。之所以称演艺而不称演戏或演剧，是因为我们无法确证在宋金时期，宋杂剧或者金院本已经全面承接神庙演艺。实际上，在这个漫长的时期，紧靠正殿的献楼、舞庭，上无顶盖的露台以及远离正殿的舞台都在混杂存在，并无绝对一致性。多样的建筑形式，驳杂的献演形态应是这个时期神庙演艺的主要场景。

伴随着元杂剧的成熟，神庙之中舞楼建迹增多，且呈现出相对统一的形式，这是个十分重要的现象，因为在建筑形式相对统一的背后，则是戏曲艺术的渐趋成熟，并对演出场所提出相对统一的要求。需要说明的是，即便到了元杂剧兴盛的时代，神庙祭礼演艺的形式也依然不是单一的杂剧演出，许多碑刻资料证明，有元一代，神庙露台并未衰落，有的神庙仍在不断的建造使用，神庙祭礼用乐舞娱神的传统也始终未离神庙。

第二章

高平市神庙剧场演艺场所的改革、发展与定型

全国范围内，迄今发现的明代戏台近 80 座，大多幸存，少数已毁。其中山西最多，共有 26 座。[①] 从现存的明代戏台形制来看，其呈现出对金、元戏台形制继承余绪和锐意突破两种趋势。继承余绪，当是一些明代建造之戏台仍继承元代戏台方形、单开间的形制，如山西稷山南阳村法王庙成化十一年（1475）舞亭（图 2-1），山西沁水郭壁村崔府君庙明代舞楼。因其形制上呈现出与金、元时期戏台建筑的相似特征，故而很容易被人们误认为是金、元建筑。另一种趋势则是在形制上对金、元戏台进行突破，表现在几个方面，一是戏台平面由方形变为长方形，从而使得开间由一间变为三间，且明间宽大，着重突出表演区域；二是建筑梁架和木构件的删繁就简，一方面，梁架由亭榭式扒梁结构改为厅堂或殿堂式抬梁结构；另一方面，斗拱一改金、元戏台动辄五铺作、六铺作雄大壮观的做法，从而大多变为简朴规整的三踩结构。这一系列变化，典型的有山西河津市樊村关帝庙明洪武二十四年（1391）戏台（图 2-2），山西新绛县阳王村稷益庙明正德年间（1506—1521）舞庭。大约在明中叶开始，戏台上设置固定的木质隔断或其他建筑材料用以区分前后台，并设置上下场门，如翼城县樊店村关王庙明弘治十八年（1505）戏台。

① 车文明：《20 世纪戏曲文物的发现与曲学研究》，第 35 页。

图 2-1　稷山南阳村法王庙明成化十一年（1475）舞亭

图 2-2　河津樊村关帝庙明洪武二十四年（1391）戏台

明代戏台对于金、元戏台的锐意改革不仅仅局限在此，形制的多样性也开始凸显。车文明先生在其著作中论述，古代戏台的四种基本类型在明代已经全部出现，包括单层伸出式、单层镜框式、过路伸出式、过路镜框式四种。[①]大约也是在明代中叶开始，神庙剧场中出现了一种新的戏台建筑样式——过路台，即将戏台建在山门或过道之上，如此这般，则再次升高表演区，从而提高观演效果，这比金、元时期单层台的高出地面约1—2米的台基要更进一步。如此建造形成复合体建筑，一则省工省料，对于财力物力相对薄弱和神庙建筑多依靠捐资募化为主要筹资方式的乡村神庙建设来说，不失为一种行之有效的办法。再者，在神庙剧场中，将位于院内的戏台与山门结合，从而能够整合庙宇建筑，使得院落中的有效观剧场所得到很大程度上的扩大和解放，进而可以容纳更多的观众。

明代神庙剧场的另一个创新点则是看楼的出现。看楼之设置，为妇女儿童之专席，用来观剧是其最主要的实用特征，再者能够“严男女之大防”，从而一定程度上改变了神庙演戏男女混杂的局面，规范了男女分群看戏的规矩和习俗。关于看楼的详细论述见本书第四章。

第一节　高平市神庙剧场的锐意改革

高平迄今发现的明代戏台信息共有7处，多集中在明万历、天启年间。这些戏台历经数次重修，大都不再是明代遗构，建筑上的特征并不明显，但在这些庙宇的碑刻中却可以搜罗出许多有价值的信息。这些明代戏台资料一定程度上符合明代中后期剧场改革的大趋势，即以更好的适应表演需求为旨归，并呈现出多样性。具体表现在，其一：戏台面阔三间已基本成定制；其二：过路戏台（山门戏台）的增多；其三：二层看楼的创建。车文明先生论述：过路戏台的增多和二层看楼的创建是明代剧场变迁的显著特点，这些又对清代剧场的建

---

① 车文明：《20世纪戏曲文物的发现与曲学研究》，第36页。

筑设计产生深远影响。[1]高平明代神庙剧场显然可以作为有力支撑，并且其也是明末神庙剧场戏台建设黄金期在晋东南地区的一个缩影。

一、三间几成定制

1. 河西镇焦河村炎帝庙明嘉靖四年（1525）至万历三十三年（1605）舞楼[2]

炎帝庙，位于焦河村北，故村人也称此为北庙。庙宇中轴线上自北向南依次为正殿五楹，拜庭三楹，戏台三楹，以及山门外影壁。正殿五楹，悬山顶，供奉炎帝，东西侧殿分别供奉蚕姑、土地。拜庭为四檩楼棚悬山顶建筑，东西厢房各七间，自北起两间分别为牛马王殿，五道神殿。村中人说庙会日期在七月初十至七月二十之间，择日而定。山门外正南一百米为钟楼阁。钟楼阁之西为三官庙，并与阁相连，形成焦河村北隅的庙宇、阁建筑群（图 2-3）。

图 2-3　焦河村炎帝庙建筑格局

① 车文明:《20 世纪戏曲文物的发现与曲学研究》，第 40 页。

② 2013 年 7 月 25 日笔者与杨波等人考察时发现并测量。

庙内存碑刻三通，明碑两通，清碑一通。考诸碑刻，炎帝庙本不在此处，乃明嘉靖四年（1525）迁址于此，现存嘉靖四年《迁修炎帝神农碑记》载："村西北高岗有古建神农庙。按其始，盖创于金明昌元年（1190）也。及至元间诏示：凡古之帝王有功德于民者，令天下奉祟之。前人因而重修，亦尝识之矣。自我朝以迄今日，盖三百四十有余年。"因"庙之故址高峻崎岖，人皆苦□升降"，故而"卜于村北古道之次"，遂将庙宇建在了村中，且规模严整："栖神有正殿，殿之两旁又有别殿，各肖神像于其中。东西又有殿廊，总计二十有余楹，仍旧规设立社坛。"[①] 后万历以及清乾隆、道光年间均有重修。[②]

碑刻中首次提到戏台，是在明万历三十三年（1605）《重修炎帝庙碑记》中，但已是重修。碑文言："重修正殿五楹，东翼殿三楹，西翼殿三楹，东廊庑五楹，西廊庑五楹，五道殿三楹，牛王殿二楹，舞楼三间，山门楼五间……经始于万历二十九年春月廿日，落成于本年七月末旬。"舞楼之肇始或包含在明嘉靖四年迁址于此的工程之内。[③] 按照碑文的描述，舞楼面阔三间已经是确论。然舞楼与山门楼似乎是分开的，若真如此，则与现今留存的山门舞楼并不吻合。庙内留存的唯一一块清碑——道光九年（1829）《炎帝庙重修碑记》虽言乾隆年间也有补修，但具体事项未可知，道光年间的重修也未再提及舞楼。

现存舞楼山门倒座，面阔三楹 8.3 米，其中明间 2.9 米，进深 5.3 米，柱高 2.6 米，下层柱高 2.14 米，前檐角柱后一米处砌墙，耳房面阔各三楹 8.3 米，进深 3.8 米，戏台距正殿 17.4 米，东西东西宽 14.7 米（图 2-4）。

---

① 〔明〕嘉靖四年（1525）《迁修神农庙记》，高平县儒学训导张振纪撰，高平县儒学生员邑人庞辂书，高平县儒学生员新庄李纯篆，玉工王林刊石，笏首方趺，碑高 134 厘米、宽 61 厘米，碑文楷书，现镶嵌在庙内墙壁，保存完好。

② 庙内存道光九年（1829）《炎帝庙重修碑记》中载："万历及我朝乾隆年间，两次修补，规制畧备"，道光年间的这次修缮"又于殿前立庭，门外增庑"，故可知炎帝庙拜庭的创立是在此时；例授文林郎己卯科举人吏部拣选知县司百川撰文，邑庠生司南金书丹，凤邑李九龄镌石，笏首方趺，碑高 212 厘米、宽 71 厘米、厚 23 厘米，现存庙内，保存完好。

③ 〔明〕万历三十三年（1605）《重修炎帝神农庙碑记》，赐进士通议大夫南京太常寺卿邑人郭东撰文，邑庠增广生员袁逊慧书丹并篆额，玉工李邦光刊，笏首方趺，碑高 183 厘米、宽 73 厘米，额题楷书"重修炎帝碑记"，碑文楷书，现存庙内，保存完好。

图 2-4　炎帝庙院落（从戏台看）

2. 北诗镇西韩庄玉皇庙明万历十四年（1586）舞楼[①]

西韩庄位于高平市东部的北诗镇，现有居民1500余人，农历十月有集会，不定期。

玉皇庙位于村中部，三进院，坐北面南，山门走马板上书“玉皇庙”，山门三门式。中轴线上从南至北依次为山门戏台、菩萨殿、佛祖殿、玉皇殿。侧殿、配殿、看楼等建筑分列院落两侧（图2-5）。庙内存碑刻共计10通，其中明代勒石3通，清代勒石7通，序列较为完整。考诸碑刻，玉皇庙创建于明万历三年（1575），庙内存是年创建碑记，创建之初，玉皇庙仅有正殿——玉皇殿三楹。[②]明万历丙戌年，即万历十四年（1586），玉皇庙创建二仙殿以及子孙殿，是为正

① 2013年8月27日孟伟、杨波、王潞伟考察发现并简单测量，2014年9月25日考察时补拍照片并测量。

② 〔明〕万历三年（1575）《创建玉皇庙记》，壁碑，现存三进院玉皇殿东山墙，宽93厘米、高55厘米，大部漫漶。

图 2-5　西韩庄玉皇庙侧影

殿之两侧殿陪祀，并建起拜殿、舞楼以及左右行廊，玉皇庙此时已初具规模，并且神庙演艺有了固定的演出场所。① 明崇祯十二年（1639），善士张引祺等为玉皇庙施舍庙田。清顺治九年（1652）《创建舞楼记》记载："众议建舞楼三间，使管弦有地。"从而再次创建舞楼。② 然舞楼已于万历十四年创建，此时再次建造，可能是因为原之舞楼已经破败损毁，或者是庙宇规模的扩大，只能再次择址新建。清康熙六年（1667），玉皇庙中殿——佛祖殿改换槅窗。③ 清乾隆九年（1744），重瓦佛殿顶盖。④ 而后清咸丰、同治年间玉皇庙皆有补修，戏台脊枋

① 〔明〕万历十四年（1586）《新建二仙暨子孙祠记》，壁碑，张应利撰并书，玉工毕守平、李守己、李守益镌石，现存三进院东侧殿东墙，宽 70 厘米、高 40 厘米，保存完好。

② 〔清〕顺治九年（1652）《创建舞楼记》，壁碑，邑庠生李恪撰，玉工李光仰刊石，现存一进院前殿西墙，宽 47 厘米、高 40 厘米，局部漫漶。

③ 〔清〕康熙六年（1667）《改修佛殿槅窗记》，石匠李光印刊石，壁碑，现存二进院佛殿东墙，宽 65 厘米、高 34 厘米，保存较好，局部漫漶。

④ 〔清〕乾隆九年（1744）《重瓦佛殿碑记》，陵川县马芝撰，玉工张建治刊石，现存二进院大殿西墙，壁碑，宽 106 厘米、高 30 厘米，保存较好。

题字有清咸丰七年（1857）重修题字。

现存山门戏台，面阔三楹 6.68 米，其中明间 2.8 米，进深 4.4 米，柱高 2.5 米，基高 2.5 米。耳房面阔 5 米，进深 3.5 米。前院南北宽 9.5 米，东西深 13 米（图 2-6）。

图 2-6　玉皇庙前院剧场之山门戏台、耳楼、东西看楼合成影像

玉皇庙规模比较大，三进院中以前院最有特点，山门戏台，东西看楼以及前殿菩萨殿几乎处在同一高度（因地势的原因，菩萨殿建在高 2 米多的石砌台基上），围成一个近似正方形的院落，看楼与戏台耳房、戏台是可以相互连通的。而位于戏台正对面的前殿，在五架梁进深四椽的基础上接出一椽而成为前殿之后廊。

笔者实地考察后发现，前殿面向舞楼的山面是抱厦做法，上下两层均再立石柱各四根撑起抱厦。又据此抱厦脊枋："……（同）治四年……与三班匠人，木师王雪梅、□□苏院瑛，石师兴洞村王有礼，瓦师北诗午姬世贤，同心合力，重修南殿前澹（檐）三间，择吉天德黄道□日□时上梁……"可知这个所谓的"前澹"于清同治四年重修，并开三窗面向着舞楼。且窗户、护栏等的形制与两侧看楼相同，前澹用作正面看楼的说法或可以成立。因为如果此前澹的增加不是为了观剧，则根本没有必要向后接一椽，并上下立柱、前檐开窗（图 2-7）。

图 2-7　玉皇庙前院剧场之正面观剧场所以及东西看楼

3. 北诗镇北诗村炎帝庙明万历二十四年（1596）舞楼①

北诗村炎帝庙位于村中，坐北面南，一进院，向来为村之大庙。现存正殿五楹，山门戏台三楹，东西看楼各三楹，规模不大但却整肃有致。炎帝庙始建不详，庙内存明万历二十四年（1596）《重修神农庙碑》和清嘉庆元年（1796）《重修炎帝庙碑》两通碑刻，所记俱为重修庙宇事。② 另据正殿脊枋"大清乾隆三十八年"字样，知清乾隆年间，正殿曾落架大修。正殿建在高 1 米有余的台基之上，面阔五楹 12 米，七架梁进深六椽 6.2 米，悬山顶，合瓦屋面，脊饰已改换，并非原物。

炎帝庙舞楼的建修应不晚于明万历二十四年，且亦为三间。碑刻中记载："纠众邑人而重修焉……未数岁，而文馆五间，内外两舍各十间，舞楼三间，卷棚、抱厦各一，石台、供桌各一，斜房各二，月台、桥池、甬道，森然并列于其中……迨二十有四载而工始告成。"③ 现今留存的炎帝庙建筑一个较为有特点的做法是其将戏台以及耳房和两侧看楼连接起来，形成了一个三面回廊，可以算得上是一个接近完全连通的神庙剧场。

戏台面阔三楹 7.67 米，其中明间 3 米，进深 3.87 米，柱高 2.9 米，下层山门通道高 3.16 米，耳房面阔两楹 4.7 米，进深 3.9 米，东西看楼面阔三楹 8 米，进深 3.8 米，下柱高 2.1 米，上柱高 2.04 米，俱为悬山顶（图 2-8）。

---

① 2014 年 9 月 27 日笔者与段飞翔等人实地考察。

② 〔清〕嘉庆元年（1796）《重修炎帝庙碑》，邑庠生刘映榴撰文并书，镶嵌于墙壁，碑高 193 厘米、宽 70 厘米，保存较好。

③ 〔明〕万历二十四年（1596）《重修神农庙碑》，时赐进士第承德郎刑部陕西清吏司主事禹门牛从龙撰文，高平县后学王民顺谨志，螭首方趺，额题"重修碑记"，碑通高 304 厘米、宽 63 厘米，现镶嵌于墙壁，保存较好。

图 2-8　北诗村炎帝庙山门戏台及东西看楼

4. 神农镇故关村炎帝行宫明崇祯十六年（1643）演奇楼[①]

故关村炎帝行宫，又名神农庙，位于村南，坐北朝南，2007 年被列为晋城市级重点文物保护单位。在高平市的神农镇，炎帝庙分为上、中、下三庙，下台村炎帝庙清康熙九年（1670）《重修炎帝庙并各祠殿碑记》中载："吾泫有上中下三庙，在换马者为上，在县治东关者为下，而吾乡则其中也。"[②] 换马上庙即指庄里村炎帝庙，下台村炎帝庙为中庙，而原县城东关有炎帝下庙，今已不存。

故关村炎帝庙现存有明清碑刻共 9 通，考诸碑刻，炎帝庙始建时间并不能确知。明成化十一年（1475）《重修神农炎帝行宫记》也只是说："肇建太古，无文考验。"又言："在乡先哲创建宫殿五间，南北长二十步，东西扩十步。"可见彼时的炎帝庙还是具备一定的规模。该碑记载的此次重修始于"天顺四年

---

① 王福才:《高平炎帝陵及其行宫演奇楼考》，载《中华戏曲》第 26 辑，文化艺术出版社 2002 年 4 月版。

② 〔清〕康熙九年（1670）《重修炎帝庙并各祠殿碑记》，邑庠士殷基隆撰文并书丹，现存正殿墙壁，山西师范大学戏曲文物研究所藏该碑拓片。

（1460）孟夏，告成于明成化五年（1469）孟冬”，创修了正殿五间，随后又于正东构建小门三间。① 而后至明天启三年（1623），炎帝庙再次重修，碑文记载：“因重修观音堂毕，遗有余金，再资籍众人之力，而四方同志者各输己财……将正殿五间残缺者补，失坠者续，正东小门改为圣贤殿三间，小房一间，东南改为出入之门。内立青石香台一座，以便焚香有地。”至明崇祯十六年（1643），本村信士又承前余事修西□□间。② 清道光年间，曾补修神殿以及陪房。③ 清光绪八年（1882）至光绪九年（1873），炎帝庙正殿由原来的五楹变成了三楹，同时又改修东西角殿六间，现存建筑当是此次维修后之遗构（图 2-9）。④

图 2-9　故关炎帝行宫演奇楼

① 〔明〕成化十一年（1475）《重修神农炎帝行宫记》长平登丰贡士括阳公器撰并篆额书丹，长平乡王报村王敩刊石，笏首，碑高 129 厘米、宽 60 厘米、厚 21.5 厘米，现存庙内大殿东北角，保存较好。

② 〔明〕崇祯十六年（1643）《重修炎帝行宫碑记》，邑庠生锡蕃申懋勋撰，信士文庭申上卿书丹，笏首，碑高 133 厘米、宽 60 厘米，现存院西墙壁，保存较好。

③ 〔清〕道光年间（1821—1850）《补修神殿暨陪房碑记》，后学申履中撰文，后学申益谦参阅，笏首，碑残，现存大殿内西北角。

④ 〔清〕光绪十年（1874）《改修炎帝行宫碑记》，生员申履中撰文，纯儒申九德书丹，笏首，碑高 162 厘米、宽 53 厘米，现存大殿内东侧墙壁，保存较好。

图 2-10 《创建演奇楼碑记》

炎帝庙舞楼的创建时期则有据可循，庙内现存明崇祯十六年（1643）《创修演奇楼碑记》专载创修舞楼事宜："盖格上下和神人，有取于演奇者大矣。信士申上用，当本宫西楼告成之日，欲纠众创修南楼三间，以为演奇地。"至此，炎帝庙有了固定的演艺场所——演奇楼。[①]（图 2-10）而后清光绪三十四年（1908），村众"捐金积谷，共襄盛事，重修乐楼三间，东南耳楼两间，补修西南耳楼两间，东大门钟楼三间。"[②] 至今，演奇楼脊枋尚有清光绪三十四年所题写的墨迹，但题记中言"创修戏楼三间"，可见光绪年间的维修虽然在碑刻中言"重修演奇楼"，但实则是全面重建了。[③] 此外，庙院东侧尚存有看楼三间。

至今，演奇楼仍然存于庙内，面阔三楹 7.8 米，其中明间 2.95 米，进深 4.05 米，基高 1.49 米。其结构比较简单，装饰也算不上华美，但其自明崇祯十六年至清光绪年间一直冠以的"演奇楼"的名称却值得关注。所谓"事不奇不传，事不奇不演"，从这一角度我们或可推知，在当时，明清传奇已经影响到

---

① 〔明〕崇祯十六年（1643）《创修演奇楼碑记》，撰碑书丹者不详，壁碑，碑宽 72 厘米、高 38 厘米，现存山门内墙壁，局部剥沥。

② 〔清〕光绪三十四年（1908）《重修演奇楼碑记》，申养气撰文，监生申秉均书丹，篆首，壁碑，碑高 139 厘米、宽 45 厘米，现存正殿内西侧墙壁，保存较好。

③ 戏台脊枋题字：时大清光绪三十四年创修戏楼三间，东南耳楼两间……于六月初二日吉时上梁，工成告竣，总领赵□□，申□□，维首□□□，申□□，□□□，齐□等，木工□□□，石工□□□，瓦工□□山，仝……为记耳。

了该区域，甚至其剧目已经登上了当地的神庙舞台。此说并不荒诞，发现于潞城市的明万历二年（1574）抄本《迎神赛社礼节传簿四十曲宫调》（简称《礼节传簿》或《周乐星图》）就载有南戏或传奇剧目二十多种。①

二、山门舞楼的创建

1. 北城王何北五龙庙明天启五年（1625）庆云楼②

王何北村位于高平市西北五公里处，五龙宫位于村东，原曾为厂房，现虽空出，然亦未能修缮。五龙宫坐北面南，因庙内无碑刻留存，故其始建不可考据，现存正殿、配殿、看楼、山门戏台。据正殿脊枋“天启五年（1625）岁次……”，可为五龙庙断代之证据。正殿悬山顶，面阔五间，六架椽，筒瓦覆布，琉璃脊饰已残缺，前檐用方形抹角石柱，方礅础，柱上施额枋，上施斗拱，柱头五踩双昂，平身科各一攒，皆出斜拱。两旁侧殿各三间，悬山顶。正殿前为月台，宽 13.7 米，深 7.55 米，基高 0.2 米。

五龙庙山门戏台，悬山顶三间，灰脊筒瓦，曾经改作他用，所以前檐均被封砌。据山门门额天启五年六月吉旦所立之“古庆云”匾额，或可知其和正殿为同期建筑。戏台面阔 7.65 米，其中明间 2.6 米，进深五檩四椽 4.83 米，底层为砖砌，山门通道砌券式，高 1.98 米，宽 2 米。

“古庆云”是虞舜时代的古歌《庆云》，也叫做《卿云》，意指祥瑞之气，舜禅让帝位于大禹，歌曰：“卿云烂兮，糺漫漫兮，日月光华，旦复旦兮。”这首歌在封建时代具有崇高的社会、文化地位，所以舞楼名为“庆云”，其用意在于称颂戏曲的音乐与歌词，抬高戏曲文化的社会地位（图 2-11）。③

① 参见王福才：《高平炎帝陵及其行宫演奇楼考》，载《中华戏曲》第 26 辑，文化艺术出版社 2002 年 4 月版，第 98—110 页。

② 2013 年 7 月 14 日笔者实地考察。

③ 冯俊杰：《山西神庙剧场考》，中华书局 2006 年 12 月版，第 236—238 页。

图 2-11　王何北五龙庙山门戏台《古庆云》匾额

2. 北诗镇中坪村翠屏山二仙宫明天启五年（1625）山门舞楼[①]

二仙宫位于中坪村北的翠屏山南麓，南面视野开阔，东西北三面林荫拱翠。庙宇坐北朝南，山门建在七层砂石砌筑的台基上，台基高约 1 米，山门走马板有“惠淑流芳”四字。二仙宫为单进院落，东西宽 30 米，南北长约 70 米，占地 2000 余平方米。整个建筑沿中轴线依次为正殿、正殿前方形石台（看庙人言原本无此石台，60 年代增加）、山门戏台，两侧配以廊庑，布局严谨，形制规整（图 2-12）。正殿为二仙殿，金建元修，面阔三间，进深六椽，筒瓦屋面，琉璃脊饰。梁架结构为四椽栿对前乳栿通檐用三柱，乳栿下设前廊，柱头施五铺作双昂斗拱，补间五铺作。廊檐置四根抹角方形石柱，侧角卷刹明显，素平础，具有金元时期建筑风格。两侧殿均面阔三间，东西廊庑各面阔九间。山门戏台三间，东西耳楼明显高于戏台，各面阔三间，东西两侧尚存钟鼓楼。2006 年，

---

① 2013 年 9 月 23 日笔者与杨波实地考察，2014 年 9 月 25 日笔者与段飞翔等人再次实地考察。

中坪二仙宫被列为第六批全国重点文物保护单位。2012 年 8 月二仙宫得到了全面修缮。

图 2–12 二仙宫剧场院落（从戏台看）

二仙宫的始建时间，庙内现存纪年最早的元至元五年（1339）《大元国泽州高平县举义乡话壁村翠屏山重修真泽行宫之记》中有如下记载："泽北邑泫水东乡，天祐末年建立行祠。""天祐"是唐昭宗末期使用的年号，也就是 904 年至 907 年。庙内元代之后的碑刻大多从其"天祐"说。如其可信，二仙宫距今已有千年历史。

二仙宫正殿内神台为须弥座式，神台高约 0.8 米，座面呈正方形，面宽约 3 米。神台束腰石镶有数十余幅精美石雕，其上布满牡丹、莲花及飞龙的石雕图案，刀工娴熟，技法精湛。中间一块镌有文字，为金大定十二年（1172）《重建真人行宫记》，言为二仙重建神台之事，但并未提到二仙庙的始建时间。考诸庙内碑刻，自元代至元年间的补修之后，二仙庙再次大规模的维修已经是集中在明末的万历和天启年间了，其间数百年，二仙庙可能数度兴废，但我们已无法确知其详。万历二十年（1592）《重修真泽二仙庙记》："从元统三年重修庙殿，又至元二年重修，又至我朝万历二十年。”可知在元末二仙庙亦曾重修，但庙内已无元末碑刻可考。明万历二十九年（1601），二仙庙内建立子孙祠，补修药王殿，三十一年再次重修庙宇，而后明天启、清顺治、康熙、雍正、乾隆、咸丰、同治各朝各代均有不同程度的补修。

二仙宫关于舞楼的记载最早出现在元至元五年（1339）碑刻中，碑文言：“盖舞楼一座，三门三间。”以迄今发现的元代舞楼实物为参照，此时的舞楼应该是建在山门之内，面向正殿的中轴线上，并且独立存在。然寥寥片语，不足以为我们提供更多关于舞楼的信息。明万历二十九年（1601）《重修二仙宫碑记》中载：“当其时，堂殿，三门、两庑、舞楼之靡丽，前有二仙圣母，后有灵贶王之神（翠屏山亦建有灵贶王庙，在二仙宫之西北，现已不存），洋洋□盛，非一朝矣。”值得注意的是其对于庙宇建筑的描述，此时情形很有可能三门和舞楼仍然是分离的，且独立存在。那么现在的山门舞楼是在何时初建的呢？清华大学建筑系何孟哲的一篇论文《中坪二仙宫琉璃脊饰保存与价值评估之探讨》中运用的一份材料给我们提供了山门戏台的线索，即山门戏台脊饰中的脊刹立牌部分南北两面皆有题字，并且附有图片。其中山门戏台（南向）脊刹立牌上书：“一九九三年，中华人民共和国，六庄共同维修。”而山门戏台（北向）脊刹立牌上书：“天启五年岁月。”笔者于2014年9月25日再次考察时目验，何文提到的这块立牌真实存在（图2-13）。由此或可得见，二仙宫山门戏台的创建时间不晚于明天启五年（1625）。[①] 之后，舞楼在碑刻中的再次出现已是清康熙二十二年（1683）的《六庄维修二仙庙记》，碑中载：“速将大殿补葺，戏楼、三门相继为之重新。”在此之后的碑刻中，再没有出现舞楼的相关信息。

现存山门戏台面阔三楹8.2米，其中明间3.2米，进深4.7米，基高2.56米，柱高2.8米，台口0.9米，耳房东西各面阔四间9.4米，进深4.4米，院落东西16米，戏台距正殿26米。

何孟哲、郑宇等作者在其另一篇《高平北诗镇中坪二仙宫正殿修缮中的记录与研究》的文章中还为我们提供了遗存于正殿木构件上的明天启四年

① 何孟哲:《中坪二仙宫琉璃脊饰保存与价值评估之探讨》，载《宁波保国寺建成1000周年学术研讨会暨中国建筑史学分会2013年会》，会议论文。

（1624）、清同治三年（1864）两次重修时的墨书题记。[①] 这两次重修题记与在正殿东山墙镶嵌的《大明天启七年岁次丁卯秋孟月吉日》碑碣，以及山门下清同治十二年（1874）的《重修二仙庙碑记》均可以相对应。

图 2-13　二仙宫山门舞楼脊刹立牌“天启五年岁月”刻字

二仙庙现存舞楼为山门舞楼样式，与山门为一体，而山门则依然是三门样式。二仙庙舞楼在漫长的历史沿革中，必定发生了诸多变化，包括位置上的变化，建筑样式上的变化，献演内容的变化等等，然而不变的则是，一直以来舞楼都存在着，也就是说乐舞戏曲等演艺形式一直都在二仙庙的祭祀体系当中（图 2-14）。

① 郑宇、何孟哲等《高平北诗镇中坪二仙宫正殿修缮中的记录与研究》，载《宁波保国寺建成 1000 周年学术研讨会暨中国建筑史学分会 2013 年会》，会议论文。文中相关部分摘录于下：从脊榑部位的题记我们可以了解到中坪二仙宫正殿在明清期间经历的两次重修，而这两次重修在正殿的其他部位还找到了与之相应的题记。在西北老角梁的下皮压住角昂及由昂尾部的位置，我们发现了“天启肆年木匠张国臣”的题记；在西南仔角梁下皮发现了题记“大清同治叁年四月廿七日庄里村赵铭世总领七社督工维首各班匠师大掀工程重修列后为计耳”。而这两次重修在正殿东山墙镶嵌的《大明天启七年岁次丁卯秋孟月吉日》碑碣，以及山门下大清同治十二年（1874）的重修二仙庙碑记均可以相对应。

图 2-14　二仙宫山门舞楼全景

第二节　高平市神庙剧场的发展、定型

明清易代，然政治上的风云突变却并未太大的影响到戏曲发展的进程。神庙剧场的建造和修缮接续明末而来，并且开始了有清一代的持续繁荣，其兴盛时间之长，分布地域之广，绝对数量之大，在中国剧场史上是绝无仅有的。繁荣景象的出现一定离不开社会的相对稳定、经济的繁荣发展以及人口数量的激增等政治、经济、社会因素，也离不开戏曲尤其是地方戏的高度繁荣。除此之外，乡村神庙戏台建设另一个动因是来自于民众内心对于美好和壮丽的诉求。所谓“无戏楼则庙貌不称，无戏楼则不足以壮观瞻”之类的观念普遍出现，表面上看是建筑学意义上的完善，而实则是民众内心对于戏曲的青睐有加，故而竭力建造戏台使得戏曲表演有固定场所。

在高平神庙剧场遗存的清代碑刻中似乎可以分类出“戏曲碑刻”这一类，

体现在，其一：大量碑刻所记叙之主题为创建、重修戏台、戏房、看楼等内容，即碑刻专为此而立，从碑刻题名《××庙创建/重修戏台碑记》就可以看出。这与金、元、明时期碑刻中对舞楼、戏台捎带记叙且寥寥数语的情形产生鲜明对比。这是否体现了清代神庙碑刻主题专门化的趋势呢？其二：撰碑人借撰碑之机发表对于戏曲的观点逐渐成为一种时尚。其三：从戏曲类碑刻的增多和题名的逐渐细化以及其记叙的内容来看，在有清一代，神庙剧场之戏台、戏房、看楼、马棚等的剧场配套类建筑的建设已经成为庙宇维修和改造的主线之一。

具体到高平，戏台的建造依然延续明末神庙剧场建设的强大动力并大步向前迈进。具体表现在如下几个方面：一是山门舞楼的风行；二是山门舞楼形制的衍变。山门舞楼因其为复合体的建筑类型，故而拥有很强的适应能力和自由组合空间，比如，戏台可以和庙宇山门组合，形成比较标准的山门舞楼；也可以和阁门组合，形成叠加型（下为阁门，上为戏台）和一体型（平时为阁门以通行，演戏时则临时搭上可以自由拆卸的木板进行演戏）戏台，诸如康营村东关帝庙关房舞楼，朴村玉皇庙过路搭板戏台等；三是在高平发现的几座阁、庙、戏台、看楼组合的剧场也是山门舞楼形制衍变的一个重要现象，下文详细论述。

一、山门舞楼的流行

1. 陈区镇石堂会村关帝庙顺治三年（1646）山门舞楼①

石堂会关帝庙坐北面南，依地势而为两进院，中轴线上依次为正殿五楹、过厅三楹、山门以及倒座戏台三楹，庙宇建筑年久失修，多有坍塌。关帝庙创建于明末，庙内现存明天启三年（1623）创修碑记，时年“创建正殿四楹，塑神像于其中，尤建东西廊房各四楹，东北耳房一座。”② 明天启六年（1626）又

① 2013年7月8日笔者与孟伟等人考察发现，2013年8月15日笔者再次考察测量。

② 〔明〕天启三年（1623）《创修敕封三界伏魔大帝神威远镇天尊关圣帝君庙碑记》，上党□邑庠生云阳山人暴家修撰文，玉工郭汝兴、郭鸣鸾刊石，现存庙内正殿山墙，保存完好。

有增修置地，庙貌始具规模。① 清顺治三年（1646），关帝庙建起山门舞楼和钟鼓楼，并专门勒碑为记。② 清乾隆三十年（1765），再次重修舞楼 ③，民国十三年（1924）在修缮庙宇的基础上，增修看楼五间。④

戏台面阔三楹 7.91 米，其中明间 3.3 米，进深 4.2 米，柱高 2.5 米，东西耳房各两楹，面阔 3.7 米，进深 3.6 米，下层山门柱高 2.3 米。西侧看楼面阔五间 11.1 米，进深 1.6 米，二层柱高 2.25 米，下层柱高 1.87 米。过厅基高 0.9 米，面阔三楹 6.8 米，进深 5.4 米，戏院南北 10.6 米，东西 11.8 米（图 2-15）。

图 2–15　石堂会关帝庙山门舞楼

---

① ［明］天启六年（1626）《创修敕封三界伏魔大帝神威远镇天尊关圣帝君庙碑记》，撰碑书丹者不详，玉工郭鸣鸾，郭养新镌石，现存庙内正殿山墙，保存完好。

② ［清］顺治三年（1646）《创修关圣帝庙钟鼓舞楼誌铭》碑文言："盖修舞楼"，撰碑书丹者不详，玉工郭□心刊石，壁碑，现存山门通道东墙，严重漫漶。

③ ［清］乾隆三十年（1765）《借用墙垣分明碑记》，碑文言："修此房并戏楼内格间共使钱七十九两二钱二分"，撰碑书丹者不详，玉工李学仪刊石，现存庙内，局部剥泐。

④ 民国十六年（1927）《重修关帝庙碑记》，碑文言："自民国十一年三月起工重修正殿五间，东西廊房各四间，中□三间舞楼三间，增修耳楼两间，看楼五间，看楼下骡屋五间，至十三年四月告厥成功。"，教育厅检定国民正教员师范毕业清增广生员李鋆撰文，山西省立第三职业学校肄业生高等毕业生连海文书丹，笏首方趺，现存庙内，碑体断裂。

2. 原村乡章庄村堂皇庙顺治十七年（1660）山门舞楼[①]

堂皇庙位于村东南，坐北面南，中轴线上自北向南依次为正殿，山门戏台，山门外有八卦瓮城，内有两株古松，蓬然如盖，故堂皇庙亦名松蓬庙。堂皇庙现存正殿三楹、侧殿、配殿、耳房一应俱全，外瓮城低于庙宇，为一长条形与方形之结合体，四周围以垛墙，古松苍翠，照壁上为八卦图。城之西南、正东辟门，各有石质门匾“松田里”“映祥光”。皇王庙现存山门戏台，悬山顶，面阔三楹7.90米，其中明间2.45米，进深4.43米，基高2.45米，柱高2.5米，两侧耳房面阔各三间5.67米，进深4米。

堂皇庙之始建，庙内遗存清顺治十七年（1660）《创建舞楼钟楼记》中有如下记载：“（信善庠生李尔珍，同兄尔馨等）既而复使告余曰：昨砌基址得一石，有文，乃大宋天圣五年（1027）丁卯创建。首事李坦、赵观等字迹犹可考者。”若从其说，则堂皇庙之创建在宋天圣五年，然庙内现存无有此碑刻，天圣之说仍无确论。[②]明万历三十九年（1611）碑刻中载：“□意圣殿，其廊颓毁，可不复为修补？”于是合村人等于是年重修庙宇。故堂皇庙在明万历之前已经建成应无异议。[③]另外，顺治十七年碑刻中也对该庙所祀神灵给予了更正：“询为何神，或曰商汤也，或曰是唐宗。夫汤祷桑林，六事赍未，既□远近沾足，为民救□旱。而太宗亦尝吞蝗，曰：食其苗心，宁食吾心！又为民受灾者，立庙祀之，不□诚然欤！”从而确立了“为民受灾者”——皇王为庙宇所祀神灵。顺治十七年“创建戏楼暨月台，兼重修钟楼。”至此皇王庙之酬神演艺有了固定的演出场所（图2-16）。

---

① 2013年7月2日由王潞伟、孟伟等人考察发现。

② 〔清〕顺治十七年（1660）《创建舞楼钟楼记》，沁邑古端赵星撰文，玉工富清镌石，壁碑，楷书，碑宽69.5厘米、高36.5厘米，现存庙内，局部剥泐。

③ 〔明〕万历三十九年（1611）无题名壁碑，玉工宁洎成镌石，碑宽35厘米、高30厘米，现存庙内，局部剥泐。

图 2-16　堂皇庙山门舞楼

3. 石末乡侯庄村丰乐馆清康熙四十四年（1705）山门舞楼[①]

侯庄村现有300余户，近2000人，侯、常、程为大姓，主要经济来源为务农。过去七月一日庙会，现改为十月十五。丰乐馆位于村中偏西，坐北面南，一进院。丰乐馆原祀奉牛王，与农业生产息息相关，然现正殿供奉三国蜀汉关羽、张飞、赵云、马超、黄忠五虎上将，成了一座武庙，这种情况我们无法确知其始于何时。正殿悬山顶五间，柱头斗拱五踩双翘，栱面抹斜刻瓣，耍头皆含珠龙头。侧殿东西各两间，进深四椽，皆灰脊筒瓦。

丰乐馆内现存明清碑刻共十三通，基本清晰地勾勒出丰乐馆的庙宇沿革史。明天启元年（1621）勒石《侯庄增修馆庙记》中载："吾泫去治一舍余曰张寨里，其庄世为侯氏所居，因名……村故有庙，无峻宇雕墙，无丹绣浮屠，岁时伏腊，礼其神甚虔，考神主之名曰牛王，亦土人务农种谷之意……乡人侯守福、常居仁等相商曰：庙貌不扬则凄泊不真，非所以壮大观而崇祀典也。于是首倡其义，输材纠工，创修正殿七间，东厦五间，西厦五间，舞楼三间，外群房一

① 2013年7月5日笔者与杨波等人实地考察。

周，撤故陋而高明，易湫隘而垲爽，因改名曰馆……工始于万历四十四年孟冬，落成于天启元年一阳月。”据碑文可知侯庄村名之由来，其村原有庙，祀神牛王，但甚为简朴，故而为壮观瞻、崇祀典而大举兴工，又改名为“馆”，是为侯庄馆。并且在此次修建中创建了舞楼。①

明崇祯十二年（1639）《奉赠洪泉常翁施舍序》中依然称“牛王庙司守无人”，可知，虽然改名曰“馆”，但是祀神未变。清康熙四十四年（1705）翰公凯等捐资“改修山门一座，上连舞楼三楹，创建左右耳楼三间”。并且复为倡导重修庙宇，至康熙五十一年（1712）工程告竣。此次重修事宜，该庙再易其名，“夫馆既更新，名似不可仍旧也，爰更嘉名曰丰乐馆云。”取“丰年之庆，乐且未艾”之意。撰碑人赵慧远在碑文中对于该庙也有自己的看法，他认为：“侯庄馆旧名牛王庙，遍考立名之意不得其说，即牛鹏洲碑文援典礼牺牛、肥牛、索牛为解亦揣度之词，非定论也。”② 但他却并不否认侯庄馆庙与农业的密切关系，他说道：“窃惟人之所最重者农耳，重农则祈年不可以不至，而事神不可以不周，此馆之所由设也。”并且他还对“馆”的意义进行了泛化与拔高：“况馆乃天地百神栖泊之地，有功于民，载在祀典，倘任其剥落而不为之所，何以报生成而修岁事哉。”这里并非确定的指向某位神灵，所以撰碑人将馆的意义泛化了。最后他又说道：“每当春秋报赛之时，群乡之子弟举行祀事，揖让相先而教孝教弟之意即隐寓其中，是不独年岁顺成为可乐，而风俗醇美更可乐也。”可见，丰乐馆在乡民心中还承担着社会教化的职能，奉祀敬神期间亦可以谨孝悌，醇风俗。自此，丰乐馆之名确定下来，且一直延续至今。

丰乐馆曾经历过一次火灾，庙内现存一块残碑上有如是记载：“……神像恭移西寺（即侯庄村西普化寺，寺已毁，存部分基址），自辰至巳而殿宇木石悉化为烬灰”，可见这次火灾是毁灭性的，遂“经始于元年五月，工竣于五年九月。

---

① 〔明〕天启元年（1621）《侯庄增修馆庙记》，牛鹏洲撰文，陈鸿业书。牛鹏洲认为：“考神主之名曰牛王，亦土人务农种谷之意，记称天子牺牛，诸侯肥牛，大夫索牛，不独文角花蹄已也。至东夷占骨，西河畜牸，又事理之或然者。牛之重于人世，所从来矣，此庙之故号云”，壁碑，宽98厘米、高45厘米，现存山门内西墙壁，保存完好。

② 〔清〕康熙五十一年（1712）《重修丰乐馆记》，赵慧远撰文并书，袁义璋、袁义珍镌石，笏首方趺，碑高208厘米、宽85厘米、厚26厘米，现存山门内东侧，保存较好。

计四年之内，重修正殿五间，东西廊十间，舞楼三间，左右耳楼三间”。且碑文中言明“邑东侯庄村旧有庙宇一所，其创建之始无明文可征，仅一石刻谓重修于明万历四十四年（1616），又修于清康熙四十（阙文）祀（阙文）禄之灾”，可知火灾发生在康熙之后。又据脊枋题字“时大清道光元年岁次辛巳，重修丰乐馆，辛丑月丁酉五时，合社人等、各班匠工同建，永垂不朽云尔”，知此为正殿最后一次落架大修的时间，与残碑所谓“元年”吻合。

丰乐馆现存悬山顶山门舞楼三间，舞楼柱头科斗口跳龙头，瓜棱坐斗，平身科各一攒，为翼栱，舞台通阔 8.72 米，其中明间 3.3 米，通进深五檩四椽 4.65 米，台高 2.7 米（图 2-17）。山门外台阶断砌造，上下两层均用方形抹角砂石柱，底层石柱用双层方凳础，柱头上施大额枋和由额，由额两端雕龙，断砌台基内设内缩式台阶，上层石柱之上施三踩单翘斗拱，耍头龙头，栱面抹斜且有雕琢，补间出 45 度斜拱，上层设木栏杆，栏杆之后是可以拆卸的木板后壁（图 2-18）。院内东西看楼各五间，悬山顶，四架椽，灰脊青瓦，底层用方形抹角石柱，方墩础。看楼面阔 15.8 米，进深 5.1 米。庙院南北 14 米，东西 9 米。

图 2-17　侯庄丰乐馆山门舞楼及看楼

图 2-18　侯庄丰乐馆山门

4. 河西镇悬壶南村玉皇庙清雍正三年（1725）山门舞楼[①]

悬壶南玉皇庙为其村之大庙，位于村中位置，坐北面南，庙内建筑唯有正殿为新修，但已全失原貌，正殿前台阶抱鼓石上有“明正德十六年三月初一……”刻字，若此为玉皇庙原物，则庙宇或至迟在明正德十六年（1521）已经存在。庙内现存碑刻一通，为清雍正三年（1725）《创修舞楼碑记》，碑中言：“悬壶村玉皇庙素无舞楼，以致祭祀不便，郊社不通，将何以表神明之诚意乎！由是合社人等，愿尽虔诚，竭力修造舞楼七间。”[②] 碑中所言的舞楼七间，当是连同两侧的东西二层耳房各两楹，与今形制相同。

悬山顶山门戏台面阔三楹 7.2 米，其中明间 2.91 米，进深 5.32 米，基高 1.71 米，柱高 3.18 米，东西耳房各面阔两楹 5 米，进深 3.91 米（图 2-19）。

① 2013 年 8 月 12 日笔者与杨波等人考察发现并测量。

② 〔清〕雍正三年（1725）《创修舞楼碑记》，撰碑书丹者不详，壁碑，碑文楷书，碑宽 94、高 63 厘米，现存山门戏台下通道东侧墙壁，部分字迹不清。

图 2-19 悬壶南村玉皇庙山门舞楼

5. 马村镇东周村仙师庙清乾隆三十九年（1774）山门舞楼[①]

仙师庙，2010 年重修之时易名为仙佛寺，位居马村镇东周村西北。庙宇坐北面南，两进院带东偏院，现存建筑有正殿、侧殿、厢房、山门舞楼、戏房。山门外观五间（连同两侧戏房各一间），二层建筑，下层用方形抹角石柱，上层用圆石柱。在山门建筑两侧还各建有神殿三间，均南向。西侧为高禖殿，东侧针翁庙。由山门而入，可见正殿五楹，侧殿各三楹，西侧殿门匾为兜率天、东侧殿为“无垢国”，另有东西配殿各七楹。

仙师庙始建于宋景祐四年（1037），而后明清两代屡有修葺，庙宇还曾因清康熙三十四年（1695）地震致使庙宇毁坏殆尽，遂在康熙四十九年（1710）重建。关于仙师庙所祀神灵，宋碑《新修仙师殿记》中言仙师“忍辱于圆扉之中，雁行雪耻；隐道于珠玉山内，得正菩提。自此施甘露以润群生，敷法雨时滋乃

---

① 2013 年 7 月 15 日由王潞伟、赵丹荣等人考察时发现并测量。

类。殊圣者莫大于仙师之至德也。"[①] 康熙四十九年（1710）碑刻中则载："仙师不知何许人也，或曰为梵王太子，或曰为唐之异僧，通仙术，能施雨，因而创始于宋景祐四年。"[②] 限于学力，笔者未能考证仙师究竟为何神灵，但宋碑碑额有浮雕一龛，内雕刻有佛像一尊，且碑文佛教意味甚浓，仙师或与佛教关联甚大。又两侧殿匾额"兜率天""无垢国"的叫法，仙师庙为佛教寺院的可能性比较大。

仙师庙舞楼的创建颇费周折，最先是在庙外为高禖殿而建，清康熙十四年（1675）《创修高禖神庙前舞楼碑记》中载："吾乡飨祀高禖，历年献戏则架木为台……病其观瞻不壮丽。"[③] 因此而建舞楼。这其中颇可玩味，高禖祠位于仙师庙山门西侧，并与山门相连，建筑上是为一体。"历年献戏架木为台"可知戏曲表演经常光顾此地，或是照顾到佛教意味甚浓的仙师庙的感受，囿于其清修之地怎奈喧嚣，故而不建舞楼。再是碑刻题名"创修高禖神庙前舞楼碑记"而不言"创修高禖神庙舞楼碑记"，这并不符合神庙建设刊立碑记的题名惯用说法。乍看舞楼是为高禖而建，而实则并没有将其挂在高禖名下，舞楼不就是仙师庙的舞楼吗（图 2-20）？到清乾隆三十九年（1774）的《重修仙师庙碑记》，在住持性觉的参与下"补修仙师大殿，东殿关帝，西殿三嵕，东西廊房，南修舞楼，加以外院高禖殿、针翁殿、土地祠以及后厨房、马棚。"[④] 自其描述方位可以推知，与今现存的曾在清道光二十三年（1843）[⑤] 以及咸丰年间重修的山门舞楼形制或已相同[⑥]，此时的舞楼或已经建在了庙内山门处。

---

① 〔宋〕景祐四年（1037）《新修仙师殿记》，任昶述并书，刘颢镌刻，笏首方趺，行楷，高 118 厘米、宽 64 厘米、厚 22 厘米，现存庙内。

② 〔清〕康熙四十九年（1710）《重修仙师庙碑记》，楷书，螭首方趺，碑通高 285 厘米、宽 70 厘米、厚 25 厘米，现存庙内，保存完好。

③ 〔清〕康熙十四年（1675）《创修高禖神庙前舞楼碑记》，撰文书丹镌刻者俱不详，楷书，笏首壁碑，高 106 厘米、宽 62 厘米，现存山门外西墙，保存完好。

④ 邑庠生武秉道撰文并书丹，玉工郭永兴镌石，碑高 105 厘米、宽 48 厘米，现存山门外东墙，保存较好。

⑤ 舞楼脊枋题字："大清道光二十三年岁次癸卯重修舞楼……吉时上梁，阖社……永远为志"。

⑥ 〔清〕咸丰三年（1853）《重修仙师庙碑记》，螭首方趺，碑通高 286 厘米、宽 67 厘米、厚 20 厘米，楷书，现存庙内，保存完好。

图 2-20　东周村仙师庙山门舞楼

舞楼山门倒座，悬山顶，五架梁对后单步梁以为山门外向之檐廊。舞楼面阔三楹 7.26 米，其中明间 2.31 米，通进深 5.28 米，前台进深 3.59 米，下层山门通道高 2.78 米，金柱用圆木柱，隔扇大部毁失，檐柱用方形抹角石柱，柱高 2.79 米。檐柱之间施青石雕花挡板，较为精美。柱上施额枋，上施变体圆雕坐斗，用三踩单杪斗拱，栱面雕花，梁头伸出刻作六分头，由额雀替雕行龙图案。

6. 寺庄镇安家村关帝庙清道光八年（1828）骑门戏楼[①]

安家村关帝庙位于村东，坐北面南，二进院，中轴线上自北向南依次为正殿、二道山门、山门戏台，侧殿、配殿一应俱全。正殿五架梁对前单步梁，进深五椽，前廊占一椽，有脊枋题字为“乾隆十年重修堂殿五间”，可知正殿在清乾隆十年（1745）重修。正殿东西山墙分别绘有“三英战吕布”、“过五关斩六将”题材的壁画。清道光八年（1828），关帝庙“改修骑门戏楼，创修东禅房、

① 2013 年 8 月 18 日笔者与王潞伟、段飞翔一行考察发现并测量。

西敞棚，又补葺正殿东西夹殿以及禅房。”①

山门戏台，悬山顶，仰瓦屋面灰脊饰，五架梁，面阔三楹 6.8 米，其中明间 2.7 米，进深四椽 4.9 米，方形抹角砂石柱高 2.4 米，方凳础高 0.4 米，下层山门通道高 2.8 米，前檐角柱后 1.04 米砌山墙，耳房面阔两楹 3.7 米，进深 3.8 米，一进院落南北 17 米，东西 15 米（图 2-21）。

图 2-21　安家村关帝庙骑门戏楼、关帝庙民国二十三年（1934）舞台题记

明清之际的高平神庙剧场建设进程并未随朝代更迭而显现出割裂或断层，在这个时期内，山门舞楼成为流行做法，并且看楼的创建使神庙剧场的观演效果进一步提升，并为后世神庙剧场树立了典范。高平做为中国神庙剧场变革史的一个缩影，虽然无法涵盖明清神庙剧场的全部类型，但却以有限的案例，很好地诠释了明清之际的神庙剧场演进状况。

① 〔清〕道光八年（1828）《重修戏楼碑记》，岳邑增广生李鹤鸣沐手敬撰并书丹，额题“德光皓如”，笏首方趺，碑高 162 厘米、宽 50 厘米、厚 16 厘米，现存正殿前廊，局部剥泐。

第三章

高平市神庙剧场演艺场所的多样化发展

第一节　高平市神庙剧场一庙多台

一庙多台，即庙宇有多个戏台，山西蒲县柏山东岳庙，山西万荣后土祠等等都是一庙三台。高平神庙剧场一庙多台的情况多为庙宇有一内一外两座戏台。当然也不全是如此，比如马村镇东崛山村汤王庙和老母庙之对台，河西镇下庄玉皇地藏庙并列两座戏台。

一、内外剧场形制

1. 永禄乡秋子关帝庙内外戏台[①]

关帝庙位于村中，一进小院，院宽 7.8 米，深 13 米，规模并不大，然却拥有一内一外两座戏台。高平民间有顺口溜言道："伯方的庙，市望的塔，秋子的台子，西阳的阁。"可见此四处建筑深受高平人喜爱，其中"秋子的台子"即指秋子村关帝庙戏台。关帝庙现存建筑有正殿、角殿、东西配殿、看楼、廊房、

① 冯俊杰:《山西神庙剧场考》，第 481 页。

戏台、耳房等，然庙内并无碑刻留存，故其庙宇沿革不详。

内院戏台建在倒座位置，为单层台，悬山顶，面阔三间，五架梁进深四椽，前檐已砌墙开窗，当是今人所为。戏台面阔 7.8 米，其中明间宽 3.2 米，进深 3.85 米，柱高 3 米，台高 1.25 米，隔扇已毁失，戏台两侧是单开间的山门，门上就是和戏台、看楼相连通的耳房，也就是化妆间。庙外戏台位于山门外 50 米许，悬山顶五间，移柱造，七檩六椽，灰脊仰瓦。稍间后面砌为单间小屋，用作化妆间，屋内东西山墙各开一窗。小屋前面为乐池。用方形抹角石柱，柱头斗拱三踩单下昂，耍头三幅云，平身科各一攒，形制与柱头科相同。戏台面阔 15.6 米，明间宽 5.95 米，次间宽 1.88 米。通进深 7.39 米，台高 1.24 米，台上柱高 3.38 米。戏台曾经稍作改造，台前增铺的水泥板，使得舞台向前延伸了 3.05 米，原来区分前后台的隔扇也已拆除，不过整体形制并未有大的变化。戏台东西两侧各有三间看楼，看楼前廊已砌封（图 3-1）。

图 3-1　秋子关帝庙内、外院戏台

2. 三甲镇徘徊北村炎帝庙内外戏台[①]

炎帝庙位于村北，坐北面南，其始建无考，据庙内现存碑刻，明万历三十九年（1611）重修庙宇东廊、明崇祯四年（1631）重修庙宇斜殿，清康熙二十四年（1685）重修西廊。

据清乾隆十八年（1753）《增修炎帝庙舞楼碑记》中载：“独舞楼建之庙内，每岁报赛之下演戏，殊未甚便。”如此可知，原之舞楼建于庙内，且所建在乾隆十八年以前。[②]并因其演戏不便，故而是年增修庙外舞楼，以便于酬神献戏。

另据清嘉庆五年（1800）《重修炎帝庙记》中载：“乾隆四十三年冬……共议重修……又议关圣帝君神道尊崇，而祀于东夹殿，殊属匪宜。斯将舞楼改作春秋楼，其楼两开，北向关圣帝君，南向文昌帝君，重义崇文，理所宜然，至于东夹殿则□祀三皇，此固由神农而上溯之意也，理无不

图 3-2　徘徊北村炎帝庙春秋楼（山门舞楼）及院外剧场（建国后改修）

---

① 2013 年 6 月 30 日笔者与孟伟、王潞伟等人考察发现。

② 史首撰文，史木青书丹，笏首方趺，碑高 170 厘米、宽 60 厘米、厚 18 厘米，现存庙内西配殿山墙，保存完好。

可……于四十四年正月鸠工庀材……先将北壁彻底重修……至嘉庆二年，后起者又有人矣……是年兴工将南壁亦彻底重修，东西补葺，至四年乙未十月，庙之全工遂落成焉，且将庙外戏台补葺，于戏场西壁地筑楼房五间，以备不时之需焉。”[①] 可知在清乾隆四十三年（1778）将原之舞楼改为春秋楼，祀奉关帝和文昌，自增修庙外舞楼到庙内舞楼改为春秋楼，其间25年，该庙为一庙两台的形制。此次维修始自乾隆四十三年（1778），至嘉庆四年（1799）方才告竣，前后历时20余年，庙之规制渐趋合理、完整。

如今，炎帝庙山门外的舞楼早已被改造成徘北剧场，山门舞楼则依旧仍其春秋楼的旧制，供奉着关帝和文昌两位神灵（图3-2）。

3. 石末乡晁山村白龙王庙内外戏台[②]

白龙王庙，位于晁山村北的兴龙山顶，坐北面南，庙宇大部残毁，倾圮之状令人目睹心伤。白龙王庙有两座戏台，一座是山门戏台，已近全部塌毁，五架梁通进深四椽，连通两侧戏房各一间通面阔五间。山门外向借用一椽用作抱厦。山门三门式，面阔五间，上下两层，均用小八角石柱，上层柱上施额枋，上施瓜棱坐斗，柱头斗拱五踩双昂，单步梁头伸出刻作昂形，补间出45度斜拱，拱面均雕花刻瓣。另一座为外置戏台，在庙宇之东，坐东朝西，戏台为硬山顶，五架梁进深四椽，合瓦屋面灰脊饰，左右耳房各一楹。

庙内现存民国十九年（1930）勒石《兴龙山创凿白龙井增修时雨台重修赏雨东亭之厂棚碑记》载："考诸前碑，系由陵东菊巘山之神宇，模而建焉，是之谓行宫。此庙创修于清康熙六十一年（1722）。"[③] 此可与庙内现存雍正四年（1726）勒石残碑之"是役也，经始于康熙壬寅（1722）迄雍正乙巳（1725）告竣"所对应，康熙壬寅年即康熙六十一年（1722），故可以确定白龙王庙的建庙

---

① 王瑶台撰文，王君画书丹，笏首方趺，碑高230厘米、宽76厘米、厚24厘米，现存庙内东配殿前，保存完好。

② 2013年7月23日由王潞伟等人考察发现并测量。

③ 韩鸿文撰文，刘龙章书丹，玉工杨天存、房恒吉镌石，笏首方趺，碑高206厘米、宽75厘米，现存庙内，保存完好。

时间。[1]后乾隆、嘉庆、同治以及民国屡有修葺。依据碑文，白龙王庙自建庙起，所祀神灵为白龙王以及护国灵贶王（三嵕）："……神像而以护国灵贶王配之，灵与灵相济而成雨泽也。"至民国二十二年（1933）刊立《兴龙山重修时雨台及白龙井碑记》中载："山上祀白龙王、护国灵贶王。"可见庙宇祀神一直相沿此制。[2]

白龙王庙山门舞楼与庙宇的创建同步，清雍正四年（1726）残碑中有"南为山门，舞楼踞其上，左右俱有楼屹然与北楼相对，其东西则各建廊房十□间……"的描述，规制十分严整。庙宇东侧戏台因无相关碑刻资料的发现，故未能知晓建于何时。

白龙王庙庙会日期六月十三。山门舞台因已坍塌，故未能测量。庙宇东侧戏台面阔7.65米，其中明间2.9米，进深5米，后台进深1.5米，基高2.23米，柱高3米，耳房面阔2.51米（图3-3）。

图 3-3　白龙王庙内、外院戏台

① 李珂撰文，李山书，玉工杨清泓镌石，残碑，现倒伏于庙内。

② 李之化撰文，韩维晋书丹，玉工王凤琴，王章和镌石，现存庙内，保存完好。

4. 南城琚庄村汤王庙内外戏台①

成汤庙位于琚庄村西，坐北面南，庙宇主体建筑为两进院，连同院外剧场共三进院。现为晋城市重点文物保护单位。

现存建筑为正殿三楹，悬山顶，面阔 7.63 米，进深 5.3 米，基高 1 米；左右侧殿各两楹，硬山顶，面阔 5.1 米，进深 3.9 米；东西配殿各五楹，面阔 12 米，进深 4.7 米，硬山顶。

山门（戏台），面阔三楹 6.51 米，其中明间 2.6 米，通进深 4.7 米，其中前台进深 3.5 米，檐柱高 2.2 米，残存隔扇；左右耳房各三间，面阔 5.2 米，进深 3.61 米，硬山顶。东西看楼面阔各三楹 7.68 米，进深 4.73 米，硬山顶。下层柱高 3.43 米，上层柱高 2.74 米，均已在前檐砌墙。庙宇下院东西 7.8 米，南北 9.5 米，稍显局促，即便加上东西看楼，仍不能容纳太多观众。演艺的繁盛与狭小的空间势必产生矛盾，这就要求再建新的戏院以满足观戏之需要，便只好在山门外再建戏院了。庙宇建筑形制以及西看楼，山门戏台西耳房的改修题记，或也可印证此说。

庙宇山门外一街之隔，同一中轴线而建，是成汤庙的外院剧场。现存戏台三间，左右耳房各三间，左右二层看楼各六楹。由于无法进入该戏院，故未能实地测量（图 3-4）。

图 3–4　琚庄村汤王庙内、外院剧场院落

① 2013 年 7 月 4 日笔者与孟伟、张林峰一行考察发现。

5. 陈区镇铁炉村四坪山炎帝庙内外戏台[1]

四坪村位于县城之东 13 公里，约有 100 户，人口 300 多人，

炎帝庙，村人均称之为大庙，现已改造为学校，舞台在山门之外，现只有基础与山墙留存，梁架结构已经毁失。炎帝庙始建不详，庙内现存碑刻两通，一为清道光十九年（1839）《重修炎帝庙照康熙四十四年规条办理》，一为清光绪十一年（1885）《重修炎帝庙碑记》，依据碑刻可以知康熙年间炎帝庙就曾有补修活动。

光绪十一年碑刻中载及炎帝庙舞楼的变迁，碑文言："自壬午夏肇端，补修正殿三楹，东西耳房六楹，两廊陪房共十四楹，其南则仍其旧趾，易为舞楼。两偏各修耳楼三楹，山门外增添出檐，加修引道，路南旧有舞楼，今复扩其规模而重修之。至甲申秋告竣。"[2] 其中提到两处舞楼，一为山门外路南旧有之舞楼。一为是年改修山门而为山门舞楼并修耳楼。也就是说，炎帝庙在光绪十一年以前的舞楼是在庙外，即现存的庙外戏台基址。而改修之后，则成了庙外舞楼与山门舞楼共存的一庙二台形制了。庙外舞楼面阔 9.64 米，进深 6.97 米，基高 0.96 米，山门舞楼未能进入，没有测量（图 3-5）。

图 3-5　四坪山炎帝庙院外戏台现状

① 2013 年 7 月 8 日笔者与王潞伟、赵丹荣等人考察发现。

② 〔清〕光绪十一年（1885）《重修炎帝庙碑记》，额题"流芳百世"，邑庠增广生石村西里赵文焕撰，邑庠生陈区北里秦耀先书丹，邑□生南庄西里张耀篆额，笏首，碑座已失，碑高 175 厘米、宽 51 厘米、厚 22 厘米，现存正殿前廊下，局部漫漶。

二、二庙合一剧场形制

1. 河西镇下庄玉皇地藏庙并列戏台[①]

下庄玉皇庙与地藏王菩萨庙相邻，同位于村西北，坐北朝南，各为一进院且二庙南北跨度相同，并列分布，玉皇庙在东，地藏庙在西。据村中人介绍，原来两庙之间有一厢房，将二庙做大致区分，然前后设门开窗，两庙共用，后来此厢房坍塌拆除，故而现在看起来像是一座庙宇。

两座庙宇各有其正殿、耳楼、山门（戏台），规制严整。玉皇殿东接耳楼是为三元殿，玉皇殿与地藏王殿之间为春秋楼，地藏王殿之西也有同样形制的二层建筑，为牛马王殿，此楼之西又接一财神阁，亦名增福阁，各殿彼此相接，十分壮观。两座山门戏台均面向各自所依附的正殿，玉皇庙前之戏台保存较为完整；另一座则渐几倾圮（图 3-6）。

图 3-6　下庄玉皇、地藏庙平行戏台

① 2013 年 9 月 22 日笔者与杨波等人考察发现。

庙内现存清乾隆三十四年（1769）《新修玉皇地藏庙记》载："庄之西北，玉皇、地藏、三官三殿，舞楼三间……丁卯岁……东院之正中曰玉皇殿，殿西院之正中曰地藏之宫，更增建于宫殿之间者乃春秋楼也，至若东院之东北，三官位焉。西殿之西北，牛马王位焉……迄戊辰岁大工已大略讫矣，□戊辰而至于庚巳，其东、西、南之相继而成者，约二十余间。"[①]结合殿宇的脊枋题字，二庙这种相互连属的格局应该就在此时形成。[②]依据碑文，在此次新修之前，是有三间舞楼的，然而却并不能确知是属于玉皇殿还是地藏殿。碑文有言"东、西、南之相继而成者，约二十余间"，或另一座舞楼的建设也包含其中。此后，庙宇在清嘉庆、咸丰、光绪、宣统年间均有不同程度的补修，然格局并未再有大的变化。[③]

玉皇殿戏台面阔三楹，8.4 米，其中明间 2.8 米，进深 5.1 米，柱高 2.5 米，下山门通道高 2.21 米，悬山顶，耳房三组各三间分列于两座戏台左右。玉皇庙单体建筑庙宇剧场院落东西 13.5 米，南北 17 米。地藏殿前戏台大部塌毁，未能测量，然其形制和玉皇殿戏台基本相同。

---

① 〔清〕乾隆三十四年（1769）《新修玉皇地藏庙记》邑庠生祁觞翮撰并书丹，笏首方趺，碑文楷书，现存庙内地藏殿前东侧，部分漫漶。

② 正殿脊枋题字：时龙飞大清乾隆十二年岁在丁卯重修玉皇大殿三间詹吉十一月壬子丁亥朔越十五日五日辛丑竖柱上梁合社谨书以誌永久。

三元阁脊枋题字：时龙飞大清乾隆十二年岁在丁卯重修三元阁三间詹吉十一月壬子丁亥朔越十五日五日辛丑竖柱上梁合社谨书以誌永久。

春秋楼脊枋题字：时龙飞大清乾隆十二年……十一月壬子丁亥朔越十五日五日辛丑竖柱上梁合社谨书以誌永久。

牛马王殿脊枋题字：时龙飞大清乾隆十二年岁在丁卯创修□□□三间詹吉十一月壬子丁亥朔越十五日五日辛丑竖柱上梁合社谨书以誌永久。

③ 〔清〕嘉庆二十二年（1817）《重妆关圣帝君碑记》，撰碑书丹者不详，壁碑，现存庙内，保存完好。

增幅阁脊枋题字：时龙飞大清咸丰九年（1859）岁次己未重修增幅阁三间詹吉十月十八日竖柱上梁吉时合社公立永远为誌耳。宣统元年（1909）《补修玉皇等庙暨绘事小引》，耆宾八十五叟高维藩撰并书丹，玉工韩玉岐镌，楷书，壁碑，现存庙内，保存完好。

2. 马村镇东崛山汤王庙、三大士庙对台①

汤王庙、三大士庙俱位于村南，且二者在一条中轴线上，整体甚为狭长。自北向南依次为汤王殿面南、向南开口过路戏台一、向北开口单层戏台一、观音殿面北，配殿厢房分列左右，两座戏台之间，东厢房之北辟门以出入。庙内现存清道光二十九年（1849）勒石之《东崛山重修汤王庙碑记》中载："重修北庙汤帝庙……舞楼上下六间……南庙三大士坐南向北……舞楼三间。"② 可知二庙庙宇与戏台均在是年重修。

汤王殿戏台，分上下二层，面阔三楹 7.84 米，其中明间 3.89 米，进深 5.55 米，柱高 2.79 米，下层高 2.34 米。三大士庙戏台面阔三楹 6.9 米，其中明间 3.4 米，进深 4.49 米，基高 1.63 米，柱高 3.26 米（图 3-7）。

图 3-7　东崛山三大士庙、汤王庙戏台

3. 马村镇康营村岱宗庙、汤帝庙前后戏台③

岱宗庙与成汤庙沿同一中轴线建造，各自一进大院。岱宗庙在前，成汤庙在后，建筑规制均比较整肃，是二庙合一比较典型的例子。前院岱宗庙戏台为

---

① 2013 年 7 月 15 日由王潞伟、赵丹荣等人考察发现，2014 年 9 月 27 日笔者与段飞翔等人再次考察并测量。

② 〔清〕道光二十九年（1849）《东崛山重修汤王庙碑记》，迪吉都建安熏沐撰文，沐手书丹，玉工董长盛、董长裕刻石，笏首方趺，碑高 167 厘米、宽 53 厘米、厚 21 厘米，现存庙内，保存完好。

③ 2013 年 5 月 21 日笔者与孟伟、王潞伟、赵丹荣等人实地考察，2013 年 8 月 20 日笔者再次实地考察并补拍照片。

山门倒座样式，悬山顶三间，两侧耳楼硬山顶各三间。山门三门式，如今修缮之后，两侧门俱已封死，而东耳楼与东看楼之间有偏门以出入。

戏台面阔 9.3 米，明间宽 3.6 米，进深六椽 5.7 米，台口 0.87 米，四根小凹角石柱，方凳础。戏台有隔扇，呈“凹”字形摆设，金柱楹联：“极奸巨恶转眼终归失败，忠臣孝子到头毕竟团圆。”戏台墙壁原有舞台题记留存，但修缮之后，更换了墙砖，题记自然不能保存。东西看楼各四楹，硬山顶，四架椽，底层用方形抹角石柱，方凳础，上层用圆木柱，柱间连以木栏杆。

后院成汤庙戏台亦建在倒座位置，为单层台，两侧耳楼下各辟门以出入。戏台悬山顶三间，七檩六架椽，前檐用方形抹角砂石柱，方凳础，础间连以石质矮护栏。戏台面阔 7.67 米，其中明间 2.5 米，“凹”字形隔扇亦存，上场门题“阳春”，下场门“白雪”，明间六扇为书法作品，金彩书写范仲淹《岳阳楼记》，有楹联两幅，一为：桓温喜怒虚若实，优孟衣冠假作真；一为：假笑啼中真作假，新声歌里旧衣冠。

二庙戏台虽建筑规矩，装饰精美，但创建年代均不可确知，庙内现存唯一言及舞楼的碑刻已经是在民国年间了。民国十二年《补修成汤庙碑记》中言：“据父老传闻，后院舞楼暨前之东西两殿、厢房、看台，盖增修于清同治十二年（1873）间。”可知两院舞楼于同治年间就已存在（图 3-8）。

图 3-8　成汤庙、东岳庙戏台

第二节　高平市神庙剧场特殊样式

一、关门舞楼

1. 河西镇牛庄村清嘉庆二年（1797）以前之东阁戏台[1]

东阁戏台为过路台，与上述康营村关帝庙等的过路搭板式戏台不同，此戏台并无搭板，而是将戏台直接建在村之东阁之上，下为砌券门洞以通行。其后墙原有匾额，但已经被破坏，字迹模糊难辨。戏台前檐已经被砌封，无法进入。

戏台之始建无考，阁之墙壁镶嵌有碑刻两通，其中清嘉庆二年（1797）碑刻中提到："吾乡此处演戏，实为春祈秋报，以期神人胥悦。乃看戏之地势甚狭，每遇歌舞之胜，概而显人众之难列，有能远听其声，不得近睹其彩，掉背而回者多多矣。"故而"有秀士萧奋□于斯有感，特出囊金，置此地基，施入社中，以作看戏之圆场，□今以往，优人喜得展其长，观者喜得容其身"。[2]碑文记叙的置地作为观剧场所的事迹，是专门为观戏的舒适性而做出的举措，为的是让民众观戏既能听其演唱，亦能一睹演员风采，从而提高观戏的舒适和愉悦程度。再者此碑还可以证明，戏台在嘉庆二年（1797）之前已经存在，并且此处的戏曲表演十分繁盛。

戏台悬山顶，合瓦屋面灰脊饰，面阔三楹 7.6 米，其中明间 2.9 米，进深 6.1 米，基高 2.3 米，柱高 3.05 米（图 3-9）。

---

① 2013 年 8 月 19 日由王路伟等人考察发现。

② 〔清〕嘉庆二年（1797）无题名碑记，撰碑书丹者不详，笏首壁碑，碑高 140 厘米、宽 40 厘米，现镶嵌于东阁墙壁，保存较好。

图 3-9　牛庄东阁戏台正面、背面

2. 河西镇朴村玉皇庙清嘉庆七年（1802）关门舞楼[①]

玉皇庙位于村中位置，坐北面南，庙宇一进院，规模稍显局促。现存正殿三楹，东西侧殿各一，配殿各三间。山门外为村东西向主道，道路之南，与山门正对，距 20 米许，即为玉皇庙之舞楼。玉皇庙内存碑刻两通，俱为清代勒石。嘉庆七年（1802）《补修正殿创修舞楼三间捐银姓名列后》碑刻载创修舞楼的信息。

舞楼硬山顶，合瓦灰脊，面阔三楹，进深七檩六椽，前檐施四根方形抹角砂石柱，方凳础，金柱两根，亦为方形抹角，然较檐柱稍细，无柱础。舞楼所在的券形阁门高逾 3 米，宽 2 米左右，基高现存只有 1.7 米，两侧搭板槽均为 10 厘米 × 10 厘米，东西无耳房（图 3-10）。

图 3-10　朴村玉皇庙舞楼

① 2013 年 7 月 7 日笔者考察时发现并拍照；2013 年 9 月 18 日笔者再次进行实地考察并补拍照片、测量。

舞楼为过路搭板式，形制与康营村东关帝庙关门舞楼十分相像，虽然玉皇庙舞楼只是建在一个普通的阁门上，与康营村东关帝庙舞楼所依托的“古光狼城”的关门不可同日而语，但其建筑实质是一样的。他们同为搭板式与跨街式过路戏台的结合体，平时门洞通行车马，庙会时便搭板唱戏，遇到紧急情况便可以将门关闭进行防御。这种集实用性、防御性以及娱乐性于一身的组合式建筑确实也是清代山门舞楼风行时期的一个创举，当然也是清代神庙戏台形制多样化的重要体现。

3. 康营村东关帝庙清同治元年（1862）以前之关门舞楼[①]

高平市马村镇康营村之地，战国时是赵国的光狼城。《史记·秦本纪》载，昭襄王二十七年，“白起攻赵，取代、光狼城。”正义引《括地志》云：“光狼城在今泽州高平县西二十里。”即指此地，关门上有“古光狼城”的匾额亦可为证。[②]古代村庄为防止乱世盗贼或散兵游勇的侵扰，在村庄建筑的建造上都会考虑到防御性，一般都会建有高大的围墙以及在村庄出入口建造关楼，如今高平的大部分村庄依然留存有原来的阁门，康营村的这座关门即是如此（图 3-11）。

图 3-11　康营村东关帝庙舞楼后墙的“古光狼城”匾额

① 2013 年 5 月 21 日笔者与孟伟、王潞伟、赵丹荣等人实地考察，2013 年 8 月 20 日笔者再次实地考察并补拍照片。

② 〔西汉〕司马迁：《史记·秦本纪》（二十五史·册一），上海古籍出版社 1986 年版。

康营村有一东一西两座关帝庙，且都建有舞楼[①]，东关帝庙创始无考，规模不大，建筑遗存均为清代式样。然比起庙宇建筑的无可称述，在关帝庙山门外71米，与之正对的过路搭板式舞楼则是极具特点。过路搭板式是搭板式与跨街式过路戏台的结合体，一举多用是其最主要的特点：平时供人与车马通行，紧急情况可以将门关闭以自保，庙会时期搭上木板又可以用作戏台。碑刻中以及当地人将这座舞楼称为“舞楼关房”。舞楼其始建不详，庙内存清同治元年（1862）勒石的碑记中载：“余村旧有伏魔大帝庙一座，创始无稽，而补葺有数。惜哉庙工告竣，而舞楼关房未得妆彩。”可见同治以前戏台就已存在。同年所立的另一通无题名碑记言：“余村伏魔大帝庙工竣已久，彩画维新，而关房楼板未望，亦难勒诸贞珉以表白。”其中提到的“关房楼板”即为献戏时需铺设在舞台搭板槽上的木板。清同治五年（1866）《重修舞楼碑记》中对于舞楼特征有“其村东关帝庙外，有舞楼一所，夹道跨修”的说明，并且在此次重修时于“舞楼之南创修楼房五间，补其缺陷而结构宽宏，亦足以备祭祀演戏之用”。另碑刻的撰文者——时北陈村府学廪膳生员廉敬在碑中提出了“戏者，戏也”。可以“稽前代之盛衰，镜人事之得失，善者足以为劝，恶者足以为恶”的戏曲本质论和戏曲功能论观点，当是反映了清代士绅阶层对于戏曲及其功用的一般认识，具有一定的代表性。

关门舞楼灰脊筒瓦，悬山顶，面阔三间7.9米，明间宽3.35米，进深七檩六椽5.9米，台上三排方形抹角石柱，每排四根，方凳础，通高3米，台口0.95米。柱头斗拱三踩单昂，抱头梁伸出刻作耍头三幅云，大额枋及雀替施木雕（图3-12）。

---

① 山西省高平市康营村现存庙宇23处，碑刻41通，具有极强的庙宇群组特征、村落庙宇布局典型性以及乡村神庙演艺多样性。一村之中，历史上先后建修了五座戏台，分别为天齐庙戏台、成汤庙戏台、东关帝庙戏台、西关帝庙戏台以及五龙宫戏台。在一定的时空范围内，它们与其所附属的庙宇呈现层层叠加的状态，并且不存在可以相互取代的关系。它们依托乡村家族势力、知识分子阶层以及社与会权力的矛盾与变化，营造起同一乡村空间下的丰富的神庙祭祀及其演艺环境。参见颜伟、曹飞：《戏台——乡村权力矛盾的实体化建构——基于高平市康营村的个案研究之一》，《戏剧》（中央戏剧学院学报）2016年第6期。

图 3-12　康营村东关帝庙关门舞楼正立面

4. 野川镇后山沟村关帝庙清道光三十年（1850）关门舞楼[①]

关帝庙位于村西，坐北朝南，大殿所在的院落保存较好，而外院舞台和看楼塌毁严重。关帝庙始建不详，据庙内碑刻等遗存，应不晚于清嘉庆九年（1804），是年题写的墨书题记现仍留在大殿墙壁上。[②] 道光三十年（1850）增修东西禅房与看楼，并专门勒碑《创修禅房看楼碑记》，碑中载："外创东西阁二眼，必资东西看楼之廊。兹村庙宇渐就倾耳，舞楼远备□□而□者莫慰。诚敬之心怀愿欲酬者，新有演乐之厦厨尔……爰是创立东西禅房六间，又有东西看楼上下十六间。"如此，则关帝庙剧场院落趋于严整，且如此规模的看楼，也反映出关帝庙当时的演艺之盛。[③] 舞楼过路搭板式，已塌毁，格局仍存。戏台面

---

① 2013 年 7 月 4 日由杨波、刘俊、张楠等人考察发现。

② 〔清〕嘉庆九年（1804）施井泉题记，施主乔天润敬，墨书题壁，现存正殿山墙，保存完好。

③ 〔清〕道光三十年（1850）《创修禅房看楼碑记》，本邑童生孙汝霖撰并书丹，玉工王德信刊。

阔三楹 7.58 米，其中明间 3.38 米，进深 5.8 米，台基被掩埋，柱高 2.75 米（图 3-13）。

图 3-13　后山沟村关帝庙舞楼现状

5. 野川镇路家村关帝庙清同治四年（1865）关门舞楼[①]

路家村关帝庙坐西朝东，其南与村中之东阁相连，关帝庙正对有过路搭板式戏台，南北各有看楼三楹，阁庙台三者合一，组成封闭性剧场，东西约 15 米，南北约 12 米。

据庙内同治五年（1866）《重修舞楼碑记》："吾村旧有庙，由来久矣。源其始，无稽可考，究重修之年，有碑可志。"[②] 然庙内并无其他碑刻留存，故其重修之年并不可考。而关于其戏台，碑文中所言甚祥："昔有舞楼，于咸丰甲寅

① 2013 年 7 月 4 日由杨波、刘俊、张楠等人考察发现。笔者于 2013 年 9 月 18 日与杨波等人再次考察并测量。

② 撰文书丹者信息已漫漶不识，壁碑，宽 166 厘米、高 48 厘米，现存北看楼内墙，局部剥泐。

岁夏□月，河水□发，陡将舞楼冲颓计十余载……于同治四年仲秋朔动工，重修舞楼三楹，耳楼上下肆□。”可知舞楼之始建至迟在咸丰甲寅岁，即咸丰四年（1854），但形制是否也是过路搭板式，未为可知。因河水泛滥，将舞楼冲毁，遂同治四年（1863）重修，如今留存的建筑应该是此次重修后的遗构。除此之外，碑文还言道：“盖闻舞者，乐之容也。乐所以表君子之德，舞所以相君子之功，”从而为舞楼之建，奠定礼乐支撑。

戏台屋面结构已塌毁，然过路式样仍存，剧场形制仍可辨。舞台面阔三楹8米，明间约为3.1米，进深5.9米，基高现仅存1米，柱高2.7米，台口1.3米，门洞高现仅存1.8米（门洞内泥土淤积所致），宽1.6米，搭板槽为10厘米×10厘米，耳房面阔各两楹5.5米，进深4米。北看楼面阔三楹7.8米，进深1.4米，上柱高1.67米，下柱高1.9米，南看楼面阔三楹8.7米，进深3.7米，上柱高1.9米，下柱高1.9米（图3-14）。

图 3-14 路家村关帝庙舞楼及看楼现状

除去这两处阁、庙宇、戏台、看楼等建筑组合而成的复合型剧场外，野川镇沟村关帝庙（见本文第五章第二节）也呈现出相似的建筑做法。地理位置上沟村、后山沟村、路家村三村相距很近，可以说这是一种在小区域内比较流行的神庙剧场建筑构思，既可以实现工、费的节约，又可以满足日常使用以及庙会之期祭祀、演戏、观剧等各种需求，可谓一举多得。

二、依附式戏台

1. 原村乡陈庄万寿宫清乾隆四十三年（1778）依附式戏台①

万寿宫，又名圣姑庙。位于村东，紧挨村之东阁，且与东阁部分相连，万寿宫借东阁北山墙为围墙。且辟门可登上三层之东阁。庙宇坐北朝南，中轴线自北向南依次为后殿（圣姑殿）、月台、戏台、前殿、山门，侧殿、看楼分列左右。

万寿宫之创始无考，庙内现存最早的碑刻是勒石于清康熙十六年（1677）的《万寿宫塑神画殿并打石火盆记》，而对于万寿宫也只是说“旧有万寿宫不记其始”“康熙七年（1668）重修大圣仙姑正殿三间，东西侧殿六间”并“妆塑神像，彩画殿宇”。除此之外，还在“东北殿创塑马王尊神”。②至清康熙十九年（1680），万寿宫由信士张珩创建匾额“万寿宫”，至今仍镶嵌于山门（图3-15）。③清乾隆四十三年（1778）刊立《万寿宫重修舞楼碑记》记录了是年万寿宫重修舞楼的具体情况：“仍乎旧贯而不泥乎旧贯。北不迫于宫庭而位置以妥。南则离夫前殿而众圣以安，亦若有神助焉。”字里行间透露出重修者对于这次修建的得意之情。④至清光绪十五年（1889），万寿宫进行了一次大规模的重修，“正殿破漏茅塞修补之，戏台倾危修补之，中央殿瓦解强裂拆到重修之，门间东西环堵壑塌一以补葺之。”可见彼时的万寿宫倾圮之甚。⑤

---

① 2013年7月14日笔者与王潞伟、赵丹荣、张裕涵等人考察发现并测量。

② 王会极撰文书丹，石工常俊镌石，笏首方趺，高146厘米、宽40厘米、厚24厘米，现存庙内西侧殿前，保存完好。

③ 匾额：“万寿宫”，楷书，信士张珩创建，现镶嵌于山门。

④ 张有章撰文，玉工王正海镌刻，笏首方趺，碑高176厘米、宽53厘米、厚24厘米，现存庙内东侧殿前，保存完好。

⑤〔清〕光绪十六年（1890）《万寿宫重修补修碑记》，撰文书丹者不详，石工刘三多镌石，螭首方趺，碑高187厘米、宽63厘米、厚21厘米，现存庙内正殿前檐廊，保存完好。

图 3-15　陈庄《万寿宫》匾额

现存正殿五架梁，悬山顶，面阔三楹 9.12 米，进深五椽 5.91 米，有前廊；正殿前月台东西 11.1 米，南北 2.64 米。戏台为单层台，背前殿，面正殿，硬山顶，五架梁进深四椽，合瓦屋面灰脊饰，檐柱、金柱均用小八角石柱，后台东侧山墙辟门，以供演员出入之用。戏台后墙紧贴前殿，相距仅 1.10 米，且戏台后墙中间与前殿后墙中间均辟门，可相互连通。演戏之时，前殿权作为临时后台，供演员化妆休息之用，此与董峰万寿宫形制相似。

戏台面阔三楹 7.11 米，其中明间 2.6 米。通进深 5.16 米，其中前台进深 3.16 米。基高 1.23 米，檐柱高同为 2.47 米，施柱础，础高 0.28 米，柱径 0.215 米，金柱稍高为 2.99 米，柱径 0.23 米。前檐角柱后 1.7 米处砌墙，檐柱间施挡板石，高 0.28 米（图 3-16）。

两侧看楼面阔五楹 11 米，进深 4.05 米，下层柱高 2 米，上层柱高 2.2 米。剧场院落东西 12 米，南北 13 米。

图 3-16　陈庄万寿宫戏台及与前殿相通处的过道与台阶

2. 原村乡上董峰万寿宫清道光三十年（1850）依附式戏台[①]

图 3-17　上董峰万寿宫敕赐宫额及圣姑庙额

上董峰村现有 50 多户，300 多人，主要姓氏崔，其余则田、李、张各一户。

万寿宫，俗称马仙姑庙，位于村西，坐北面南，庙会七月初五，马仙姑诞辰在七月初七，庙会三天，自初五开始（图 3-17）。庙宇现存两进院，中轴线自北向南依次为仙姑正殿、殿前“云亭、玉宇”砂石质小亭，依附式戏台、前殿（三教殿）、山门。后院东、西云堂分列，供奉二十八星宿、北极、四圣。原有东西两庑，分别为高禖祠、药王殿、关帝殿、后土殿，此外还有梳妆楼、云厨、禅房、客房。现仅存西庑、西厢房共九间。

① 2013 年 8 月 6 日、9 月 13 日笔者两次实地考察。

庙宇已被列为第七批国家级重点文物保护单位，庙内现存元代以来的碑刻22通。万寿宫所祀神灵为马仙姑，关于其身世辗转，元至元二十一年（1284）董庭谏所撰《仙姑祠堂记》有如下描述：

仙姑姓马氏，世洺州（今河北县地名）永年人。自幼逮长，有轻去世累之心。会良人韩志达，亦甚慕善，因同修……一日忽有所悟，遂能谈天地之机微，烛幽玄之至理，备述已往方来之事，类若影响。徒众薪然，奉信甚众。思欲游历方外，念秦地可居，乃命其徒挽鹿车以载，遂自永年转而之上党，历壶关，复曰："犹未至也！"乃之长平，距县治之西一舍曰通义里……丙申之岁，仙姑遽而税驾于此，乃心舒意适，因结茅而居，畴昔之愿，神实相之。

碑文中的通义里，即今原村乡上董峰处。仙姑与其信徒在此处安顿下来，潜心修行并且造福一方百姓，而后仙姑辞世，碑文记载：

居人观其法象，则竦然喜，愕然慕。睹其真气粹容，飘飘然，信其可与神游于八极之表也。问其徒，则曰："仙姑辟谷不食数年矣。"于是一方之民，坌集云合，奔走奉信，如市贾然。病者得愈，伤者得痊。间以前定之事往问，应答如神，一一昭合。居顷之，谓人曰："吾之结缘宿住于此，今而幸达，吾不可久留于尘世矣，弟子当治我后命。"浃旬遂委蜕。

仙姑辞世后，"弟子吴之显谋于众曰：仙姑灵异若此，不庙而祀之，使一方敬信之士安所仰乎？"于是里人元璋、张庆，乐施已居以为福地，建堂三间六筵，以奉仙姑焉。①

碑文所立时间为至元二十一年，又碑文中"仙姑委化四十余年矣"，由此推知，文中所言丙申之岁，应是蒙古太宗（窝阔台）八年（1236），马仙姑来到上董峰，并结茅而居。矛盾的是其后元至治二年（1322）李友恭所撰《重修万寿宫记》描述马仙姑："言讫而蜕，旬余视之，□宛然犹生，时丙申八月十有四日也。历庚子岁，就建北堂，尸而祝之。"若依此言，丙申八月十有四日仙姑辞

① 〔元〕至元二十一年《仙姑祠堂记》，董庭谏撰文，张克孝篆额并书丹，王忠刊石。现存庙内，保存完好。

世，四年之后也就是蒙古太宗（窝阔台）十二年（1240）建立庙宇。① 若此丙申岁与马仙姑初到上董峰之丙申岁同，则表明马仙姑是在侨居上董峰的同一年就去世了。

在万寿宫建成之后，"至元廿七年（1290），嗣孙康妙善、门徒明真大师韩志诚，备述仙姑始末实录，礼谒真人宫岳八祖考议，灵验有合于真大道。"并于大德十一年（1307）"明真弟子提点张进善，悼其师云轩远驭，恐弗克荷付托意，思欲有光于前，无愧于后。复受教于天宝宫郑真人，乞行部符，定万寿宫额"。其徒众"又于东四云堂，创塑二十八宿、北极、四圣之像"，庙貌趋于严整。② 元大德元年（1297）《大元皇帝敕谕碑》载："俺真大道大宗师，崇玄广化真人岳八祖管着的马仙姑徒门。"故可知，真大道教将万寿宫收于门下，此后历代屡有补葺，所谓"考诸石碣，肇封于元，肇建于元，大修于明，补修多翻"。③

最初的马仙姑庙虽非佛非道，然泽州世侯段直家族数代扶持，后进入真大道教派系中，得赐万寿宫额，沿用至今。马仙姑庙经历了从非佛非道到道教派系的转换，也经历了无人问津到偶然祈雨灵应而成为祈雨中心的境遇变迁，在元明两代分别成为泽州世侯段直、隰川王府两个家族的香火之地。清代，其社庙身份的增加又使马仙姑庙成为村社岁时演艺的中心。其经历的种种变迁，附着深厚的时代基因，也是乡村民众信仰需求不断变化的反映。作为一个民间信仰变迁的个案，丰富生动，又具有特殊性。④

曹飞先生在其《山西清代神庙戏碑辑考》中说："万寿宫最令人瞩目的建

---

① 〔元〕至治二年《重修万寿宫记》，李友恭撰文并书丹，何源篆额，王琇、王泰刊石，现存庙内，保存较好。

② 〔元〕至治二年《重修万寿宫记》，李友恭撰文并书丹，何源篆额，王琇、王泰刊石，现存庙内，保存较好。

③ 〔清〕咸丰二年（1852）《整修万寿宫记》，秦铭撰文，李高刊石，现存庙内，保存完好。

④ 按：根据检索，对于高平上董峰万寿宫的研究文章迄今有曹飞《万寿宫历史渊源考——金元真大道教宫观在山西的孤例》，载《山西师范大学学报》（社科版），2004 年第 1 期；赵世瑜先生《圣姑庙：金元明变迁中的"异教"命运与晋东南社会的多样性》，载《清华大学学报》（哲学社会科学版）2009 年第 4 期，第 5—15 页；田芳《从真身到塑像——金元以来高平圣姑庙的地方化》，载《田野与文献》第 78 期，2015 年 1 月。

筑就是那座位置、结构和形制均与众不同的戏台。”[①]的确，万寿宫戏台建在前殿（三圣殿）背后，并紧靠三圣殿后山墙，面阔三间，悬山顶，四架椽，后坡与三圣殿顶部后坡相交连通，为抱厦式做法的变体，琉璃瓦件多为今人新换之物，前檐用小八角石柱四根，柱间施石质护栏，东西山墙只砌至台深的1/2处，为小型的三面观样式，柱上额枋、大额枋，柱头科斗口跳，补间惟有明间一攒，形制与柱头科同。戏台与三圣殿共用一后山墙，并且后山墙两侧各开一门，可相互连通，演戏时，用作上下场门。如此，则演艺之时，三圣殿就暂时变成了后台（图3-18、图3-19）。

关于该戏台的建修信息，有碑刻记载已是清咸丰二年（1852）的《整修万寿宫记》，碑言：“（道光）庚戌春（1850）……后翼宽闲地权借戏台，后场通用。后墙除樑下改为戏台闪屏。一设举作，固补修工费实繁，衍戏台场窄地狭，盖危柱侧，彻底倒地，宽大重立。”[②]可见，万寿宫似乎本来就有戏台，因原戏台位置局促且大部毁坏而重新建立，并将三圣殿后翼宽闲地借作戏台后场。所以我们可以得出结论，万寿宫原之戏台在此（道光庚戌年1850）之前，而依附式戏台自此而始建。[③]

万寿宫依附式戏台作为神庙剧场大家庭中极具个性的一员，不论其何时创建，都丝毫不影响它的地位与价值。它的创建一方面凝聚了建造者审时度势、因地制宜的智慧，并且极具胆识，敢冒神灵不可扰之大不韪，将神殿用作戏台后场；另一方面，其依附式样式在中国的广大神庙剧场之中极其少见，它一定程度上冲破了神庙剧场建舞楼的思维定势，对于呈现神庙剧场多样性有着不可

---

① 曹飞：《山西清代神庙戏碑辑考》，三晋出版社2012年4月版，第265—270页。

② 〔清〕咸丰二年（1852）《整修万寿宫记》，秦铭撰文，李高刊石，现存庙内，保存完好。

③ 按：关于上董峰万寿宫依附式戏台的创建时间，冯俊杰先生认为：“圣姑庙戏台始建于道光三十年（庚戌），可以确定。”此说若是指依附式戏台，则是准确的。若是指圣姑庙戏台，则稍待商榷。因为“盖危柱侧，彻底倒地”大多是因年久失修，不可能刚刚修好即成倾圮之状；曹飞先生认为：“庙内现存碑刻文字提及戏台时，已经是咸丰年间，但不是创修，而是‘衍戏台场窄地狭，盖危柱侧，彻底倒地，宽大重立’，可见，戏台的创建或将三圣殿‘后翼宽闲地权借戏台，后场通用’的做法，绝不是咸丰年间的创举。”据上述分析，则可以得出：万寿宫原有戏台（道光庚戌前），且戏台并未与三圣殿产生关系。道光庚戌年，因戏台倾危，补修之时，将戏台后移，并与三圣殿连通，从而形成依附式戏台样式。

忽略的意义。

图 3-18　三教殿内墙壁有清乾隆三十九年（1774）戏曲演出题记

图 3-19　万寿宫元建三教殿及清代依附式戏台

戏台在前殿之后，紧挨前殿，悬山顶建筑，五架梁，面阔三楹 7.7 米，其中明间 3.05 米，进深四椽 3.5 米，基高 1.05 米，柱高 2.3 米，前檐角柱后 1.65 米砌山墙，须弥式柱础，础高 0.38 米。

第三节　高平市寺院剧场

佛门向为清修之地，与戏曲等喧嚣之事似不相干。然事实却并不尽然，六朝隋唐时期，戏场出现，寺院观演百戏风气渐浓。有趣的是宋元时期，戏曲虽趋成熟，却始终被拒于佛门之外，明末清初，才有一些寺院建起了位于庙宇主体建筑之外的院外剧场。乾隆朝以后，陆续有寺院开始将戏台建在了院内，且剧场形式逐次递进，并呈现出多样化发展趋势。本节对山西高平市发现的清代寺院剧场进行介绍分析，一定程度上可以梳理民间演艺重回寺院并建立起剧场的发展脉络。

按照佛教教义，佛门清净。然六朝隋唐时期，寺院戏场开始出现并呈现出相当的规模。据钱易《南部新书·卷五》记载："长安戏场多集于慈恩，小者在青龙；其次荐福、永寿。"[①] 并且寺院演出也极为兴盛，诸如"宗圣寺……妙伎杂乐，亚于刘腾，城东士女多来此寺观看也"。[②] 寺院观戏之风气渐浓，更有"梵音法乐，聒动天地。百戏腾骧，所在骈比"之盛况。[③] 在一些尼寺之中也是"常设女乐，歌声绕梁，舞袖徐转，丝管嘹亮"，并且制定了"以是尼寺，丈夫不得入"的禁令。[④] 这些戏场一般是在寺前或者寺院中的广场、庭院进行。然宋代以后，相关文献中所提到的"戏场"，已经大体与寺院无关。从元代算起，虽然戏曲已经非常成熟，但是仍长期徘徊于寺院门外不得进入，其原因不得而知，

---

① 钱易:《南部新书·卷五》，中华书局 1958 年版，第 50 页。

② 杨衒之:《洛阳伽蓝记》，韩洁根注。山东友谊出版社 2001 年版，第 66 页。

③ 《洛阳伽蓝记》，第 104—105 页。

④ 《洛阳伽蓝记》，第 49 页。

或是“宋元勾栏以及民间神庙演出的繁盛，演出场所发生了转移”[①]，然仍待进一步的研究，本文对此存而不论。

寺院建立起戏台这一实体建筑，以迄今发现的资料来看，最早是在明成化十四年（1478），宁武县二马营村广庆寺创建了佛门的第一座戏台，正德年间（1506—1521），太谷净信寺也建造了戏台，似乎佛家对于戏曲的态度有所松动[②]，然事实并非如此，此后百余年间，寺院之建戏台者寥寥无几。明末清初，才有一些寺院建起了位于庙宇主体建筑之外的院外剧场。乾隆朝以后，陆续有寺院开始将戏台建在了院内。如此来看，戏曲对于佛门清净之地的攻坚费时长久，两者相互之间的角力与妥协自然不甚轻松。笔者在山西高平市考察期间所见此区域内佛教寺院建戏台者不在少数，一方面其虽处庙外，然已从非中轴线转移到庙宇中轴线上，从而面向庙宇主体建筑。另一方面有些戏台还建在了庙宇山门之处，且拥有完善的观剧场所——看楼，甚至出现了正面看楼。可以说，在高平区域内，戏曲对于寺院的渗透显得更加深刻，更加多样，亦更加彻底，这对于神庙剧场发展史的研究在资料上是一个重要的补充。

一、非中轴线向中轴线的转移——寺院与剧场的初步整合

1. 米山镇米西村定林寺剧场[③]

定林寺位于高平市城南 5 公里大粮山之东的米西村。据寺内金大定二年（1162）《大金泽州高平县定林寺重修善法罗汉二堂并郭公施功德记》载：“创建年远，不知源流。（五代）唐长兴（930—933）年间，有僧道能重修，皇统八年（1148），又有僧法兴重修。”[④] 可知定林寺历史之悠久（图 3-20）。

---

① 曹飞：《敬畏与喧闹·神庙剧场及其演艺研究》，中国戏剧出版社 2011 年版，第 34 页。

② 冯俊杰：《山西神庙剧场考》，中华书局 2006 年版，第 514 页。

③ 冯俊杰等：《山西戏曲碑刻辑考》，中华书局 2002 年版，第 393 页。

④ 转录自冯俊杰：《山西神庙剧场考》，中华书局 2006 年版，第 522 页。

图 3-20 定林寺山门

庙院主体坐北朝南，建筑三进院带东跨院，现存山门门楼、钟鼓楼、雷音殿、七佛殿、东西廊庑，2001 年被列为第五批全国重点文物保护单位。定林寺舞楼建在庙外西侧，依山向东而立，并非中轴线建造。戏台悬山顶三间，五架梁进深四椽，原有隔扇，今已毁失，戏台北山墙辟拱形小门以供艺人通行。戏台通面阔 7.1 米，其中明间 2.63 米，进深 5.42 米，基高 1.5 米，柱高 3.01 米（图 3-21）。

图 3-21 定林寺舞楼

关于定林寺舞楼的创建，清乾隆二年（1737）《定林寺创建舞楼记》中载：“寺旧无舞楼，浴佛日则砌台演艺，住持恒厌其烦苦”因而“创建舞楼”。[①] 定

① 〔清〕乾隆二年（1737），国学生焦希贤撰文，五瘟洞人姬复常书丹，楷书，壁碑，高 43 厘米、宽 52 厘米，现存庙内。

林寺作为拥有千年历史的佛教古刹，从清初的砌台演艺到建立起戏台这一实体建筑，戏曲演出的介入一定程度上已经得到寺院住持僧人的默许，也反映出戏曲对于佛教寺院的冲击和渗透过程。但却显得并不轻松，因为舞楼并非中轴线建设，也就是说它是游离于寺院主体建筑之外的，寺院对于戏曲的接纳态度仍然有所保留。

2. 北城边家沟村庄严寺剧场①

庄严寺位于北城街道边家沟村西北，坐北朝南。“村之主庙，名曰庄严寺。内外三院，不知创自何年，后院之正殿，曰三佛殿。”②由此可知寺院建筑规制和所祀神灵。而关于庄严寺舞楼的变迁，庙内所存碑文中记述的甚为详细，清乾隆四十六年（1781）刊立《增修庄严寺碑记》载：“向来舞楼在其东南，今始改建于正南，经始于丙戌年辛卯月，落成于乙未年丁亥月。”③也就是说在乾隆乙未年，即乾隆四十年（1775），舞楼的建筑位置移到了庄严寺的中轴线上。这一变化使得舞楼建筑不再边缘化，而是纳入了庄严寺的整体建筑规划当中，成为其不可或缺的一部分。戏台面阔三楹7.35米，其中明间3.3米，进深5.1米，基高1.3米，柱高3.1米。院落东西宽16.5米，南北深21.7米（图3-22）。

图 3-22　庄严寺戏台

舞楼在清道光二十年（1840）也曾维修，有戏台脊枋题字为证。④至民

① 2013年7月7日孟伟等人考察发现。

② 勒石于民国十年（1921），壁碑，圆首，额题“永垂不朽”，高230厘米、宽70厘米，现存庙内。

③ 勒石于清乾隆四十六年（1781），楷书，张应旌撰文，申学闵书丹，冯江、李禄镌刻，笏首方趺，高214厘米、宽60厘米、厚23厘米，现存庙内。

④ 舞楼脊枋题字：“时大清乾隆四十年孟冬创修舞楼三间于道光二十年十月十三日阖社重修永为记。”

国十年（1921）已是“外院有舞台，戏楼、戏房、看楼，配合适宜。另有戏厨，无不具备”的状况了。[①]

二、寺院山门舞楼剧场——寺院与剧场的充分融合

1. 河西镇界牌岭甘露寺剧场[②]

甘露寺位于河西镇界牌岭之东南，坐西朝东。据正殿脊枋题字：“时大清康熙七年，岁次戊申菊月廿四日庚申辰时，竖柱上梁。于劳劳亭后创建甘露庵三楹，住持僧人照灯、海潮纠领一方善信众等，修后风调雨顺，国泰民安。工毕书之，永为吉兆记耳；乾隆二十七年五月重书。”可知寺院正殿为清康熙七年（1668）创修，乾隆二十七年（1762）重修，现存建筑有正殿三楹，供奉释迦牟尼，南北侧殿各三楹，北配殿三楹是为二佛殿，南厢房五间，山门舞楼三楹，戏房南北各三间。

舞楼建修于清乾隆十七年（1752）[③]，面阔8.11米，其中明间2.94米，进深4.9米，柱高2.42米，下层山门通道高2.9米，东西耳房各三楹面阔7.13米，进深4.23米，庙院宽12米，深19.2米（图3-23）。

图3-23　界牌岭甘露寺舞楼

---

① 勒石于民国十年（1921），壁碑，圆首，额题“永垂不朽”，高230厘米、宽70厘米，现存庙内。

② 2013年8月9日由王潞伟等人考察发现。

③ 舞楼脊枋题字：“时乾隆十七年孟夏月建修舞楼三楹左右耳楼六间，住寺湛法、湛静请到木工王春发泥水匠许占先玉工董天福自修之后永保阖村人口平安五谷丰登田蚕茂盛四时兴旺万事如意永远以为记耳”。

2. 野川镇杜寨村古佛庙剧场[①]

古佛庙位于野川镇杜寨村中，始建不详，庙内现存最早的碑刻勒石于清乾隆二十四年（1759），嘉庆、道光、同治以及民国年间屡有修葺。佛庙坐北面南，依地势分为两进院，后院正殿、侧殿、配殿、厢房一应俱全，下院则舞楼、戏房以及几乎全部塌毁的两侧看楼。舞楼坐南面北，悬山顶，前檐用抹棱砂石柱，通面阔三间 8.5 米，其中明间 3.3 米，进深五檩四椽 5.4 米，基高 1 米，柱高 2.79 米。前台伸出 1.3 米，左右耳房面阔三间 7.45 米，东西看楼俱已坍塌，粗略测量面阔各二楹 6.7 米，进深 4.3 米（图 3-24）。

图 3-24　杜寨村古佛庙舞楼

据清乾隆四十年（1775）刊立《永远禁松山碑序》中载“大庙中舞楼、庙棚倾圮。欲增而新之。”可知是年维修。[②] 又清同治十年（1871）刊立《重整禁

① 2013 年 7 月 1 日笔者与杨波等人考察发现并测量。

② 勒石于清乾隆四十年（1775），壁碑，楷书，宽 76 厘米、高 45 厘米，碑体完整，略有剥泐。

约修房栽树碑记》中载“大庙系一村之主，演戏之马厩却焉。合社公议主庙东北爰置房屋地基一处，正方位，选良材。自同治六年开工，至同治八年工程告竣。”[①] 知清同治八年（1869）完成了“演戏之马厩”的修建，而拥有舞楼、看楼的剧场形制应该也已形成。

3. 北诗镇南村雷音寺剧场[②]

雷音寺位于县城之东 25 公里的北诗镇南村村中，其始建不详，庙内存唯一碑刻为清康熙五年（1666）刊立《雷音寺》碑记[③]，可知雷音寺至迟在康熙五年已经存在了，然碑文字迹漫漶，已经很难识读。庙宇殿内塑像已毁失，建筑保存则相对完整。现存正殿三楹，悬山顶，琉璃脊饰，筒瓦覆顶，翼角各施琉璃力士。柱头斗拱五踩双下昂，补间五踩双杪出 45° 斜拱，拱面均浮雕花卉，栱头刻瓣。正殿前有简易须弥式台基伸出，束腰石间以方形蜀柱，雕刻简易。侧殿为二层建筑，悬山顶，各三楹。戏台山门倒座，悬山顶，合瓦屋面，灰脊饰，柱上施额枋，上承接斗拱，柱头斗拱三踩单下昂，平身科出 45° 斜拱。看楼分列寺院两侧，悬山顶，各六楹。戏台面阔 7.98 米，其中明间 3.03 米，进深 4.40 米，柱高 2.40 米，下层山门通道高 2.65 米，耳房面阔 6.7 米，进深 4.4 米。看楼面阔 13.64 米，进深 5.37 米，下柱高 2.45 米，上柱高 2.18 米。寺院东西 13.7 米，南北深 15 米。

雷音寺建筑的显著特点是其戏台、戏房、看楼、正殿两侧殿二层回廊相互连通，组成一个完整的回廊，这种剧场形制距离完善的戏园建筑只有一步之遥，因为只要加上顶盖，就是一座封闭性戏园了。[④] 南方地区类似的剧场形制较多，北方地区的神庙剧场，看楼一般不与戏台之耳房相连，更别说相通了。雷音寺

---

① 勒石于清同治十年（1871），王心舜撰文，牛振冈书丹，玉工李秋发镌，笏首，楷书，高 163 厘米、宽 53 厘米、厚 18 厘米，现存庙内。

② 2013 年 7 月 20 日由王潞伟、赵丹荣等人考察发现。

③ 勒石于清康熙五年（1666），笏首，壁碑，楷书，高 113 厘米、宽 53 厘米，碑文漫漶，现存庙内。

④ 参见车文明：《20 世纪戏曲文物的发现与曲学研究》，文化艺术出版社 2001 年版，第 49 页。

此种建筑形制实不多见，它也使得一个佛教寺院更多的拥有了剧场的特征。

戏台进入到寺院建筑的整体规划当中，在中轴线建造的同时，开始出现山门舞楼，真正地成为寺院建筑的有机组成部分，而看楼的兴建则又是向完善的剧场迈出的重要一步，并且创造性地实现了戏台、看楼等建筑的相互连通，使得寺院和剧场融合起来（图 3-25）。

图 3-25　南村雷音寺戏台及看楼

三、寺院剧场的完善——寺院与剧场的相对分离

1. 北诗镇炉引村善引寺剧场[①]

善引寺位于北诗镇炉引村西南，坐北面南，始建已不可考，据庙内 2011 年刊立《重修善引寺碑记》知其在 2010 年原址维修。庙宇建筑依地势而分为上

① 2013 年 8 月 27 日由王潞伟等人考察发现；2014 年 9 月 25 日笔者与段飞翔等人再次考察。

下两进院，上院正殿三楹，祀奉观音、文殊、普贤菩萨。五檩前廊式构造，前檐用方形抹角石柱，柱头斗拱三踩单昂，平身科出 45° 斜拱，额枋下由额、雀替，均施木雕，做工繁复而精美。东西配殿各三楹，分别祀奉地藏菩萨和关羽。下院山门戏台三楹，合瓦屋面，灰脊饰，五架梁进深四椽，前檐用方形抹角砂石柱。戏房二层式，各两楹。二层看楼各四楹，进深四椽，分列下院两侧。戏台面阔 7.9 米，其中明间 3.3 米，进深 5.0 米，柱高 2.89 米，戏台下山门通道柱高 3.0 米。看楼面阔 9.8 米，进深 3.6 米，上柱高 2.37 米，下柱高 2.66 米。耳房面阔 4.25 米，进深 3.7 米。下院东西宽 9 米，南北深 12.45 米。

与雷音寺相像，善引寺的剧场形制也呈现出了看楼与戏台、戏房相互连通的特点。即便其没有与正殿、侧殿联系在一起，然地势较低的下院作为剧场的性质相对独立，并且上下院的高度差使得观戏有了层次之分。据看楼脊枋题字，东西看楼的创修时间为清光绪二年（1876），可知，善引寺剧场形制至迟是年已经完成（图 3-26）。

图 3-26　炉引村善引寺剧场

2. 北诗镇上沙壁定慧庵剧场[①]

定慧庵位于北诗镇上沙壁村中，为村之大庙，坐北朝南。正殿祀奉释迦佛和文殊、普贤菩萨。定慧庵始建无考，据庙内现存清顺治九年（1652）《东方一圣碑记》知是年在住持如果的主持下进行了“改建佛舍，虔塑三圣法像”的活动[②]。由此知定慧庵的初建应至迟是在明代，另嘉庆年间也曾增建和重修。

定慧庵现存建筑未能修缮，但保存还较为完好。两进院，中轴线上自北向南依次为正殿、二道山门过庭、山门舞楼，侧殿、配殿、看楼等分列院落两侧，因其曾改作他用，故而舞楼、看楼等建筑均已在前檐砌上了砖墙，内部扎起了塑料棚。据清嘉庆二十一年（1816）《重修定慧庵碑记》中载“重修舞楼七间，东西看楼十间，增修小看楼四间。”可知，舞楼和东西看楼是年重修。[③]然另增修的“小看楼四间”是指何处？将碑文与庙宇建筑对照，不难看出，此所谓小看楼即是山门过庭看楼，山门过庭面阔五间，除却中间用作二道山门，其余四间面对舞楼开窗，从而用作了正面看楼，且与两侧看楼相连通。山门舞楼面阔三楹6.4米，其中明间2.9米，进深4.8米，柱高3米，下层山门通道高3.5米，看楼面阔五楹10.8米，下柱高2.8米，上柱高2.3米，剧场院落东西9.5米，南北深16.5米（图3-27）。

图3-27　上沙壁定慧庵前院剧场（从戏台拍摄）

与雷音寺剧场、

① 2013年8月22日由孟伟、刘俊考察发现，2014年9月27日笔者再次考察。

② 勒石于清顺治九年（1652），周大历谨记，玉工陈一德刻石，壁碑，楷书，现存庙内。

③ 勒石于清嘉庆二十一年（1816），霍联斗撰文，袁膺魁书丹，玉工袁瑞璟镌，笏首方趺，楷书，高135厘米、宽50厘米、厚18厘米，现存庙内。

善引寺剧场相同，定慧庵的剧场形制也是将舞楼、戏房、两侧看楼连通在了一起，在此基础上还与位于正面的小看楼相连通，因此而一定程度上将拥有舞楼、看楼的下院和祀奉神灵的上院分割开来，实现了寺院和剧场的相对分离，从而形成没有顶盖的封闭性剧场。依现有资料，拥有正面观剧场所的神庙剧场并不多见，更不用说建在佛教寺院当中，况且此次增修还是在住持僧源顺的督工下完成的。

高平市寺院剧场的逐步完善与年代的递进并非绝对同步，它们的出现有着这样和那样的原因，然而在清代中后期这个较大的时间范围内呈现出了相对集中和繁盛的态势，这一点是无可否认的。且剧场形制又非千篇一律，各自呈现出特色。许多寺院剧场的落成和修缮均有住持僧人的参与，并将自己的名字留在了刊立的石刻或者脊枋上面，这一定程度上表明了寺院对戏曲接纳程度的提升。尽管直至清末，拥有剧场的佛教寺院仍然没有占据太大的数量和优势，一些绝对正统的佛教寺院始终拒戏曲于门外，但是许多位于乡村之中的寺院庙宇已经抵挡不住世俗氛围的攻势。一方面，源自于戏曲本身文化品位和社会地位的提高，社会各阶层的精神生活、娱乐需求也渐趋离不开戏曲；另一方面，作为乡村自治组织的“村社”对寺院建设的干预也不容忽视；再有就是这些佛教寺院在与世俗力量的角力中，一定程度上并没有守住主张“清修”的阵地，佛教寺院逐渐世俗化的趋势也是构成高平佛教寺院剧场比较繁荣的重要原因之一。

第四节　高平市民国神庙剧场的稳步推进

高平民国时期的乡村神庙剧场大体上是承接清代神庙剧场的余绪，剧场本身的断层与隔阂并不明显，在建筑形制以及诸多方面未能再有大的突破，所以将民国时期的神庙剧场单独分出来并不能呈现出如同前述几个时期的明显的改革势头，即便本文将民国神庙剧场单独划分为一节，而实际上并不能忽略清末，在神庙剧场发展的这半个多世纪，戏台的创建与重修并存，间以看楼、戏房、马棚等剧场附属建筑的完善是其主线，且一直延续到民国三十四年（1945）。[①]本节则选取这一时期内的几处有独特性的神庙剧场进行介绍，在一般性占据主动的情况下，尽可能的探究这一时期高平神庙剧场建修的个性化特征。

1. 永禄乡马家庄玉皇庙民国二年（1913）剧场[②]

马家庄玉皇庙位于村北，坐北朝南，所祀之神玉皇大帝，据庙内现存清道光二十六年（1845）勒石《创修玉皇庙碑记》："至道光十九年（1839）……以西北属乾，取《易》'大哉乾元，万物资始'之义，于此创修正殿、角殿九间，次年继修东西禅房十二间，又次年继修东西厂棚四间、山门一所。"这与正殿脊枋题字："时大清道光十九年创修正殿九间，丁酉年正月十六日动工，己亥年四月十一日寅时上梁，石匠□□、木匠□□、泥水匠朱贵，合社仝立谷旦。"可互为参照，知玉皇庙创修于道光十九年，但碑文中并未提到舞楼之建。民国四年（1915）刊立，额题《万善同归》碑记载："于光绪戊戌年……公议重立会，名关圣会一局。自此同心协力，□勉从事，积至民国癸丑年（1913）孟春月，积钱三百余串文。会首等协同本社首等在庙公同商议，庙宇禅室皆未损坏，不必补葺。迄今庙内舞楼当修，倘遇演戏阴雨勿□焉，合其□观。神堂正南封立临筑是出入之门，地势宽阔，量度基址，改修舞楼，将大门移居东南□□。"可知此次修建之目的并非庙宇禅室颓坏，而是考虑到演戏之时，遇上阴雨天气而导致酬神事怠，因而将神堂正南出入之门改修舞楼，并将大门移居东南，现庙宇格局与该碑所言一致。另戏台脊枋题字："时中华民国二年癸丑创修戏楼三间、西耳楼三间，二月二十二日未时动工，三月二十八日酉时上梁大吉，石匠郭福来、木匠陈全旺、泥水匠贾成起。移居门楼、补修西屋合社维首仝立□禧谷旦。"可与碑刻互为参证。

---

① 米山镇井则沟村三教堂北看楼脊枋题字："时在中华□□三十四年岁□□□□月壬午乙亥日，古有北看楼三间破坏，今经公议……"

② 2013年7月16日考察发现。

庙宇现存建筑为正殿三楹，两侧殿各三楹，俱为悬山顶，东西厢房各六楹，硬山顶。

舞楼悬山顶，合瓦屋面，灰脊饰，面阔三楹 8.6 米，其中明间 3.2 米，通进深五椽 6.29 米，后台进深 2.05 米，基高 1.27 米，用方凳础，础高 0.43 米，柱高 2.9 米，金柱高 3.67 米，角柱后 1.2 米砌檐墙，西侧耳房面阔三楹 7.3 米，进深 4.47 米，庙院东南，戏台之东不设耳房，为庙之山门，走马板书“玉皇庙”，山门内另有匾额“千古不没”。庙院南北 23.4 米，东西 16.5 米（图 3-28）。

图 3-28　马家庄玉皇庙舞楼

2. 永禄乡黄耳沟村观音阁民国十二年（1923）剧场[①]

黄耳沟村，位于永禄乡北部，距离高平城区约 12.5 公里。观音阁位于村之西南，阁上神殿祀奉观音，坐西朝东。据庙中现存清道光十四年（1834）《合社公议严禁赌博并夏秋田禾桑羊六畜碑记》载：“今合社公议，自禁之后，如有赌博被人拿获到社者，罚戏三朝……耑（专）此演戏勒石。”由此可以推测西阁

① 2013 年 7 月 14 日考察发现。

的创建应该不晚于道光十四年。且又提到“罚戏”，戏台在清道光十四年或许已经存在。民国十三年（1924）《补修诸神庙宇暨创修彩画谢土碑记》中记载：“始于民国十一年春季……先将旧有神殿舞楼一带配房补葺整齐外，囊中尚有余资，众善士咸愿就舞楼院地势宽大，创修南北看楼各六楹，西社房带大门楼上下十四楹……至十二年冬季告厥成功……及十三年演戏、讽经、酬谢圣德。”可知民国十二年（1923）拥有戏台、戏房、看楼等建筑的完整剧场院落已经形成，并演戏酬神，投入了使用。

图 3-29 黄耳沟村观音阁剧场院落

舞楼独立一院，在观音阁之西，与观音阁处同一轴线，相距百余米，面阔三楹 7.8 米，其中明间 3 米，进深 5.7 米，基高 1.55 米，柱高 3.6 米，悬山顶（图 3-29）。

3. 永禄乡段家沟三大士庙民国十二年（1923）剧场[①]

段家沟三大士庙，位于村之西南，紧邻关帝庙，位于关帝庙之南。一进院，一庙两台，院内戏台坐南面北，面向正殿，下为村之西阁，近年重新整修，故建筑无可称述。据看庙人说，整体格局未变，但原有东西厢房，重修未建，在壁上修两神龛代之。

庙内现存建筑为正殿三楹，两侧殿各三楹，俱为悬山顶。庙内戏台，面阔三楹 7.13 米，其中明间 3.27 米，进深 5.14 米，基高 1.29 米，柱高 2.82 米，耳房面阔两楹 3 米，进深 4.24 米。

---

① 2013 年 7 月 17 日考察发现。

庙院之东，通往西阁之路北，正对庙宇侧开之山门，相距约 60 米，为大士庙院外戏台。据其脊枋题字“时中华民国十二年观音社创建舞楼三间，耳楼上下八间，风口一小间，吉日黄道动土上梁，董事人段福信、高根荣、高聚德、郭德、陈东顺、段喜昌、段四英、尚创命、陈端羊、陈水楼，石匠王金声，木匠王海长、王义发，泥水匠邓堆金、苏金明仝立，吉日吉时，完工告竣，大吉大利。”可知该戏台创建于民国十二年（1923）。

舞楼硬山顶，仰瓦屋面，面阔三楹 8.6 米，其中明间 3.4 米，进深五椽 5.75 米，基高 1.13 米，柱高 2.8 米，悬山顶，用方凳础，础高 0.3 米，南耳房面阔两楹 3.4 米，进深 4.1 米，北耳房面阔三楹，6.4 米，进深 4.1 米，俱为硬山顶（图 3-30）。

图 3-30　三大士庙院外、院内舞楼

4. 原村乡里沟村玄坛庙民国十五年（1926）剧场[①]

里沟村现约有 100 户，500 人左右，主要姓氏宋。玄坛庙，也称黑虎庙，位于村东，坐西朝东，依地势分为两进院，下院戏台，北侧看楼；上院正殿三楹，两侧殿各两楹，南北配殿各三楹。

玄坛庙始建不详，庙内唯一碑刻民国八年（1919）《重修黑虎庙创修禅室舞楼垣墙山门骡屋碑记》对玄坛庙的修建事宜有较为详细的记载：

清光绪三十四年春间率众兴工，将正殿三楹，南北配殿四楹，重行改造，

① 2013 年 9 月 14 日笔者与杨波等人考察发现。

并创建南北禅室六间，越二年，此工程告竣之一也；宣统元年又新建舞楼上下六间，北耳楼上下四间，南北垣墙，山门一所，未至一年，此工告竣之二也……不幸天降大雨，河水骤满，无奈桥座不广……遂将下院所造之桥，以及垣墙山门全行尽毁……必重行整理耳，加修筑垣墙，山门仍也，照旧成立，导河水于庙外，由东北引入大河之中，庙内自此永无水患矣，越一年，而工方成，此告竣之三也。后画栋雕楼……民国八年又建骡屋院堂，土平房两间，东屋三间，南敞棚两间，大门一间，迄今各工全成，此告竣之四也，斯工前后费时日十有余载。

而后在民国十五年（1926），玄坛庙又增置了三间看楼，其脊枋："时中华民国十五年岁次丙寅十月十二日吉时上梁，维首等创修看楼三间自修之后合社人平安，永远为记。"至此玄坛庙剧场的形制基本完善，但现存玄坛庙的剧场并无南耳房以及南看楼。碑刻中也只言"北耳楼上下四间"，大概是因为地势局限或者是置地未能完备从而没有开工建设。

图 3-31　里沟村玄坛庙舞楼及看楼

这一系列的修缮之后，相比玄坛庙"风雨之吹残，□□址亦甚其隘也"的旧制，可以说是"灿烂夺目，焕然一新，不但适居神体，而且壮人观瞻"了。舞楼为单层台，面阔三楹 7.5 米，其中明间 2.8 米，进深 5.1 米，基高 1.5 米，柱高 2.5 米，础高 0.3 米，台口 1 米。北耳房面阔两楹 5.3 米，进深 3.5 米。戏台距正殿 21 米，南北 10 米（图 3-31）。

5. 上野川汤王庙民国十年（1921）剧场[①]

汤王庙位于上野川村西北角，始建不详，庙内存碑刻五通，最早的为乾隆

① 2013 年 8 月 20 日考察发现。

年间为补修城垣而立碑记，嘉庆、道光、光绪朝对庙宇也有不同程度的补修。[①]庙宇为一进院带东西二偏院，中院正殿为汤王大殿，东西侧殿各两间，东西看楼各五间以及正南山门戏台三间，东戏房两间，西戏房六间（连通西偏院）。东偏院正殿祀奉土地神，西偏院正殿为祖师殿。汤王庙现已修缮，可谓旧貌换新颜。

汤王庙原有一内一外两座戏台，后外置戏台改造为人民舞台，现存山门戏台面阔三楹 8.1 米，其中明间 3.2 米，前台进深 3.4 米，后台进深 1.8 米，基高 3.3 米，柱高 2.5 米，础高 0.3 米，耳房各面阔两楹 5.2 米，进深 4.3 米。东西看楼各面阔五楹 13 米，进深 3 米，下柱高 2.7 米，上柱高 1.9 米，院落东西 13 米，南北 19 米。

正殿前接月台，基高 0.6 米，简易须弥式，束腰石上刻有唐太宗与许敬宗的《君臣对》，文曰："唐太宗升崇政殿，召十八学士，问许敬宗曰：有人言卿是者非者，何也？敬宗曰：春雨如膏，行人恶于泥涂；秋夜蟾光，盗者憎于昭鉴。臣家贫，无细酒肥羊，焉能美众口哉？太宗曰：然。"[②]

碑刻中首次提到戏楼，是在民国十年（1921）勒石的《汤王庙戏楼低落碑记》中，碑文言："庙之南偏为一戏楼，其工程之壮丽，推一乡最。"由此可以得知，汤王庙在主体院落之外还有一处外置戏台，依其大致位置，或是现在的人民舞台所建之处。碑文载："惜剧场距地甚远，殊非尽善。每值演剧之时，升降既苦，不便观听，又觉非宜。"故而"仍其旧贯，设法低降……于场之周围接楹补壁全面顿形低落"。戏楼低落的具体情形我们已经无法还原，但是从碑文内容来看，这是一次以提升观剧效果为宗旨的改造，所谓不泥乎旧贯，当是值得称赞的（图 3-32）。

---

① 乾隆年间壁碑，撰碑书丹者不详，楷书，漫漶严重；道光年间壁碑，撰碑书丹者不详，楷书，局部漫漶，碑文言："古来吾村西北有汤底大庙，其东半墙垣俱系土筑，嘉庆二十五年维首等屡年接修以至今年。"；光绪年间《□修合村神庙碑□》，漫漶严重，碑体断为两截，上有许多人为打凿的圆孔，或曾充做他用，碑文已经很难辨识了。

② 现存庙宇献殿基座束腰石上，青石质，楷书，无纪年，字迹尚清晰，抄录。

图 3-32　上野川汤王庙戏台、看楼

除此之外，碑文作者——时任野川高等小学校校长田树伯也发表了自己对于戏曲的一些看法，他说道："盖闻社会教育其道多端，而感人最深，收效较速者莫若戏剧，此歌楼舞台所由设也。"[①] 出于他的身份，让我们不得不佩服他对于教育所执的理性认识，身为学校校长，把握一方教育，能够客观地认识到教育形式的多样性，不唯有学校才是教育的唯一场所，戏曲的教化作用与速效亦不可忽视。

乡土社会的多样性造就了清代神庙剧场的繁荣与多样化建造，这似乎就是中国古代乡村神庙剧场的生命力所在。古代人民的智慧与创造力在神庙剧场这一公共性祭娱场所建筑上体现的淋漓尽致。民间赛社活动的繁盛给予戏剧演艺活动以肥沃的土壤，乡村社会组织也在神庙建修与赛社活动中彰显出积极姿态，在无大的自然灾害和人为破坏的前提下，神庙剧场及其演艺呈现出有序、多样的历史表征。

① 民国十年（1921）《汤王庙戏楼低落碑记》，田树伯撰文，第四中学校毕业崔炳文书丹，壁碑，楷书，现存庙内，部分漫漶。

第四章

高平市神庙剧场观剧场所的演变与发展

伴随戏曲的逐步成熟，神庙戏台由早期的四面观发展为三面观，并远离正殿，进而引发观剧场所的变化，即由早期的戏台四周观看（神殿一面也会有少量的观众）转为戏台正面的空地为主要观剧场所。由于戏曲撂地为场的特点，使得包括戏台在内的表演区前面的院落空地一直以来都是民众观戏的主要场所，在看楼出现之前，神庙之中并未出现为观剧而建的专门化建筑，虽然位于正殿前，面向戏台的献殿也可用作观戏场所，但其承载的功能主要还是拜祭和摆放供品，观剧是捎带的功能。明代中后期，看楼出现并投入使用，使得神庙剧场有了建于庙院两侧的专门化观剧建筑。随着清代神庙剧场的繁荣，有一些神庙还在正面建起了看楼，使庙宇的剧场院落单独划分出来，从而使得神庙剧场的娱人成分大大增加。本章着重于看楼出现以及看楼出现之后的神庙观剧场所的研究，看楼出现之前的观剧场所不是本章的研究重点。

第一节　高平市神庙剧场看楼的出现与流行

依据迄今为止所发现的戏曲碑刻资料，看楼一词最早出现在山西阳城县下孔村明正德十六年（1521）《重修土地庙记》中，碑文言："斯邑创建成汤庙，以为万年祈报之所也。不特是尔，五谷之祠建于左，土地之祠树于右，列看楼于兑方，起崇门于离方，规模深远，气象森严。”① 依据其描述之庙宇建筑的方位可知，成汤庙坐北面南，五谷祠、土地祠当是成汤正殿之东西侧殿，山门位于离方，即正南；看楼位于兑方，即庙院东侧，这符合神庙剧场建看楼于庙院两侧的一般规矩，虽然碑文中并未提及戏台相关信息，也未说庙院西侧为何建筑，但结合迄今所发现的神庙剧场看楼资料和相关研究成果，看楼为观剧而设应无异议。

明代看楼的建筑实物遗存如山西高平王何北五龙庙明天启五年（1625）看楼（图 4-1）。② 看楼之设置，是为了增加观众席以及防止男女混杂而设的供妇女、儿童专用的观剧场所。③ 即在庙院两侧的厢房之上加盖二层，横轴线与戏台所在横轴线成直角，下层仍做原来厢房之用，上层则作专门观剧场所，上层前檐多出廊，又增设栏杆，以便观剧。看楼纯为观剧而设，它在不扩大观剧广场水平范围的前提下开阔了观众席，对于伸出式戏台来讲，在看楼上观剧可以一览无余，确实也是个角度较好的位置。除此之外，规范男女分群看戏，严“男女之大防”，也是看楼设置之大功用。车文明先生曾论述：看楼是神庙剧场一举多得的创举，是继北宋时专为敬献歌舞百戏与供品

图 4-1　王何北五龙庙东看楼

① 自《下孔村志》第 355—356 页迻录，下孔村志编委会，2001 年。杜正贞《村社传统与明清士绅》，上海辞书出版社 2007 年 11 月版，第 202 页摘录其部分碑文。

② 参见冯俊杰:《山西神庙剧场考》，中华书局 2006 年 12 月版，第 236—238 页。该庙院两侧为二层看楼各九间，其山门横批石刻“古庆云”落款为“时天启五年六月吉旦”，正殿脊枋亦有是年题记，看楼或修建于此时。

③ 参见车文明:《中国神庙剧场中的看亭》，载《戏曲研究》第八十七辑，文化艺术出版社 2013 年版。

的献殿——舞亭（舞楼）、金元时专门化的戏台——舞厅（乐楼、乐厅）出现之后，古代祠庙剧场发生的又一具有划时代意义的变化，这一变化对清代剧场布局有着广泛的影响，成为中国古代祠庙剧场形制的典范代表。①

看楼的出现，配合山门舞楼的出现与流行，其主线都是将庙宇建筑整合，一方面是戏台与山门的整合，一方面是厢房与二层看楼整合，都是以扩大观剧场所的有效空间，提高神庙剧场利用率为旨归。至清代，伴随着山门舞楼的风行，二层看楼也随之成为神庙剧场建筑中不可或缺的一部分。这表现在几个方面，一是观剧实用之必备，在二层看楼观戏，效果必然要比平地更加舒适，效果也更好。二是士绅阶层享受型消费心理的驱使，这主要表现在看楼的命名以及正面看楼观剧场所的建设上（见第四章第二节）。三是乡村礼制的规范。四是建筑学意义上的完善，似乎有戏台，则必须要有看楼逐渐成为一种神庙剧场建设不成文的规矩，碑刻中也多有体现。这四个方面，不能绝对的说是谁主导谁，可能具体到某一座神庙剧场，其中的一个方面会占据主要，并且从碑刻中得出的信息也多多少少受到撰碑人对看楼之建的主观的看法，但其主旨和最终结果是一致的，即提高观剧效果。

高平神庙剧场现存看楼共 107 处，有确切纪年可考者 39 处，从高平现存庙宇碑刻中的看楼信息以及看楼实体建筑的脊枋信息可以得出看楼出现以后的发展情况。如下表。

表 4-1 高平市神庙剧场看楼（有纪年可考）情况一览表

时期	年代	看楼（处）	总计 / 平均（楹）	创建（创修、增建、改建、改修）	重修
发轫期	明天启五年（1625）——清雍正十三年（1735）	5	62/ 约 12	3	2
发展期	清乾隆元年（1736）——清道光三十年（1850）	15	118/ 约 8	11	4
繁荣期	清咸丰元年（1851）——1949 年	19	134/ 约 7	13	6

① 参见车文明:《20 世纪戏曲文物的发现与曲学研究》，文化艺术出版社 2001 年 7 月版，第 38 页。

从迄今发现的最早的神庙剧场看楼实体建筑——明天启五年王何北五龙庙看楼开始到清雍正十三年的一百多年间，是看楼出现并初步发展的时期，这个阶段，看楼的兴造数量十分有限，但随着戏曲的逐步繁荣和山门戏台的大量出现，看楼建造之趋势已然明了，本文将其称为高平神庙剧场看楼的发轫期；自清乾隆元年至道光三十年的一百余年间，看楼的兴建数量逐步增多，是上一个期间的三倍，神庙剧场陆续的增建、创建、改建情况增多，本文将其称作发展期；清末民国的百余年间，看楼的建修在延续着清中期的规模和数量的同时亦有数据上的优势，考虑到之前所建造的看楼大部分依旧存在并使用着，故而在清末民国时期，高平神庙剧场看楼的建修和投入使用呈现出极大的繁荣。

一、看楼的观剧实用性

看楼为观剧而建，实用性是其最大的属性。所以实用，是因为可以避风雨而观戏；可以在不扩大剧场平面的基础上实现观剧场所的扩容；在高处观戏可以提升观剧效果；可以一改男女混杂从而有助风化。这些都是其实用性的表现。

看楼的建造非轻而易举，在经济能力相对薄弱的乡村神庙，若能有一座戏台，可以在神灵圣诞之期祀神演戏，本身已是难得，建起看楼则更是不易。南城庄子村关帝庙一进三院，历来为村之大庙。其始建不详，考诸碑刻，知为清乾隆二十五（1760）年重修。[①] 庙宇坐北面南，中轴线上由北至南依次为佛爷殿、关爷殿、戏台，配殿、看楼、戏台两侧耳房一应俱全，规制十分严整。同

① 庙内清同治五年（1866）勒石之《补修殿宇以及创修看楼碑记》中载：“兹村古有关帝庙，殿宇连垣，禅房莫数，却无创建碑记。余自壬戌（同治元年 1862）设馆庙中，语之父老，则曰：‘建于乾隆庚辰年（乾隆二十五年〔1760〕）也’。”可知，撰碑人在当时也并没有找到关帝庙的创建碑记，只是从村民口中得知建于乾隆年间。若真是如此，当然也不能成为确论。但是调查后才得知，佛爷殿脊枋题字“时大清乾隆岁次庚辰创修堂殿三楹，东西角楼六楹，择吉巧月癸□□□寅时上梁永垂不朽是为记耳”，以及中央殿，也即关爷殿脊枋题字有“时大清乾隆岁次庚辰年维修中央殿三楹择吉巧月廿六日……住持广悟、广徽，徒修身、修鉴……”，碑文中的时间大概由此而来。故可以确定的是大佛殿（堂殿）创建于乾隆庚辰年，而关爷殿在此时已经是再次重修了。

治五年（1866）《补修殿宇以及创修看楼碑记》记载的这次补修以及创修事宜，规模很大，且重点在于为关帝庙创建看楼。碑文言："自道光年间村中父老屡欲重新整理，奈工程浩大经营维艰，故三十余年仅创修看楼十余间，大工未得毕举，由是益信前人创始之难也。越明年癸亥（1863），诸公因复聚众筹画以期有成，一时果无不同心协力，乃造万善同归之籍远近捐银，又兼以维首数次巡秋共积资财，甲子春（同治三年〔1864〕）始大举工焉，凡殿宇墙垣则补葺之，梁柱木植则彩画之，不三年间而内外焕然一新。今岁季秋"工程始得告竣。①而后在民国九年（1920）、民国十八年（1929）也相继补修庙宇，庙内有碑记存证，此处不赘述。②历时三十余年创修看楼十余间，可以想见民众对于建设看楼的决心和坚持，作为村中的大庙，每年的农历五月十三庙会之期，高台演戏以酬谢神灵之功，必然士女云集，看楼以其观剧和扩容等的实用性得到庙宇建修者的青睐，即便耗费几十年，功成亦为美谈（图 4-2）。

图 4-2　庄子关帝庙东看楼

① 勒石于清同治五年（1866），邑庠生康世昌撰，医学训科邢道全书，王永泽刊石，碑高 179 厘米、宽 54 厘米、高 18 厘米，现存庙内。

② 民国九年（1920）、民国十八年（1929）《补修关帝庙暨禅室碑记》，清监生邢廷部撰并书，玉工王金声刊石。现存庙内，保存完好。

米山镇郭村大庙戏台建在山门之外百米许，其脊枋题字有“大清道光”字样，戏台或建修于清道光年间。现存剧场院落西墙有清光绪二年（1876）《创修墙垣碑记》一通，碑中对于看楼的实用性有云：“有舞楼宜有看楼，看楼者，所以别男女之嫌，避风雨之患也。我村旧有舞楼，而东西空阔无依。每演戏，士女云集，未免风冷雨凄之叹。”① 撰碑人认为有舞楼应该与看楼相互匹配，也即演者有楼，观者亦应有所，看楼之建是为了观戏时避风雨之患，从而使免受风冷雨凄，能够舒适的观戏，并且可以别男女之嫌。碑文虽然如此力倡建造看楼，但实际情况是村社贫寒，艰于土木，故最终未能实现，撰碑人也表示“殊属憾事”，最后只是建起了东西墙垣，勉强作为“免吹漂之苦”的屏障，看楼之建也只能俟诸异日了（图 4-3）。

图 4–3　郭村大庙戏台及东西看墙

除却纯粹的创建和重修之外，有一些神庙剧场的看楼是来自于“改修”“改建”，即将原来的庙宇建筑改为看楼使用，这一点很值得关注。因为若是改修，

① 〔清〕光绪二年（1876）《创修墙垣碑记》，授修职郎候选儒学训导癸酉科岁贡李毓华书丹并题，石工祁长顺镌石，壁碑，楷书，现存剧场院落西墙，保存完好。

则一般情况下是经过改建成为的建筑比原来之建筑在其功能上更加突出，也更加具有实用性，这一点是说得通的。见下表。

表 4-2　高平市神庙剧场看楼改修情况表

序号	庙宇	碑刻	改建前	改建后
1.	北岭村关帝庙	清道光二十七年（1847）《立墙碑》	三家房基、坑厕、院墙之所	看楼
2.	中沙壁三元宫	清道光二十九年（1849）《补修三元宫碑文序》	东西行廊平房	看楼十间

看楼的观剧实用性虽然是看楼建筑本身具有的属性，但也会受到戏台形制的影响，一般情况下，建有看楼的神庙剧场，其戏台多为山门戏台，并且为三面观或者小三面观，这有利于位于庙院两侧看楼上的观众观看演出，但也并不尽然。有的神庙戏台形制是镜框式一面观，随之而来的问题则是由于看楼临近戏台的实体山墙会挡住视线，看楼观剧失于舒适。但这并不能真正的成为障碍，建造者将关注点从戏台转向看楼本身，在看楼的形制上进行改良，即将临近戏台耳房的这一面山墙去掉不用，梁架裸露在外，下面同样施以护栏，这样就把山墙这一障碍巧妙解除了，此举不仅不用大兴土木，而且扩大了观演视线，可谓不输于三面观戏台剧场的看楼观剧效果。虽然这些建筑没有占据多大的比例，但却是神庙剧场在观剧方面做出的极具人性化的巧妙改良，目的当然是提升观剧效果。本节选取河西镇东李家庄三义庙、桥南村三教堂、西李家庄都会府（三官庙）三处看楼作为例证，由于这三处神庙剧场所在的村庄彼此相邻，故其镜框式戏台、无山墙看楼的剧场建筑样式具有一定的地域集中性和代表性，可以说反映了一个小区域神庙剧场建筑的习惯做法和审美取向。

三义庙所在的河西镇东李家庄现有 500 余口人，主要姓氏任、史。三义庙位于村中，坐北面南，一进大院，现存建筑有正殿三楹，侧殿各两楹，东西配殿各三楹，东西看楼各三楹，山门戏台三楹以及东西耳楼各两楹，庙宇建筑俱为悬山顶。戏台脊枋题字有“嘉庆二十三年（1818）创修戏楼三间，东西小楼四间……”可知戏台创建之期。戏台为镜框式，面阔三楹，五架梁进深四椽，合瓦屋面灰脊饰，前檐用两根抹角砂石柱，无柱础。戏台 7.3 米，其中明间 3.3

米，进深 5.1 米，柱高 2.5 米，耳房面阔两楹 3.5 米，进深 4.5 米，基高 2.5 米，看楼面阔三间 7.2 米，进深 3 米，下柱高 2 米，上柱高 2.5 米。

河西镇桥南村现有约 50 户人，主要姓氏石。三教堂位于村北，六月十九庙会，庙宇坐北面南，一进院，现存建筑有正殿三楹，侧殿各两楹，东西看楼各四楹，山门戏台三楹以及东西耳楼各两楹。据其正殿脊枋题字，民国十五年（1926）重修正殿，戏台脊枋也有是年题字，故可知庙宇在民国十五年进行了大修。山门镜框式戏台，面阔三楹，合瓦屋面灰脊饰，五架梁进深四椽，有隔扇区分前后台，上下场门上均有匾额，分别为“别善恶”“寓褒贬”。戏台面阔 6.6 米，其中明间 3.3 米，通进深 4.1 米，前台明间进深 2.6 米，次间 2.1 米，柱高 2.2 米，下层山门通道高 2.4 米，耳房东西各面阔一间 3.2 米，进深 3.7 米；看楼面阔四楹 9.5 米，进深 2.7 米，下柱高 2.5 米，上柱高 1.6 米。院落南北 15 米，东西 8.5 米（图 4-4）。

图 4-4　东李家庄三义庙山门戏台及两侧看楼

河西镇西李家庄现有人口 100 多户，主要姓氏为庞，都会府是为三官庙，因山门走马板书“都会府”。该庙庙会两年一次，为农历四月初八。庙宇位于村西，坐北面南，现存正殿三楹，侧殿各二楹，配殿各五楹，俱为悬山顶。山门戏台三楹，耳房各两楹，看楼东西各两楹。庙宇始建不详，正殿脊枋有乾隆十七年（1752）重修题字。[①] 考诸庙内现存碑刻，清咸丰三年（1853）、宣统二

① 时大清乾隆十七年三月初三日卯时上梁巳时合木大吉，合社重修。自修之后，来保合境清宁，人物咸亨，永为誌耳。

年（1910）均行补修事宜。[①] 碑刻中关于舞楼、戏房的建修记载虽集中在清咸丰三年（1853）《补修创修碑记序》碑刻中[②]，但清道光二十年（1840）《合社公议禁约碑记》中有“舞楼禁止演洋歌，违者议罚”的记载，可见在当时，舞楼或已经存在，且还曾有过献演洋歌（秧歌）的情况出现[③]。山门戏台面阔6.5米，其中明间2.8米，进深4.7米，柱高2.4米，基高2.4米，西耳房面阔两间4.7米，进深4.1米，悬山顶，看楼面阔两间4.7米，进深2.2米，下柱高1.8米，础高0.3米，上柱高1.9米。院落东西12米，南北22米（图4-5）。

图4–5　西李家庄都会府山门戏台及两侧看楼

神庙剧场建起看楼必定克服了种种困难，但有的神庙剧场在建起看楼之后并没有就此满足，在扩容等观剧实用性的要求之下，有些剧场在建起看楼基础上开始了创修、增修“小看楼”的尝试，如南城桥北村炎帝庙清道光七年《重修炎帝庙碑记》载：“嘉庆甲戌年（嘉庆十九年〔1814〕）改修舞楼三楹，东西看楼六楹，创修东西小看楼各一。”[④] 北诗镇上沙壁定慧庵清嘉庆二十一年（1816）《重修定慧庵碑记》中载“重修舞楼七间，东西看楼十间，

① 〔清〕宣统二年（1910）《增修三官庙碑文序》，笏首方趺，碑文下部风化漫漶，现存东侧看楼下。

② 〔清〕咸丰三年（1853）《补修创修碑记序》，居士陇西炳箕撰并书，笏首，高162厘米、宽55厘米，现镶嵌于墙壁内，保存完好。

③ 〔清〕道光二十年（1840）《合社公议禁约碑记》，撰碑书丹者不详，笏首，现镶嵌于墙壁内，保存完好。

④ 〔清〕道光七年（1827）《重修炎帝庙碑记》，邑□生秦銮撰文，邑增生缑谦书丹，邑□生李必沛篆额。笏首方趺，额题“重修炎帝庙碑记”，碑文楷书，现存庙内，保存完好。

增修小看楼四间。”[1]之所以称“小”，则是相对于原有之看楼而言，在“看楼”这一名词已被打上观剧场所标签的不争事实之下，小看楼的建造也应是为观剧而设。

二、享受型消费心理——士绅阶层的雅文化追求

享受型消费是人们为了满足享受需要而产生的消费。这种以享受为主要目的的消费方式可以使人们得到一种心理满足，其主体一般都具有一定的社会地位或经济实力，借助消费以显示自己的地位或物质富有的形象。而具体到观戏的享受型消费心理，与一般的消费的享受心理有所不同，借由观戏更多可以体现出的是乡村士绅阶层的雅文化追求，而这种追求也一定程度上影响了神庙剧场观剧场所的建造。

在广大的乡村之中，士绅阶层作为具有一定文化优势和经济优势的群体，掌握着主要的乡村话语权，村社的治理，重大事务的决策以及大多数庙宇的维修、祭祀事宜很大程度上依赖于这个群体。在等级分明的古代社会，体现在神庙演艺中则是观剧场所的有意识的等级区分。大多数神庙在神庙献艺时为了让重要人物有一个舒适的观戏场所，一般是在祭祀程序结束之后，将献殿腾空，安置桌椅供官宦耆老士绅们就座。明、清两代，少数神庙剧场中建起了位于戏台正前方，顶部加盖，四面透空，供乡绅以及贵宾观剧之用的亭子形建筑——看亭。此类看亭多出现在一些南方的宗祠之中，或因南方多雨之自然原因，使观众免受淋雨之苦而如此。[2]北方神庙虽不多见，但也并非没有。迄今发现的最早提到“看亭”的是山西万荣县解店镇东岳庙明正德五年（1510）《重修子孙神母殿堂记》，碑云：“有临晋县善士王兴谨诚虔心，与众社人等恒心商议，各愿施财，将正殿、三门、看亭、两廊，并创建地藏王圣像。殿宇陆续修理，共

---

① 〔清〕嘉庆二十一年（1816）《重修定慧庵碑记》，霍联斗撰文，袁膺魁书丹，玉工袁瑞璟镌，笏首方趺，楷书，高135厘米、宽50厘米、厚18厘米，现存庙内。

② 曹飞：《敬畏与喧闹：神庙剧场及其演艺研究》，中国戏剧出版社2011年版，第76页。

计五十余间。”[①] 现存的看亭实物有山西蒲县东岳庙看亭、山西夏县墙下村关帝庙清雍正三年（1725）看亭等。[②]

在高平的一些神庙中发现了与看亭位置和功能类似的观剧场所，它们一般是在戏台正前方建起看楼、阶梯型看台或者其他形式的建筑，用来在演艺之时提供给士绅阶层使用，故而正面观剧场所的兴建很大程度上是为了满足士绅阶层的消费需要。此外由于正面观剧建筑的存在，使得戏台、两侧看楼、正面观剧场所共同形成一个完整院落——无顶盖的封闭剧场。本文在下一节将对此作详细论述。

图 4-6 侯庄村丰乐馆正殿及东西画楼（从山门处拍摄）

在看楼出现之后，无论是碑刻上还是实体建筑脊枋上对其记载大多用“看楼”一词。高平的情况多数如此，但也有例外，如石末乡侯庄村丰乐馆清康熙五十一年（1712）《重修丰乐馆记》：“重修正殿五楹，角楼二所，东西画楼十间”之画楼（图 4-6）；[③] 米山镇云南村三官庙清嘉庆二十年（1815）《缮修三元庙增修阅剧楼碑记》：“于大门之外，增修阅剧楼六楹”之阅剧楼；[④] 南城桥北村炎帝庙清道光十六年（1836）《炎帝庙改修大殿碑记》：“正殿则重□新

① 〔明〕正德五年（1510）刊石，无撰文、书丹者姓名。碑高 146 厘米、宽 68 厘米、厚 21 厘米，方形，无额题，现存庙内，山西师范大学戏曲博物馆藏该碑拓片，传拓于 1998 年 10 月 20 日。

② 参见曹飞：《敬畏与喧闹：神庙剧场及其演艺研究》，中国戏剧出版社 2011 年 5 月版，第 78 页。

③ 〔清〕康熙五十一年《重修丰乐馆记》，赵慧远撰文并书，袁义璋、袁义珍镌石，笏首方趺，碑高 211 厘米、宽 83 厘米、厚 25.5 厘米，现存庙内。

④ 〔清〕嘉庆二十年（1815）《缮修三元庙增修阅剧楼碑记》，邑庠生李布德撰文并书丹，壁碑，笏首，碑高 170 厘米、宽 50 厘米，现存庙内。

基，峻宇雕甍，楼檐错彩，驾角楼而挺秀，并置供□满堂，陪殿起楼龛，观台施画栏”之观台；[①] 马村镇唐东村龙王庙民国五年（1916）《创修龙王庙东看楼碑记》：“东南空地缺观楼焉”之观楼。这些无非是对看楼的别称或是美称，但也就是在这些名称之中，透露出看楼用作观戏场所的本质功用以及人们对于看楼的钟爱有加，“阅剧楼”“观楼”“观台”的命名本身是从观戏群体的角度出发的，说“阅”“观”显然要比“看”来的更雅，也更有了享受的意味，一定程度上透露出神庙剧场观剧的享受型心理和士绅阶层对于“雅”的追求，而看楼的建造势必会受到这些因素的影响。

三、乡村礼制的规范

神庙演戏，士女云集。在看楼出现以前，戏台前面的广场一直以来都是民众观看演戏的主要场所，所以男女混杂，有伤风化的局面在很长的时间段内并未得到解决。尽管有的神庙也曾采取过种种办法划分观戏区域，但在同一平面内要想解决根本问题是不可能的。如长子县清嘉庆二十三年（1818）“礼节传簿”抄本就有这样的记载：“看玩人等，男贤女德。佳人入庙观看，谐行勿得搅乱。相趁男左女右，众位切莫饮酒行凶，撒泼搅扰。”[②] 这里有男左女右的规定来约束神庙演艺之时的士女，但事实上，聚赌、越礼等行为从未得到真正有效的禁止，这也是神庙演遭到种种禁止和反对的一个重要原因。乡村之中大量出现的以规范男女风化为主旨的禁约碑记，也在反方向说明了这种违禁行为的普遍性。看楼的出现则有效的缓解了这一局面，看楼是妇女儿童的专用席位，演戏之时，妇女儿童登上看楼观戏，男人们依旧聚集在戏台前的庭院、广场，既可以实现男女分群看戏，又可以使观众得到分流，从而缓解剧场压力。不仅如此，有的神庙剧场在实现男女分群的基础上，将女性观众再次分流，即已婚女

① 〔清〕道光十六年（1836）《炎帝庙改修大殿碑记》，邑庠生张日升撰序，儒医张鹤书丹，笏首方趺，额题“炎帝庙”，碑文楷书，现存庙内，保存完好。

② 参见曹飞：《敬畏与喧闹：神庙剧场及其演艺研究》，中国戏剧出版社 2011 年 5 月版，第 80 页。

子和未婚女子也是要分开看戏的。

费孝通先生认为乡土社会求的是一种安稳，因此乡村不会允许男女之间的授受不亲。而是提倡男女有别，并且男女之间的鸿沟既要在心理上警示，也需要在物质上隔离。[①] 看楼体现的显然就是这种对“男女有别”的警示和隔离。

高平原村乡良户村大王庙清道光十八年（1838）《大王庙创修前院碑记》中载：“院前有舞楼，东西仅建墙墉，不足以壮观瞻，何以别士女之望……自道光壬辰年（1832）……共举前院当建看楼数间……东西特立看楼上下十二间（图4-7）。”[②] 米山镇郭村大庙清光绪二年（1876）《创修墙垣碑记》中载：“看楼者，所以别男女之嫌，避风雨之患也。”[③] 此一类观点广泛存在于各地乡村神庙的建设看楼的碑刻中，高平自然也不例外。这种普遍性的观念，在很大程度上避免了对神庙演艺男女混杂有伤风化的质疑，也在一定意义上催生和指导了神庙剧场看楼的建造。

图 4-7　良户村大王庙前院西看楼

四、建筑学意义上的完善

一般而言，神庙剧场最普遍的布局是沿中轴线自南向北（个别因地形原因而有变化）依次为山门、戏台、献殿、正殿、后殿（或寝宫），正殿左右有侧

---

① 费孝通：《乡土中国》，人民出版社 2015 年版，第 57 页。

② 〔清〕道光十八年（1838）勒石，额题“万善同归”，楷书，笏首，2013 年 7 月 2 日考察时碑已多半埋入土中，引文据《高平金石志》迻录，第 304—305 页，且知碑为笏首，高 89 厘米、宽 52 厘米。

③ 〔清〕光绪二年（1876）《创修墙垣碑记》，授修职郎候选儒学训导癸酉科岁贡李毓华书丹并题，石工祁长顺镌石，壁碑，楷书，现存剧场院落西墙，保存完好。

殿（或朵殿），院两侧建配殿与厢房，山门左右或院内东西角建钟鼓楼，四周以围墙与建筑物后面山墙围成一个长方形四合院（待补平面图）。[①] 由于各种原因，神庙剧场的具体形制或简或繁，比较复杂。大约在明代末期，二层看楼开始出现在神庙剧场中，它位于庙宇两侧，（一般为东西相向而列），经过长期探索，这种新兴的比较完善的庙台广场式剧场形制正式诞生，并在有清一代以及民国年间在神庙剧场中大量投入使用。

规模整肃，建筑完备一直是神庙剧场建设的标准化追求，也是乡村民众对于神庙建筑最基本的评价底限，在大多数庙宇建修碑刻中都能找到这一类言辞。看楼出现之后，逐步成为神庙剧场建筑不可或缺的一部分，不单单是因观剧所用，其建造与否，壮观与否直接关系到整个庙宇形制的最终效果。神庙建修刊立碑刻为记，一般情况下都要对庙宇建筑做一番描述，对于看楼的介绍当然亦在其中，甚至多有专门为看楼之建而刊立的碑刻，可见在建筑学意义上，看楼已经融入在神庙剧场建筑中成为重要组成部分，并且在建筑学价值上呈现出重要性。如野川镇南杨村成汤庙《雍正十一年（1733）十月十五日修东西看楼输金开列于后》；河西镇北岭村关帝庙清道光二十七年（1847）《增修舞楼厢房看楼并修饰各殿碑记》；野川镇后山沟村关帝庙清道光三十年（1850）《创修禅房看楼碑记》；米山镇南朱庄二郎庙清光绪三年（1877）《朱庄西社补修灵显庙香庭东西看楼东南耳楼碑记》，等等。此外还有不少看楼脊枋题字的发现，如石末乡瓮庄三教堂清雍正十二年（1734）看楼脊枋题字，南城区上韩庄玉皇庙清乾隆四十八年（1783）看楼脊枋题字等等。

马村镇唐东村龙王庙始建于明万历年间，民国五年（1916）、八年（1919）分别创建起东、西看楼，并各自专门勒碑为记。民国五年《创修龙王庙东看楼碑记》中载："光绪年间，重为增修正殿九楹，妥神位也。禅室二所，供祭祀也。舞楼七间，酬圣德也。规模粗就，大势可观。而犹叹其东南空地缺观楼焉。不惟演艺人无所依即补葺，院亦惜其未完也。由是言之，楼之建修可缓乎！"[②]

① 参见车文明：《中国神庙剧场》，文化艺术出版社2005年6月版，第9页。

② 勒石于民国五年（1916），武绳祖撰文并书丹，笏首，碑高203厘米、宽59厘米、厚20厘米，现存庙内东看楼下，倒伏，碑体断裂。

正殿、禅室、舞楼自光绪年间增修，但在撰碑人看来也只能算得上规模粗就。东南空地未建观楼，其后果不仅仅是演艺人无所依，更是院落未能完备、整饬，不足以壮人观瞻。由此，撰碑人武绳祖[①]也发出了看楼之建不可再迟缓的感叹。而后积金募化，开工建修东看楼，在工竣之际，碑中又言："楼非庙无以享祀典，庙非楼何以壮观瞻！盖庙藉楼而增光，即楼因庙而生色也！"此言虽是溢美之词，然不难看出，对于看楼的评价是和庙宇紧密联系在一起的，这种联系不仅仅是祀典演艺的需要，也是建筑学意义上的完备（图 4-8）。

图 4–8　唐东龙王庙东看楼

民国八年，龙王庙又建起西看楼，武绳祖仍然担任撰碑人，他说道："看楼之设，属予作序矣。使有东而不有西，周南何以继召南[②]，然有东而亦有西，尧典所以终舜典[③]，自东有西，亦犹诗书[④]纪载之意也。"作者为一个名不见经传的民间庙宇西看楼的建设，将《诗》《书》引来为其正名，虽然并不见得恰当，但着实煞费苦心。紧接着他道出了庙宇建筑形制实际存在的缺陷，所谓"地基广阔，仅完其半"，如果不建西看楼，则是"功亏一篑，未得成山，掘及九仞，犹为弃井"。[⑤]经过这两次增建，东西看楼完备，不但演艺时人有所依，而且建筑整饬，可以壮人观瞻了（图 4-9）。

---

① 武绳祖，清郡庠生、泽州府学增广生员，师范传习所毕业，时教授丹西上韩庄村、任国民小学教员。

② 《国风 · 周南》、《国风 · 召南》均是《诗经 · 国风》中的部分作品，是《诗经》的编辑者将采自江汉流域许多小国的歌词，连同受"南音"影响的周（周公旦）、召（召公奭）一些地方采来的歌词，命名为"周南"、"召南"。

③ 《虞书 · 尧典》、《虞书 · 舜典》皆为《尚书》中的篇节。

④ 《诗》、《书》为《六经》中的两种，《诗》即《诗经》，《书》指《尚书》。

⑤ 勒石于民国八年（1919），武绳祖撰文并书丹，笏首，碑高 203 厘米、宽 59 厘米、厚 20 厘米，现存庙内东看楼下，倒伏，字迹尚清晰。

图 4-9 唐东龙王庙西看楼

这样的例子并不少见，北城区边家沟村庄严寺民国十年（1921）《补葺寺庙修理街道挑渠导水碑记》中有这样的记载："余边家沟村之主庙，名曰庄严寺。内外三院，不知创自何年……外院有舞台、戏楼、戏房、看楼，配合适宜。另有戏厨，无不具备。"① 碑文言配合适宜，当是建筑完备，功能明确，不可或缺之意，甚至还专门建有戏厨，说无不具备并不失恰当。建宁乡筱川村三圣庙民国十四年（1925）《修补庙宇创建看楼碑》中载："自古村之西北有庙一院，内供佛像，庙东骡屋碾房门道垣墙俱备，庙外南有舞楼三间，西南耳房两间，东有戏房七间，西则缺点，虽自民国七年补葺之，究未完善。"② 碑文中所说的"西则缺点"即指看楼之缺，庙貌难以尽善，碑文的出发点也是建筑学意义上的缺陷，故而在合村公议之后，开工创修西看楼五间，遂得完全，以壮观瞻。

① 勒石于民国十年（1921），壁碑，圆首，额题"永垂不朽"，高 230 厘米，宽 70 厘米，现存庙内。

② 民国十四年（1925）刊立，张崇德撰文，张文榜书丹，笏首方趺，碑高 170 厘米、宽 55 厘米、厚 22 厘米，现存庙内。

第二节　高平市神庙剧场看楼的锐意改革

一、正面看楼、看台、看亭（厅）①

戏台所正对者一般为献殿或者正殿。车文明先生在《中国神庙剧场中的看亭》一文中介绍了在明、清两代少数神庙剧场中建起的位于戏台正前方，顶部加盖，四面透空，供乡绅以及贵宾观剧之用的亭子形建筑——看亭②，如山西蒲县东岳庙看亭、山西夏县墙下村关帝庙看亭等，其提升观众观戏的舒适性之目的不言而喻，展现了拥有正面观演建筑的神庙剧场形制，诠释了神庙剧场建筑的多样化与人性化特征。笔者在高平调查期间发现了几处特殊的神庙剧场形制，与上述戏台与献殿、正殿之间建看亭不同，它们一般是在戏台正前方建起看楼、阶梯型看台或者其他形式的观演建筑，连同戏台、两侧看楼形成一个完整院落——无顶盖的封闭剧场，甚至有的如南城上韩庄玉皇庙剧场，与一些封闭性会馆剧场，如北京平阳会馆③、天津广东会馆等在戏台正面以及剧场两侧均设二层看楼的形制十分相似④，只是没有顶盖而已。本节将对高平城区上韩庄玉皇庙过亭看楼、原村乡良户村大王庙正面看台、寺庄镇小河庄村玉皇庙正面看亭（厅）以及野川镇沟村关帝庙、米山镇成家山关帝庙两处疑似的正面看楼进行描述的基础上，分析此类正面观演建筑的形成原因及其对神庙剧场走向专门化的

---

① 颜伟、曹飞:《新见神庙剧场看楼、看台、看亭（厅）》，已发表，载《戏曲研究》第90辑，2014年6月。

② 车文明:《中国神庙剧场中的看亭》，载《戏曲研究》第八十七辑，文化艺术出版社2013年版。

③ 周华斌:《京都古戏楼》，海洋出版社1993年版，第126页。

④ 《中国古代建筑史·第五卷·清代建筑》，孙大章主编，中国建筑工业出版社2002年版，第30页。

重要意义。

1. 南城上韩庄玉皇庙过亭看楼

玉皇庙为村中之大庙，庙宇三进院，中轴线上自北向南依次为正殿、过殿（三道山门）、过亭看楼（其上正中为春秋楼，下为二道山门过道）、山门戏台、山门外有八字影壁。后院配殿、侧殿，中院厢房，前院两侧看楼等一应俱全。现存之过亭看楼为二层式建筑，上下各面阔七楹，下层中间为二道山门过道，上层中间一楹祀奉关帝，有“春秋楼”匾额悬于其上。其余作为观戏之用，因其建在高为2.2米的基础上，故而其底层与东西两侧看楼高度相近，并相互连通。过亭看楼悬山顶，通面阔16.6米，进深2.5米，上下共十二楹。其所连接之东西看楼均为硬山顶，面阔五楹11米，进深2.2米，下柱高2.16米，础高0.3米，上柱高2.5米。如此一来，前院剧场仅看楼就有22间之多（图4-10）。

图4-10　上韩庄玉皇庙前院剧场（从戏台拍摄）

据庙内现存最早碑刻清乾隆二十八年（1763）《创建春秋楼碑记》记载：

"是庙南壁中间创修春秋楼七楹。"① 春秋楼建于此时，然碑文中并未提及戏台、看楼或酬神献戏相关事宜。又据西看楼脊枋题字："大清乾隆四十八年（1783）□□望日吉时□□□创建西看……韩永平石匠赵中和泥水匠张兴□□永保。"可知前院至迟在乾隆四十八年已经存在。虽如此，仍无法确定春秋楼在当时是否作为看楼之用。而碑刻中首次提到过亭看楼是咸丰九年（1859）十月所立的《重修彩画妆修玉皇庙、土地祠功德碑记》："村东北隅有玉皇庙一座，前后三院，楼屋平房上下百有余间，自道光二年开工补修，迄今三十余年未获完全……有韩姓名士衡者……愿为之整饰焉，村中闻之莫不赞勷其美……彩画前院戏台耳楼看楼大门……后院正殿耳楼风口禅房……中院过亭看楼厦棚骡院钟楼……"② 可知玉皇庙至迟在清道光二年（1822）已是前后三院之形制，亦可知前院戏台、两侧看楼、中院过亭看楼共同构成之剧场结构亦至迟在清咸丰九年形成，至咸丰九年（1859）十一月"秋末始得完全，孟冬初旬谢土献戏"。③

山门戏台悬山顶，面阔三楹 7.64 米，其中明间 2.54 米，进深 4.8 米，柱高 2.75 米，无柱础。戏台下山门通道柱高 2.5 米，戏房硬山顶各两间，面阔 4.9 米，进深 4 米。整个前院南北深 13 米，东西相距 14 米，宽敞的院落加上 22 间看楼，其容量之大可见一斑。且站在正面看楼之二层上，整个前院尽收眼底，观剧效果可想而知。

2. 良户村大王庙正面看台及正面看楼

大王庙在村之东南，始建不详。据庙内碑刻，清乾隆二十九（1764）至三十一年（1766），乾隆三十九年（1774）、四十七年（1782），嘉庆十五年

---

① 〔清〕乾隆二十八年（1763）勒石，赐进士出身文林郎蒲州府教授加一级邹承颖撰，特选国学生陈万敬书，笏首方趺，现存玉皇庙后院正殿前廊东侧，保存完好，2013 年 9 月 23 日考察时抄录并拍照。

② 〔清〕咸丰九年（1859）勒石，撰文、书丹者不详，楷书，笏首，碑文记录由韩士衡主持，油画师牛春楼等彩画玉皇庙前、后、中三院等功德之事。现存三道山门前东侧，2013 年 9 月 23 日考察时抄录并拍照。碑文见附录一。

③ 出自庙内清咸丰九年（1859）十一月刊立的《补葺妆修捐输花费碑记》，楷书，笏首方趺，额题"万善同归"，现存玉皇庙后院正殿前廊西侧，保存完好，2013 年 9 月 23 日考察时抄录并拍照。

（1810），道光十九年（1839）至道光二十一年（1841）以及民国十七年（1928）屡有置地、补葺。

庙宇依地势而建为上下两进院，“位居离宫，大河临其前，不诚巍巍然也哉。”[①]“镇位离宫，负山带河。”[②]也正基于此，其庙坐南面北，中轴线依次为正殿、二道山门前接台阶两组（下11级，上13级）、舞楼，戏房下各辟山门。正面看台、两侧看楼分列下院东西，台阶两侧石砌看台各三阶，逐级升高，长3.84米，高0.42米，宽0.52米（图4-11）。

图4-11　良户村大王庙正面看台及正面看楼遗址

看台之后，上下院隔墙之前，各有疑似正面看楼分列左右。因庙宇毁坏严重，仅有残柱遗存，然有石柱则说明原必有顶盖，看楼之说或可成立，只是庙

① 引文据《高平金石志》，王树新主编，中华书局2004年10月版，所收录道光十八年（1838）《大王庙创修前院碑记》迻录，第304—305页。

② 引文据《高平金石志》所收录民国十七年（1928）《大王庙补修碑记》迻录，第350页。

内现存碑刻并无相关正面看楼之记载，故此存疑并当作疑似看楼陈述之。面阔两楹 4.26 米，进深 2.9 米，现仅存二抹棱砂石柱。此看楼与下石砌看台之间施矮砖墙以相隔。

舞楼三楹，梁架已坍塌，面阔 8.25 米，其中明间 2.9 米，进深 5.3 米，基高 1.46 米，柱高 2.45 米，左右耳房各三楹，面阔 5.8 米。悬山顶看楼两侧对称，各三楹，面阔 7.2 米，进深 3.4 米。整个下院东西 13.4 米，南北深（戏台前檐至看台最下一级）8.01 米（图 4-12）。

图 4-12　大王庙戏台现状

据庙内清嘉庆十五年《大王庙碑记》:“修看台、彩画费四十二千乙百零四文。”[①] 可知看台修缮于是年。又据清道光十八年《大王庙创修前院碑记》中提道:“院前有舞楼，东西仅建墙墉，不足以壮观瞻，何以别士女之望……自

① 〔清〕嘉庆十五年（1810）勒石，经手人郭殿元等立石，楷书，壁碑，高 39 厘米，宽 73 厘米，碑题“大王庙碑记”，局部漫漶，现存大王庙二道山门前东侧。2013 年 7 月 2 日考察时抄录并拍照。碑文见附录一。

道光壬辰年（1832）……共举前院当建看楼数间……东西特立看楼上下十二间……”[①] 知为“壮观瞻”和“别士女之望”而创建两侧看楼。故而看台之建早于两侧看楼至少 20 余年。因其类似于体育场式的逐级升高的石砌看台的出现从而成为神庙剧场的又一特殊形式，使得神庙剧场中有了真正的观众坐席，并且与宋元时期瓦舍勾栏中出现的腰棚也有相同之处，只是腰棚是三面环绕并逐级升高，此只正面。但它还是实现了扩容的目的，而且逐级升高的看台也大大提升了观剧效果。遗憾的是该庙建筑大面积坍塌，虽格局完整，但是诸如梁架、题记等细节还是无法看到。

3. 小河庄村玉皇庙及正面看亭（厅）

玉皇庙位于村西北的西花山顶，始建无考，据庙内碑刻知其在清道光二十八年（1848）、光绪十四年（1888）、民国十二年（1923）进行过补修。

庙宇坐北面南，依地势而建，分上下两院。上院正殿三楹，祀奉玉皇大帝。东西侧殿各两楹，分别为蚕神殿和送子奶奶殿。两侧禅房各三楹，二道山门接东西两侧看亭（厅）（图 4-13）；下院舞楼三楹接东西戏房各两楹，东戏房下为山门。庙内现存清光绪十四年《补修西花山玉皇庙碑记》中提到：“依旧补葺南面看亭、东西禅室、大门、舞楼，遂皆焕然而一新。”[②] 民国十二年《永垂不朽》碑记中则说：“补修正殿三楹，东北蚕神殿二楹，西北送子娘娘殿二楹，东西禅房六楹，东西看厅六楹，大门楼一楹，戏房五楹，南舞楼三楹，耳房二楹以故。”[③] 一说“南面看亭”，应是以正殿为参照物，故而称南面；一说“东西看厅”，因其分列二道山门之东西两侧，故而称此。又二碑之中均言明“依旧”补修，可知两碑所言应为同一建筑，且此看亭（厅）之创建应在光绪十四年之前。

---

① 〔清〕道光十八年（1838）勒石，额题“万善同归”，楷书，笏首，2013 年 7 月 2 日考察时碑已多半埋入土中，引文据《高平金石志》迻录，第 304—305 页，且知碑为笏首，高 89 厘米、宽 52 厘米。

② 〔清〕光绪十四年（1888）勒石，邑庠生郜嗣姬撰文，职员李兴泰书丹，玉工李金镌石，楷书，方首，现存正殿前西侧，2013 年 8 月 4 日考察时抄录并拍照。碑文见附录一。

③ 民国十二年（1923）勒石，山西斌业中学校修业生邢治安撰文，国民学校教员王凤池书丹，玉工邓堆金镌，楷书，笏首，额题“永垂不朽”，现存正殿前东侧。碑文见附录一。

看亭（厅）各三间，两侧砌山墙，前后透空，均施高1米许裙墙，六架梁卷棚硬山顶，面阔7.2米，进深五椽4.7米。

图4-13 小河庄玉皇庙正面看亭

舞楼悬山顶，面阔三楹8.6米，其中明间5.1米，进深5.5米，基高0.95米，柱高3.2米，方凳础高0.5米。下院东西相距16米，南北深18米。

该庙2007年1月24日被确立为市级文物保护单位，是年重修，在补修原址一进两院的基础上增加了后殿——大雄宝殿，形成了现在一进三院的形制，庙会为每年农历六月十五，据村民介绍，是时仍旧在该戏台献戏，此神庙剧场之戏台、看亭（厅）仍在使用。然而此庙新修之时此看亭（厅）是否真是按照原有格局照旧重修还有待进一步确认，不过可以肯定的是碑刻中提到的"依旧补葺南面看亭""东西看厅六楹"至少曾经真实存在。

4. 成家山关帝庙戏台及正面看楼

关帝庙位于村北，坐北朝南，始建不详，据戏台脊枋题字知该庙戏台重修于清乾隆辛卯年（1771）①，则关帝庙之建早于是年。另据碑刻知该庙分别在道

① 戏台脊枋题字"大清乾隆岁次辛卯年（1771）春大社重修戏楼三间正逢庚子吉时上梁自修之后合社……"，位于戏台明间脊枋，墨书，楷体，部分漫漶，2013年9月13日考察时拍照并抄录。

光五年（1826）和咸丰十一年（1861）进行过重塑神像和施地种树事宜。[①] 庙宇依地势而建，北高南低而分上下两院，中轴线依次为正殿、前接献殿基址、山门、戏台，侧殿（二层）、配殿、山门耳房等一应俱全。

正面看楼是在山门过庭之两侧耳房之后，面戏台向外接两椽而为之（图 4-14、图 4-15），东西各两间，旁开砌券门，俱为硬山顶，和瓦屋面。面阔 4.6 米，进深 1.9 米，砂石柱高 2.6 米，券形门高 1.87 米，宽 0.6 米，看楼基高 1.4 米，其面向戏台且所处又高于戏台，故自此观戏，效果定不会差，但因曾改作他用，砌墙换窗，外观已失原貌，又与山门紧连，故而在外很难分辨其为看楼。笔者也是在考察过程中拍摄建筑侧面时产生疑问，并询问村民从而得到正面看楼的解答的。但遗憾的是无碑刻记载，故此处作疑似正面看楼对待。

图 4-14　成家山关帝庙山门

图 4-15　关帝庙山门侧影

戏台距山门 31 米许，悬山顶，五架梁进深四椽，现于前檐砌墙，村民置杂物于其中，舞台面阔三楹 8 米，其中明间 3.3 米，通进深 5.5 米，后台进深 2.2 米，基高 0.9 米，檐柱高 2.6 米，方凳础高 0.4 米，耳房已毁。

以成家山关帝庙正面看楼的建筑形制，可以推测应是为了满足观戏之需而加设，其很好的利用了地势和原有建筑资源，以依附于山门的做法而成看楼，既可舒适观戏，又一定程度上减少了兴建开支，可谓一举两得。

① 庙内现仅存碑刻两通，其中一通为清道光五年（1826）记录将神像由站像改为坐像并彩绘之碑刻，壁碑，楷书，现存正殿前献殿遗址西墙。另一通是清咸丰十一年（1861）勒石，碑名“关帝庙种树施地碑记”，壁碑，楷书，现存山门过庭东山墙。2013 年 9 月 13 日考察时均抄录并拍照。

5. 野川镇沟村关帝庙正面看楼

图 4-16　沟村关帝庙剧场全景

关帝庙位于村之西南，坐西朝东，一进院，有正殿以及北配殿，庙与村之西阁、南阁、南看楼相连且彼此相通（图 4-16）。戏台在山门外 15 米许，过路搭板式，与高平康营村关帝庙戏台相似[①]，即搭板式与跨街式过路台的组合体，戏台面向关帝庙山门以及村之西阁，西阁之上又建正面看楼三楹，从而形成一个阁 + 庙 + 戏台 +（正、侧）看楼的剧场格局。阁上有神殿，所祀之神已不得而知，看楼是在阁上建筑基础上前接两椽而成，其外观形制与南看楼相同，正面均砌高一米许镂空花墙，且其上开窗。然苦无碑刻佐证，只限于推测。但不可否认的是在戏台建成的同时或之后，为了满足观戏之需而在阁上加设。阁上看楼面阔三楹 6.4 米，进深 2.1 米，檐柱高 2.1 米，院落东西约为 15 米，南北深约 12 米。依戏台脊枋题字，知戏台为道光年间创修，则看楼之建应不早于此时。[②]

戏台五架梁进深四椽，硬山顶。面阔三楹 8.3 米，其中明间 3.2 米，通进深 5.9 米，基高 1.5 米，柱高 2.6 米。金柱高 3 米。戏台下门高 3.6 米，宽 2.2 米，搭板槽 15 厘米 ×5 厘米。南耳房面阔两楹 3.9 米，进深 4.4 米，南侧看楼面阔三楹 7.8 米，进深 4 米，上柱高 1.7 米，下柱高 2.3 米。因其北看楼已不存，阁 + 庙 + 戏台 + 看楼的剧场格局未获完全，然在临近沟村的路家村和后山沟村的两座关帝庙也出现了此种剧场格局，且戏台均为过路搭板式，作为其中

① 冯俊杰主编:《山西戏曲碑刻辑考》，中华书局 2002 年 1 月版，第 475—479 页。

② 戏台脊枋题记“时大清道光六年创修舞楼十月□□日吉时上梁……仝立吉……永垂不朽为云耳”，位于戏台明间脊枋，墨书，楷体，部分漫漶，2013 年 9 月 18 日考察时拍照并抄录。

图 4-17　关帝庙过路搭板戏台及看楼

一部分的阁，其上亦祀奉有神灵，每逢献戏，便可为庙、阁之上的诸位神灵共同献唱，只是这两处没有正面看楼（图 4-17）。

从已公布的拥有正面看亭的神庙剧场来看，看亭的位置一般在庙宇中轴线上、戏台与献殿或者正殿之间的广场，或靠近戏台，或靠近献殿。[①] 然而无论是何位置，它一般是独立存在且观戏之时或多或少要挡住其后观众的视线，并不能很好的实现扩容，也无法照顾到其后观众观戏的舒适性。本节所列举的这几处神庙剧场看楼、看台以及看亭（厅）在实现扩容的基础上充分考虑到观众的因素，一方面，他们构成无顶盖的前院剧场，供奉神灵的正殿一般在其后一院，一定程度上褪去了神庙演艺的娱神本质，而将娱人作为重要的考虑因素。[②] 另一方面，因其正面观演建筑位于剧场最后面，故而不会遮挡他人视线，以其位置高于地面而又不为他人或他物所挡，充分考虑到了观众观戏的舒适性。虽然与戏台之间的大面积的空阔院落仍是作为最主要的观剧场所，但其还是迈出了神庙剧场多样化与人性化的又一大步，同时也体现了神庙剧场对观演场所的考量逐渐专门化的趋势。

---

① 车文明:《中国神庙剧场中的看亭》，载《戏曲研究》第八十七辑，文化艺术出版社 2013 年版。

② 关于神庙剧场建筑形式演进的动因的阐述，参见拙作《神庙剧场演进的动因分析》，《戏曲研究》第 103 辑，文化艺术出版社 2017 年 10 月版，第 295—306 页。

第五章

高平市神庙剧场古戏台楹联与隔扇

第一节　戏台楹联

高平市现存古戏台的楹联共 12 幅，分布在 9 处神庙的戏台之上。楹联的遗存数量比较少。鉴于高平古戏台 342 座的遗存数量，我们有理由相信，楹联曾经比较普遍的出现在神庙戏台上，并成为其建筑装饰的重要组成部分；楹联的撰文、书写应该是由有一定文化水平的士绅阶层来执笔，进而楹联一定程度上是具有乡村话语权的知识分子阶层文字水平和书法水平的真实反映；楹联为戏台之建而立，内容多与戏曲表演相关，知识分子借撰写楹联发表对于戏曲的看法显然顺理成章，故而楹联也承载着人们对于戏曲及其本质的认识，这一点是值得关注的。

一、遗存现状及其形制

表 5–1　高平市古戏台楹联遗存一览表

序号	戏台名称	戏台年代	楹联内容	所在位置	镌刻手法	句式	书体
1	贾家庄仙姑庙	清同治元年（1862）	褒善贬恶 / 歌舞台堪作赏罚地；亲贤远奸 / 梨园子代修春秋天。	金柱	平地阴刻	12×2	楷书

续表

序号	戏台名称	戏台年代	楹联内容	所在位置	镌刻手法	句式	书体
2	北王庄成汤庙	清同治十一年（1872）	弌十三经 / 精微奥妙藏其内； 廿十二史 / 真废治乱在箇中。	金柱	平地阴刻	11×2	行书
3	康营村汤王庙前院戏台	清同治十二年（1873）	极奸巨恶 / 转眼终归失败； 忠臣孝子 / 到头毕竟团圆。	金柱	平地阴刻	10×2	行楷
4	康营村成汤庙后院戏台	清同治十二年（1873）	桓温喜怒虚若实； 优孟衣冠假作真。	隔扇板	平地阴刻	7×2	行书
			假笑啼中真作假； 新声歌里旧衣冠。	隔扇板	平地阴刻	7×2	行书
5	贾村炎帝庙	清光绪十七年（1891）	拜相封侯 / 著功于麒麟阁； 舞风歌月 / 得意在富贵场。	明间二柱	平地阴刻	10×2	楷书
			收天下春 / 奇正都归这里； 演古今事 / 人情宛出箇中。	前檐角柱	平地阴刻	10×2	楷书
			世事镜中花 / 台上无非游戏； 人情水底月 / 眼前都是梨园。	金柱	平地阴刻	11×2	行楷
6	东沙院无名庙	不详	戏将前朝古代事情从新演出来； 唱到结尾完场时候自此□回去。	金柱	平地阴刻	13×2	楷书
7	下玉井村二仙庙	不详	良田必本心田 / 龙脉应从心上觅； 吉地终归性地 / 牛眠知自性中求。	檐柱	平地阴刻	13×2	楷书
8	东李门玉皇庙戏台	不详	出将入相 / 玉堂金马虚富贵； 谈文论武 / 洞房花烛假姻缘。	明间二柱	减地隐起（石）	11×2	楷书
9	郜家庄关帝庙	不详	戏本传真 / 真事如戏； 今世作古 / 古迹犹今。	金柱	平地阴刻	8×2	行楷

据上表，高平古戏台遗存的楹联所在位置多位于戏台的金柱以及檐柱上，也有在隔扇板上直接书刻。一般的做法如果柱材为木质，则直接抹平在其上书刻。若柱材为石质，则另需一对木板，抹平书刻，随后稍作加工，贴挂在石柱上。也有直接在石柱上镌刻的，如河西镇东李门玉皇庙戏台楹联（图 5-1），各

种做法因地制宜，未有绝对的成规。镌刻手法多为平地阴刻，为雕刻技法中比较省工省时的一种。现存的古戏台楹联多为每个戏台一幅，也不尽然，马村镇康营村成汤庙后院戏台就有两幅，寺庄镇贾村关帝庙更是有三幅之多，很是壮观。楹联的书体多用行楷书，或楷意稍浓，或行书意味较多，总体不出行楷书之范围。但也有例外，比如边家沟庄严寺戏台西侧金柱则用满文书刻（东侧毁失），未可解其意。戏台楹联书法承继明清馆阁体的一般特征，结体平正、结构匀实为其共性，鲜有个性之张扬。虽然整体未出馆阁体之窠臼，然笔笔精到，一丝不苟，当可反映出当时乡村知识分子较高的书学素养。高平古戏台遗存的楹联句字数在 10 字左右，最多 13 字，最少 7 字，均属于短联的范畴。句式多为简单的复句，特征并不明显。这些可能由于柱子的高宽限制，楹联自然不能太长。

图 5-1　东李门玉皇庙石刻楹联（明间二柱）

二、楹联的戏曲学价值

戏台楹联最有价值的是其中所包含的士绅阶层对于戏曲的认识和评价信息。戏台的建修和戏曲表演属于乡村公共事务中的大事，故而戏台楹联的内容和思想指向除了代表撰写人本人的主观看法外，也是一个子区域——村庄各阶层对于戏曲认识一般性的反映。现存的高平古戏台楹联思想内容大致可以分为两类。

1. 搬演本事与高台教化

戏曲演出的剧目多取材于历史故事，所谓搬演古今事是也。神农镇东沙院无名庙宇戏台楹联："戏将前朝古代事情从新演出来，唱到结尾完场时候自此□回去。"即是对戏曲表演特征的客观描述。寺庄镇北王庄成汤庙："弌十三经 / 精微奥妙藏其内；廿十二史 / 真废治乱在箇中。"以及贾村炎帝庙戏台楹联："拜

图 5-2　贾村炎帝庙戏台楹联（明间二柱）

相封侯 / 著功于麒麟阁；舞风歌月 / 得意在富贵场（图 5-2）。”“收天下春 / 奇正都归这里；演古今事 / 人情宛出箇中。”都是出于对戏曲表演的客观描述，其间并未发表对于戏曲的明显的主观看法。而贾家庄仙姑庙戏台楹联：“褒善贬恶 / 歌舞台堪作赏罚地；亲贤远奸 / 梨园子代修春秋天。”以及康营村汤王庙前院戏台：“极奸巨恶 / 转眼终归失败；忠臣孝子 / 到头毕竟团圆。”所言俱为褒善贬恶，宣扬亲贤远奸、忠臣孝子，着重突出戏曲高台教化的职能和功用。从古今事的题材选择、创作、搬演到最后实现高台教化，这期间蕴含着戏曲创作的主动性与积极精神，对此，王志峰先生所论甚为精辟：

我们知道，戏曲之于历史和现实的反映，不是靠资料汇总，事件陈述，而是借助形象创造勾稽人物与事件，依靠唱念做打等技艺，而把某一情景再现与舞台上，作为历史的一面镜子，戏曲作家在创作中总要慎重的选择本事，剧中情节需要多次锤炼加工，又需要调动多种表现手法，才能达到感发人心的目的。从这个角度看，迎神赛社本身就是历史和人生的课堂，而戏曲则是教科书了。[①]

2. 对戏者、戏也的本质诠释

对于戏曲“戏者、戏也”的本质揭示，是明清时期戏曲理论界的一种共识。

---

① 王志峰：《高平市康营村关帝庙清同治五年（1866）〈重修舞楼碑记〉考述》，见冯俊杰编著《山西戏曲碑刻辑考》，第 475 页。

寺庄镇安家村关帝庙清道光八年（1828）李鹤鸣撰《重修戏楼碑记》中的“尝谓戏者、嬉戏之谓也”；康营村东关帝庙清同治五年（1866）廉敬所撰《重修舞楼碑记》中“戏者，戏也”的称论都是例证。胡应麟《庄岳委谈》：“凡传奇以戏文为称者，无往而非戏文也。”许道承《缀白裘十一集序》说：“且夫戏也者，戏也，固言乎其非真也。”高平遗存的古戏台楹联中显然也有这样的观点，贾村炎帝庙戏台楹联：“世事镜中花 / 台上无非游戏；人情水底月 / 眼前都是梨园（图5-3）。”东李门村玉皇庙戏台：“出将入相 / 玉堂金马虚富贵；谈文论武 / 洞房花烛假姻缘。”所言俱为戏曲之“假”。

图 5-3　贾村炎帝庙戏台楹联（金柱）

而对于“戏者，戏也”的进一步论述，自然引发朴素的近似于戏曲是一种艺术真实的见解。例如赵士麟《江花乐府序》就一面说：“剧之为言，戏也”，一面强调：“不以戏为戏，而以为天下事惟戏为最真。”傅五峰《义真记序》：“夫戏者，本虚以证实，借伪以见真。”高平寺庄镇部家庄关帝庙戏台楹联：“戏本传真真事如戏，今世作古古迹犹今。”以及高平马村镇康营村成汤庙后院舞楼楹联：“桓温喜怒虚若实；优孟衣冠假作真。”其中以桓温喜怒、优孟衣冠为例，意在说明戏曲情节、人物形象似假实真，虚中有实。[1] 而戏曲“为最真”“虚若实、假作真”的根本原因其实在于它的典型化手法，能使剧中的人物和情节比实际生活更高、更集中、更显真实，因而更具兴发感动的力量。以上不论是碑文、楹联还是戏曲理论著

① 冯俊杰：《山西神庙剧场考》，第 274 页。

述中所涉及到的对于戏曲本质的揭示，虽然仍无法从根本上洞悉戏曲本质，但是在当时的理论条件下，已是难能可贵。[①]

第二节 戏台隔扇

清代戏台建有隔扇比较普遍，其职能是为区分戏台的前后场，是伴随戏曲的成熟而产生并大量运用在戏台上的配套设施。戏台区分前后场，或可追溯到北宋，有学者从朱权《太和正音谱》中所引用的苏东坡“搬演古今事、出入鬼道门”诗句推断北宋时戏台已经区分前后台，但由于现存苏轼作品中并没有这两句诗，故而此说只是推测罢了。早期（约南宋中后期）南戏表演场所即有前后台之分，如《张协状元》二十三出：“净在戏房作犬吠。”三十五出：“生在戏房唱。”四十一出：“（叫）婆婆。（净在戏房内应）谁？谁？”[②]到元代，戏台区分前后台已是比较普遍，现存元代戏台两山面后三分之一出多设辅柱，其间挂帐幔以分前后台，洪洞明应王殿元代戏曲壁画就绘有区分前后台的帐幔。车文明先生认为：“前后台的出现，说明台上表演的节目内容较丰富，情节较复杂，不分幕而以人物上下场为单位的流动分场结构形式已基本形成，而后者正是中国戏曲情节结构的基本特征。所以，从舞台艺术的角度看，有前后台之分的戏台大量出现标志着戏曲的完全成熟。”[③]大约自明中叶开始，戏台上设置固定的木质隔断或其他建筑材料用以区分前后台，并设置上下场门，如翼城县樊店村关王庙弘治十八年（1505）戏台，至清代，这种情况已经比较普遍了。

---

① 王志峰：《高平康营村关帝庙舞楼碑刻考述》，载《中华戏曲》第24辑，文化艺术出版社2000年6月版，第228—238页。

② 钱南扬：《永乐大典戏文三种校注》，中华书局1979年版。

③ 车文明：《20世纪戏曲文物的发现与曲学研究》，文化艺术出版社2001年版，第33页。

一、遗存现状及其形制

高平古戏台隔扇的遗存情况并不乐观，据笔者调查统计，现存的仅有14处，相较于高平古戏台巨大的基数，这样的数量确实少得可怜。高平寺庄镇柏枝庄前长村修真院庙内现存清道光十六年（1836）《前长村修庙碑记》：“遂渐次兴工，于补修三大士等殿及舞楼外，又创修东北角殿三间，则□白衣瓮神也，东厨房二间，东看楼三间，东南楼三间，舞楼阁屏十页，外院东厅楼三间，上则文昌帝君，西厅楼三间，门额一座，阅数载而焕然一新矣。”[①] 其中载及的“舞楼阁屏十页”当时迄今在高平发现的唯一一块记载戏台隔扇的碑刻，但遗憾的是该庙戏台之隔扇已经不存。高平市古戏台隔扇的现存状况详见下表。

表5-2　高平市现存古戏台隔扇遗存一览表

序号	戏台	戏台年代	戏台尺寸 面阔 × 进深	隔扇遗存状况	隔扇形制 / 页	隔扇题字 （不包括楹联）
1	永宁寨白衣庵	清乾隆五年（1740）	7.12 × 3.13	局部毁失	“一”字形；明四次各四	无
2	牛村玉皇庙	清乾隆四十九年（1784）	7.62 × 4.88	局部毁失	“一”字形；明五次各四	无
3	郭庄关帝庙	清道光九年以前（1829）	8 × 5.3	存	“凹”字形；明七次各四	有，明间楷书苏轼《赤壁赋》部分
4	东周仙师庙	清道光二十三年（1843）	7.26 × 5.28	大部毁失	小“凹”字形；明五，次间毁失	无
5	郭村大庙	清道光年间（1821—1850）	8.2 × 5.3	存	“凹”字形；明六次各五	有木质匾额，漫漶未识
6	南坪村三教堂	同治二年	8.2 × 5.1	存	“凹”字形；明八次各四	无

① 〔清〕道光十六年（1836）《前长村修庙碑记》，长平邑廪生刘士彦撰文，古泫氏上炉焦□芳书丹，玉工部看德镌石，箣首，现存庙内，镶嵌于墙壁内，字迹尚且清晰。

续表

序号	戏台	戏台年代	戏台尺寸面阔 × 进深	隔扇遗存状况	隔扇形制 / 页	隔扇题字（不包括楹联）
7	康营村汤王庙（2）	清同治十二年（1886）	9.3 × 5.7	存	“凹”字形；明六次各五	前院：明间行书杜牧《阿房宫赋》部分
			8.1 × 6.2	存	“凹”字形；明六次各五	后院：明间行楷范仲淹《岳阳楼记》部分
8	东庙村玉皇庙	清光绪十五年（1889）	8 × 4.8	局部毁失	“一”字形；	明间楷书欧阳修《相州昼锦堂记》；明间走马板：金石丝竹、匏革土木
9	南王庄关帝庙	民国九年（1920）	7.6 × 6.2	部分毁失	“凹”字形；明八次各四	无
10	桥南村三教堂	民国十五年（1926）	6.6 × 4.1	存	“凹”字形；明六次各五	无
11	郜家庄关帝庙	不详	8.2 × 6.7	存	“凹”字形；明六次各四	无
12	东庄孔家湾老君庙	不详	8.5 × 5.5	大部毁失	“凹”字形；明六次各五	无
13	马村镇唐东村龙王庙	不详		存明间		匾额：天称楼台；明间：行书元好问《送秦中诸人引》
14	庄子关帝庙	不详		存，翻新	“凹”字形	绘画

笔者虽然在表格内注明“存”，但其或多或少皆有残缺和毁失，并且由于各种原因，他们其中的大部分并未得到保护，虽然大部分构件存在，但现状也十分堪忧。

高平古戏台隔扇的形制分为“一”字形和“凹”字形两种，后者居多，这种较为成熟和通用的隔扇做法可以使明间的进深增大，从而实现表演区面积的增加，为戏曲表演提供更为宽裕的空间。“一”字形隔扇的存在应该是受制于戏台的建筑尺寸，尤其是进深。笔者在表中列举了三座“一”字形隔扇，其所依托的戏台建筑尺寸都比较小，平均面阔 7.58 米，平均进深 4.27 米。然不论是何种形制，只要是能够在演出时合理的区分开前后场，就不会影响戏曲表演的正常进行。

二、隔扇绘画①

高平寺庄镇公家山位于县城西北 20 余公里处，属明家沟村管辖，村庄地处山凹，靠近沁水，据《高平县地名志》载：“地处深山老林，靠近沁水，原先户数很少，后来沁水某村有数户农民迁来居住，同心协力，共同建村立业，故名公家山。”②

公家山观音堂，位于村中，庙宇未曾维修，建筑已大部分坍塌，其基本格局为一进院，正殿祀奉观音，坐北朝南，东西侧殿分别为牛马王、奶奶殿，戏台面向正殿，东西耳房已塌毁，二层看楼分列庙院两侧，东看楼与东侧戏房之间辟门，东向。走马板书“渡慈航”。

戏台单层台，悬山顶，合瓦屋面，五架梁进深四椽，墙壁土坯垒砌，前檐小八角石柱，方凳础。面阔三间 5.8 米，其中明间 2.7 米，进深 4 米，柱高 2.5 米，础高 0.4 米，基高 1.2 米，台口 0.8 米。看楼硬山顶，各面阔三间 6.9 米，进深 3.2 米。院落东西宽 8.5 米，南北深 8.7 米。

戏台隔扇及东西山墙均绘有戏画，包括明间隔扇六幅，次间隔扇各两幅，东西山墙各一幅，其中明间六幅、西次间第一幅、西山墙一幅较为清晰。除此

① 2013 年 8 月 19 日考察发现；是年 10 月 21 日、10 月 27 日两侧前往补拍照片、并测量；2014 年 9 月 24 日第四次前往考察，时戏台隔扇已被毁坏。

② 《高平县地名志》，高平县地名办公室编，编辑魏河清等，国营湖北印刷厂，1988 年 2 月版，第 260 页。

之外，隔扇上端走马板亦绘有戏画，共 14 幅，除西起第一幅尚可辨认外，其余均被因屋顶坍塌，进而雨水冲刷下的泥水覆盖，无法辨认。戏画尺寸，明间戏画高 151 厘米，宽 32.5 厘米；次间戏画高 153 厘米，宽 34 厘米；走马板戏画高 42.5 厘米，宽 33.5 厘米；东侧山墙戏画高 88.5 厘米，宽 129 厘米；西侧山墙戏画高 89 厘米，宽 141.5 厘米。

戏画内容，据村中人描述，整个隔扇戏画所绘题材为“纣王杀妲己”，东侧山墙虽已无法辨认（图 5-4）。

图 5-4　公家山观音堂戏台隔扇绘画（明间）

关于戏画，村民讲述了一个流传在其间的小故事，大致内容是：画匠师傅与村民谈好画隔扇的报酬为 30 块大洋，然而画匠在绘画的过程中偷工减料，并没有严谨作画，工毕，画匠暗自得意，带着 30 块大洋离开了。然而就在回去的这天晚上，画匠做了一个梦，梦中，神灵告诉他为人处事要厚道，不然就不会有好下场的。画匠既惊又敬，第二天便又回到村里，将原来草草了事的戏画全部刮掉，重新毕恭毕敬的画了起来。故事是否真实，我们无从考证，或许我们更多的是在这个故事中感觉到教化的意味。就戏画而论，即便画匠毕恭毕敬，依现存来看，其结体、用笔、人物神态所体现出来的艺术水准并不十分突出（图 5-5）。

图 5-5　观音堂戏台隔扇

三、隔扇书法

戏台隔扇多有施彩绘的做法，一者可以使建筑构件华美绚丽，再者可以在表演时充当背景。题材比较多样，大致可分两类，一类是戏曲题材绘画，或为戏曲表演场景，或为戏曲故事。如上述寺庄镇公家山观音庙民国十七年（1928）戏台之隔扇绘画即是戏曲故事的描绘。囿于学力，笔者对于戏画还不能有深入的解读。另一类是隔扇书法作品，如高平建宁乡郭庄关帝庙明间隔扇楷书书写的苏轼《赤壁赋》等。高平现存古戏台以书法作品为题材装饰的隔扇有 4 处，其隔扇书法作品选文、选录者、书写者及书体，如下表。

表 5-3　高平市古戏台书法题材隔扇情况一览表

戏台	明间（内容/选录者）	次间（内容/选录者）	次间（内容/选录者）	书写者/书体
郭庄关帝庙	苏轼（宋）《赤壁赋》/张凤翔	陆游（宋）《秋思》/郁文李生□；朱厚熜（明）"大将南征胆气豪"诗/毓奇居士	王硅（宋）《上元应制》/纯德录选；杜甫（唐）《奉和贾至舍人早朝大明宫之作》/静斋崔居仁	张凤翔/楷书
东庙村玉皇庙	欧阳修（宋）《相州昼锦堂记》/宋元吉	毁失	毁失	宋元吉/楷书
康营村汤王庙	杜牧（唐）《阿房宫赋》/南蔚华	邓石如（清）"沧海日、少陵诗"上联/春山樵□	邓石如（清）"沧海日、少陵诗"下联/藻涧渔人	南蔚华/行书
	范仲淹（宋）《岳阳楼记》/南蔚华	金缨（清）《觉觉录·持躬》节选/春亭	金缨（清）《觉觉录·持躬》节选/藻庭	南蔚华/行书
唐东村龙王庙	元好问（金元）《送秦中诸人引》	毁失	毁失	南蔚华/行书

书法题材的隔扇有几个特点值得注意。

1. 官绅阶层的集体关照

由上表可见，隔扇书法所选择的书写内容多为脍炙人口的文学名篇，如《阿房宫赋》《岳阳楼记》《相州昼锦堂记》，以及一些诗句、名联。但所有的文章内容都没能全文书写，或是受制于戏台隔扇的面积，但也反映出隔扇书法的一个特征——装饰意味明显大于其文学意味，即文章本身是否完整显得并不那么重要，只要将隔扇写满书法，阴刻涂彩，看起来美轮美奂就可以了。

对于书写内容，本质上这并不是戏台本身的选择，而是乡村士绅、耆老和知识分子阶层话语权的体现。这些内容从其思想性上看，有借古讽今，承载着文人"忧国忧民、匡时济俗"情怀的《阿房宫赋》，有讽劝权贵不要"夸一时而荣一乡"而要以"德被生民而功施社稷"为己任的《相州昼锦堂记》；有胸襟坦荡、忘怀得失的《赤壁赋》；也有规劝世人"不以物喜，不以己悲""先天下之忧而忧，后天下之乐而乐”的乐观精神和济世情怀的《岳阳楼记》。所选诗联多为脍炙人口之作，也有劝人修身持躬的名言警句。从书写字迹和书法风格看，每处戏台的隔扇都由同一人执笔，而选录者则是分别署名。可以说隔扇是知识分子群体对于戏台集体关照的载体和表现形式，一定程度上有助于提高戏台所承载戏曲表演的格调和社会地位。而对于大多数民众来说，或许根本看不懂隔扇上到底写了些什么，当然也就不知道文章是否完全，有何种思想性，因为只要美观就已足够。即便是看得懂，民众或许也不会计较，只要戏台上的戏一开演，民众都沉浸在了观剧的情绪状态中，这些隔扇作品早已是彻底的背景了。

2. 民间书法的重要载体

戏台上有隔扇，隔扇上则以书法装饰，这为戏台增添了几分“雅”的意味。事实上，当戏台设计者主动以书法艺术介入戏曲表演所依赖的戏台时，这本身就是一个文化立场问题，即竭力使得戏台更加具有文化典范性，从中也可以看出当时的乡绅阶层在文化立场上占据了一个制高点的位置。在这些戏台中，我们摭取了高平市郭庄关帝庙戏台、康营村汤王庙戏台上的书法作品予以介绍与赏析，这样的选择当然是建立在此两个戏台的书法作品典型性之上的。

a. 帖学余绪

若仔细审视清代书法，会清晰地发现碑学的生发主要存在于士大夫阶层，也正是由于士大夫的推动才使得碑学书法正式取得了与帖学书法分庭抗礼的地位。从宏观上讲，这的确是书法史实。可是从微观的角度去扫描清代书坛，则会发现即使进入碑学复兴时代以后，清代书坛在民间依然延承着帖系书法的续脉。在广大的乡野、市井之中，书家笔下所呈现的依然有帖学书风的风雅与温润。高平古戏台之上的书法作品就是对这种境遇最好的注解与关照。

康营村汤王庙前、后院戏台隔扇所选内容分别为杜牧《阿房宫赋》和范仲淹《岳阳楼记》，书写者都是民国八年至民国十二年任高平县第四高等小学校长的南蔚华（图 5-6、图 5-7）。他执笔的行书作品以六条屏的形制呈现在隔扇之上，亦行亦草，端正有方，带有浓重的馆阁意味却不失活泼。作品风格取法赵、董，其“筋骨”并不示弱。结体重心靠下，为赵松雪楷书结体风格。外圆内方，从而不至于“肥浊”，可见书者对书帖是有所刻意规模的。南蔚华在民国十二年

（1923）还曾为马村镇唐东村的龙王庙书写隔扇，节录元好问《送秦中诸人引》，书法风格与其上两处隔扇相同，此不赘述。

图 5-6　汤王庙后院戏台隔扇

图 5-7　前院岱宗庙戏台隔扇

帖学书法以赵孟頫、董其昌为代表，其书师法晋唐，尤其对二王书风心摹手追。二人均得晋唐风神，不激不励，温润秀美，各自撑起了元、明两代的书坛，影响巨大。至明后期，赵、董书风之纤弱逐渐被人们所诟病。在清代，虽然碑学繁盛，士大夫阶层多钟情于金石气息，但帖学书法也并没有淡出书法史的舞台。

b. 碑学滥觞以及统治者推行下的颜体书风

高平市古戏台上的书法作品大多用楷书书写。相较而言，楷书书法在清代受到了重视，尤其是在公共场合之上，大多数都选择用楷书来书写。不仅是楷书，整个正书书法在有清一代的境遇显然高于其他朝代，篆隶在清代复兴并促成了碑学的滥觞。这和清代学术有着必然的联系，当清代《文字狱》的推行使得知识分子不得不把头深埋于古籍与古文字之中时，访碑风气便悄然兴起。有清一代，康熙、乾隆等帝王所题写的颜楷匾额书风强有力吹向了民间，于是民间书家在题写匾额、对联之时亦用颜楷，除了正书最能表达“端庄、肃穆、正大”之感以外，统治者的推动也是造成这一局面的重要因素。体现“正大气象”美学意味的正书书法得以复兴，从高平古戏台上的楹联、隔扇书作可以窥见一斑。

相对于康营村汤王庙戏台的行书隔扇，郭庄关帝庙戏台隔扇则选择用楷书，内容是《赤壁赋》的一部分。这幅作品用地道的楷书书写，此作乃颜楷的底子，取法《多宝塔碑》，工整而秀美。起、收笔颇为讲究，横细竖粗，出钩谨慎而大方。结体方正且开合有度，并不失于呆板。书作之所以取法《多宝塔碑》，或许有作者主观上的考量。因为颜体早期作品相较后期显得较为硬朗。倘若取法颜真卿后期的作品，诸如《颜勤礼碑》，则容易把字写的“肥腻”。这幅作品之所以值得称述，除去师法颜真卿之外，其章法也可一说，书写颜字，因其结体宽博，一般情况下都匹配以密集型的章法，从而将茂密的美学意味发挥到极致。但此作则一改常规，采用欧阳询楷书之散点式的章法布局，从而使作品疏朗而得体，给人不激不厉、进退有度的感觉（图 5-8）。

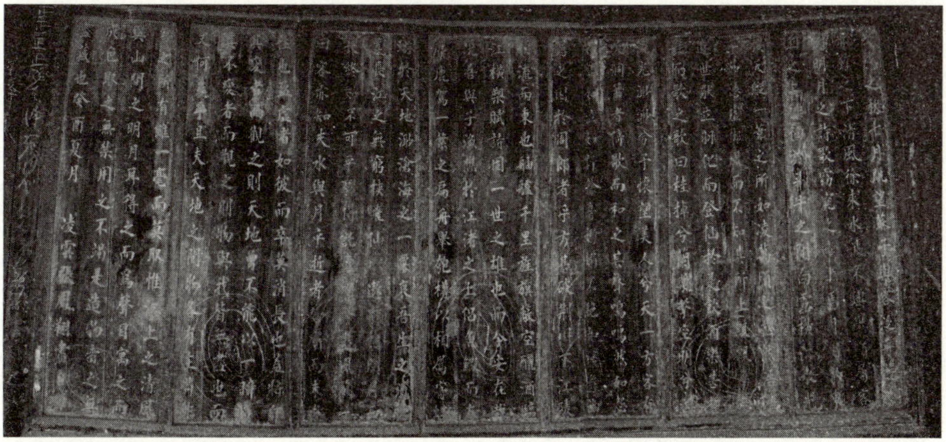

图 5-8　郭庄关帝庙戏台隔扇书法《赤壁赋》（明间）

颜体书法在清代的接受度高于其他朝代，诸如刘石庵、何绍基、钱沣等书法大师均以颜体为圭臬，并以此终其身而名后世。这种风气一直持续到民国后期。所以，颜体在清代甚至民国都受到重视是公认的事实。

隔扇书法是戏台隔扇的一种形式，从装饰性的角度来看，其与戏台有着一定的联系。另一个角度，隔扇书法更多的承载了乡村士绅阶层的雅文化追求，而戏台隔扇、楹联、匾额等戏台的必要组成部分正可以为士绅阶层提供这种文化追求的平台和契机。

第六章

高平市神庙剧场舞台题记摘编

第一节 高平郭庄村关帝庙剧场及其演艺资料摘编[①]

一、剧场规制及其庙宇沿革

郭庄村关帝庙位于村中位置，坐北面南，庙宇一进院，东西 23.5 米，南北 31.6 米，总占地面积 700 多平方米。所祀之神为关羽，且据看庙人申有才[②]回忆并无其他配享神灵。考诸庙内现存明清碑刻凡 11 通，关帝庙始建于明洪武年间，庙内现存明万历九年（1581）《重修关王祠记》碑阴有载："洪武年创立庙人名开列于后"，由此为关帝庙创建于明洪武年间（1368—1398）之证[③]，明万历，清顺治、乾隆、道光、光绪以及民国屡有补葺。

---

① 2013 年 9 月 17 日笔者与杨波等人考察发现；2013 年 9 月 24 日笔者再次考察，并实地抄录舞台题记，共计 54 组。此部分内容笔者已以《高平郭庄村关帝庙舞台题记摘录》为题，发表在《中华戏曲》第 50 辑，文化艺术出版社 2015 年 12 月，第 319—325 页。

② 申有才，79 岁，高平市郭庄村村民，看庙人，长期在庙内山门西侧耳房居住。

③〔明〕万历九年（1581）《重修关王祠记》，高平县廪膳生员郭□□撰，高平县廪膳生员郭维高书，高平县儒学生员姬国光篆，额题"重修关王祠记"，碑阴额题"万历九年十一月吉旦提名"，笏首，现镶嵌于正殿前廊西墙，碑高 121 厘米、宽 54 厘米，漫漶严重。

正殿五楹，建在高 0.4 米的台基之上，筒瓦屋面，琉璃脊饰，方凳础高 0.3 米，方形抹角砂石柱高 3.5 米，仅柱头施斗拱三踩单昂，因村民未能找到钥匙，故未进入正殿内部察看梁架结构，正殿前廊为四檩卷棚做法，然而屋面却与正殿一体，并无单独的卷棚屋面，大殿通面阔 14 米，进深 9 米，其中前廊进深 2 米（图 6-1）。侧殿为两层式，悬山顶，面阔两间 4.5 米，进深 4.2 米，东西厢房各五间面阔 13 米，应为改建之物。

图 6-1　高平郭庄村关帝庙正殿

山门为三门式，在戏台后墙复接一椽抱厦。合瓦屋面，抱厦面阔五间，用六柱，均为模棱砂石质。方形中间束腰上接仰莲形柱础，且均有浮狮子滚绣球、衔环铺首浮雕，每柱上端正面浮雕云龙图案，柱上施额枋，下施由额、雀替均雕花，额枋上施斗拱，柱头斗拱三踩单昂，补间斗拱三踩单杪出 45° 斜拱，拱面均雕花刻瓣。明间辟正门，两次间均施影壁，稍间各为角门，（其上为戏台之后台稍间）。影壁上端施砖质斗拱各三朵，两端三踩单杪，正中三踩单杪出 45° 斜拱，上檐为砖质瓦当滴水，甚为精美。山门抱厦通面阔 13 米，进深 0.95 米。

山门伸出式舞楼，两侧台口较大，属于较大尺寸的三面观，悬山顶，屋面后山为筒瓦，其余皆合瓦屋面，灰脊饰，吻兽、垂兽均不存。屋面有杂草，局部破损，脊枋和部分木构件为新，今人曾补修，无脊枋题字。五架梁进深四椽，柱上承托大额枋，额枋下由额、雀替均两端圆雕花卉图案，额枋上施斗拱，柱头斗拱三踩单昂，昂形象头状，象鼻伸出，耍头蚂蚱头。明间斗拱用两朵，三踩单昂出45° 斜拱，昂头雕作龙头型，耍头雕作蜷曲龙身龙尾，二者合一为降龙式，其形栩栩如生。次间则相反，昂头雕作龙身龙尾，耍头雕作龙头，作升龙状。拱面均雕花，整个斗拱组合极尽雕琢之能事。舞楼有隔扇区分前后台，前台面阔三间，后台则连同两侧戏房共面阔五间。戏房又砌券门连通钟、鼓楼。

舞楼前台面阔三楹7.6米，其中明间3.7米，通进深4.9米，前台明间进深3.3米，次间进深2.15米，用模棱砂石柱，柱高3.3米，台口1.9米；戏台前台用平棋天花，且明间部分用二垂莲柱装饰。后台通面阔五间13.1米，后台明间进深1.6米，两戏房各面阔2.7米，进深2.75米；戏台下山门通道高2.2米，戏台距正殿15.2米，东西13米。戏台“凹”字形隔扇板上（明间）用金色彩墨书写苏轼《赤壁赋》全文，楷书书体，甚为规矩。戏台后台以及戏台隔扇背面全部为舞台题记，(鼓楼券门封死，不能进入，是否亦有题记未知）有的甚至在原有题记之上再覆盖书写，甚为壮观，足可见当时演艺之盛。

碑刻中提到关帝庙舞楼已经是在清光绪元年（1875）《重修关帝庙碑记》中了，碑文载:“自同治元年（1862）以来，止戏兴工，陆续修补、重修正殿五间，金妆神像，东西角楼四间，东西厢房十间，舞楼九间，书房五间，南庭五间，牛屋二间，迄今十数余年，功成告竣。”① 然而关帝庙舞楼的创建时期远早于此，现存戏台墙壁上的道光九年（1829）舞台题记②，可以确证舞楼创建不晚于此时（图6-2）。

---

① 〔清〕光绪元年（1875）《重修关帝庙碑记》，泽州府儒学郡庠生张凤祥撰并书，玉工临县人王念成、李永年仝刻，笏首，碑高217厘米、宽67厘米，现存庙内西侧殿前，保存较好。

② 〔清〕道光九年九月……：凌鹏□、甲洞、大江东、沉香挟、大福山。按：此处《沉香挟》与光绪十九年题记《沉香秋》、光绪二十一年题记《沉香杖》三者最后一字字形相像，不知其是否为同一剧目。

图 6-2 郭庄村关帝庙山门舞楼

二、高平郭庄村关帝庙舞台题记摘录①

笔者通过实地考察，抄录、整理了其中较为清晰的54处，总计约2500字，包含清道光3处、光绪21处、同治1处、宣统1处、民国5处，不详23处。所涉戏班40余个，其中高平县15个，陵川县9个，襄垣县3个，泽州县、长子县各1个，未知地域者10余个。摘录剧目共340余个，完整剧目264个，其中，剧目《还魂配》重复出现4次，《杀狗》《奇冤案》出现3次，《大团圆》《雷峰塔》《花果山》《通天河》《善恶报》《戏楼》等11个剧目先后出现2次。因自然或人为原因，题记毁坏较为严重，且很多是在原之题记上覆盖书写，辨认颇为困难。

① 颜伟:《高平郭庄村关帝庙舞台题记摘录》,《中华戏曲》第50辑。

清道光年间舞台题记

1. 道光九年九月……，凌鹏□、甲洞、大江东、沉香挟[①]、大福山。

2. 道光十八年九月，义□镇义全班，飞龙转、沟南院、双凤镯、游仙庵、雷峰塔、牡丹亭……（图 6-3）

图 6–3　关帝庙清道光十八年舞台题记

3. 大清道光十九年六月初八日，陵邑平诚镇六合班，青难断、巧合配、困□忠、大团圆、易元图、共□镜、住金店、赐福八仙、小宴、杀狗、盛□、拿官、拿府、呈神、小过山。

① 此处《沉香挟》与光绪十九年题记《沉香秋》、光绪二十一年题记《沉香杖》三者最后一字字形相像，不知其是否为同一剧目。

清同治年间舞台题记

1. 同治十一年高邑西韩村。

清光绪年间舞台题记

1. 光绪元年正月……

2. 光绪元年，陵邑平川村自乐班，仙云台、五花关、鱼中缘、阴阳图、卖□山、巧画□、□家庄、□云搭、九龙桥、峨眉山、蝴蝶剑、□锁□、九宫山、三义传、龙凤传、无头岸、破方川、□药计、□子桥、奇□传、□妇□、□□□、下陈□、刹媳、坐楼、破方腊、毒药计、百子桥。

3. 大清光绪八年十月十五日……

4. 福禄寿，大清光绪九年巧月廿八、九、三十日合会仝乐，晋泽高平县西韩村在此一乐三天。高邑西韩村东北街仁义会。双缝嘴、冬雷报、还魂配、锦绣帕、吊罗帕、五贤牌、双设床、倒鸳鸯、戏楼、阴阳扇、赶脚、穿错裤、花果山、回门、上坟、拷女、游婚、吵庭、下书、探病、下山。

5. 大清光绪十二年二月初六日，高邑南庄村自乐班，鸳鸯计、花果山、双拜堂、烟花报、生丧计、慈雪报、双古贤、夜还、过江、做鬼、卖菜、□魂、□街、妙铁。（图 6-4）

图 6-4　关帝庙清光绪十二年舞台题记

6. 光绪十三年四月……高邑……积盛班……

7. 大清光绪十八年二月初七日在此一乐也，陵邑椅则掌村公议会连四天拙笔。雷峰塔、月明楼、凤凰扇、龙凤逃、悮中情、双便相、蝉月镜、□丹山、

图 6-5　关帝庙清光绪十九年舞台题记

史公案、药王卷、乾坤打舟、妆宫杀院、尽（画）诸葛、神符剑、陈州会、沟南院、坏老婆、借老婆、过年、杀狗、报喜、拜寿、打舟、小过山、哭靴、哭头。

8. 大清光绪十九年二月十……泽州府凤邑鲁村镇义和会在此四乐也，白虎配、艮（银）金店、周公断、三□计、奇冤案、巧遇缘、沉香秋、马鸣嵬、奇雪冤、荣喜会、还魂配、转云山、藏阁楼、改妆洞房、土地堂、打店杀店、一点红、拜□求子、一百□、日月图、渔舟祭□、粧米抱墓、□瓜花园、係鸳鸯、青梅亭、□训女、秃洞房、大团圆、五蓝镯、抱船计。（图 6-5）

9. 光绪二十年三月十七日赶来，陵邑沙河。

10. 光绪二十年□月在此，陵邑沙河全益会一乐□天也笑，□顶、□□、□州、□□□、观□计、观花灯、放风筝、苏□□、上攻迂、洞房逃走。

11. 光绪二十一年二月十五日，高邑南坪村韩宅，自乐班在此一乐三天。本戏：沉香杖、双相念、白玉坠、麒麟锁、闺中图、梅降雪、还魂配、沉宄计。回戏：化血瓶、抢舟、急还报、吵家、挑情、逼试、争风、闹□房、吵衙、打媳妇、闹书馆。

12. 光绪廿三年二月初一日在此一乐，高邑野则沟、西山村公义会。双头案、常头计、奇冤案、巧言案、绣鞋计、珍珠□、寄冤案、金凤案、玉金山、咬舌计、走雨、和□洞房、望云楼、金钗计、善恶报、观花窥园、吸魂瓶、面订、狐配、祭皂、丁登、生子、打瓜花园。（图 6-6）

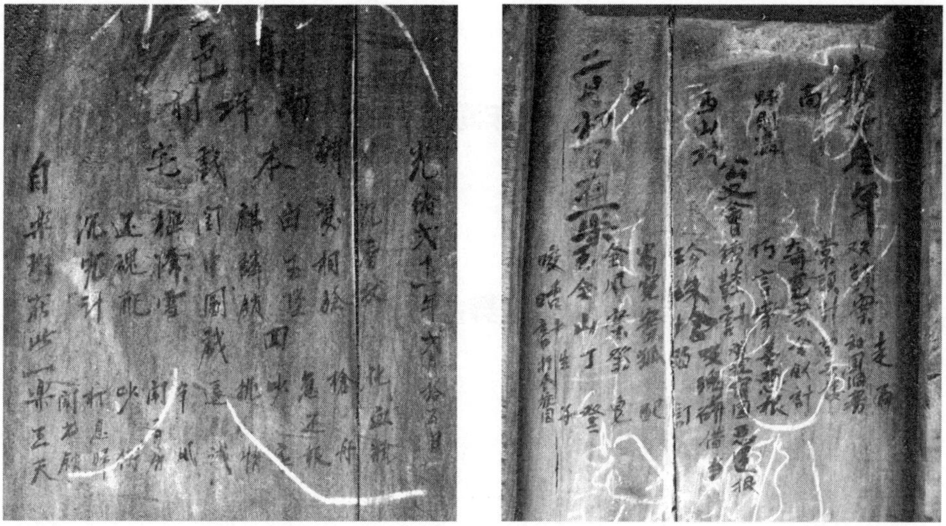

图 6-6　关帝庙清光绪二十一年、光绪二十三年舞台题记

13. 光绪二十四年三月初四日在此，陵邑沙河村同议会自乐班在此一乐也，逃难计、旋风案、两议缘、蜃中楼、海浪□、毒蛇计、放河东、漕州南顶、苏州库、放景州、放河底、海中龙、放陈府、□鸣冤、宿院、放羊、小团圆、紫月图、逃难计、难□路。

14. 光绪二十六年，自乐班在此一乐也。

15. 光绪二十六年赵怀法出，桃山头自乐班。

16. 大清光绪三十年正月二十九，北诗午公议会在此一乐也耳，松江□、□□□、□□桥、山□□、大宫□、漭河岸、假金镯、西□会、白云庵、善恶报、血□□、□□□、巧□、观□、……三□□、□□□、游山、游春、提亲、打仓。

17. 光绪三十年正月廿十六日王记拙笔，陵邑桃山头自乐班在此一乐□天。对玉镯、倒鸳鸯、通天河、还魂沛（配）、贾生孩、分家、灵牌打江、戏楼、打桃园、体□、刘吊、扎□堂、香幅计、种□计、紫金山、出气、伦公、对香幅。

18. 光绪三十年陵邑……香罗□、通天河、分家、妙□□、对□□、生□□、□□□。

19. 光绪□□□，本邑郭（中）村在此一乐也。

20. 大清光绪□□……

21. 光绪二□□……

清宣统年间舞台题记

1. 宣统元年九月……

民国舞台题记

1. 民国五年十月初九日，忠奸计。

2. 民国十三年，高邑南里庄，新三义、四月斗。

3. 民国二十六年四月二十四日演唱三天，襄垣安乐意老班在此一乐也，掌垪大生韩金林，掌班小生李□武，拙等人襄垣唱丑孟□尚流下见笑，安乐意班韩金林□流下□……二位东君异性同乐来此俸神一乐也。

4. 民国二十六年，高邑府底村自乐班，眼前根、相□带、羽□案、□□□、讨饭、桃花庵。

5. 民国二十□年三月二十五日，高邑府底村自乐班，下河□□、小□山。

年代不详舞台题记

1. 二十年四月二十四日流下，贵村人等合班仝乐，品节详明德性坚固，事班通□□气……

2. 沟村班□仝此乐也，龙凤盖、金玉配、鸡□□、乾坤带、雁门关、西翁关、双江关、龙凉梦、绣龙关、形乐图、三世缘、回笼转、摘皇楼、□童关、汜水关、女娃宫、太极图、奇缘合、金水关、乌鸦山（仙）、奎亭关。

3. 长邑□老班，边乐图、举□记、夺□魁、双龙传、龙合□、义恩□、绿牡丹、绿笑□、忠节传、龙凤传、清连传、奇文传、□□案、□团圆、复金陵、失金陵、黄河楼、长坂坡、大□□、广□寺。

4. 全家福、平方腊、□松岭、齐鲁界、界牌关、□□□、珍珠□、混□□、□□□、大□、赐度、福梅、彩樑、金□□、□□武、八仙过海、□官杀□、赶□□舟、□□□□、打帐扔帐、金□关、仙云□、白□□、取荣阳、华□□。

5. 潞府心顺班。

6. □邑三仪班。

7. 两益班，土楼□竣□隆昌，写到两益□满光，新感爽气懒天佑，甘雨调匀降□□，奢资□品无□□，五谷丰厚盈帷仓，仓（苍）穹盛□□□□，男耕女织□□方。

8. 心成班，清天对……将□□……

9. 襄垣安乐意……

10. 韩金林，襄垣□□意班。

11. 河边头班……

12. 廿五年十月初一日四天全盛班龙尾赶来。

13. ……归正图、烈女传、梵□宫、□雷□……□□节……

14. □才断、双凤还、□鬼□、连云寺、□合声、凤凰传连□本。

15. 壬□为□户□□，写到□盛箱□□，四月风来欲□□，舞□□演□□□，□□弹□□□□……

16.（砖刻）石堂会自乐班。

17. 两益班开□吉祥。

18. 安乐意。

19. 高邑康营村双盛班无风楼连四本，九龙杯连一本。

20. 高邑公议班……

21. 韩庄村两益班，全乐图、雕钥缘、□合奇、金奇案。

22. 乐善村议合班，三国堂、双秤□。

23. 心成班……

第二节　其他神庙舞台题记摘编

一、高平建宁乡东庙村玉皇庙舞台题记

东庙村现有100户，350人左右，主要姓氏姬、侯。原之庙会日期七月初七，现无。玉皇庙位于村北，坐北朝南，两进院，中轴线上自北向南依次为后殿、前殿、山门舞台，耳殿、配殿、厢房、看楼、戏房一应俱全。后殿西耳殿祀奉高门氏（可能指高禖祠），东耳殿则祀奉二仙。庙宇除却山门及戏台建筑外，其余均有严重程度的毁坏。山门建筑为八檩卷棚悬山顶，通进深七椽。向外两椽为山门抱厦，抱厦用四柱，砂石模棱，收分明显，柱头五踩三杪出45°斜拱，明间一攒五踩双杪。山门台基断砌造，走马板上书“无不覆祷”，大篆书体，落款“康熙二十五年（1686）岁次丙寅”，可知庙宇历史。光绪年间对庙宇曾有较大规模的补修。戏台脊枋有“光绪十五年补修玉皇神殿、前后配殿、戏楼三间”信息。

戏台面阔三楹8米，其中明间3.2米，进深4.8米，柱高2.8米，下层山门通道高2.2米，耳房面阔三间8.4米，进深3.5米。戏台隔扇（明间）有“金石丝竹匏土革木”八字，戏台墙壁有光绪、民国年间舞台题记留存。

清光绪年间舞台题记

1. 大清光绪二十五年长邑……韩宅村……

民国年间舞台题记

1. 民国十九年七月十二日在此三天，陵邑柏崖村仁义班在此贵社演戏，□□□、汤阳关、合□会、爱花台、歌舞□、□□□、□盏□、乾坤带、雁门

关、金沙滩、米□关、轩辕□、李陵碑、紫金山、翠坪山、□羊圈、二进宫、打金枝、蜘蛛洞、新松关、五福堂、济河桥、拜寿、□□、打店、偷锣、换□、打镜、□□、卜花、活捉、□灯、□□。

2. 民国二十三年七月初七日，天乐义。

3. 民国廿五年七月初七日，长治县峰北底村同益班演戏四天，□宫楼、九花山、三劈关、计阳关、反北国、高平关、下燕京、现时（世）报、中和庭、包头山、玉香楼、西江池、包公断、平辽东、收杜府、火堂寨、松柳会、反徐州、访通州、司马庄、云梦关、龙头寨、天河配、□□魂、□□□、烧□院、辰玉寺、白马庙、採桑□、抱灵牌、访崑山、访迹寻、南桥会、尺丧阵、莲花记、跪寒铺、挂龙灯、罗笆计、对绣鞋、金沙滩、赶会、打关、骂□、行当、坐楼、赶脚、灯缸、吃面、报喜、杀楼、打水、哭头、拿府、求子、拐驴、卖花。（图 6-7）

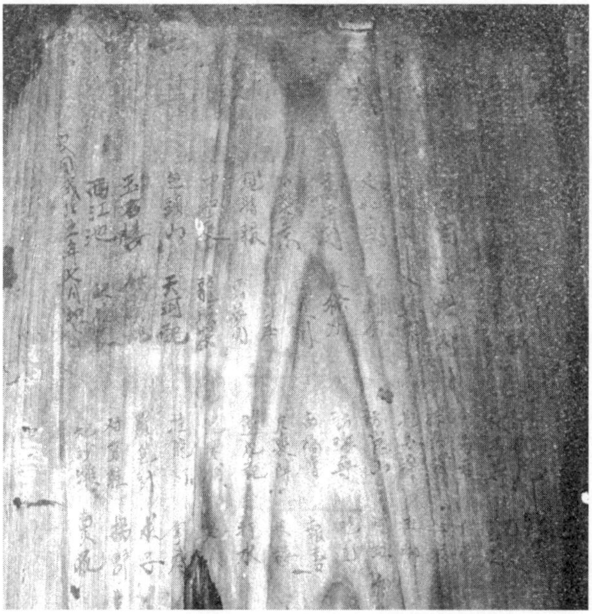

图 6-7　玉皇庙民国二十五年舞台题记

4. 民国廿六年七月初五、六、七、八日，阳易□□村出箪人□□贾泉绪□□□□，贤易东班：富贵长春、加官封相、大八仙、天门□、黄河阵、□□、□□、长生殿、打□□、别□、混冤案、无影剑、巧团圆、千秋剑、龙虎会、两议缘、禹蜃楼、金龙杖、□□山、夺秋魁、巧□案、议恩□、□锁龙、□□金□、打太□、牛头山、月明□、乌鸦□……

5. 中华民国三十三年……

年代不详舞台题记

1. 乾坤带、雁门关。

2. 高邑，□□关、双□关、金□关、金奇关、□乌关、□仙关。

二、高平建宁乡张家村三教堂舞台题记

张家村，主要姓氏张。三教堂位于村中，坐北面南，为村之大庙。三教堂始建于清顺治六年（1649），正殿脊枋题字以及庙内现存清顺治六年（1649）《创建三教堂布施花名》、清顺治十年（1653）《创修三教堂记》相互印证。[①] 清顺治十五年（1658）“创修东房三间”[②]，清康熙四年（1665），二教堂“创修西耳楼二间”[③]，清咸丰元年（1851）兴工，“创修戏楼三间”，于清同治元年（1862）工竣，同治三年所勒碑刻与戏台脊枋题字可相互印证。[④]

戏台外置，单层台，距山门20米许，硬山顶，合瓦屋面灰脊饰，屋面局部已毁坏。前檐用抹角砂石柱四根，裙带础。戏台面阔三楹7.75米，其中明间3.35米，进深六椽4.9米，基高1.1米，柱高3.0米。

1. 光绪三十□年……北诗午公议会在此一乐四天也，献：……西行会、白云□、龙凤合、三上桥……游春……（图6-8）

---

① 正殿脊枋题字：时顺治六年岁次己丑年夏十九日张家庄创建三教堂兴工维首人王嘉兴、张九清……不日告成……

② ［清］顺治十五年（1658）《本庄创建东房三间所具布施开列于后》，撰碑书丹者不详，壁碑，现存庙内，保存较好。

③ ［清］康熙四年（1665）无题名碑记，壁碑，撰碑书丹者不详，玉工秦一亭刊石，现存庙内，保存较好。

④ ［清］同治三年（1864）无题名碑记，壁碑，撰碑书丹刊刻者俱不详，中载：“大清咸丰元年十一月十九日兴工，创修戏楼三间”，现存庙内，保存完好；戏台脊枋题字：时大清同治元年十一月十一日兴工创修戏楼三间上梁维首……住持……石、木、瓦三班匠人……千秋百世万载不朽，永远为之记耳大吉。

图 6-8　张家山三教堂光绪年间北诗午公议会演出题记

2. 中华民国□十年□月初八，陵邑……，献：七死八活、无条件离婚、孟祥英翻身、春耕□□汗、双结婚……

3. 后庄村自乐班在此一乐也。

三、高平河西镇东李家庄三义庙舞台题记

东李家庄现有500余口人，主要姓氏任、史。三义庙位于村中，坐北面南，一进大院，现存建筑有正殿三楹，侧殿各两楹，东西配殿各三楹，东西看楼各三楹，山门戏台三楹以及东西耳楼各两楹，庙宇建筑俱为悬山顶。

戏台脊枋题字有“嘉庆二十三年（1818）创修戏楼三间，东西小楼四间……”，可知戏台创建之期。戏台为镜框式，面阔三楹，五架梁进深四椽，合瓦屋面灰脊饰，前檐用两根抹角砂石柱，无柱础。

戏台7.3米，其中明间3.3米，进深5.1米，柱高2.5米，耳房面阔两楹3.5

米，进深4.5米，基高2.5米，看楼面阔三间7.2米，进深3米，下柱高2米，上柱高2.5米。

1. 民国十八年十月初五、六、七日，高邑石末镇东街同乐班在此三乐也，献：紫金山、混冤案、双龙会、晋阳山、包公断、三开膛、新安桥、双凤配、鱼鳞桥、仙云盏、对亭楼、打瓜园、法门寺、打金枝、二进宫、黑蛮书、烟火棍、偷大锣、割□。

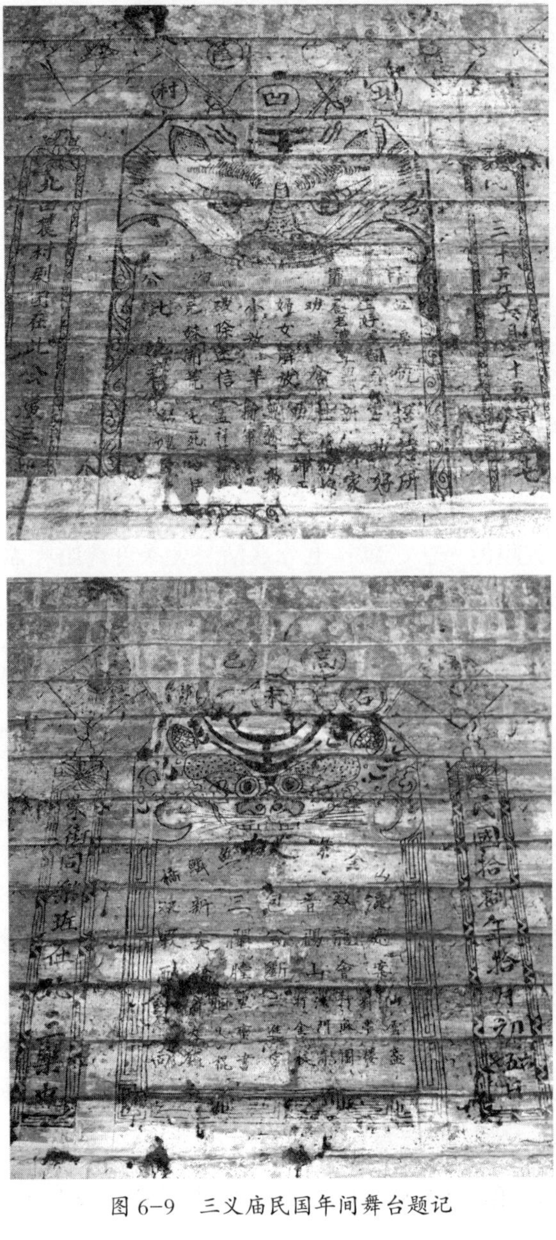

图 6-9 三义庙民国年间舞台题记

2. 民国二十四年四月初八日，高邑西韩村东北街农民剧团仁义会在此贵村一乐三天可也，献：正本：诓门计连六、三凤配连五、仙女图连五、狐狸缘、八仙宴、二洞房、下山打店、走雪、阃闹、祭女、洛巫江、西楼会、巫姦楼。

3. 民国三十五年六月二十五日、二十六、二十七，高邑北凹农村剧团在此公演三日，公演节目：血泪仇、王好善翻身、乔老汉唤子回头、劝满仓、妇女解放、小放羊、破除迷信、兄妹开荒、比比看、招待所、互助好、新吵家、桂花纺棉、劝夫归正、无条件离婚、拥军爱民、孟祥英翻身、七死八活、姑嫂骂□。（图6-9）

4. 民国……高邑牛庄村自由剧团在此贵村，献：红

罗□、金龙镜、烧□□、卧虎山、松林山

5. 高邑龙泉村，玉美人，雪满山中卧高士。

四、高平河西镇岭坡村三官庙舞台题记

三官庙位于村西，和村之西阁（观音阁）相连，位于阁之南，庙院保存较为完整，山门走马板书“都会府”，现存正殿三楹，两侧看楼各六楹，戏台三楹。三官庙始建不详，据庙内碑刻等遗存信息，清乾隆五十六年（1791）补修①，并有清道光二十九年（1849）所刊立禁桑羊碑记。观音阁有清同治十二年（1873）重修脊枋②，庙宇东看楼脊枋可看清光绪三十三年（1907）重修字样。③

戏台面阔 8.06 米，其中明间 2.75 米，进深 4.78 米，基高 2.09 米，柱高 2.7 米，柱径 0.3 米，角柱后 0.7 米砌墙，西耳房面阔 3.9 米，东耳房面阔 5.3 米，进深 2.6 米，看楼各六楹，面阔 14.8 米，进深 4.13 米，上层柱高 1.59 米。戏台距正殿 18.5 米。

1. 中华民国四年正月十九日，□□□仁义会在此一乐□□□，夜晚：升平乐、□□堂、□□、团圆、□□、求子、□□□、一百钱。

2. 中华民国四年正月……晋城县……，小书店。

3. 中华民国四年□□月□日，晋城上诚公村山神会在贵处一乐也，早：银□、卖□□。夜：日月图、彩楼配、□□□□堂、□妻、闹□元……

4. 中华民国七年二月初七日高邑牛村西街公议会在此一乐也，献：打棒□、杀狗、吵家、祭皂，夜晚：珊瑚□、投井计、□□。（图 6-10）

---

① 〔清〕乾隆五十六年《补修三官庙碑记》，额题楷书“补修三官庙碑记”，撰碑书丹者俱不详，笏首，碑体断裂，下半部遗失，现倒伏于庙院内。

② 时大清同治十二年重修前后阁六间门道一间，社首牛育秀、牛桓、牛湖、牛鉴、牛盛林、牛英堂仝石工赵秀成、泥水工侯喜□、木工王廷玉同心协力，共成其事，于五月十九日吉时上梁永垂不朽以是为记耳。

③ 时光绪三十三年六月十六日南坡执事社首牛守铭、牛进山、牛增寿……补修南楼六间，石工牛新年、木工成五则、牛陈山、刘宝炉，泥水工侯老□、毕□孩吉日辰时上梁工成告竣自修之后大吉大利，合社平安，永远为记耳。

图 6–10　岭坡村三官庙民国七年舞台题记

5. 大中华民国十七年二月十三日，晋城第五区米山□仁义会在此一乐三天，献：早：清平山、马鸣冤、锦鸳鸯、沉香秋、□香计、□降雪、吵衙、□□、杀狗、打□、赶会、鱼舟、双如意、三官庙。晚：□□□、麒麟锁、金赞（簪）计、莲花池、青风亭、天雷误、祭□、吵庭、妆□、洗衣、雪□会、卖药。

6. 民国二十□年……高平□□民生剧团在贵村宣传一乐三天也，天水关、破红州、打金枝、乾坤带、金沙滩、雁门关、巧断案、苦肉计、二进宫、九龙裕、杀狗、堂断、翠屏山、仙□□、安□□、青峰山、三声□、黄黑□、□四川、送印杀差、□公案、□八仙、□□□、□把□、□泉□、□□□、杀□、□□□、凤仙洞。

7. 公元 1956 年□月十五日，孝义阳光剧团在此南坡乐也，阳光剧团，乐三天也。

8. 五九年正月十四李□村阳光剧团一乐三天。

9. 米东，公元……大□三日，李门欢呼颂声昌。

五、高平寺庄镇李家河白家坡观音庙舞台题记

白家坡现只有六七户人家，观音庙也因在村外，逐渐荒废，庙宇坐北面南，现仅存悬山顶正殿三间，硬山顶西侧殿三楹，正殿五架梁对前单步梁，进深五椽带前廊，庙内有壁画。观音庙正殿创建于清乾隆四十七年（1782）。①

戏台与正殿一路之隔，面向正殿，硬山顶，面阔三楹 7.7 米，其中明间 3.1 米，五架梁进深四椽 5.3 米，基高 1.2 米，柱高 2.85 米，方凳础高 0.4 米，前檐角柱后 0.8 米处砌山墙，戏台脊枋虽有题字，但已经漫漶不可识读，戏台墙壁留有清同治十二年阳邑“双合班”演出题记，可证明戏台至迟在同治十二年（1873）已经存在了。

1. 同治十二年正月十四、五、六日，凤义井满村正吉立双合班，金水关、□□□、温□阵、三山关、庆阳图、金杯计、金前关、金龙寺、双卦□、天波楼、清河楼、□□□、南羊关、打正生子、红桃山、哭灵堂、哭头、哭长城、小过山。

2. 同治十二年正月十四、五、六日，阳邑井满村双合班合班一乐三天，金水关 7、异女奇 2、天波楼□、反西唐 3、金杯计 2、金龙寺□、金前关 16、云孟（梦）关□、转云山□。（图 6-11）

3. 同治十三年定单，五月十四、五、六三天，□□班，□□奇、金水关、天波楼、瘟□阵……

4. 敬盛班。

5. 十一月廿三凤义五行村四合班……

① 时大清乾隆四十七年十月初七日卯时动工，二十日成木创修观音堂三间，二月二十二日上梁，卯时合龙口，维首……合社等仝立。

图 6-11　白家坡观音庙清同治十二年（1873）舞台题记

六、高平寺庄镇安家村关帝庙舞台题记

安家村约有人口 60 户，200 人，主要姓氏安。关帝庙位于村东，坐北面南，二进院，中轴线上自北向南依次为正殿、二道山门、一道山门戏台，侧

殿、配殿一应俱全，正殿五架梁对前单步梁，进深五椽，前廊占一椽，有脊枋题字为“乾隆十年重修堂殿五间”，可知正殿在清乾隆十年（1745）重修。东西山墙分别绘有“三英战吕布”“过五关斩六将”为题材的壁画。清道光八年（1828），关帝庙“改修骑门戏楼，创修东禅房、西敞棚，又补葺正殿东西夹殿以及禅房”。①

山门戏台，悬山顶，仰瓦屋面灰脊饰，五架梁，面阔三楹 6.8 米，其中明间 2.7 米，进深四椽 4.9 米，方形抹角砂石柱高 2.4 米，方凳础高 0.4 米，下层山门通道高 2.8 米，前檐角柱后 1.04 米砌山墙，耳房面阔两楹 3.7 米，进深 3.8 米，一进院落南北 17 米，东西 15 米。

1. 民国廿三年二月二十九日高邑回山北街天□□在此一乐，巧缘配、阴阳□、望月路、辽阳关、仙女传、□沙沱、奇缘配、打黑店、马义别、□花楼、紫云□、採白花、小姑贤、□恶报、阴阳河、丑配洞房、还魂打□、三怕老婆、双怕老婆、□□过女、刺母杀儿、□□梦、上坟路遇、毒酒计、托梦杀□。

2. 公元一九五四年□月□日高邑二区柳树底移风剧团，黄丽瀑一连三部、李炎贵卖水连接二部、花□□共连三部、□□□□二部演完……打酸枣。（图 6-12）

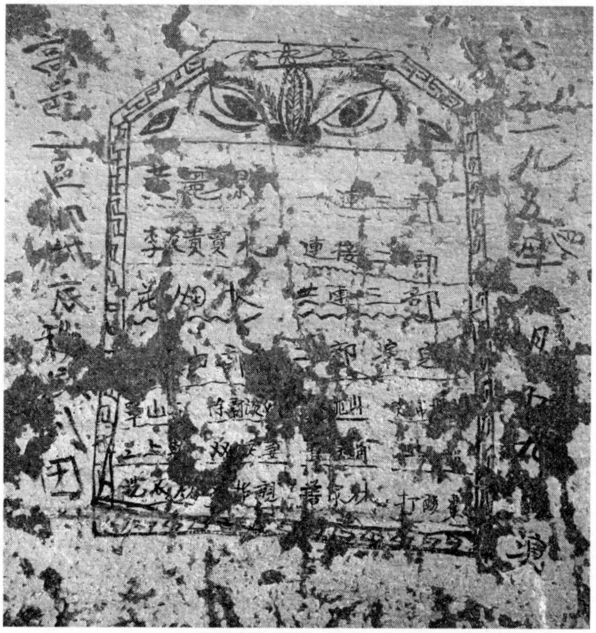

图 6-12　安家村关帝庙 1954 年移风剧团演出题记

① 道光八年（1828）《重修戏楼碑记》，岳邑增广生、李鹤鸣、沐手敬撰并书丹，额题“德光皓如”，笏首方趺，碑高 162 厘米、宽 50 厘米、厚 16 厘米，现存正殿前廊，局部剥泐。

七、高平寺庄镇柏枝庄西天院舞台题记

柏枝村约有 200 户，人口约 800 人，主要姓氏王。经济来源主要为务农。西天院位于村北，坐北朝南，庙会日期六月十五、九月十五。山门走马板上书“西天院”。村中老人回忆，西天院曾为书院。现存建筑正殿三楹，侧殿各两楹，东西配殿各五楹，戏台在山门之外，正对山门，面阔三楹 10.1 米，其中明间 6.4 米，七架梁，进深六椽 7.2 米，基高 1.3 米，柱高 3.3 米，前檐角柱后 1.7 米处砌山墙。耳房面阔三间 7.7 米，进深 5.3 米。

虽然西天院无有碑刻留存，关于戏台也无法确知其详，但舞台墙壁上至今留存有道光、咸丰、光绪、民国时期的演出题记，最早者为清道光二十七年（1847）同盛老班，剧目有“大清道光廿七年同盛老班”，可知戏台至迟在道光二十七年就已经存在了。

图 6-13　柏枝庄西天院道光二十七年（1847）舞台题记

1. 大清道光廿七年同盛老班……，贴碧关、□西江、修□□、义仙传、天义报、杀家……游湖、宁武关、七盘山、打阵、生子、打□……（图 6-13）

2. 大清咸丰元年十月初二高邑寺庄镇□□□在此洛，……大赐福……

3. 咸丰四年又□月□日，本村秧歌一乐在此。

4. 光绪三十四年福顺班在此……三世缘……

5. 中华民国三□……沙河村秧歌在此一乐四天，□□缘、□□上任、接路□□、花□杀□、断桥亭、打捧□、□□杀子、□□杀□、金玥瓶、□□□、黑虎山、吵□官、祥林镜、□鼙鼓、惸休妻、吸魂瓶、听□卜、生子、□□、□□、定□、儿妻打母、杀宫……

6. 民国……高邑井则沟民生剧团，白蛇传、□□计、巫□妻、打婆。

7. 安天会、长生殿、□□图、□□关。

8. 白草□：……黄鹤楼、彩楼配、清河桥、诓□□、红□山、□打虎……波红舟、苦肉计、牧羊图、天水关、偷菜、偷鸡、活捉。

9. 说我难来真是难，大雪下了七八天。旦误秧歌不能唱、民□走了两□□。

10.……九年三月，打水、闹中秋、卖□线、拐□、打□。

11. 陵邑同盛班。

12. 莱□如同七，七字改一笔。如要改成字，与他半斤肉。

13. 辅盛班，七月初六日，六合老班。

八、高平北诗镇丹水村凤山二仙庙舞台题记

丹水村位于县城东南25公里处，约有380户，1200人，主要姓氏李、王、秦。二仙庙在村南之凤山（四明山）上，原为三进院，现存一进院，庙宇建筑悉数重修成砖瓦房，正殿梁架还在，为七架梁进深六椽。

二仙庙内现仅存一通清碑，清光绪八年（1882）《重修兼彩画凤山真泽行宫碑》中对二仙庙的庙宇沿革有如下记载："夫此行宫自宋太平兴国（976—983）以来，丹水村将仕郎赵圯率郝庄、丹水二村居民以建焉。至宋宣和五年（1123），历时既久，庙口倾颓。郝庄宋坚纠合其众，议欲兴葺。有日适值干戈四起，遂不终其志而卒。迄于金天会十四年（1136），徭役休息，其子广寅与诸弟率二村往营其事。乃于旧基南一丈，芟□□木，揆口重修。又有郝庄宋宗俊、丹水李瑗复继其后，各致其力，重修彩画，于金天眷元年（1138）告成建碑。后有寨平村与郝庄、丹水共议，愿同心合德，奠罚祀神，后修南戏台、东西看楼一院。工程告竣，未有勒石，不知经始落成于何年。唯口金胜重修残碑，自金天眷元年至今本朝同治十年（1871），七百有余岁。世远年湮，重修凡几"。①

二仙庙的戏台以及看楼亦在清光绪八年（1882）修缮。如今，看楼已经无

① 〔清〕光绪八年（1881）《重修兼彩画凤山真泽行宫碑》，笏首，丹水村邑庠生李纯修、邑庠生王作砺兼撰并书，寨平村邑庠生宋振轸篆额，玉工常国清勒石，高185厘米、宽69厘米，现存庙内，已用砖镶砌。

迹可寻，戏台已为新旧之结合体，将旧戏台充当现在新戏台的后台，之所以在此收录，是因为戏台后墙与耳房墙壁有诸多舞台题记。

1. 民国十五年又九月廿，高邑……在此……，小黑旦掌班。

2. 民国十五年九月廿六日高邑城里乐意老班大开光一乐三天。

3. 民国二十一年，靖居村万亿班。

4. 民国廿□年高邑靖居村万亿班由四坪山到此，晋城宝山氏书。

图 6-14　凤山二仙庙民国二十四年（1935）舞台题记

5. 民国二十四年四月十五日乐，高邑□南，献正本：大团圆、剿钱府、白玉杯、双□锁、二□□、难中难、明山洞、禹王观、翡翠镯、刹武府、赶关、吵楼、吵舟、借粮、梦会、和国、□姦、吵亭、观灯、算卦、卖□、丑配绣楼、逼婚吵亭、投亲吵亭、下聘吵亭、□□上坟……雪凤鸣、打□□、□□洞房、□□□炮。（图 6-14）

6. 民国二十五年七月初一陵邑杨寨村天乐义老班。

7. 陵川县民□剧团在此出演艺三天，李年海题。小姑贤、方崑山、南宋计、红罗山、下边亭、两郎山、白玉杯、淮头关、取西川、少□□。

8. 河南省焦作区郭区戏□，……难忘，……不平常。……，霹雷火秦明当岗。水浒一百单八将，被迫离景逃郊乡。白家言把画……，道姑生了个状元郎。雷……忠良，唐……。郭……，……金水桥。

9. 一九五四年七月一日在此，高平新光剧团在此一乐四天。□□关、□家岭、一口剑、一美图、秀莲图、全乐图、金沙滩、赏花□、湖中会、西厢计、赶韩信、巧线案、双龙会、双凤配、新安桥、游归山、夺帅印、金杯计、雁门关、乾坤带、法门寺、太行山、战濮阳、闹帐、清河桥、太平桥、□□口、打雁、三审、卦龙灯、红林关、武家坡、青峰山、红桃山、破江州、杀□门、黄河楼、访水亭、送印杀差、酒楼洞房、□□门、□□川、□□斗、□□会、□杀督、□舟、甘水宫、点炮杀宫、取西川、珍珠塔、东门会、双卦印、龙头案、坐山吵案、□□大审、讲关大战。(图 6-15)

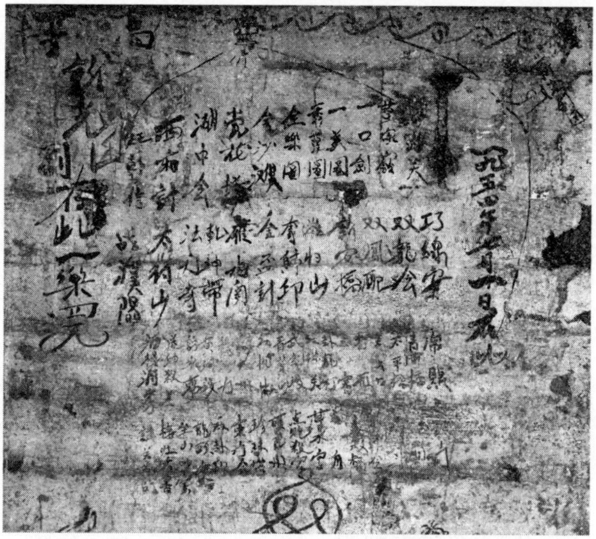

图 6-15　凤山二仙庙 1954 年新光剧团演出题记

10. 公元一九五二年七月二日是陵川县掌南民幸剧团，司马座、小姑贤、访崑山、南宋计、两郎山、红罗山、淮头关、白玉杯。

11. 晋城二团。

12. 高邑北凹农村剧团，节目：李政委认妹、光□□□□、王□□、刘胡兰、血泪仇、□□锁挂彩、反对买□婚姻、富宝放牛……

13. 高邑贾村长乐意班。

14. 大阳□义班。

15. 天乐义班。

16.……九月十五日……朝阳剧团在此出演四天。

17. 新民剧团出演留念，杨英哭母、南阳关、战洛阳、五虎将拜寿、洛阳桥、老征东、扬州打擂、花打朝、定军山、天门阵、雪州打朝、轩白世奇、前后楚国、战长沙、八卦山、大战朱先□、取西川、红□山、黑□山、哭长城、大烧庆功□、三大祝家庄、□吴招亲、白蛇传、三英战吕布、洞廷湖□□、□泥美。

18. 山西新民来到作一日出演，节目：桃花庵。

19. 出演，凤仪亭、桃花庵。

20. 光明剧团开光谢土。

21. 高邑府底。

22. 高邑朝阳剧团。

23. 青脸红□一身毛，手取大山摇几摇。东西南北刀兵动，□阵清□不见□。孔柏仙□□尺力……

24. 绛河剧团。

25. 新民剧团。

26. 一九五三年八月九号，屯留县绛河剧团在此出演。

27. □□事情无道理，不懂六律□胡□。□狠不□金□□，□天太□休看□。

28. 沁水梆子剧团。

29. 陵川县民幸剧团，红罗山。

30. 公元一九五二年七月二日出演。陵川县民幸剧团一乐四天，献：红罗山、司马座、两郎山、三□关、三进帐、□杜府、防崑山、平霍州、白玉杯、下边亭、反西唐、取西川、反徐州、玉河□、莲花计、白素□。

31. 公元一九五二年七月□日、陵川县民幸剧团，红罗山、反西唐。

32. 公元一九五二年七月正□陵川县民幸剧团……一乐也，下边亭、反徐州、三进帐、收□□、平□斗。

33. 红灯计、智取威虎山、沙家浜、白毛女。

34. ……毛泽东……，白毛女、红灯计、沙家浜、智取威虎山。

35. 身先士卒聚施爱，计□□□不为名。将□智谋不□□，指日高歌定声平。

36. 高平县□□□青春剧团在此演出四天，刘四姐、□□□□、威虎山、桃嫂、大□山、沙家浜、红灯记。

37. 长治县西□□社亭。

38. 高平县石末公社西靳寨毛泽东思想……

39. 三槐庄自乐班。

40. □云剑、美凤龙、灭忠殿、梦魂剑、清松关、洛阳城、忠孝节、清□□、太子桥、金水桥。

九、高平北诗镇北诗午玉皇庙舞台题记①

北诗午大庙是为玉皇庙，有558户，1850口。主要姓氏车、石、贺。大庙位于村中心，坐北面南，庙会日期五月初五。正殿面阔三楹8.55米，进深6米，基高0.7米，悬山顶。配殿面阔三楹7.45米，进深4.2米，基高0.3米，俱为悬山顶。侧殿东西各三楹，面阔5.88米，进深4.6米。

山门戏台，悬山顶，五架梁进深四椽，前檐已砌封。戏台面阔三楹8.3米，其中明间3.24米，前台进深2.76米，后台进深2.6米，柱高2.85米，东西耳房各三间面阔6.5米，进深3.75米。看楼东西各六间，未能测量。大庙内已无碑刻留存，故其沿革无从确知。唯戏台有诸多舞台题记，最早者为清乾隆五十九年（1794）高邑驻云班题记。②可知戏台之建不晚于乾隆五十九年（图6-16）。

图6-16　北诗午大庙剧场

---

① 段飞翔、曹飞:《高平北诗午玉皇庙舞台题记考述》对该庙舞台题记进行了首次公布，2014年9月25日，笔者与段飞翔等人一行考察抄录，载《戏曲研究》第96辑，文化艺术出版社，2016年2月。

② 高邑驻云班乾隆五十九年在此，麒麟阁、千里车、千金、打擂、牧羊图、仓州、台州、错杀、跑马、无孔岭、□□、朝山。2013年8月16日考察时拍照并抄录。

1. 乾隆五十九年在此，高邑驻云班，麒麟阁、千里车、千金、打擂、牧羊图、仓州、台州、错杀、跑马、无孔岭、□□、朝山。（图 6-17）

图 6–17 北诗午大庙乾隆五十九年（1794）舞台题记

2. 嘉庆五年前四月十七日，文□班，七星庙、□□□、烈女图、九更天。

3. 嘉庆廿三年六月初二日三盛班，卖锦衣、吴（无）底洞、朝武当、渑池会、捧金盆、破红（洪）州、明月珠、单刀、买菜、过山、增金。

4. 道光十九年，高邑庆云班。

5. 山西泽州府陵川县□同盛班，大清咸丰九年六月篆，杜河云露笔。瘟癀阵、凹山关、清峰山、铁劈关、错中错、龙头案、□□□。（以上文字均为篆书）加官、封相、赐福、□□、任期、劝农、花□、功宴、五台、打阵、生子、打庄、访友、扫花、三醉、争剑、点将。

6. 同治□年二月二日……

7. 光绪六年五月廿日在此乐也，吴庄□□。

8. 光绪廿一年六月初二日起，山西潞安府南和村□□，福元班，转仙壶、佛仙图、落凤山、□紫府、梦中会、踏□□、双挂印、挂龙灯、龙头回、取西川、定军山、杀□。

9. 民国二十年四月十二高邑西关□乐意老班，诸位见笑，加官封相、大八仙、大赐福、富贵长春，绣龙剑、行乐图、三世缘、回龙转、金亭关、六翁关、对松关、渑池会、女娲寨、摘星楼、出□关、泗水关、太极图、过江杀督、送印杀差、盗印杀督、烧仓计、取巴州、红桃山、白玉带、对亭楼、徐公案、龙头案、风议（仪）亭、黑风怕、乌鸡山、乾坤带、雁门关、甘泉宫、黄鹤楼、□□□、□□□、双挂印、四明山、打□归仕、月光图、白鼠洞、紫荆山、改妆洞房、杀舟洞房、杀狗、剃头、偷大罗、下书、□画。

10. 高邑北私（诗）五（午），社头四□甫。写到三合班。死他张□□。不相（想）出戏贾（价）。要王要□生成□□告□床、花了十串同（铜）。口头倍戏上只□不用清□□□班头。有花五串铜。戏贾（价）不少出。同（铜）钱四十串正。（图 6-18）

图 6−18　北诗午大庙社头写戏及戏价题记

11. 陵邑附城镇庄里村合义会在贵村一乐。

12.……公盛班由雍（拥）万到此……晋城□山氏书。

13. 陵邑后山村一落四天。

14. 一物生来三寸长，小姐请他到洞房。半……，只见□来不见长。

15. 吉祥班……取西川、龙蛇转、□□旗、换龙□、天雷报、五凤楼、金钗计……取东州……打茶馆、回山洞房、□□洞房。

16. 三江□、□云□、和合缘、金钗记、苦冤案……

17. □顺班、莫在□、木□风、忠不□、春云图。

18. 庆嘉□九月初，泽州营都阃府大成班：阴阳报、金□佃、遗翠花、麒麟镜、五福荣、麟骨床、风义（仪）亭、骊龙珠、进修罗（图 6-19）。

图 6-19　北诗午大庙大成班舞台题记

十、高平原村乡东掌村紫霞宫舞台题记

东掌村，有 38 户，192 人。主要姓氏秦。主要经济来源为务农。东掌村原在山上，因吃水困难，于 1998 年、1999 年间将村落移建于山下。紫霞宫就位于原来村落之南，与南阁相连。村之庙会与上董峰同，均为农历七月初五。

紫霞宫，山门走马板有“紫霞宫”匾额，因其所祀神灵为观音，又俗称观音堂。坐南面北，现存建筑为正殿三楹，东西配殿各三楹，山门戏楼三楹以及左右戏房各两楹。规制尚且严整。依据正殿脊枋题字：“皇清康熙四十六年岁次丁亥十一月十三日辛酉崇修观音堂三间”，故知紫霞宫的创建在此之前。

山门戏楼之建修无考，虽有脊枋题字，但却漫漶，只有“……丁卯重修戏楼七间，四月十五日……”几个字可以识读。戏楼五架梁进深四椽，区分前后台。面阔三楹 7.2 米，其中明间 3.3 米，前台进深 3.3 米，后台进深 1.85 米，柱高 2.6 米，下门洞高 1.93 米，前檐角柱后 1.1 米处砌山墙，耳房面阔各两楹 3.25 米，进深 3.15 米，有光绪年间舞台题记。

1. 光绪九年三月廿三日，高邑牛家村双盛班在此一乐也，双盛老班，卧云寺、五凤楼、金奇冤、□山塔、先实报、红石关、□五侯、落花何、转云山、和北番。虫入凤窝不见□，七人头上掌花草。大雨下在横山上，半向朋□不见了。打四字。

2. 光绪十三年六月廿日高邑康营村，五凤楼……

3. 高邑上董峰……万盛班在此贵村一乐也，投亲□、江中□、黑龙江、访松江、操当店、表员□、满春园、鸡爪山、紫银庵、吵磨房、樵圭女……（图 6-20）

4. 公议会，土地堂、云台山。

图 6−20　东掌村紫霞宫上董峰万盛班演出题记

十一、高平原村乡窑则头五虎庙舞台题记

窑则头现有 60 余户，主要姓氏为常、张。五虎庙位于村东南，坐北朝南，两进院，上下院高度相差 2.1 米。五虎庙现存建筑有正殿三间，悬山顶，五架梁带前廊，通进深五椽。左右侧殿各三间，东西配殿各三间，东西看楼各三间，以及戏台三楹，两侧耳房各两楹。庙院上下院之间原有台阶上下，后用作仓库而拆除，其下院戏台在东阁之上，实谓阁台合一。庙宇年久失修，院内杂

图 6-21　窑则头五虎庙戏台

草树木丛生，拍照测量都实为困难（图 6-21）。

五虎庙祀奉三国蜀汉之五虎上将，关羽、张飞、赵云、马超、黄忠是也。五虎庙始建不详，庙内现存最早纪年的碑刻是勒石于清康熙九年《高平县举两乡据冯村里八甲在窑子头合庄信士勒石碑序》，记录窑子头村信士同心修理五虎庙事宜。① 清康熙三十八年己卯岁，田逢吉为五虎庙之牛王殿所撰《牛王殿重修碑》言："除正殿先期而□外，□如砌石为台，左右神祠环列，门楼对峙"，"正殿之成在庚戌岁（康熙九年）"，又言"积□在二十年前，功成在二十年之后"，此可与康熙九年碑刻相互印证。② 清乾隆十九年，"旧制狭隘"的五虎庙在村之善士的倡导之下进行了一次维修、扩建，"□其旧制，扩而大之"，然具体扩建的事项碑文并未详细阐述。

五虎庙戏台，据其脊枋题字，知是清同治十二年重修。③ 因其下为阁，并非山门式舞台，而戏台地基与阁顶之间尚有空间，故而戏台亦是一种另类搭板样式，其空隙为储物场所，悬山顶，五架梁进深四椽，屋顶局部毁坏。面阔三楹

---

① 〔清〕康熙九年《高平县举两乡据冯村里八甲在窑子头合庄信士勒石碑序》，额题"五虎庙碑"，楷书，碑文下部漫漶，现存庙宇西侧殿前。

② 〔清〕康熙三十八年《牛王殿重修碑》，田逢吉撰文，泫西浩山碧虚散人武镇鎘书丹，玉工李国本，张育刊石，现存庙宇西侧殿前，部分漫漶。

③ 时大清同治十二年四月初六日吉时上梁大吉重修戏楼三间西二楼两间总理维首张广俊、张珍、张东贵、张红则，张喜旺、张恭、张春成，玉工匠人李高梓工司来兴，泥水匠人李金城至修之后，永保阖村人口平安，六畜兴旺，万事亨通，诸事如意，永远万世为记耳。

6.1 米，其中明间 2.5 米，进深 5.3 米，柱高 2.6 米，础高 0.4 米，基高 1.8 米，台口 1 米，看楼悬山顶。五架梁进深四椽，面阔三楹 6.5 米，进深 3.4 米，下柱高 2.3 米，上柱高 2 米，上院南北 11.3 米，东西 10 米，下院南北 6.7 米，东西 12 米。

1. 一朵浮云头上开，沾衣不用剪刀裁。虽然不事英雄汉，一声哈的万户开。打一鸟。光绪十一年凤邑靳家庄，……珍珠□……天山□……

2. 民国十六年二月廿四日，高邑康营村同乐会在此宝村一乐三天可也，水火珠、烧书馆、双投河、□□计、□龙寺、血手帕、清官断、争风吵亭、□□路遇、□□监、□妻一新、对府洞房、姊妹洞房、打球花□、洞房成亲、安风桥、走雨。（图 6-22）

图 6-22　窑则头五虎庙民国十六年（1927）康营村同乐会演出题记

十二、高平永禄乡马家庄玉皇庙舞台题记

马家庄村位于永禄乡中部，距离高平城区约九公里。见于清代地方志地图之上，但不见于文字说明中，永禄乡很多村的清代碑文中大量出现马家庄名称。

马家庄玉皇庙位于村北，坐北朝南，所祀之神玉皇大帝，据庙内现存清道光二十六年（1845）勒石《创修玉皇庙碑记》“至道光十九年（1839）……以西北属乾”，取《易》“大哉乾元万物资始”之义，于此创修正殿、角殿九间，次年继修东西禅房十二间，又次年继修东西厂棚四间、山门一所”，又正殿脊枋题字“时大清道光十九年创修正殿九间，丁酉年正月十六日动工，己亥年四月十一日寅时上梁，石匠□□、木匠□□、泥水匠朱贵，合社仝立谷旦”可互为参照，知玉皇庙创修于道光十九年。且碑文中并未提到舞楼之建。另据民国四年（1915）刊立、额题《万善同归》碑记“于光绪戊戌年……公议重立会，名关圣会一局。自此同心协力，□勉从事，积至民国癸丑年（1913）孟春月，积钱三百余串文。会首等协同本社首等在庙公同商议，庙宇禅室皆未损坏，不必补葺。迄今庙内舞楼当修，倘遇演戏阴雨勿□焉，合其□观。神堂正南封立临筑是出入之门，地势宽阔，量度基址，改修舞楼，将大门移居东南□□。”可知此次修建之目的并非庙宇禅室颓坏，而是考虑到“倘遇演戏阴雨”而酬神事怠，因而将神堂正南出入之门改修舞楼，并将大门移居东南，现庙宇格局与该碑所言一致。另戏台脊枋题字“时中华民国二年癸丑创修戏楼三间、西耳楼三间，二月二十二日未时动工，三月二十八日酉时上梁大吉，石匠郭福来、木匠陈全旺、泥水匠贾成起。移居门楼、补修西屋合社维首仝立□禧谷旦”可与碑刻互为参证。

庙宇现存建筑为正殿三楹，两侧殿各三楹，俱为悬山顶，东西厢房各六楹，硬山顶。舞楼悬山顶，合瓦屋面，灰脊饰，面阔三楹 8.6 米，其中明间 3.2 米，通进深五椽 6.29 米，后台进深 2.05 米，基高 1.27 米，用方凳础，础高 0.43 米，柱高 2.9 米，金柱高 3.67 米，角柱后 1.2 米砌檐墙，西侧耳房面阔三楹 7.3 米，进深 4.47 米，庙院东南，戏台之东不设耳房，为庙之山门，走马板外书“玉皇庙”，内书“千古不没”。庙院南北 23.4 米，东西 16.5 米。舞楼后山墙有舞台题记。

1. 民国六年九月十五日三乐也，高邑南杨村居住延安村正乐老班，清廉传连五本、夺秋魁连七本、混冤案连三本，富贵长春。（图 6-23）

2. 民国三十七年正月廿五日立，高邑三区回山行政村工农剧团在此公演新剧一天也，剧目：嫌贫爱富、逃难回府、断桥、扩军、优待、拜年、打棒槌、打揪、斗争会、小姑贤、骂□、自愿结婚、巧团圆、王贵李□、闹茶馆、观灯、逃差、孟祥英翻身、私闯、捉烟民、互助组、哑巴告状、围困高平、反内战。

3. 公元一九五五年二月，高平双井村新风剧团在此村出演四天，百花齐放、推陈出新，新内容新化装新时新样、风场戏风场玩风演风唱。高平双井村新风剧团，……金□顶债、□馆投亲、□□对比、未婚夫妻、小女婿、找对象、大堂会审、侠义上任、丽瀑训夫、□粗生子、母子被□、洞房誌亲、张才□□、张苏□子、一拜节、双拜节、双离□、出嫁金莲、□妆洞房、夫妇投山、弟兄吵亭、打酸枣、替姐出闺、志刚进京、破镜重圆、□宴害叔、採桑定计、□书搬□、双□山、大□轿、花神庙、□中缘、对花亭、打樱桃、桃花镇、破锁阳、□中□、观花、吵亭、吵□、□计、□衣、误刺、闹堂、投□、三拂袖、志云□、□莲传、□等洲、黄丽瀑、夫妻恨、瑶琴恨、奇冤案、火炎驹、大报仇、射虎缘、大登殿、新洛阳桥、妻贤子孝、无敌荣归、志刚赶考、志刚荣归、三上轿、三上关、丹山寺、闹洞房、闹书馆。

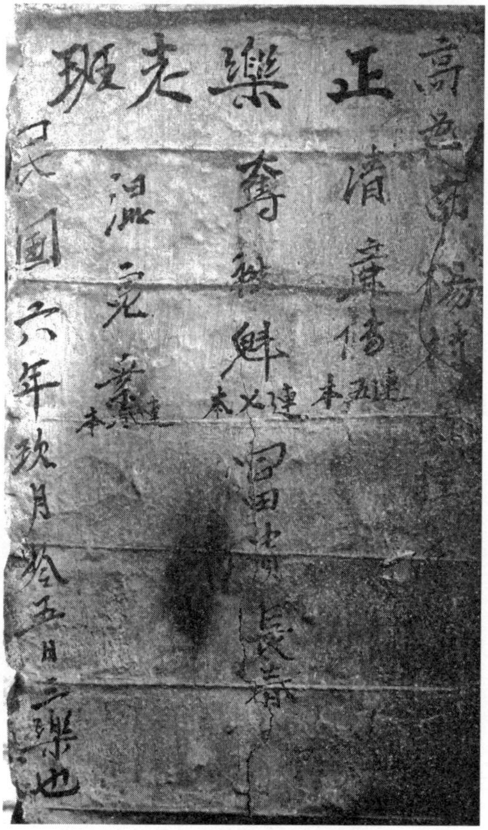

图 6-23　马家庄玉皇庙
民国六年（1917）南杨村正乐老班演出题记

十三、高平陈区镇闫家玉皇庙舞台题记

玉皇庙位于村西北，坐北面南，庙内现存清乾隆庚辰年，即乾隆二十五年（1760）碑刻，言玉皇庙创建事宜。依据碑文所载，玉皇殿、东西配房创建于乾隆壬申年，即乾隆十七年（1764）。乾隆四十六年（1781）玉皇庙又兴重修，并勒碑为记。

戏台外置，距山门约有百米，正对山门，悬山顶，五架梁进深四椽，面阔三楹 7.5 米，其中明间 3.3 米，进深 5.1 米，基高 1.2 米，柱高 3.2 米，台口 1.3 米。戏台的创建年代不详，玉皇庙现存碑刻中亦未有言及戏台的信息，然戏台墙壁有清光绪十三年（1887）舞台题记，可确知戏台在光绪十三年已经存在。

1. 光绪十三年二月十二日□□歌，丁亥年梁家庄在此一乐□天也，长邑□□村，天仙配、哭红堂、祈东修、卖药、又□杀□、刘□□、买死孩、金亭关、打水、吵茶馆、土地堂、□金□……

2. 民国廿三年□月十一日起，陵邑沙河议和班同议会□□在此乐，……毒蛇计……（图 6-24）

图 6-24　闫家玉皇庙民国二十三年（1934）舞台题记

结　语

高平神庙剧场以其数量大，时空序列性完整为最大特征，以其突出的个案构成中国神庙剧场发展史中的许多重要节点。研究神庙剧场，高平的重要性不言而喻。

本著是基于对高平市全境现存神庙剧场做全面的田野考察基础之上的，较为全面地呈现出了高平神庙剧场的遗存现状：宋金时期是高平神庙剧场的创建时期，以神庙献楼为代表的非专门性演艺场所的创建构成了这一时期高平神庙剧场的显著特点。金代中后期以及有元一代，专门化的演艺场所——舞亭类建筑出现并得到推广，演艺场所的建修与戏曲的发展成熟相伴随，并互相影响。远离正殿的建筑位置，三面观的建筑做法渐趋流行，是这一时期高平神庙剧场演艺场所的一般特征。自明代始，神庙戏台建造趋势由金元舞亭的单开间变为三开间，以剧场扩容和观演需要为旨归，整合剧场建筑，将表演区升高，从而实现神庙剧场的两个创举，即山门舞楼和看楼的创建并逐渐成为定制，影响深远。高平神庙剧场在清代呈现出极大的繁荣，数量上远超前代，并多样化发展。一庙多台，依附式戏台，关门舞楼等特殊剧场样式是构成清代神庙剧场多样化的重要元素。

神庙剧场的建修也应考虑到观剧场所的建造和完善，在实用性等因素的指导下，看楼出现并逐渐成为神庙剧场不可或缺的一部分。随着神庙演艺娱人成分的增加，极具人性化的正面看楼得到神庙建修者的青睐，这是高平神庙剧场对观剧场所的探索和发展特征。楹联、隔扇作为神庙剧场古戏台建构的一部分，除了装饰性的特征外，还代表了乡村话语权阶层对于神庙剧场的关照，其中也蕴含了丰富的戏曲观念和艺术价值。

对神庙剧场演艺形式的研究也至关重要。神庙剧场观演场所的设置建造一定受到彼时期演艺类型及其表演方式的影响；反过来，神庙剧场的形制变化也影响着戏曲及其他演艺形式的发展进程，任何对于神庙剧场的关照都不能将这两个方面割裂开来。但囿于学力，本著对于神庙剧场演艺的研究相对薄弱，还停留在基础的资料整理阶段。以戏台题记、碑刻等资料遗存为线索，结合相关文献，以剧场演进为表，演艺发展为里，呈现相对完整的高平神庙剧场发展史。这是未来要做的工作之一。

神庙及其剧场多分布在乡村之中，从而成为一个或数个乡村的祭祀中心和演艺娱乐中心。明清时期依托于村中大庙的社的活跃，则将神庙及其剧场又赋予为乡村公共管理中心的角色，将神庙剧场演艺与乡村社会组织的建设和治理关联起来，探讨神庙剧场演艺的社会学特征，也是一个值得关注的方向。

综上所述，资料性强是本著的特色，而理论提升则是今后需要完善之处。神庙剧场的研究是一个大课题，资料的搜集整理则是第一步，更待在此基础上学术界多学科的研究掘进。

参考文献

著作类:

[1] 周贻白:《中国剧场史》,商务印书馆1936年版。

[2] 周华斌、朱联群:《中国剧场史论》,北京广播学院出版社2003年版。

[3] 廖奔:《中国古代剧场史》,中州古籍出版社1997年版。

[4] 廖奔:《宋元戏曲文物与民俗》,文化艺术出版社1989年版。

[5] 廖奔:《戏曲文物发覆》,厦门大学出版社2003年版。

[6] 刘念兹:《戏曲文物从考》,中国戏剧出版社1986年版。

[7] 黄竹三:《宋金元戏曲文物图论》,山西人民出版社1987年版。

[8] 黄竹三、延保全:《戏曲文物通论》,国家出版社2009年版。

[9] 冯俊杰、车文明、王福才、延保全、曹飞:《山西戏曲碑刻辑考》,中华书局2002年版。

[10] 冯俊杰:《山西神庙剧场考》,中华书局2006年版。

[11] 冯俊杰:《太行神庙及赛社演艺研究》,台湾"民俗曲艺丛书"2000年版。

[12] 冯俊杰:《戏剧与考古》,文化艺术出版社2003年版。

[13] 车文明:《20世纪戏曲文物的发现与曲学研究》,文化艺术出版社2001年版。

[14] 车文明:《中国神庙剧场》,文化艺术出版社2001年版。

[15] 车文明:《中国古戏台调查研究》,中华书局2011年版。

[16] 曹飞:《敬畏与喧闹·神庙剧场及其演剧研究》,中国戏剧出版社2011年版。

[17] 曹飞:《山西清代神庙戏碑辑考》，山西出版传媒集团·三晋出版社 2012 年版。

[18] 杨健民、曹占梅:《中州戏曲历史文物考》，财团法人施合郑民俗文化基金会“民俗曲艺丛书”2006 年版。

[19] 李近义:《泽州戏曲史稿》，山西人民出版社 1989 年版。

[20] 栗守田:《上党梆子》，山西人民出版社 2007 年版。

[21] 刘文峰:《山陕商人与梆子戏》，文化艺术出版社 1996 年版。

[22] 段建宏:《戏台与社会·明清山西戏台研究》，中国社会科学出版社 2008 年版。

[23] 杨平:《曾经的优雅与辉煌——上党梆子与古戏楼》，中国旅游出版社 2008 年版。

[24] 吴开英:《中国古戏台匾联艺术》，当代中国出版社 2007 年版。

[25] 薛林平、王季卿:《山西传统戏场建筑》，中国建筑工业出版社 2005 年版。

[26] 梁思成:《清式营造则例》，清华大学出版社 2006 年版。

[27] 罗德胤:《中国古戏台建筑》，东南大学出版社 2009 年版。

[28] 程画梅、闫法宝:《上党古戏台》，中国摄影出版社 2011 年版。

[29] 山西省戏剧研究所编:《晋商会馆》，山西教育出版社 2009 年版。

[30] 高平市炎帝文化研究会:《炎帝古庙》，文物出版社 2011 年版。

[31] [日] 中岛乐章:《明代乡村纠纷与秩序》，江苏人民出版社 2010 年版。

[32] 杜正贞:《村社传统与明清士绅：山西泽州乡土社会的制度变迁》，上海辞书出版社 2008 年版。

[33] 刘毓庆:《华夏文明之根探源——晋东南神话、历史与民俗综合考察》，学苑出版社 2008 年版。

[34] 金泽:《中国民间信仰》，浙江教育出版社 1995 年版。

[35] 路遥主编:《民间信仰与中国社会研究系列·中国民间信仰研究述评》，山海人民出版社 2012 年版。

[36] 路遥主编:《民间信仰与中国社会研究系列·中国近世民间信仰（宋

元明清）》，上海人民出版社 2010 年版。

［37］路遥主编：《民间信仰与中国社会研究系列·中国古代民间信仰（远古隋唐五代）》，上海人民出版社 2010 年版。

［38］路遥主编：《民间信仰与中国社会研究系列·民间信仰与社会生活》，上海人民出版社 2011 年版。

［39］路遥主编：《民间信仰与中国社会研究系列·道教与民间信仰》，上海人民出版社 2011 年版。

［40］路遥主编：《民间信仰与中国社会研究系列·四大菩萨与民间信仰》，上海人民出版社 2011 年版。

［41］路遥主编：《民间信仰与中国社会研究系列·泰山信仰与中国社会》，上海人民出版社 2011 年版。

［42］薛林平：《山西古村镇系列丛书·大周古村》，中国建筑工业出版社 2010 年版。

［43］薛林平：《山西古村镇系列丛书·良户古村》，中国建筑工业出版社 2013 年版。

［44］司昌龄，《泫志拾遗》，高平市图书馆。

［45］胡聘之：《山右石刻丛编》，上海古籍出版社 1995 年版。

［46］常书铭：《三晋石刻大全·高平卷》，三晋出版社 2011 年版。

［47］秦海轩：《晋城金石志》，海潮出版社 1995 年版。

［48］王树新：《高平金石志》，中华书局 2006 年版。

［49］晋城政协晋商史料全览编委会：《晋商史料全览·高平卷》，山西人民出版社 2006 年版。

［50］王福才：《山西师范大学戏曲博物馆馆藏拓本目录》，山西古籍出版社 2005 年版。

论文类：

［1］姚春梅：《清代华北乡村庙宇与社会组织》，博士学位论文，中国人民大学 2011 年。

［2］李楠：《山西清代祈雨研究》，陕西师范大学，硕士论文 2009 年。

［3］蔡敏:《晋东南汤王崇拜与赛社演剧研究》，山西师范大学，硕士论文2011年。

［4］吴丰:《良户古村聚落与民居形态分析》，太原理工大学，硕士论文2008年。

［5］景李虎、王福才、延保全:《金代乐舞杂剧石刻的新发现》，载《文物》第12辑，文物出版社1991年版。

［6］王志峰:《高平康营村关帝庙舞楼碑刻考述》，载《中华戏曲》第24辑，文化艺术出版社2000年版。

［7］冯俊杰:《中国现存时代最早的神庙戏台》，载《戏曲研究》第58辑，文化艺术出版社2002年版。

［8］王星荣:《山西高平市良户村玉虚观及歌舞楼考述》，载《戏曲研究》第60辑，文化艺术出版社2002年版。

［9］王福才:《高平炎帝陵及其行宫演奇楼考》，载《中华戏曲》第26辑，文化艺术出版社2002年版。

［10］王福才:《山西中南部神庙碑刻中的戏曲民俗资料辑录》，载《民俗曲艺》2000年第127期。

［11］樊淑敏:《高平故关村炎帝行宫及演剧考》，载《运城学院学报》第21卷第6期，山西运城2003年。

［12］王福才:《高平谷口村骷髅庙考述》，载《山西师大学报》（社会科学版）第30卷第4期，山西临汾2003年。

［13］曹飞:《山西上党戏神类型概说》，《山西师大学报》2002年第3期。

［14］曹飞:《太行乡村祭礼演剧的主要特征》，载《傩礼、傩俗与民间戏剧》，中国戏剧出版社1999年版。

［15］曹飞:《万寿宫历史渊源考——金元真大道教宫观在山西的孤例》，载《山西师大学报》（社会科学版）第31卷第1期，山西临汾2004年。

［16］曹飞:《神庙演剧理论的社会学特征之一——祭礼演剧的合理性宣言》，载《中华戏曲》2006年第33辑。

［17］曹飞:《历史与结构：中国神庙舞台的嬗变》，载《戏曲研究》2009年第79辑。

［18］罗德胤:《中国古代戏台测绘图（一）》，载《中华戏曲》2007年第36辑。

［19］王福才、车文明:《对宋元明清民间祭祀组织“社”与“会”的初步考察》，载《中华戏曲》2007年第35辑。

［20］车文明:《民间法规与罚戏》，载《中国戏曲学院学报》2009年第30卷第4期。

［21］殷建宏:《上党古戏台的时空分布》，载《长治学院学报》2009年。

［22］王建华、殷建宏、陈华:《古代上党灾异成因分析》，载《长治学院学报》2007年。

［23］王建华:《上党古代灾异的社会考察》，载《长治学院学报》2008年。

［24］郭春梅:《清朝高平乡约碑刻初探》，载《沧桑》2009年。

［25］张薇薇:《晋东南地区二仙庙宇建筑平面分析》，载《文物世界》2009年第2期。

［26］张君梅:《从明间祠祀的变迁看三教融合的文化影响——以晋东南村庙为考察中心》，载《文化遗产》2011年第3期。

［27］张振南、暴海燕:《乾嘉时期上党舞台题记汇编》，载《中华戏曲》第35辑，文化艺术出版社2007年版。

［28］张振南、暴海燕:《道咸时期上党舞台题记汇编》，载《中华戏曲》第36辑，文化艺术出版社2007年版。

［29］李春沐:《上党梆子的名实之辩与戏曲文化生态》，载《晋阳学刊》2008年。

［30］易春梅:《道教与民间宗教的角力与融合：宋元时期晋东南地区二仙信仰之研究》，载《学术研究》2011年第7期。

［31］王潞伟:《高平西李门二仙庙方台非“露台”新证》，载《戏剧》2014年第3期。

附　　录

附录A　古戏台

永禄乡古戏台附录表

序号	名称	创建年代	可考年代	简　　介	文保	公布情况
1	许庄村西阁（观音阁）舞楼	嘉庆癸亥年（1803）	民国十七年（1928）补葺	西阁上神殿祀奉观音，亦名观音阁，一进院，西阁之东，有戏台相对，单层式，现已坍塌，无法测量，然基址与北耳房尚存，戏台北侧之耳楼下层为砌券门洞以通行。 据庙内现存碑刻咸丰二年（1852）《创修西阁碑记》："至嘉庆癸亥（1803），创修戏楼上下九间。"可知戏楼创建于是年，另据民国十七年（1928）刊立《补修西阁兼诸庙布施碑记》载："自民国十二年二月间动工……将各庙殿宇禅室以及舞楼墙垣共八十余楹一概补葺……至民国十七年十月间工竣。"可知戏楼此时曾维修。2013-07-15	无	未公布
2	扶市村仓颉庙戏楼		嘉庆戊寅年（1818）重修	据戏台脊枋题字："时大清嘉庆岁次戊寅（1818）重修戏楼三间，桃月望七日时上梁大吉，维首等仝立督工匠人木匠贺□金泥水匠工等永以为记耳。"可知戏楼是年重修。 单层台，悬山顶，合瓦屋面，灰脊饰，五架梁进深四椽，面阔三楹 7.85 米，其中明间 3.1 米，进深 5.5 米，基高 0.9 米，柱高 3.26 米，耳房各三间，面阔 7.3 米，进深 3.9 米，台口 0.95 米，庙院东西 11.7 米，南北深 17 米。庙院建筑格局较为完整，戏楼顶部残损。2013-07-17	无	未公布

续表

序号	名称	创建年代	可考年代	简　介	文保	公布情况
3	秋子村关帝庙戏台（内）			关帝庙位于村中，一进小院，院宽 7.8 米，深 13 米，规模并不大，然却拥有一内一外两座戏台。高平民间有顺口溜言道："伯方的庙，市望的塔，秋子的台子，西阳的阁。"可见此四处建筑深受高平人喜爱，其中"秋子的台子"即指秋子村关帝庙戏台。 关帝庙现存建筑有正殿、角殿、东西配殿、看楼、廊房、戏台、耳房等，然庙内并无碑刻留存，故其庙宇沿革不详。 内院戏台建在倒座位置，为单层台，悬山顶，面阔三间，五架梁进深四椽，前檐已砌墙开窗，当是后人所为。戏台面阔 7.8 米，其中明间宽 3.2 米，进深 3.85 米，柱高 3 米，台高 1.25 米，隔扇已毁失，戏台两侧是单开间的山门，门上就是和戏台、看楼相连通的耳房，也就是化妆间。2013-06-27	无	参见冯俊杰《山西神庙剧场考》，第 481 页
4	秋子村关帝庙舞楼（外）	道光二十五年（1845）		庙外戏台位于山门外 50 米许，悬山顶五间，移柱造，七檩六椽，灰脊板瓦。稍间后面砌为单间小屋，用作化妆间，屋内东西山墙各开一窗。小屋前庙为乐池。用方形抹角石柱，柱头斗拱三踩单下昂，耍头三幅云，平身科各一攒，形制与柱头科相同。戏台面阔 15.6 米，明间宽 5.95 米，次间宽 1.88 米。通进深 7.39 米，台高 1.24 米，台上柱高 3.38 米。戏台曾经稍作改造，台前增铺的水泥板，使得舞台向前延伸了 3.05 米，原来区分前后台的隔扇也已拆除，不过整体形制并未有大的变化。戏台东西两侧各有三间看楼，不过，看楼前廊也已砌封。2013-06-27	无	同上
5	马家庄玉皇庙舞楼	民国二年（1913）		据民国四年（1915）刊立《万善同归》碑载："于光绪戊戌年……公议重立会，名关圣会一局。自此同心协力，□勉从事，积至民国癸丑年（1913）孟春月，积钱三百余串文。会首等协同本社首等在庙公同商议，庙宇禅室皆未损坏，不必补葺。迄今庙内舞楼当修，倘遇演戏阴雨勿□焉，合其□观。神堂正南对立临筑是出入之门，地势宽阔，量度基址，改修舞楼，将大门移居东南□□。"可知此次修建之目的并非庙宇禅室颓坏，而是考虑到"倘遇演戏阴雨"而酬神事怠，因而将神堂正南出入之门改修为舞楼，并将大门移居东南，现庙宇格局与该碑所言一致。另戏台脊枋题字"时中华民国二年癸丑创修戏楼三间、西耳楼三间，二月二十二日未时动工，三月二十八日酉时上梁大吉，石匠郭	无	未公布

续表

序号	名称	创建年代	可考年代	简　　介	文保	公布情况
6				福来、木匠陈全旺、泥水匠贾成起。移居门楼、补修西屋合社维首仝立□禧谷旦”可与碑刻互为参证。 单层台，悬山顶，合瓦屋面，灰脊饰，面阔三楹 8.6 米，其中明间 3.2 米，通进深五椽 6.29 米，后台进深 2.05 米，柱高 2.9 米，金柱高 3.67 米，基高 1.27 米，用方凳础，础高 0.43 米，前檐角柱后 1.2 米砌山墙。西侧耳房面阔三楹 7.3 米，进深 4.47 米，庙院东南、戏台之东不设耳房，为庙之山门，走马板外书“玉皇庙”，内书“千古不没”。庙院南北深 23.4 米，东西 16.5 米。舞楼后山墙有舞台题记。2013-07-16		
6	许庄村 大庙 舞楼		民国十二年（1923）补修	据村中西阁内现存民国十七年（1928）刊立《补修西阁兼诸庙布施碑记》载“自民国十二年二月间动工……将各庙殿宇禅室以及舞楼墙垣共八十余楹一概补葺……至民国十七年十月间工竣。”可知戏楼此时曾维修。 舞楼单层式，外置，正对山门，悬山顶，合瓦屋面，面阔 8.5 米，进深 6 米，耳房面阔 5.04 米，进深 5.6 米。已改作他用，无法进入，故戏台内情况不知。2013-07-15	无	未公布
7	黄耳沟 观音阁 舞楼		民国十二年（1923）重修	庙中现存道光十四年（1834）《合社公议严禁赌博并夏秋田禾桑羊六畜碑记》，载“如有赌博被人拿获到社者，罚戏三朝……耑（专）此演戏勒石。”其中提到“罚戏”，或戏台在道光十四年之前已经存在，然只是推测。又据民国十三年（1924）《补修诸神庙宇暨创修彩画谢土碑记》中记载：“始于民国十一年春季……先将旧有神殿舞楼一带配房补葺整齐外，囊中尚有余资，众善士咸愿就舞楼院地势宽大，创修南北看楼各六楹，西社房带大门楼上下十四楹……至十二年冬季告厥成功……及十三年演戏、讽经、酬谢圣德。”可知民国十二年（1923）拥有戏台、戏房、看楼等建筑的完整剧场院落已经形成，并演戏酬神，投入了使用。 单层台，独立一院，由戏台、两侧看楼、正面看楼组成无顶盖的封闭性剧场。在观音阁之西，与观音阁处同一轴线，相距百余米，现已修缮，戏台面阔三楹 7.8 米，其中明间 3 米，进深 5.7 米，基高 1.55 米，柱高 3.55 米。2013-07-14	无	未公布

续表

序号	名称	创建年代	可考年代	简　介	文保	公布情况
8	段家沟三大士庙舞楼（外）	民国十二年（1923）		据其脊枋题字："时中华民国十二年观音社创建舞楼三间，耳楼上下八间，风口一小间，吉日黄道动土上梁，董事人段福信、高根荣、高聚德、郭德、陈东顺、段喜昌、段四英、尚创命、陈端羊、陈水楼，石匠王金声，木匠王海长、王义发，泥水匠邓堆金、苏金明仝立，吉日吉时，完工告竣，大吉大利。"可知该戏台创建于是年。 单层台，位于庙外东侧，坐东朝西，面向庙宇山门。悬山顶，仰瓦屋面，面阔三楹8.6米，其中明间3.4米，进深五椽5.75米，基高1.13米，柱高2.8米，用方凳础，础高0.3米，南耳房面阔两楹3.4米，进深4.1米，北耳房面阔三楹6.4米，进深4.1米，俱为硬山顶。2013-07-17	无	未公布
9	段家沟三大士庙戏台（内）			单层台，已修缮，面阔三楹7.13米，其中明间3.27米，进深5.14米，基高1.29米，柱高2.82米，两侧耳房各面阔两楹3米，进深4.24米。2013-07-17	无	未公布
10	三军村三官庙戏台			单层台，面阔三楹，残毁严重，未能测量。2013-07-17	无	未公布
11	东庄村孔家湾老君庙戏台			单层台，悬山顶，仰瓦屋面，灰脊饰，五架梁，面阔三楹8.5米，其中明间3.23米，通进深四椽5.5米，有隔扇区分前后台，后台明间进深1.8米，次间进深2.4米，基高1.25米，柱高2.7米，础高0.38米，前檐角柱后1.13米处砌山墙，耳房两楹面阔4.5米，进深3.85米。2013-07-16	无	未公布
12	东庄村仓颉庙戏台			单层台，悬山顶，五架梁，合瓦屋面，面阔三楹7.31米，其中明间2.8米，进深四椽5.2米，基高1.4米，柱高2.8米，用方凳础，础高0.28米，东西耳房各四楹，面阔10.2米，进深3.75米，正面明间正中施台阶6级以上下，或为今人所为。院落东西16.7米，南北深15.5米。2013-07-16	无	未公布
13	庙耳沟玉女祠戏台			玉女祠位于韩王山上，现存建筑均为新修，一进院，正殿三间供奉碧霞元君，北侧殿供奉二仙，南耳殿为药王。山上无有戏台，庙内碑刻并无戏台之相关记载。据村中老人说，戏台位于山脚之下庙耳沟旧村中，至今仍存，方向正对山上之庙，农历9月29日庙会，庙会之日，就在村中酬神献戏，因进村已基本无路，故未能到旧村考察。庙会献戏也随之在新村之中的新舞台上进行，如今玉女祠香火甚旺。2013-07-15	无	未公布

续表

序号	名称	创建年代	可考年代	简　　介	文保	公布情况
14	铺上村三教堂戏台			据庙内仅存嘉庆五年（1800）《重修牛屋创修更房碑》"吾村庙前旧有牛屋三间，由来久矣"可知三教堂之建早于是年。现存建筑已翻修，戏台山门倒座，东西看楼各四楹，上层为看楼，下为厢房。山门戏台，悬山顶，仰瓦屋面，面阔三楹 7.7 米，其中明间 2.9 米，进深 4.6 米，柱高 2.1 米，两侧耳房面阔 4.4 米，进深 4.2 米，两侧看楼均面阔 10.1 米，进深 4.4 米，下层柱高 1.8 米，俱为硬山顶。庙院东西 8.6 米，南北深 15.3 米。2013-07-17	无	未公布
15	上扶村仓颉庙舞楼		雍正三年（1725）补修；道光十三年（1833）补葺	不存。雍正时期《重修朗翁庙记》记载："始于雍正乙巳（雍正三年 1725），终于丁未（雍正五年 1727）。正殿易土为砖，视旧制而宏大之。东西旁翼以两楼，而东殿、西殿、舞楼□为补修。庙之东南外又创东房三间，厦棚二间"。道光十五年（1835）《仓颉庙关帝庙奎星楼补修创修碑记》："自道光十三年二月二十五日起，补葺仓颉正殿九楹，东高禖祠七楹，西蚕姑殿七楹，南厅九楹，舞楼七楹。创修奎星楼一座，东西看厅六间，东西厢房四间，南北厢房八间，厂棚二间。"2013-07-17	无	未公布
16	永禄村炎帝庙舞楼		嘉庆十二年（1807）重修	不存。嘉庆十二年（1807）《补修炎帝庙碑记》"本村炎帝庙，年湮代远"，重修之后"殿宇舞楼，巍然在望。"2013-07-16	无	未公布
17	上扶村关帝庙舞楼	道光十三年（1833）补葺、宣统二年（1910）补修彩画		不存。道光十五年（1835）《仓颉庙关帝庙奎星楼补修创修碑记》："又补修东庙关帝庙正殿三间，蔡翁、牛王两角殿四间，东北西厢房各三间，舞楼六间。"可知关帝庙及其舞楼之建早于道光十三年，且"舞楼六间"也说明该庙是山门舞楼。此次修缮于"道光十五年十月十九日落成"。2013-07-17	无	未公布
18	东庄东阁（玄武阁）舞楼		光绪二十四年（1898）重修；民国十七年（1928）补葺	不存。宣统二年刊立《重修真武阁碑记》中提到："于光绪乙酉起壬辰止，得利若干……至癸巳三月初八日开工，重修正殿三间，左右配殿六间，南北禅房各一楹。大门在其西，仓房厨室居于后门外，舞楼对峙焉，创修南配殿后护墙石堎一道，三嵕庙壹，左右角楼四间，西界墙一壁。戊戌之秋告厥成功。"另据西阁内现存民国十七年（1928）《补修西阁兼诸庙布施碑记》："将各庙殿宇禅室以及舞楼墙垣共八十余楹一概补葺，又增修东阁巽地界墙一堵。"可知许庄庙宇进行过一次全面的修缮，其中"又增修东阁巽地界墙一堵"，并且舞楼也在修缮之列。2013-07-16	无	未公布

三甲镇古戏台附录表

<table>
<tr><th>序号</th><th>名称</th><th>创建年代</th><th>可考年代</th><th>简　介</th><th>文保</th><th>公布情况</th></tr>
<tr><td>1</td><td>三甲北炎帝庙舞楼</td><td>顺治十八年（1661）</td><td></td><td>山门外舞楼单层式，正对庙宇之东南山门，之间有一广场。舞楼已修缮，五架梁，面阔三楹 7.44 米，其中明间 3.3 米，进深四椽 5.2 米，基高 1.24 米，柱高 3 米，方凳础，础高 0.4 米，戏台距山门 25 米。2013-07-19</td><td>无</td><td>未公布</td></tr>
<tr><td>2</td><td>徘徊北村炎帝庙山门舞楼（春秋楼）</td><td></td><td>乾隆十八年（1753）以前</td><td rowspan="2">据乾隆十八年（1753）《增修炎帝庙舞楼碑记》中载：“独舞楼建之庙内，每岁报赛之下演戏，殊未甚便。”知山门舞楼演戏不便，故而是年增修庙外舞楼。
另据嘉庆五年（1800）《重修炎帝庙记》中载：“乾隆四十三年冬……共议重修……斯将舞楼改作春秋楼……于四十四年正月鸠工庀材……至嘉庆二年，后起者又有人矣……是年兴工……至四年乙未十月，庙之全工遂落成焉，且将庙外戏台补葺，于戏场西壁地筑楼房五间。”可知在乾隆四十三年将原之舞楼改为春秋楼，祀奉关帝和文昌。此次维修始自乾隆四十三年（1778），至嘉庆四年（1799）方告竣，前后历时 20 余年，庙之规制渐趋合理、完整。
现庙宇格局完整，春秋楼仍存，只庙外舞楼已改建徘北剧场。2013-06-30</td><td rowspan="2">无</td><td rowspan="2">未公布</td></tr>
<tr><td>3</td><td>徘徊北村炎帝庙外舞楼</td><td>乾隆十八年（1753）</td><td></td></tr>
<tr><td>4</td><td>底池村三圣堂歌台</td><td></td><td>嘉庆十年（1805）重修</td><td>据庙内现存唯一碑刻《重修三圣堂碑记》中载：“鸠众于乾隆四十五年（1780）九月十八日，工始其间，增葺僧刹、隅楼、歌台、阅阁、石径、藩垣，一切偏房、要宇，于嘉庆十年（1805）十月初八日工竣。”
歌台单层式，在山门之外路南，与山门正对，距离 17.7 米，因道路斜向穿过，故东侧看楼在路北，西侧戏房在路南，歌台悬山顶，面阔三楹 8.68 米，其中明间 3.9 米，进深 5.73 米，柱高 3.72 米，基高 1 米，歌台基下有砖券洞，当为流水之用。东侧看楼面阔五楹 10.6 米，进深 3.52 米，悬山顶。2013-06-30、2013-08-16</td><td>无</td><td>未公布</td></tr>
<tr><td>5</td><td>南河村二仙庙舞楼</td><td></td><td>道光八年（1828）补修</td><td>庙内道光八年（1828）碑刻《增修二仙庙碑记》中记载：“补修正殿、角殿以及两廊诸檐，焕然一新，独山门外局面狭隘，戏楼卑小……□改造重修，规模宏敞，东西更增垣墙、戏房等。”
舞楼单层式，面阔三楹 7.4 米，其中明间 3.74 米，通进深 6.9 米，前台 4.4 米，后台进深 2.5 米，柱高 3.3 米，础高 0.6 米，耳房东西各面阔三楹 8.07 米，进深 3.6 米。剧场院落东西 24 米，南北 21.2 米。2013-08-17</td><td>无</td><td>未公布</td></tr>
</table>

续表

序号	名称	创建年代	可考年代	简　介	文保	公布情况
6	赤祥村 炎帝庙 舞楼		咸丰八年（1858）补修	庙内咸丰八年《补修炎帝庙碑记》中有“于是上自神殿廊房，下及舞庭戏楼，缺者补之，残者新之”的重修记载。 戏楼在山门外，单层台，悬山顶，仰瓦屋面，灰脊饰，五架梁进深四椽，面阔三楹7.0米，其中明间4.4米，进深6米，基高1.6米，柱高2.8米，础高0.3米。因曾改作他用，前檐砌墙。2013-08-17	无	未公布
7	刘家陈家 北山 关帝庙 戏楼	同治元年（1862）		据正殿脊枋题字：“时大清国顺治十□年……”可知关帝庙正殿之落成至迟在顺治年间，又戏台脊枋题字：“时大清同治元年四月十八日创修戏楼三间，合社人永远为记耳。”知其戏楼创修于是年。 戏楼单层式，建在高一米许台基之上，面阔三楹，进深四椽，悬山顶，仰瓦屋面，现前檐砌墙，已改作他用。2013-09-07	无	未公布
8	刘家王家 北山 关帝庙 戏台			庙内仅存之道光二十五年（1845）《关帝庙建塑财神移改山门碑记》中提到了关帝庙增加配享神，移改建筑之事宜，然并未言及戏台。 戏台山门外置，坐东朝西，单层式，面阔三楹，悬山顶，仰瓦屋面，石质台基高约一米，戏台与关帝庙之间有一小广场，北侧接阁门。2013-09-07	无	未公布
9	徘徊北村 祖师庙 戏台			祖师庙位于村东，坐北面南，因没有钥匙，未能进入。 戏台外置，正对山门，单层式，悬山顶，仰瓦屋面，灰脊饰。 面阔三楹7.09米，其中明间3.23米，进深四椽5.05米，基高1.68米，柱高2.8米，前檐角柱后1.22米处砌山墙。戏台在2007年进行过整修。2013-06-30	无	未公布
10	姬家村 关帝庙 戏台			关爷庙位于村西，坐西朝东，一进院。庙宇未能维修，大部残毁。庙北有小阁，阁上有“钟秀”匾额。 舞台外置，悬山顶，仰瓦屋面且部分残损，五架梁，面阔三楹6.4米，其中明间3.1米，通进深四椽5.1米，后台进深1.6米，基高0.75米，柱高2.5米。2013-07-24	无	未公布
11	赵家山村 三官阁 戏台			三官阁为村之东阁，阁上建三官庙，庙宇坐北面南，南30米许有戏台正对，戏台单层式，悬山顶，合瓦屋顶几近全部塌毁，五架梁进深四椽，面阔三楹6.8米，其中明间3.3米，通进深5.1米，后台进深1.5米，柱高3.4米，基高1.2米。2013-09-10	无	未公布

续表

序号	名称	创建年代	可考年代	简　介	文保	公布情况
12	西粟庄大沟北村观音庙戏台	1961 年		观音堂俗称奶奶庙，坐南面北。庙内有乾隆二十七年（1762）《补修观音殿记》，然并未提及戏台。 现存正殿三楹，东西配殿各三楹，戏台脊枋题字：“岁在公元一九六一年大沟北生产队创修西戏台三间，于七月十□日开工，十二月三日天开黄道竖柱上梁大吉大利，经理人李栓住、李□昌、李□堂、姬□□、李家□，泥水匠李瑞□、史成□、姬□宝、姬长江全立□□□□记。” 舞台面阔三楹 7.04 米，其中明间 2.88 米，进深 5.85 米，后台进深 1.63 米，基高 0.89 米，柱高 2.9 米。2013-07-24	无	未公布

河西镇古戏台附录表

序号	名称	创建年代	可考年代	简　介	文保	公布情况
1	焦河村炎帝庙舞楼		嘉靖四年（1525）至万历三十三年（1605）之间	现存舞楼山门倒座，面阔三楹，8.3 米，其中明间 2.9 米，进深 5.3 米，柱高 2.6 米，下层柱高 2.14 米，前檐角柱后一米处砌墙，耳房面阔 8.3 米，进深 3.8 米，戏台距正殿 17.4 米，东西 14.7 米。2013-07-25	无	未公布
2	南庄村玉皇庙舞楼	万历年间	乾隆四十八年（1783）重修	玉皇庙戏台在碑刻中的首次出现已经是在乾隆四十八年（1783）《五社重修来凤山昊天玉帝行宫碑记》中，碑文言：“并前所修舞楼七间，塗塈修饰”，毋庸置疑，此为重修。又山门看墙东侧影壁束腰石有万历年间修看墙题记言：“大明山西泽州高平陵川县一社五庄，二十六年维那头皇甫瑶同弟皇甫玫等，重修看墙一坐，永远记，万历三十四年（1606）七月初一日立。”据此我们可以推知，戏台的建修至迟应该在万历年间。而后民国年间也曾补修，现戏台仍存，但今人已经稍加改造，并非原貌了。2013-07-23	2004 年 6 月省级文物保护单位；2013 年国家重点文物保护单位	
3	常乐村玉皇庙舞楼	康熙三十五年（1696）		玉皇庙位于村东，坐北面南，七月十一庙会，现存建筑有正殿，东西厢房，山门，及庙外戏台（新修），西侧看楼（新修）。庙内存旧碑 9 通。 玉皇庙正殿的正式创建是在康熙十五年（1678）至康熙三十二年（1693）之间。在此之前，玉皇庙的处境是极度窘迫的，碑文有言：“有玉皇庙一区。黄土覆墙，白□盖至，与柝舍无异，不知建自何时，缺厥识，漫不	无	未公布

续表

序号	名称	创建年代	可考年代	简　介	文保	公布情况
				可考。历多年风雨剥落，帝像淋漓。耕夫牧竖常午梦其中，犬豕践踏，臭恶实甚。”情况之糟糕可想而知。康熙三十二年至三十五（1696）年间，玉皇庙“创建舞楼□大门三楹”。玉皇庙规制趋于完整。① 道光二年（1822）又再次增修，并修缮舞楼。② 道光四年（1824），玉皇庙确立庙宇四至，并勒碑为记。③ 光绪三十一年（1905）再行维修。④ 现戏台已经改建。2013-07-24		
4	悬壶南玉皇庙舞楼	雍正三年（1725）		玉皇庙为其村之大庙，位于村中位置，坐北面南，庙内建筑唯有正殿为新修，且已全失原之痕迹，正殿前台阶抱鼓石上刻字有“明正德十六年三月初一……”，可知庙宇最迟在明正德十六年以前已经存在。庙内现存碑刻一通，为雍正三年（1725）《创修舞楼碑记》，碑中言：“悬壶村玉皇庙素无舞楼，以致祭祀不便，郊社不通，将何以表神明之诚意乎！由是合社人等，愿尽虔诚，竭力修造舞楼七间。”⑤ 悬山顶戏台面阔三楹 7.2 米，其中明间 2.91 米，进深 5.32 米，基高 1.71 米，柱高 3.18 米，东西耳房各面阔两楹 5 米，进深 3.91 米。2013-08-12	无	未公布

---

① 〔清〕康熙三十五年（1696）《创建玉皇庙记》，邑痒博士弟子员李芬甲篆，邑痒博士弟子员李美韶书，玉工尚我礼镌石，笏首方趺，高 166 厘米、宽 56 厘米、厚 20 厘米，现存庙内，碑体中部断裂。

② 〔清〕道光二年（1822）《玉皇庙增修碑记》，国子监太学生斜首李闲撰，邑痒博士弟子员李方亨书，玉工成禄刊石，壁碑，宽 160 厘米、高 80 厘米，现存庙内，保存完好。

③ 〔清〕道光四年（1824）《玉皇庙记社地石》，撰碑书丹者不详，壁碑，楷书，宽 70 厘米、高 37 厘米，现存庙内，保存完好。

④ 〔清〕光绪三十一年（1905）《维修捐施碑》，撰碑书丹者不详，笏首方趺，玉工郭福来镌石，高 170 厘米、宽 50 厘米、厚 17 厘米，现存庙内，保存完好。

⑤ 〔清〕雍正三年（1725）《创修舞楼碑记》，撰碑书丹者不详，壁碑，碑文楷书，现存山门戏台下通道东侧墙壁，部分字迹不清。

续表

序号	名称	创建年代	可考年代	简　介	文保	公布情况
5	永宁寨白衣庵戏台	乾隆五年（1740）		白衣庵，村人称其为坡庙，庙会日期农历二月初二。 山门戏台，悬山顶，七架梁进深六椽，合瓦屋面灰脊饰，戏台区分前后台，隔扇大部仍存。据其脊枋知乾隆五年（1740）建修。[①] 戏台面阔三楹 7.12 米，其中明间 2.95 米，进深 3.13 米，后台进深 1.5 米，基高 3.5 米，柱高 2.35 米，耳房面阔三间 7.14 米，进深 3.5 米。2013-07-23	无	未公布
6	官庄玉皇庙戏楼		乾隆七年（1742）重修	玉皇庙三进院，建筑保存相对较好。中轴线上自北向南依次为正殿三楹，六檩卷棚悬山顶香亭三楹，三道山门，二道山门，山门戏台，侧殿、配房、看楼、耳楼等建筑分列庙院东西。庙内无碑刻留存，故其庙宇沿革不详。唯戏台有脊枋题字，可知乾隆七年（1742）重修戏台，并创建东西耳楼六间。[②] 山门戏台悬山顶，五架梁进深四椽，合瓦屋面灰脊饰，面阔三楹 7.7 米，其中明间 2.73 米，进深 4.9 米，基高 3 米，柱高 2.2 米，台口 0.7 米。耳房面阔 7.88 米，进深 4.1 米。看楼东西各面阔四楹 9.2 米，进深 4.3 米，硬山顶。下院南北 12 米，距二道山门 21 米，距献殿 34 米，东西 13.8 米，较为宽敞。2013-09-21	无	未公布
7	界牌岭甘露寺舞楼	乾隆十七年（1752）		舞楼建修于乾隆十七年（1752）[③]，面阔 8.11 米，其中明间 2.94 米，进深 4.9 米，柱高 2.42 米，下层山门通道高 2.9 米，东西耳房各三楹面阔 7.13 米，进深 4.23 米，庙院宽 12 米，深 19.2 米。2013-08-09	无	未公布

---

① 戏台脊枋题字：乾隆五年岁次庚申七月己巳朔越二十五日癸巳良辰……自建之后永保合村人口平安，百福骈臻，以垂不朽，永远记耳。

② 玉皇庙戏台脊枋题字：时大清乾隆七年岁在壬戌三月中浣之吉重修戏楼三间创修耳楼六间，纠领人冯扩，仝合社人等修理……

③ 舞楼脊枋题字："时乾隆十七年孟夏月建修舞楼三楹左右耳楼六间，住持湛法、湛静请到木工王春发泥水匠许占先玉工董天福自修之后永保阖村人口平安五谷丰登田蚕茂盛四时兴旺万事如意永远以为记耳"。

续表

序号	名称	创建年代	可考年代	简　介	文保	公布情况
8	下崖底关帝庙舞楼	乾隆三十一年（1766）		关帝庙位于村南，坐北朝南，庙宇年久失修，业已荒芜，建筑亦多有残破。戏台山门倒座，看楼各三间，分列东西。 据关帝庙正殿脊枋题字，其始建于乾隆己未年（乾隆三年 1738）。[①] 戏台脊枋题字有“大清乾隆三十一年岁次丙戌庚午月创建舞楼三楹东西耳楼四楹丁丑□吉时上梁……”，可知戏台建修于乾隆三十一年（1766）。2013-09-02	无	未公布
9	东李门三官庙舞楼	乾隆三十四年（1769）		高平县河西镇东李门村位于县城之南 5 公里。三官庙位于村中间。坐北面南，庙宇一进院，因有人居住，故虽未重修，而正殿，侧殿，配殿等保存相对完好。庙内无碑刻留存，唯有戏台有乾隆三十四年（1769）创修脊枋题字。[②] 山门戏台三楹，悬山顶，面阔 8.38 米，其中明间 2.8 米，进深 5.01 米，基高 2.27 米，柱高 2.54 米，前檐角柱后 0.8 米砌山墙，耳房面阔两间 3.53 米，进深 3.67 米。2013-05-31	无	未公布
10	下庄玉皇殿、地藏殿舞楼		乾隆三十四年（1769）	下庄玉皇庙与地藏王菩萨庙相邻同位于村西北，坐北朝南，各为一进院且二庙南北跨度相同，并列分布，玉皇庙在东，地藏庙在西。据村中人介绍，原来两庙之间有一厢房，前后开窗，两庙公用，且将二庙大致作区分，后来此厢房坍塌，故而现在看起来像一座庙宇。 两座庙宇各有其正殿、耳楼、山门（戏台），规制严整。玉皇殿东接耳楼是为三元殿，玉皇殿与地藏王殿之间为春秋楼，地藏王殿之西也有同样形制的二层建筑，为牛马王殿，此楼之西又接一财神阁，亦名增福阁。两座山门戏台均面向各自所依附的正殿，玉皇庙前之戏台保存较为完整；另一座则渐几倾圮。	无	未公布

① 关帝庙正殿脊枋题字：时大清乾隆岁次己未年正月二十九日创建关帝庙三间，吉时上梁，合社人口平安……

② 戏台脊枋题字：大清乾隆三十四年……创修舞楼七间……

续表

序号	名称	创建年代	可考年代	简　介	文保	公布情况
				庙内现存乾隆三十四年（1769）《新修玉皇地藏庙记》载："庄之西北，玉皇、地藏、三官三殿，舞楼三间……丁卯岁……东院之正中曰玉皇殿，殿西院之正中曰地藏之宫，更增建于宫殿之间者乃春秋楼也，至若东院之东北三官位焉。西殿之西北牛马王位焉……迄戊辰岁大工已大略讫矣，□戊辰而至于庚巳，其东、西、南之相继而成者，约二十余间。"[①] 结合殿宇的脊枋题字，二庙这种相互连属的格局应该就在此时形成。[②] 依据碑文，在此次新修之前，是有三间舞楼的，然而却并不能确知是属于玉皇殿还是地藏王殿。碑文有言"东、西、南之相继而成者，约二十余间"，或另一座舞楼的建设也在其中。此后，庙宇在嘉庆、咸丰、光绪、宣统年间均有不同程度的补修，然格局并未再有大的变化。[③] 玉皇殿戏台面阔三楹 8.4 米，其中明间 2.8 米，进深 5.1 米，柱高 2.5 米，下山门通道高 2.21 米，悬山顶，耳房三组各三间分列于两座戏台左右。玉皇庙单体建筑庙宇剧场院落东西 13.5 米，南北 17 米。地藏殿前戏台大部塌毁，未能测量，然其形制和玉皇殿戏台基本相同。2013-07-23		

① 〔清〕乾隆三十四年（1769）《新修玉皇地藏庙记》，邑庠生祁觞翽撰并书丹，笏首方趺，碑文楷书，现存庙内地藏殿前东侧，部分漫漶。

② 正殿脊枋题字：时龙飞大清乾隆十二年岁在丁卯重修玉皇大殿三间詹吉十一月壬子丁亥朔越十五日五日辛丑竖柱上梁合社谨书以志永久。

三元阁脊枋题字：时龙飞大清乾隆十二年岁在丁卯重修三元阁三间詹吉十一月壬子丁亥朔越十五日五日辛丑竖柱上梁合社谨书以志永久。

春秋楼脊枋题字：时龙飞大清乾隆十二年……十一月壬子丁亥朔越十五日五日辛丑竖柱上梁合社谨书以志永久。

牛马王殿脊枋题字：时龙飞大清乾隆十二年岁在丁卯创修□□□三间詹吉十一月壬子丁亥朔越十五日五日辛丑竖柱上梁合社谨书以志永久。

③ 〔清〕嘉庆二十二年（1817）《重妆关圣帝君碑记》，撰碑书丹者不详，壁碑，现存庙内，保存完好。增幅阁脊枋题字：时龙飞大清咸丰九年（1859）岁次己未重修增幅阁三间詹吉十月十八日竖柱上梁吉时合社公立永远为志耳。宣统元年（1909）《补修玉皇等庙暨绘事小引》，耆宾八十五叟高维藩撰并书丹，玉工韩玉岐镌，楷书，壁碑，现存庙内，保存完好。

续表

序号	名称	创建年代	可考年代	简　介	文保	公布情况
11	牛村 玉皇庙 舞楼		乾隆 四十九年 （1784） 重修	玉皇庙，村中人称之为大庙，坐北面南，山门走马板上书“金阙宫”三字，现存建筑为两进院，一、二进院之间用矮花砖墙隔开，中间以出入。正殿三楹，匾额“昊天大帝”，两侧殿各三楹，俱为悬山顶，二进院东西厢房各五楹，一进院各三楹。玉皇庙始建不详，庙内现存清乾隆五十一年（1786）《重修玉皇庙内院东西楼陆间中庭三间东西腰房陆间外院东西殿陆间以及补葺山门舞楼一切彩画碑记》载：“余村北首旧有玉皇庙，□余村一重镇也，亦余村一巨观也。府志县志皆载及之，其所由来者远矣。然创建之初虽无考，而重修之日犹可稽。自乾隆八年（1743）岁次癸亥重修大殿一列，而东西两廊、土垣茅茨，仍因其旧，迄今已五十余年矣，能无风雨之漂欤！”如此则玉皇庙之建至迟在清初期。① 碑刻中最早出现舞楼是在乾隆四十九年（1784）《东社重修舞楼七间碑记》中，然已是重修。撰碑人邑庠生焦争光在碑中言：“楼以舞名，重舞也。夫舞者，所以节八音而行八风。故曰歌以舞为主，舞为歌之容。如玉帝庙，舞楼之建由来旧矣。甲申年補葺采邑，俯仰之间已为陈迹。”当是对舞楼之名称做了一番解释。言甲申年，当是乾隆二十九年（1764），舞楼之建在此之前应无异议。舞楼重修之后，碑中言：“筑斯楼也，非徒与齐云落星争高。即绘斯楼也，亦非徒与黄鹤岳阳斗丽。□以演歌舞以承继祀也，憇为序以志之。”虽云不与星云争高，不与黄鹤岳阳楼争丽，反倒是起到了赞美的效果，溢美之意的表达可谓良苦用心。②	无	未公布

① 〔清〕乾隆五十一年（1786）《重修玉皇庙内院东西楼陆间中庭三间东西腰房陆间外院东西殿陆间以及补葺山门舞楼一切彩画碑记》，庠生陈时夏撰文，庠生吴凤吉书丹，监生康永顺篆额，田守温镌石。额题“万善同归”，笏首方趺，碑文楷书，高220厘米、宽66厘米、厚30厘米，现存庙内，保存完好。

② 〔清〕乾隆四十九年（1784）《东社重修舞楼七间碑记》，庠生焦争光撰并书丹，笏首方趺，额题“流芳百世”，高200厘米、宽60厘米、厚23厘米，碑文楷书，现存庙内，保存完好。

续表

序号	名称	创建年代	可考年代	简　介	文保	公布情况
				戏台山门倒座，合瓦屋面，灰脊饰，较为朴素，柱上施额枋，上施斗拱为一斗二升交麻叶，梁头伸出刻作霸王拳。由额施雕花，戏台有隔扇以区分前后台，檐柱间施木质护栏，简易雕花纹。舞台面阔三楹 7.62 米，其中明间 2.9 米，进深 4.88 米，下层山门通道高 2.25 米，柱高 3 米，戏台距正殿 32.5 米，院落东西 8.25 米。2013-07-10		
12	常乐村关帝庙舞楼	嘉庆元年（1796）		戏台面阔三楹 7.8 米，其中明间 2.95 米，进深 5.16 米，柱高 2.47 米，下层山门通道 2.18 米，前檐角柱后 1 米砌山墙。2013-07-24	无	未公布
13	牛庄村东阁戏台		嘉庆二年（1797）以前	戏台悬山顶，合瓦屋面灰脊饰，面阔三楹 7.6 米，其中明间 2.9 米，进深 6.1 米，基高 2.3 米，柱高 3.05 米。2013-08-19	无	未公布
14	朱家庄关帝庙戏台		嘉庆二十一年（1816）重修	朱家庄关帝庙创修于乾隆十七年（1752），当时的规模只有正殿三楹以及东西耳楼四楹。[①] 嘉庆十九年（1814）创建过殿[②]，嘉庆二十一年（1816）重修庙宇。[③] 然碑刻中始终没有提及关帝庙戏台的创建与维修，嘉庆二十一年的碑刻中倒是有这样的记载："于是停演戏而雅赛田祖[④]，按履亩而积聚钱财，且有恭请拔会。"[⑤] 或可知在嘉庆年间，戏台已经存在了。 位于村西北，坐北面南，连同山门外剧场，进深为三大院，现存建筑中轴线上自北向南依次为正殿、献殿、山门、戏台、配殿厢房耳房一应俱全，一进院东西 8.64 米，正	无	未公布

① 正殿脊枋题字：时大清乾隆拾柒年岁次壬寅创修协天大帝正殿叁楹，东西耳楼肆楹，卜吉贰月拾陆日卯时上梁，社首朱楷 朱璞 李增寿 朱永丰（朱）永恒（朱）可从 等，瓦匠 木（匠）石（匠）司务 朱大成 许殿兴，住持心恺 祈合村人口平安五谷丰登，永垂不朽耳。

② 过殿脊枋题字：大清嘉庆拾玖年□□□□创修过殿三间□于三月（中间漫漶不清）自修之后合村平安故为志。

③〔清〕嘉庆二十一年（1816）《千秋永著》碑记，额题“千秋永著”，无题名，撰碑书丹者不详，玉工成大海镌石，笏首方趺，碑文楷书，现存庙内，保存完好。

④ 神名，始耕田者，《诗・小雅・甫田》：“琴瑟击鼓，以御田祖。”毛传：“田祖，先啬也。”或即说神农氏。

⑤ 民间收放贷款的金融互助形式，碑文中另有“摇会”等名目，大体类似。

续表

序号	名称	创建年代	可考年代	简　　介	文保	公布情况
				殿距献殿 18.1 米，正殿悬山顶，面阔三间 7.8 米，进深六椽带前廊 7.1 米，基高 0.6 米，两侧耳殿各两楹，二层、硬山顶建筑，东西厢房面阔各五楹 13.6 米，进深四椽带前廊 5.2 米，硬山顶，前廊山墙处辟门，门上正反两面均施二字匾额，东西各自对应，畏□、竭诚；矩析、规周；左宜、右有；恭严、慎尽；素履、无咎。献殿面阔三楹 7.44 米，进深六椽前后廊 7.15 米，近乎正方形，檐柱 3.77 米，金柱 4.2 米，明间面阔 2.54 米，悬山顶，两侧厢房面阔五楹 10.2 米，硬山顶，献殿之南二进院两侧厢房各五楹，二进院东西 8.64 米，南北 14.1 米，山门三檩悬山。 戏台面阔三楹 7.6 米，明间宽大，面阔 5 米，进深 5 米，基高 1.1 米，悬山顶。础高 0.3 米，明间柱高 2.04 米，角柱高 2.31 米，东耳房面阔 2.92 米，进深 4.2 米，耳房下辟门以进出，门洞高 1.95 米，宽 1.9 米。2013-07-23		
15	东李家庄三义庙戏楼	嘉庆二十三年（1818）		东李家庄现有 500 余口人，主要姓氏任，史。三义庙位于村中，坐北面南，一进大院，现存建筑有正殿三楹，侧殿各两楹，东西配殿各三楹，东西看楼各三楹，山门戏台三以及东西耳楼各两楹，庙宇建筑俱为悬山顶。 戏台脊枋题字："嘉庆二十三年（1818）创修戏楼三间，东西小楼四间……"，可知戏台创建之期。戏台为镜框式，面阔三楹，五架梁进深四椽，合瓦屋面灰脊饰，前檐用两根抹角砂石柱，无柱础。 戏台 7.3 米，其中明间 3.3 米，进深 5.1 米，柱高 2.5 米，耳房面阔两楹 3.5 米，进深 4.5 米，基高 2.5 米，看楼面阔三间 7.2 米，进深 3 米，下柱高 2 米，上柱高 2.5 米。2013-09-18	无	未公布
16	巩村玉皇庙舞楼		道光元年（1821）	玉皇庙坐北面南，一进院，庙宇在 2004 年进行过修缮，现存建筑格局较为完整。正殿三楹，两侧殿二层式，各三楹，东西厢房各八楹，山门戏台三楹，东西戏房二层式，各三楹。玉皇庙始建不详，庙内现存道光元年（1821）《玉皇庙重修碑记》，载及嘉庆、道光年间重修事宜。所谓"即旧制而扩大之，中修正殿三大楹，左右各三楹，东西增立长廊十六楹，面立舞楼三楹，虚其下为神路，东西耳房各三楹，东南便门一道，经始于嘉	无	未公布

续表

序号	名称	创建年代	可考年代	简　介	文保	公布情况
				庆丁丑岁，落成于道光辛巳岁。”[①]格局与今日相同。山门戏台悬山顶，面阔三楹，五架梁进深四椽，合瓦屋面，灰脊饰，前檐用小八角石柱，方凳础。2013-08-14		
17	仙井村三教堂舞楼		道光十三年（1833）改修	庙宇二进院，坐北朝南，2010年重修。庙会日期为三月二十五。中轴线上自北向南依次为三教堂，中殿（南海观音、凌霄宝殿），献庭，山门（戏台）。侧殿、配殿、厢房一应俱全。正殿三楹，五架梁对前后单步梁，进深六椽，悬山顶，门楣上有匾额“三教圣堂”，正殿两侧接二层侧殿各三间，两侧配殿各三楹，东配殿为龙王宫，西配殿为牛马王殿，中殿分两部分，供奉南海观音（面北）、玉皇大帝（面南），七架梁，通进深六椽带前廊，前后用三柱，悬山顶。中殿两侧各有面南硬山建筑各三楹，东侧为奶奶殿，西侧未可知，中殿前紧接六檩卷棚悬山献庭。两侧各五间厢房，现已改造，为村委办公之所。山门戏台面阔三楹，悬山顶，两侧耳房各三间，山门外向接抱厦，用四柱。 三教堂始建不详，金大定二十五年（1185）重修[②]，元至正甲申年（1344）[③]、明嘉靖戊戌年（1538）[④]再行重修。至清道光十三年（1833）“南退舞楼，展拓庙宇”将“旧楼十一楹改为九楹，院内增起月台。”[⑤] 戏台原为山门倒座式，现因乡村建设地基垫高，戏台下阁门已不能通行，干脆全部封死。戏台面阔三楹9.3米，其中明间5.8米，	无	未公布

① 〔清〕道光元年（1821）《重修玉皇庙碑记》，太学生里人郭长乐撰文，儒学廪膳生员里人郭树勋书丹，亦轩居士里人李作新篆额，笏首方趺，碑文行楷书，现存庙内，保存完好。

② 〔金〕大定二十五年（1185）《仙井北村重修三教堂记》，乡贡进士王真净撰，焦诠书丹并篆，赵江镌石，现存庙内，保存完好。

③ 〔元〕至元甲申年（1344）《有元仙井里再重修三教堂记》丹源逸士里人韩嗣宗撰并书丹篆额，石工苏庄靳荣刊，现存庙内，保存完好。

④ 〔明〕嘉靖戊戌年（1538）《重修三教堂碑记》，县庠生廪膳生员刘韬撰文，庠生增广生员赵琳篆额，庠生增广生员倪良孝书丹，现存庙内，保存完好。

⑤ 〔清〕道光十三年（1833）《仙井大社改修舞楼碑记》，撰碑书丹者不详，石匠王林刊石，现存庙内，保存完好。

续表

序号	名称	创建年代	可考年代	简　介	文保	公布情况
				进深6.3米，基高1.2米，明间柱高3.7米，角柱高2.5米，均用方凳础，础高0.3米，角柱立在高1.5米的墙之上。角柱后1.3米处砌山墙，耳房各面阔三楹8.2米，进深5米，戏台距献庭24米，东西21.5米，剧场较为宽大。2013-07-24		
18	宰李村玉皇庙舞楼		道光十七年（1837）重修	玉皇庙现存建筑两进院，然后院正殿已毁，东西配房业已为新建。献殿和山门（戏台）仍存。庙内无碑刻留存，故其沿革不详。山门戏台脊枋题字："时大清道光十七年（1837）岁次丁酉三月廿五日天开黄道辰时上梁合社重修舞楼三间东西六间耳楼，自修之后，保佑合村人等石匠牛进忠、木匠李富、泥水匠李大□均平安，田蚕茂盛五谷丰登，富贵兴荣，永为记耳。"戏台是年重修。 舞楼面阔三楹8.8米。明间3.46米，次间砌墙，两侧耳房各三间，进深五檩四椽5.46米，基高2.34米，柱高2.65米，柱径0.3米。础高0.3米，前檐角柱后0.6米砌山墙，悬山顶，柱头科斗口跳，平身科无斗拱。2013-05-29	无	未公布
19	南凹村玉皇庙戏楼		道光十七年（1837）重修	玉皇庙位于村中，坐北朝南，其始建不详，庙宇现存建筑一进大院，正殿三楹为玉皇殿，东西侧殿各三楹，东西配殿各五楹，山门戏台三楹以及东西戏房各三楹，庙宇建筑悉数悬山顶。 山门戏台面阔三楹，五架梁进深四椽，合瓦屋面灰脊饰，前檐用四根抹角石柱，无柱础，柱间施木质矮护栏。据戏台脊枋题字，知其在道光十七年（1837）重修①。戏台面阔8.35米，其中明间2.73米，进深5.04米，柱高2.6米，台口0.94米，下层山门通道高2.35米，耳房面阔三楹7.15米，进深3.6米。2013-09-20	无	未公布

① 玉皇庙戏台脊枋题字：时大清道光十七年岁次丁酉三月朔天开大吉重修戏楼南九间维社首……众等修理，木匠……为照，金玉满堂，合村人口平安，堆金积玉，百代荣昌。永远为志焉耳。

续表

序号	名称	创建年代	可考年代	简　介	文保	公布情况
20	西李家庄都会府（三官庙）舞楼		道光二十年（1840）以前	西李家庄现有人口100多户，主要姓氏为庞，庙会两年一次，为农历四月初八，都会府是为三官庙，因山门走马板书“都会府”，故此名之。位于村西，坐北面南，现存正殿三楹，侧殿各二楹，配殿各五楹，俱为悬山顶。山门戏台三楹，耳房各两楹，看楼东西各两楹。庙宇始建不详，正殿脊枋有乾隆十七年（1752）重修题字。① 考诸庙内现存碑刻，咸丰三年（1853）、宣统二年（1910）均行补修事宜。② 碑刻中关于舞楼、戏房的建修记载虽集中在咸丰三年（1853）《补修创修碑记序》碑刻中③，但道光二十年（1840）《合社公议禁约碑记》中有“舞楼禁止演洋歌，违者议罚”的记载，可见在当时，神庙戏台曾有过献演洋歌的情况出现，甚至还有可能比较流行。④ 山门戏台面阔6.5米，其中明间2.8米，进深4.7米，柱高2.4米，基高2.4米，西耳房面阔两间4.7米，进深4.1米，悬山顶，看楼面阔两间4.7米，进深2.2米，下柱高1.8米，础高0.3米，上柱高1.9米。院落东西12米，南北22米。2013-09-18	无	未公布
21	北岭村关帝庙舞楼	道光二十七年（1847）		北岭村关帝庙坐北朝南，庙会日期正月二十五，前院现存正殿三间，为关帝殿，东西耳房各二楹，舞台三间，东西耳楼各两间。后院现存正殿三间，为佛殿，东西耳房各两间，东西厢房各三间。关帝庙中的佛殿之建是在乾隆乙亥年，即乾隆四十四年（1779）碑文载：“昔有李氏先人于乾隆乙亥年重修佛殿三楹，迁旧殿佛像于其中。并修耳楼两座，上下各四楹。”至嘉庆“丙寅（嘉庆十一年	无	未公布

① 时大清乾隆十七年三月初三日卯时上梁巳时合木大吉，合社重修，自修之后，来保合境清宁，人物咸亨，永为志耳。

②〔清〕宣统二年（1910）《增修三官庙碑文序》，笏首方趺，碑文下部风化漫漶，现存东侧看楼下。

③〔清〕咸丰三年（1853）《补修创修碑记序》，居士陇西炳箕撰并书，笏首，高162厘米、宽55厘米，现镶嵌于墙壁内，保存完好。

④〔清〕道光二十年（1840）《合社公议禁约碑记》，撰碑书丹者不详，笏首，现镶嵌于墙壁内，保存完好。

续表

序号	名称	创建年代	可考年代	简　　介	文保	公布情况
				1806）修拜庭三楹，东西门道耳房各二楹，山门一道，院壁一围。”院落初具规模，但此时还没有舞楼。[①] 道光二十七年（1847）《增修舞楼厢房看楼并修饰各殿碑记》中载：“自癸卯季秋鸠工庇材，添修舞楼柒间，看楼陆间”，至此关帝庙有了固定的献演场所。[②] 山门舞楼面阔三楹 7.8 米，其中明间 3.2 米，通进深 5.3 米，前台 3.3 米，后台 2 米，柱高 2.9 米，下层山门通道高 2.4 米，耳房面阔各两楹 4 米，进深 3.8 米。院落南北东西均约 11 米。东西看楼各三楹，四檩卷棚悬山顶，未测量数据 2013-09-02		
22	梅叶庄关帝庙舞楼		道光二十九年（1849）重修	梅叶庄，主要姓氏为李，关帝庙庙会正月十五，庙宇一进大院，始建不详。现存建筑有正殿三楹，据其脊枋题字，于民国十二年（1923）补修，是为正殿最后一次落架大修的时间。东西侧殿各两楹，东西配殿各三楹，为二层式建筑。东西看楼各四楹，其中据东看楼脊枋题字，于咸丰二年（1852）重修。山门舞楼三楹以及两侧耳房各两楹。据舞楼脊枋题字，于道光二十九年（1849）重修。 山门舞台合瓦屋面，灰脊饰，悬山顶，面阔三楹 6.8 米，其中明间 2.8 米，进深 5.5 米，柱高 2.4 米，台口 1.4 米，耳房面阔各两楹 4.7 米，进深 3.6 米，看楼面阔四楹 9.5 米，进深 3 米，下柱高 2.2 米，上柱高 1.6 米。院落东西 11 米，南北 21 米。2013-09-02	无	未公布
23	牛村三清殿舞楼		同治四年（1865）改修	三清殿位于村西，坐北朝南，一进院，正殿、侧殿、厢房、山门、山门外戏台，一应俱全。 三清殿始建不详，庙内现存碑刻三通，俱为清代所勒。乾隆三十四年（1769）《重修东禅房碑志》载：“是庙东房古迹五间，北三间，姬运洪建修于顺治己亥年，即顺治十六	无	未公布

① 〔清〕嘉庆十二年（1807）《重修佛殿碑记》，邑庠生周纂袁培桐撰文并书丹，笏首，现存庙内，下部毁失。

② 〔清〕道光二十七年（1847）《增修舞楼厢房看楼并修饰各殿碑记》，郡增生常鹤鸣撰文并书丹，玉工朱锐镌石，螭首方趺，现存庙内，保存完好。

续表

序号	名称	创建年代	可考年代	简　介	文保	公布情况
				年（1659）。”三清殿之建应不晚于此时。[①]另同治四年（1865）《……补修葺退改舞楼碑记》载：“吾村旧有庙……昔号七贤馆”，此名不知何来。是碑也记载了三清殿退改舞楼的相关事宜：“山门外正南仅有舞楼三间，每（缺）神演戏之日，恒妩狭隘，应社者往往难之，忽于同治三年蛆月，适姬姓有堂楼七间，在舞楼后，意欲变卖，于是买入社中以为退改舞楼之计。”此次工程“择吉于同治四年（1865）二月初九日建功，正南□修舞楼三间并东西耳楼四间（缺）六日告竣。”如此“赛神演戏亦宽阔其有余乎”。[②] 戏台外置，单层台，悬山顶，五架梁进深四椽，合瓦屋面灰脊饰，前檐小八角石柱四根，用裙带础，础间施石质护栏，柱头施斗拱为三踩单昂，由额雕刻花卉图案。 戏台面阔三楹 9 米，其中明间 3.41 米，进深 2.81 米，基高 1.25 米，柱高 3.19 米，戏台距山门 15 米。2013-07-10		
24	西李门玉皇庙舞楼		同治十年（1871）重修	高平县河西镇西李门村玉皇庙，位于村北，所祀之神为玉皇大帝。玉皇庙现存建筑有正殿三楹，东西侧殿各三楹，东西配殿各六楹，山门过庭一处。外置戏台三间以及戏房四间。 玉皇庙始建不详，庙内现存最早碑刻乾隆三十六年（1771）《补修三庙碑记》已言是重修，并说玉皇庙为“宋明道先生为晋城令时，所设乡学也”，此说不知由何而来。[③]同治十年（1871）《重修玉皇庙碑记序》中首次提到舞楼，然已是重修：“斯村之北，有玉皇庙一所，不知创自何代。乾隆三十六年有重修碑记，略叙大概，迄今百年矣。殿宇、廊庑以及山门、舞楼不无风雨侵蚀。”或舞楼在乾隆那次补修时就已经存在。该碑还言庙宇	无	未公布

① 〔清〕乾隆三十四年（1769）《重修东禅房碑志》，姬乘龙书，楷书，壁碑，现存庙内，保存完好。

② 〔清〕同治四年（1865）《……补修葺退改舞楼碑记》，儒学生员焦学敏撰，丹西处士任大宝书，笏首方趺，碑文楷书，现存庙内，部分漫漶。

③ 〔清〕乾隆三十六年（1771）《补修三庙碑记》，癸酉科举人拣选知县陵川武敦撰，书丹者不详，笏首方趺，现存庙内，保存完好。

续表

序号	名称	创建年代	可考年代	简介	文保	公布情况
				在咸丰年间亦曾有司星垣主持修缮，同治九年再行修葺[①]。民国六年至十三年间，在村中耆绅的主持下对庙宇再次重修。[②] 戏台外置，距山门12.7米，悬山顶，合瓦屋面灰脊饰，五架梁进深四椽。面阔三楹8.65米，明间2.85米，进深4.9米，基高1.72米，柱高2.46米，耳房面阔二间5.23米，进深3.6米。悬山顶。斗拱单翘单昂，平身科昂后施竖柱，上承金檩，梁头出作耍头，额枋两端浮雕花卉图案。2013-05-31		
25	朵则村关帝庙歌舞楼	同治十一年（1872）		关帝庙位于村南，坐北朝南，始建不详。庙内现存清碑一通，为同治十一年（1872）《补修关帝庙兼创歌舞楼碑记》，可知关帝庙重修以及歌舞楼创建之期。[③] 戏台外置，面阔三楹，五架梁进深四椽，悬山顶，合瓦屋面，灰脊饰。戏台面阔三楹8.3米，其中明间3.4米，进深5.2米，基高1.6米，柱高2.9米，台口1米。耳房面阔各两间4.1米，进深3.7米。戏台距山门20米，原有西侧看楼，现已不存，院落东西大致15米。2013-09-17	无	未公布
26	岭坡村三官庙戏台		光绪以前	三官庙位于村西，和村之西阁（观音阁）相连，位于阁之南，庙院保存较为完整，山门走马板书“都会府”，现存正殿三楹，两侧看楼各六楹，戏台三楹。 三官庙始建不详，据庙内碑刻等遗存信息，乾隆五十六年（1791）补修[④]，并有道光二十九年（1849）所刊立禁桑羊碑记。观音	无	未公布

① 〔清〕同治十年（1871）《重修玉皇庙碑记序》，高平县儒学廪生史纪模撰，泽州府儒学附生成建寅书，玉工刘福成镌石，笏首方趺，现存庙内，保存完好。

② 民国十三年（1924）《重修玉皇庙碑记》，撰碑书丹者不详，笏首方趺，现存庙内，保存完好。

③ 〔清〕同治十一年（1872）《补修关帝庙兼创歌舞楼碑记》，例授征仕郎，候选直隶州州判，恩贡生李生华撰；例授征仕郎，候选直隶州州判，拔贡生田毓章书，玉工赵秀成镌石，额题“百世流芳”，笏首方趺，170×51×17，碑文楷书，现存庙内正殿前廊东侧，保存完好。

④ 〔清〕乾隆五十六年（1791）《补修三官庙碑记》，额题楷书“补修三官庙碑记”，撰碑书丹者俱不详，笏首，碑体断裂，下半部遗失，现倒伏于庙院内。

续表

序号	名称	创建年代	可考年代	简　介	文保	公布情况
				阁有同治十二年（1873）重修脊枋[①]，庙宇东看楼脊枋可看清光绪三十三年重修字样。[②] 戏台面阔8.06米，其中明间2.75米，进深4.78米，基高2.09米，柱高2.7米，柱径0.3米，角柱后0.7米砌墙，西耳房面阔3.9米，东耳房面阔5.3米，进深2.6米，看楼各六楹，面阔14.8米，进深4.13米，上层柱高1.59米。戏台距正殿18.5米。2013-05-31		
27	北小仙玉皇庙戏楼		光绪十二年（1886）重修	玉皇庙位于村南，坐北朝南，戏楼独立庙外，正对山门。据其脊枋题字，戏楼于光绪丙戌年，即光绪十二年（1886）重修。[③] 戏楼面阔三楹6.6米，明间3.7米，进深5.0米，基高0.98米，柱高2.6米，角柱高2.3米，前檐角柱后1.23米砌山墙，西耳房面阔4.9米，进深3.8米，戏台距山门7.8米。2013-08-14	无	未公布
28	河西村生生堂戏台	民国十四年（1925）		基本格局尚存，损毁严重，存戏台一座，脊枋题“中华民国十四年乙丑”字样，旧碑无存，目前有建筑公司占用，是标准的一进院。2013-05-17	无	未公布
29	杜村关帝庙舞楼		民国十四年（1925）	关帝庙位于村北，坐北面南，一进院，庙宇曾进行过修缮，故而建筑保存较为完好，正殿三间，五架梁带前廊，进深五椽，两侧殿为二层式，面阔三间，均有前廊；东西厢房各七间。山门三门式，山门戏台面阔三间，合瓦屋面，灰脊饰，五架梁进深四椽，两侧戏房二层式，各三间，庙宇建筑俱为悬山顶。 关于关帝庙之始建信息，见于民国碑刻中记载：“皆创始于乾隆年间”，脊枋题字的记载“大清乾隆三十六年”也印证此说，当	无	未公布

① 时大清同治十二年重修前后阁六间门道一间，社首牛育秀、牛桓、牛湖、牛监、牛盛林、牛英堂仝石工赵秀成、泥水工侯喜□、木工王廷玉同心协力，共成其事，于五月十九日吉时上梁永垂不朽以是为记耳。

② 时光绪三十三年六月十六日南坡执事社首牛守铭、牛进山、牛增寿……补修南楼六间，石工牛新年、木工成五则、牛陈山、刘宝炉，泥水工侯老□、毕□孩吉日辰时上梁工成告竣自修之后大吉大利，合社平安，永远为记耳。

③ 戏台脊枋题字：光绪岁次丙戌年（1886）重修戏楼三间辛卯月辛未日……黄道□□上梁大吉，重修之后永保合村人等平安田蚕兴旺永远为记耳。

续表

序号	名称	创建年代	可考年代	简　　介	文保	公布情况
				是无误。[①] 民国十四年重修，其规模为“关帝庙正殿三楹，东北西北禅室各三楹，牛马王殿三楹，蚕姑殿三楹，东西禅室各四楹，舞楼三楹，东南、西南耳楼各三楹”。[②] 山门戏台面阔 8.3 米，其中明间 3 米，进深 5.1 米，柱高 2.8 米，戏台下山门通道柱高 2.5 米，耳房面阔 7 米，进深 4 米，耳房与戏台之间均辟有山门，宽 1.75 米。庙院东西 15 米，南北深 30 米。2013-09-11		
30	郭家庄三教堂戏台	民国十五年（1926）		郭家庄现有 100 多户，500 人左右，主要姓氏郭，庙会日期农历二月十九。三教堂位于村西，坐北面南，一进院，始建不详，戏台脊枋只能见“中华民国十五年”字样，其余模糊不清。山门镜框式戏台面阔三间 7.7 米，其中明间 3.2 米，进深 5 米，柱高 2.6 米，础高 0.3 米，下层山门通道高 2.3 米，耳房东西各面阔两间 3.8 米，进深 3.9 米。2013-09-17	无	未公布
31	桥南村三教堂戏台		民国十五年（1926）重修	三教堂位于村北，坐北面南，一进院，现存建筑有正殿三楹，侧殿各两楹，东西看楼各四楹，山门戏台三楹以及东西耳楼各两楹。据其正殿脊枋题字，民国十五年（1926）重修正殿，戏台脊枋也有是年题字。故可知庙宇在民国十五年进行了大修。 山门镜框式戏台，面阔三楹，合瓦屋面灰脊饰，五架梁进深四椽，有隔扇区分前后台，上下场门上均有匾额，分别为“别善恶”“寓褒贬”。 戏台面阔 6.6 米，其中明间 3.3 米，通进深 4.1 米，前台明间进深 2.6 米，次间 2.1 米，柱高 2.2 米，下层山门通道 2.4 米，耳房东西各面阔一间 3.2 米，进深 3.7 米；看楼面阔四楹 9.5 米，进深 2.7 米，下柱高 2.5 米，上柱高 1.6 米。院落南北 15 米，东西 8.5 米。2013-09-17	无	未公布

---

① 关帝庙正殿脊枋题字：时大清乾隆叁拾陆年岁次辛卯杜村阖社建修关圣庙正殿叁间、东西耳楼陆间，石工□□、木（工）□□、□（瓦）（工）□□，择吉于十月廿四日卯时竖柱上梁，大吉，自修之后，阖社人等四时清吉，八节康宁，大利。永为记耳。

② 民国十四年（1925）《补修关帝庙及三官庙并奎星楼碑记》，第一高等小学校毕业，现充国民学校校长牛生民撰书，玉工司秋喜镌石，笏首方趺，196×59×19，现存庙宇东配殿前廊，保存完好。

续表

序号	名称	创建年代	可考年代	简　介	文保	公布情况
32	下崖底东坪村玄帝庙舞楼		民国十七年（1928）重修	东坪村庙会日期三月初三。玄帝庙位于村北，坐北朝南，一进院，现存正殿三楹，侧殿各两楹，东西配殿各三楹，山门舞楼以及耳房。玄帝庙的创建时间较晚，庙内现存嘉庆七年（1802）《创修玄帝庙以及诸神宇禅房过庭碑记》详载创建事宜，然并未言及舞楼。据舞楼脊枋题字，民国十七年（1928）重修。 山门舞台面阔三楹 6.8 米，其中明间 3.1 米，通进深 4.5 米，其中前台 2.9 米，后台 1.6 米，柱高 2.6 米，耳房面阔各两楹 5.3 米，进深 3.1 米。2013-09-02		未公布
33	宰李老母庙戏台			老母庙位于村中，所祀之神为王母娘娘，已改建。 戏台仍存，屋顶已更换，悬山顶面阔三楹 7.12 米，其中明间 2.8 米，进深 4.43 米，柱高 2.68 米，现用作仓库，未能进入。2013-05-29	无	未公布
34	西李门村东玄武庙戏台			西李门村东玄武庙，位于村东，庙宇坐北面南，所祀之神为玄武大帝。现存建筑两进院，部分建筑得到修缮，后院正殿三楹，侧殿各两楹，两侧配殿已是今人新建之物，二道山门为过庭式建筑，面阔三间。下院山门戏台及耳房，庙院两侧还有二层禅房各三间以及其他附属建筑。庙内无碑刻遗存，庙宇沿革不详。 戏台为单层台，五架梁进深四椽，合瓦屋面灰脊饰，前檐用小八角石柱，方凳础，柱头斗拱三踩单下昂。面阔 7.77 米，明间 2.89 米，进深 4.75 米，基高 1.63 米，柱高 2.52 米，角柱后 1.05 米砌山墙，耳房面阔 4.97 米，进深 3.75 米。2013-05-31	无	未公布
35	焦河村东华观戏台			焦河村，主要姓氏焦，400 多户，1700 多人，因原来村中有小河自东北向西南贯穿，村因名之。现河已不存，原河道已被填埋修作公路。据村民介绍，其村有："东观（东华观），西寺（玄德寺），北庙（炎帝庙），南堂（观音堂）" 的说法，有幸的是这些寺庙宫观都保存了下来。 东华观，坐北朝南，位于村之东，临近东阁。因在东阁之西，俗称东庙。二月初六庙会。东华观原为三进院，中轴线上自北向南依次为三教堂（已全部坍塌），三清殿，东华殿，山门戏台、耳房、钟鼓楼，前殿东西还有两角殿（已经全部新修），厢房分列二三进院，庙宇大部分未维修。	无	未公布

续表

序号	名称	创建年代	可考年代	简　介	文保	公布情况
				依据山门处明隆庆壬申年，即隆庆六年（1572）创建之“东华观”匾额。庙宇创建应不晚于此时。至民国五年补修庙宇，其间数百年沿革不详，民国碑刻中对于东华观所祀何神以及庙宇格局做了介绍：“村之东华观，分为三院，其前院正殿塑东华帝君神像，故称为东华观。盖帝君者，古时一得道仙人也。其徒有汉钟离等，皆羽化而登仙焉。或云混沌初开，帝復日月之精，万古咸被照临，孰敢不修其祀典？他若中院正殿之三教，后院正殿之三清，以及两角殿之真武、玄武，前院东角殿之关帝。”① 戏台山门倒座，面阔 6.9 米，其中明间 3.1 米，进深 5 米，柱高 2.76 米，下层柱高 2.24 米，前檐角柱后 1 米砌墙，耳房面阔 7.2 米，进深 4.8 米，距正殿 23.8 米，东西 24.8 米。2013-07-25		
36	焦河村关帝庙戏台			关帝庙位于村中，坐北朝南，现仅存一戏台。戏台面阔 13.4 米，其中明间 5.7 米，进深 6.6 米，基高 1.47 米，明间柱高 3.1 米，角柱高 3.5 米，前檐角柱后 1.5 米处砌墙。 戏台临近村委会所在地，现其功用已非演戏酬神，而是在正月十五，村民将村中在各自庙宇供奉的神仙老爷请到村委旁边的戏台上，在新建戏台唱戏，诸位老爷伙同观看，一并乐呵。2013-07-25	无	未公布
37	义庄村玉皇庙戏台			义庄村位于县城东南 15 公里，约有 200 余户，800 余人，主要姓氏刘。玉皇庙位于村中，所祀之神为玉皇大帝。始建不详，庙内现存碑刻一通，为嘉庆二十年（1815）《重修玉皇庙碑记》，碑中有言：“吾乡自有崇祯年间旧有玉皇上帝庙，迄今将近二百年矣”，或可信。② 庙宇山门，正殿，左右侧殿，左右厢房俱存。距山门 27 米，隔街正对一戏台，悬山顶，面阔三间 9.12 米，明间 5.7 米；进深 7.2 米，基高 1.38 米，柱高 3.71 米。东西耳房以及西侧二层看楼俱存。西耳房下为过往通道。2013-05-22	无	未公布

① 民国五年（1916）《重修东华观碑记》，前清附生师范毕业最优等民国检定最优等小学校教员司纪元撰并书，玉工田保顺镌石，笏首方趺，现存庙内，局部漫漶。

② 〔清〕嘉庆二十年（1815）《重修玉皇庙碑记》，乾隆戊申科举人吏部参选知县乡饮大宾刘三香撰文，笏首方趺，现存庙内山门西侧，保存完好。

续表

序号	名称	创建年代	可考年代	简　介	文保	公布情况
38	苏庄玉皇庙戏台			戏台似乎已经经过改造，并非原貌。戏台面阔8.16米，进深5.17米，基高2.34米，柱高2.7米，前台伸出0.9米，戏台前台西侧有台阶上下，台阶上刻字“大清国康熙四十九年四月□十二日立神基”，是否为戏台原有之物，待考。2013-05-28	无	未公布
39	北小仙关帝庙戏台			关帝庙位于村西，坐北面南，依地势高低划分为上下三进院，上院为悬山顶正殿三间，左右硬山顶侧殿各两间，东西配殿各三间，中院为左右二层看楼各四楹，下院则为山门过路戏台。现山门已废，戏台也已部分踏毁，且明、次间均被砌墙。下院内荒草丛生，似乎见证着农村神庙演剧的兴衰。 山门戏台悬山顶，面阔三楹9.6米，其中明间3.7米，通进深6.0米，后台进深2.35米，基高1.8米，柱高2.8米，院落东西9.1米，戏台距正殿34米。东西耳房各一间面阔3.6米，进深4.4米。看楼东西面阔各四楹10.0米，进深4.1米，上层柱高2米。2013-08-14	无	未公布
40	南岭村玉皇庙戏台			南岭村玉皇庙坐北朝南，庙会日期农历七月二十四。庙宇两进院。 山门戏台，悬山顶，仰瓦屋面灰脊饰，五架梁进深四椽，面阔7.3米，其中明间2.9米，通进深4.9米，前台3.6米，后台1.3米，柱高2.3米，础高0.3米，台口1.1米，耳房各面阔两间4.6米，进深3.8米，看楼东西各面阔三楹，悬山顶，曾改作他用而前檐砌墙，未测量。2013-09-02	无	未公布
41	窑头村关帝庙戏台			窑头村现有居民约80户、300人，主要姓氏张、段。无庙会。关帝庙位于村东，坐北面南，庙宇建筑部分损毁，现存正殿三楹，东西配殿各三楹，东西看楼各两楹，戏台三楹，东戏房三楹，戏台西侧为山门，面北而开。格局较为完整。戏台悬山顶，面阔三楹7.7米，其中明间3米，进深5米，基高1.7米，柱高3米，台口0.8米。庙院东西12米，南北17.5米，戏台前檐已砌墙，曾改作他用。2013-09-11	无	未公布
42	双井村炎帝庙戏台			炎帝庙位于村中，坐北面南，始建不详，据正殿脊枋题字：“时炎帝庙之修由来久矣，创始无簿，重修道光十五年，岁次乙未四月……”可知光十五年（1835）正殿落架大修。现存一进院，正殿三楹，侧殿各一楹以及山门戏台。据庙内存碑刻，民国四年（1915）	无	未公布

续表

序号	名称	创建年代	可考年代	简　　介	文保	公布情况
				补修。[①] 戏台悬山顶，五架梁进深四椽，合瓦屋面灰脊饰。面阔三楹 6.1 米，其中明间 2.8 米，进深 4.9 米，下柱高 2 米，上柱高 2.3 米，耳房面阔两间 3.6 米，进深 3.9 米，院落南北 13.2 米，东西 8.7 米，看楼仅存东看楼，面阔四间 9.8 米，进深 2.7 米，四檩卷棚悬山，进深三椽。2013-09-18		
43	新庄五虎庙戏台			五虎庙位于村南，坐北面南，一进院，现存建筑有正殿三楹，东西耳楼各三楹，山门戏台三楹以及耳楼七楹（东三西四）。庙宇两侧厢房俱已不存。山门戏台面阔三楹 6.7 米，其中明间 2.5 米，进深 4.6 米，柱高 2.9 米，台口 0.5 米，下层山门通道柱高 1.85 米，础高 0.5 米。正殿东西二层配殿均带前廊，或可作观剧之所，面阔 5.2 米，进深 0.8 米。2013-09-20	无	未公布
44	乔村三教堂戏台			山门戏台，悬山顶，五架梁，面阔三楹 7.7 米，其中明间 3.2 米，进深 4.75 米，基高 2.43 米，柱高 2.6 米，耳房面阔两间 5 米，进深 3.9 米，台口 0.85 米。院落东西 23 米，南北 19 米。2013-09-21	无	未公布
45	刘庄三教堂戏台			大庙位于村北，坐北面南，两进院，中轴线上自北向南依次为三教殿三楹，前殿三楹（不知所祀何神），山门戏台三楹。侧殿、厢房（东西各 14 楹，甚为壮观），耳楼分列两侧。据庙内后殿三教殿脊枋题字记载，三教殿及其耳楼创建于康熙四十三年（1704）。[②]而后光绪十四年（1888）亦曾补修。[③] 山门戏台面阔三楹 8 米，其中明间 3 米，进深 4.68 米，悬山顶，基高 2.5 米，柱高 2.6 米，台口 1 米，耳房面阔 6 米，进深 4 米，院落东西 15 米，南北 17 米。2013-09-22	无	未公布

---

① 民国四年（1915）《补修炎帝庙碑记》，笏首，撰碑书丹者不详，碑体下部毁失，现存庙内。

② 三教殿脊枋题字：时大清康熙四十三年二月初七日宜用吉时上梁合村人众创建三教大殿三间东西角楼六间自修之后，永保平安以为记耳。

③ ［清］光绪十四年（1888）《劝善会补修大庙碑记》，庠生张受书撰文，焦成栋书丹，壁碑，碑文楷书，现存庙内，保存完好。

续表

序号	名称	创建年代	可考年代	简　介	文保	公布情况
46	东李门玉皇庙戏台			玉皇庙位于村南，坐北面南，一进大院，现存正殿三间，侧殿各两间，两庑各八间，山门戏台以及东西耳楼各两间。 戏台山门倒座，悬山顶正面已封死。面阔三楹 7.79 米，明间 2.9 米，进深 4.55 米，基高 2.03 米，山门令砌台阶 7 阶，柱高 2.23 米，柱头斗拱单下昂，梁头出作耍头。耳房面阔 4.3 米，进深 3.7 米。明间二柱雕阳文楷书对联“出将入相玉堂金马虚富贵；谈文论武洞房花烛假姻缘”。2013-05-31	无	未公布

石末乡古戏台附录表

序号	名称	创建年代	可考年代	简　介	文保	公布情况
1	侯庄丰乐馆舞楼	天启元年（1621）	康熙四十四年（1705）改建、道光元年（1821）重建	悬山顶山门舞楼三间，山门外台阶断砌造，上下两层均用方形抹角砂石柱，底层石柱用双层方凳础，柱头上施大额枋和由额，由额两端雕龙，断砌台基内设内缩式台阶，上层石柱之上施三踩单翘斗拱，耍头龙头，栱面抹斜且有雕琢，补间出 45° 斜拱，上层设木栏杆，栏杆之后是可以拆卸的木板后壁。 舞楼柱头科斗口跳龙头，瓜棱坐斗，平身科各一攒，为翼栱，舞台通阔 8.72 米，其中明间 3.3 米，通进深五檩四椽 4.65 米，台高 2.7 米。院内东西看楼各五间，悬山顶，四架椽，灰脊青瓦，底层用方形抹角石柱，方墩础。看楼面阔 15.8 米，进深 5.1 米。庙院南北 14 米，东西 9 米。2013-07-05	无	已公布。冯俊杰编著《山西戏曲碑刻辑考》、冯俊杰《山西神庙剧场考》
2	晁山村白龙王庙（山门舞楼）	康熙六十一年（1722）		民国十九年（1930）所勒《兴龙山创凿白龙井增修时雨台重修赏雨东亭之厂棚碑记》说：“考诸前碑，系由陵东菊巘山之神宇模而建焉，是之谓行宫。此庙创修于清康熙六十一年（1722）”，此可与庙内现存雍正四年（1726）勒石残碑：“是役也，经始于康熙壬寅（1722）迄雍正乙巳（1725）告竣”中，康熙壬寅年即康熙六十一年（1722）。故可以确定白龙王庙的建庙时间。后乾隆、嘉庆、同治以及民国屡有修葺。依据碑文，白龙王庙自建庙起，所祀神灵为白龙王以及护国灵贶王（三嵕）“……神像而以护国灵贶王配之，灵与灵相济而成雨泽也”，至民国二十二年（1933）刊立《兴龙山重修时雨台及白龙井碑记》中载：“山上祀白龙王、护国灵贶王”，一直相沿此制。	无	未公布

续表

序号	名称	创建年代	可考年代	简　　介	文保	公布情况
				白龙王庙山门舞楼与庙宇的创建同步，“南为山门，舞楼踞其上，左右俱有楼屹然与北楼相对，其东西则各建廊房十□间……”，规制十分严整。山门戏台，已近全部塌毁，五架梁通进深四椽，连通两侧戏房各一间通面阔五间。山门外向借用一椽用作抱厦。山门三门式，面阔五间，上下两层，均用小八角石柱，上层柱上施额枋，上施瓜棱坐斗，柱头斗拱五踩双昂，单步梁头伸出刻作昂状，补间出45°斜拱，栱面均雕花刻瓣。2013-07-23		
3	晁山村 白龙王庙 （外戏台）			因无相关资料，庙宇东侧戏台未能知晓起于何时。 庙宇东侧戏台面阔7.65米，其中明间2.9米，进深5米，后台进深1.5米，基高2.23米，柱高3米，耳房面阔2.51米。2013-07-23		
4	西瑶村 玉皇庙 舞楼		康熙年间 （1662—1722）	玉皇庙创始不详，庙内现存道光七年（1827）刊立《西瑶村重修玉皇庙碑记》中载：“第自雍正四年（1726）重修之后，旧迹已湮，不知始于何时，其东西廊俱重修于乾隆之初，舞楼则创于康熙之季，前明万松山布施碑记在嘉靖、隆、万之际”，此甚为模糊，不过也可为一说。 戏台悬山顶，仰瓦屋面灰脊饰，合瓦剪边，五架梁进深四椽，面阔三间为二层式，下层开一门二窗，为储物之用，舞台面阔三楹8米，其中明间3米，进深4.4米，柱高1.9米，础高0.4米，基高2.2米，台口0.8米，耳房面阔各三楹（二层），6.7米，进深3.6米，硬山式，院落东西15米，南北17米。2013-09-16	无	未公布
5	瓮庄 三教堂 戏台		雍正十二年（1734）重修东看楼	三教堂之创建，民国十五年（1926）《补修三教堂碑记》中有如下描述：“不知起于何年，立于何代。盘桓游观适见墙碑，多历年所，字不清明，凝神查视，有大元二字，想即创建于元朝乎。”然而此说并非臆造，正殿前台基上嵌有碑刻，现今依然可见“大元”字样，确定无疑。另东看楼脊枋题字：“时大清雍正十二年（1734），岁次甲寅，重修东楼五间，癸酉月壬子日，戊申吉时竖柱上梁大吉，主持僧心德，维首人（小字姓名，不清晰，共15人），修理工师（小字姓名，不清晰，共3人），纠领合村众善人等，修造之后祈保万事如意（后不清）”，可知是年重修东楼。	无	未公布

续表

序号	名称	创建年代	可考年代	简　介	文保	公布情况
				正殿三楹，侧殿各三楹，山门戏台三楹并左右戏房各三楹，看楼各五间分列庙院东西，且看楼与戏台耳房之间有廊式建筑两楹，故戏台、耳房、看楼可相互连通。正殿五檩前廊式构架，通进深五椽。前檐用圆石柱，鼓凳础，柱上施额枋上施斗拱为三踩单杪，补间各一攒出45° 斜拱，由额雀替圆雕花卉图案，由额与额枋之间施垫板，亦雕刻精美。 山门舞台面阔三楹，五架梁进深四椽，合瓦屋面灰脊饰，前檐用小八角石柱，无柱础。戏台面阔8.8米，其中明间2.8米，进深4米，柱高2.5米，台口0.9米，础高0.5米，耳房面阔三楹7米，进深4米，看楼各面阔五楹14米，进深5米，下柱高2.5米，下柱础高0.4米，上柱高1.9米。2013-09-16		
6	晁山村二仙庙戏台		光绪十七年（1891）补修	二仙庙始建于万历年间，庙内现存万历己酉岁（万历三十七年1609）刊立《晁山二仙祠碑记》中载："始建祠社。其工肇于□，迄于万历之□"，漏字处应为时间，但原碑均孔一小格，并未刊刻，不知为何。但始建时间在至迟在万历己酉岁（1609）则是毋庸置疑的。据其正殿脊枋"大清康熙"字样，二仙庙在康熙年间或曾落架大修。光绪十七年（1891）勒石之《揭瓦戏台叙》载："戏台东西耳楼损坏更甚，意欲揭瓦而修补"，是现存碑文中唯一一次提到戏台。 正殿五楹，五檩前廊式构架，合瓦屋面灰脊饰，两侧殿各两楹，东西配殿各五楹。山门舞台，面阔三楹，悬山顶，合瓦屋面灰脊饰，五架梁进深四椽，前檐小八角石柱，柱上额枋，上施三踩单昂斗拱，额放下由额圆雕花卉图案。两侧戏房二层式，面阔两间。 戏台面阔8.7米，其中明间3米，通进深5.2米，后台进深1米，基高3米，柱高2.4米，耳房两间面阔3.17米，进深4.28米。2013-07-23	无	未公布
7	王庄诸神庙戏楼	光绪三十二年（1906）		山门戏楼硬山顶，面阔8米，其中明间3.3米，进深5.8米，基高2.1米，柱高2.8米，耳房面阔两间3.7米，进深4.8米，看楼面阔五楹12.8米，进深3.1米，上柱高2.1米，下柱高1.8米，础高0.3米。悬山顶，柱间施木质护栏，近戏台一侧不建山墙，也在一定程度上提高了观戏效果。戏台距正殿30米，南北10米。2013-09-19	无	未公布

续表

序号	名称	创建年代	可考年代	简　　介	文保	公布情况
8	石末村 宣圣庙 舞楼		民国十三年（1924）重建	山门舞楼连通两侧戏房各一间，通面阔五楹，悬山顶，合瓦屋面灰脊饰，五架梁进深四椽，前檐用圆木柱，方形石础，础间施挡板，曾改作他用，砌墙开窗。 舞楼面阔 13.8 米，表演区 8.5 米，明间 3.2 米，进深 4.6 米。柱高 2.8 米，下层山门通道高 3.2 米，耳房面阔各三楹 6.06 米，进深 3.8 米。2013-06-05	2013 年第七批全国重点文物保护单位	未公布
9	石末村 关帝庙 戏台			石末村主要姓氏许，关帝庙坐北朝南，当地村民习惯称其为会馆。 山门戏台悬山顶面阔三楹 8.5 米，其中明间 2.92 米，进深 5.5 米，柱高 2.5 米，下层山门通道柱高 2.7 米，耳房面阔两楹 5.0 米，进深 4 米。2013-06-05	无	未公布
10	石末村 西大庙 戏台			西庙位于村西南，坐北面南，当地人已不知所祀何神，现存建筑一进院，正殿三楹，悬山顶，筒瓦屋面，灰脊饰。东西侧殿各三楹，东西厢房各七楹。 山门戏台，悬山顶，五架梁进深四椽，合瓦屋面，筒瓦剪边，灰脊饰。前檐小八角石柱，无柱础。戏台后墙开二圆窗。面阔三楹 7.6 米，其中明间 3 米，进深 4.6 米，柱高 2.9 米，下层山门通道高 2.35 米，东西耳房为二层式建筑，各三楹，悬山顶，面阔 5.13 米，进深 3.6 米。2013-06-05	无	未公布
11	侯庄村 二仙庙 戏台			二仙庙也即奶奶庙，奶奶庙为其俗称，位于村西，坐北朝南。始建不详，据正殿脊枋题字："时大清道光十二年（1832），岁次壬辰乙□月□午日，重修大殿□□东西耳房□间（缺）云耳"。可知是年重修二仙庙正殿等建筑。 现存庙宇两进院，中轴线上自北向南依次为单檐歇山顶正殿，四檩卷棚悬山献庭，山门戏台三间，硬山顶侧殿东西各三间，东西硬山顶配殿各三间，看楼东西各七间，五架梁进深四椽，庙宇建筑除献庭之外，均在充作学校之时砌上了外墙，故戏台无法进入。2013-07-05	无	未公布
12	侯庄 三官庙 戏台			三官庙位于村东，戏台外置，距山门 50 米许。面向正殿，悬山顶，合瓦屋面灰脊饰，筒瓦剪边，虽保存完好，但已改作他用，砌墙开窗。2013-07-05	无	未公布

续表

序号	名称	创建年代	可考年代	简 介	文保	公布情况
13	侯庄 大王庙 戏台			大王庙位于村东北，坐北面南，庙宇规制比较严整，现存正殿三楹，东西侧殿各三楹，俱为悬山顶，配殿东西各三楹，山门舞楼三楹，两侧戏房各两楹，看楼东西各三楹。为硬山顶样式。庙宇也曾改作他用，故所有殿宇、房屋全部砌外墙，就连山门也被封死。2013-07-05	无	未公布
14	晁山村 观音堂 戏台			观音堂，居村中，坐南朝北，现状较好，正殿三楹，配殿各三楹，山门翻修，戏台庙外独立，据山门约 20 米许。 观音堂创建年代不详，庙内遗存有乾隆五十二年（1787）《新凿义池赞》一碑，另有民国元年（1912）年立《高平县知事永禁事碑》，然两碑之中均未言及观音堂。说观音堂至迟乾隆年间已经存在多少有些证据不足。 戏台通面阔五楹，左右各一楹为戏房，上下两层式，但非山门舞楼，下层为储物之所。戏台硬山顶，五架梁进深四椽，合瓦屋面，灰脊饰，筒瓦剪边，前檐用凹角石柱，无柱础，柱上施额枋，额枋上为一斗二升，坐斗直接承接伸出的梁头。 戏台面阔五楹 10.31 米，其中明间 2.65 米，次间 2.13 米，稍间 1.6 米，通进深 5.35 米，基高 2.1 米，柱高 2.55 米。2013-07-23	无	未公布
15	寨平村 戏台			寨平村西有宋氏家庙（坐西朝东，无戏台），中偏北有玉皇庙（坐北面南，原有戏台），东北有三教堂（坐北朝南，戏台已残毁），戏台位于三庙其中，然其并非与某座神庙一体，而是独立村中，面阔三楹，南耳房三楹，北耳房两楹，俱为硬山顶，戏台前有一广场，现戏台对面建起一排建筑为村委所在地。 戏台面阔三楹 8.4 米，其中明间 3.5 米，进深 5.5 米，南耳房面阔三楹 8.2 米，北耳房面阔 3.5 米，进深为 5.2 米，戏台、耳房俱为硬山顶。2013-09-15	无	未公布
16	秦庄村 西庙 戏台			秦庄村现有 180 余户，900 余人，主要姓氏侯，庙会日期十月初八。 秦庄村之村西（即村口）处是其村之庙宇集中处，围绕两个蓄水池，而有两阁三庙，较为集中且壮观，分别是：西阁，在两池（村外一，村内一，相距约 100 米）之间，其上建牛王庙，两进院，坐北面南，前院牛王庙，后院祖师殿。往东距西阁 20 米许，村内池之东北有观音阁，其上建观音庙，一进院，	无	未公布

续表

序号	名称	创建年代	可考年代	简　　介	文保	公布情况
				现存正殿。村内池之西南，有西庙，所祀之神已不详，一进院，正殿悬山顶，面阔五楹，七架梁对前单步梁，进深七椽，柱头斗拱五踩双下昂，耍头霸王拳，补间斗拱五踩双杪，耍头刻作龙头状。侧殿各两楹，二层式。配殿东西各五楹，东配殿与戏台东耳房之间辟山门，庙宇规制尚且严整。曾用作秦庄村小学。 庙宇始建不详，庙内现存四块碑刻均与庙宇建设无关。纪年最早的是乾隆四十五年（1780）勒石《捐金买地修路碑记》，该庙之创建或早于乾隆四十五年。 山门舞台面阔三楹，已维修，合瓦屋面，灰脊饰，五架梁进深四椽，用方形模棱砂石柱，柱头及补间斗拱均用三踩单下昂。耳房各面阔三楹，硬山顶。舞台面阔 7.6 米，其中明间 2.7 米，进深 5 米，基高 2.9 米，柱高 2.6 米，础高 0.3 米，耳房面阔三楹 7.5 米，进深 4 米。庙院南北 17 米，东西 13.6 米。2013-09-16		
17	双泉村迎神馆戏台			双泉村现有 400 余户，1500 多人，主要姓氏为冯、王。庙会三月十六。 迎神馆位于村西北，坐北面南，一进院，正殿建在高 1.2 米的台基上，悬山顶，移柱造，面阔明三暗五达 13.5 米，明间 5.7 米，五架梁对后单步梁，进深六椽 7.3 米，前后用三柱，前后檐用模棱砂石柱，柱高 3.4 米，明间二金柱用二粗大的圆木柱，其维度达到了 225 厘米，直径约 0.7 米，高度约为 4 米，收杀明显。柱距 4.6 米，前檐明间二柱头不施斗拱，明间则施三朵，正中为七踩三杪出 45° 斜拱，余则七踩三下昂，次间各一朵，七踩三杪，角柱柱头施七踩三下昂斗拱，用材均较为粗大，甚为壮观。 迎神馆无有碑刻留存，不仅如此，整个双泉村，凡八座大小庙宇，只有两块碑刻，且与庙宇并无太大关系。所以我们对整个双泉村的庙宇沿革知之甚少。 山门舞台面阔三楹，五架梁进深四椽，外向借用一椽为山门抱厦，山门面阔三楹，为上下二层式。戏台合瓦屋面灰脊饰，较为朴素，两侧耳房各三楹。戏台面阔 7.7 米，其中明间 2.8 米，进深 4.4 米，柱高 2.8 米，下层山门通道高 2.7 米，台口 1 米，耳房各面阔三间（二层）6.5 米，进深 3 米。原之献棚基础，东西 6.5 米，南北 4.5 米。看楼东西	无	未公布

续表

序号	名称	创建年代	可考年代	简　介	文保	公布情况
				各面阔五楹12米，进深4.3米，上下柱高均为2.5米。院落东西13米，南北16米。2013-09-16		
18	北凹村玉皇庙戏台			北凹村现有约200户，杂姓。关于北凹村之风水，玉皇庙嘉庆二十四年（1819）《栽松柏培养风脉序》中有言："东枕紫金，西望蒲河，北绕龙台，南萦松岭"，风水之妙可见一斑。 玉皇庙位于村中，坐北朝南。庙宇保存较好，现存正殿、两侧殿、东西配殿各五间，山门戏台、耳房。正殿三楹，悬山顶，七架梁进深六椽，前檐用八棱石柱，鼓凳础，柱上施额枋，上施斗拱，柱头科五踩双杪，补间各一攒，出45°斜拱。额枋下由额圆雕花鸟，雀替透雕花草，大额枋与由额之间施垫板，圆雕双龙戏珠、盘龙等图案。正殿前石砌台基为简易须弥样式，束腰石浮雕行龙图案，蜀柱浮雕瑞兽图案，甚为精美。 玉皇庙创建时间无考，正殿脊枋题字依稀可见"大清康熙"字样，至少是正殿曾于康熙年间落架大修。庙内另存有咸丰五年（1855）《北凹村西河井碑记》、咸丰八年（1858）《袁大老爷永断西河井汲水碑文》记载北凹村曾与邻村丁壁人的吃水纠纷，另外也反映出晋东南普遍缺水的自然现实。 山门舞台悬山顶，面阔三楹，合瓦屋面灰脊饰。前檐用圆木柱，无柱础，柱上额枋，上直接承接梁头，额枋下由额圆雕花卉图案。面阔三楹9米，其中明间3.1米，进深4.7米，柱高2.4米，下层山门通道2.2米，耳房面阔两楹5.3米，进深4米。2013-09-16	无	未公布
19	王庄掌石沟三教堂戏台			掌石沟为王庄之自然村，现有人口仅10户，三教堂位于村中，坐北面南，两进院，舞台外置，面阔三楹7.5米，其中明间3.3米，进深5.1米，基高2.2米，柱高2.55米，硬山顶，耳房面阔两间5米，进深4米，南北20米，东西13.5米。2013-09-19	无	未公布
20	西靳寨诸神庙戏台			西靳寨诸神庙，主神玉皇大帝。位于村东，坐北面南。两进院，中轴线上依次为正殿、献殿、戏台。配殿、厢房分列左右。诸神庙创建不详，庙内唯一遗存碑刻勒石时间为康熙五十五年（1716），记叙重修高禖神祠事宜。 献殿面阔三楹6米，进深6.4米，基高0.5米，五架梁对前后单步梁，进深六椽。	无	未公布

续表

序号	名称	创建年代	可考年代	简　介	文保	公布情况
				舞台已成倾圮之状，合瓦屋面灰脊饰，五架梁进深四椽。面阔三楹 7.1 米，其中明间 3.3 米，进深 5 米，基高 1.6 米，柱高 2.7 米，耳房面阔三间 7 米，进深 4.3 米，戏台距献殿 24.5 米，东西 20 米。2013-09-19		
21	东靳寨官关帝庙戏台			东靳寨关帝庙位于村北，坐北面南。 山门戏台面阔三楹 8.8 米，其中明间 3.2 米，进深 4.3 米，基高 2.2 米，柱高 2.6 米，耳房左二右三，戏台距正殿 14 米。2013-09-19	无	未公布

南城区古戏台附录表

序号	名称	创建年代	可考年代	简　介	文保	公布情况
1	南城办上庄观音庙歌台	雍正十一年（1733）		观音堂位于村南，坐南面北，庙宇两进院带东西偏院各一。中轴线上自南向北依次为戏台、二道山门（过庭）、正殿观音堂，观音堂左右各带偏院，东关帝殿，西二郎殿，均为二层建筑。 观音堂内现存最早纪年的碑刻是勒石于乾隆八年（1743）《迁继修建观音堂碑记》，碑中载：“昔者观音堂原在村头，创立未稽（阙文）于雍正癸丑年（1733）创建戏楼三间（阙文）续修东西偏殿六间，彩塑白（阙文）间于壬戌年（乾隆七年 1742）上梁癸亥年（1743）（阙文）”，从碑文的题名和残留的部分清晰的碑文中可以看出观音堂原来并不在此地，而是后来迁址于此。并且于雍正癸丑年创建起了戏楼。而后嘉庆二十四年（1819）《重修观音堂记》“补葺大殿、旁殿、禅房、厨库、大门、外院歌台、看棚、西房，以及院东厦棚与西房不称，改为东房……”知歌台、看棚等是年重修。同治四年（1865）、宣统二年（1910）均有补修。① 戏台悬山顶（调查时正重修②，筒瓦，灰脊饰）面阔三楹 6.7 米，其中明间 2.6 米，进深 5.8 米，后台进深 2.8 米，基高 1.2 米，柱高 2.4 米，础高 0.3 米，台口 2 米，看楼仅存西看楼，面阔四楹 9.4 米，进深 3.7 米，基高 1.5 米，柱高 1.8 米。现已无屋顶，正在重修。2013-09-20	无	未公布

---

① 〔清〕同治四年（1865）《补修观音堂外院记》,〔清〕宣统二年（1910）《补修观音堂记》。

② 调查日期：2013 年 9 月 20 日。

续表

序号	名称	创建年代	可考年代	简　介	文保	公布情况
2	南城办上韩庄玉皇庙舞楼		乾隆四十八年（1783）	山门戏台悬山顶，面阔三楹7.64米，其中明间2.54米，进深4.8米，柱高2.75米，无柱础。戏台下山门通道柱高2.5米，戏房硬山顶各两间，面阔4.9米，进深4米。整个前院南北深13米，东西相距14米，宽敞的院落加上22间看楼，其容量之大可见一斑。且站在正面看楼之二层上，整个前院尽收眼底，观剧效果甚佳。2013-06-16；2013-09-23；2014-09-25	无	已公布。参见拙作《新见神庙剧场看楼、看台、看亭（厅）》，载《戏曲研究》第九十辑，文化艺术出版社，2014年6月，第128—142页。
3	庞村玉皇庙舞楼		乾隆五十一年（1786）补葺	庞村玉皇庙位于村西北，坐北面南，庙宇建筑保存情况较好，中轴线自北向南依次为玉皇正殿、过庭、山门舞楼，侧殿、配殿、厢房、看楼一应俱全。玉皇庙始建不详，据该庙遗存乾隆八年（1743）《重修玉皇正殿及东个关帝楼西个郊禖楼碑记》中载："村北首有昔人所遗玉皇庙，府志县志皆载之。"提到"泫邑所立玉皇庙不下百所，而志之载及者其一米山，其一王庄，而庞村□其一焉，此其中或有微意存欤。"在碑文作者看来，之所以县志府志皆能载及本村玉皇庙，是因为庙中所祀的玉皇大帝——天地之真宰，关圣帝君——神之得乎乾刚之义者，郊禖上神——神之得乎坤柔之义者，所谓"天地同祀一庙"，故言："县志府志之载及者，为取意于此，则未必然"。 庞村玉皇庙于乾隆庚申岁也即乾隆五年（1740）年重修了正殿，庙内碑刻以及正殿脊枋题字都记叙甚详。乾隆五十一年（1786），玉皇庙重修内院东西楼六间，中庭三间，东西腰房六间，外院东西殿六间以及补葺山门舞楼，并彩画庙宇。[①]民国十一年至十四年（1922—1925），玉皇庙创修东西学舍内外八间，东西看楼上下二十间，大门外出厦三间，	无	未公布

① 〔清〕乾隆五十一年（1786）《重修玉皇庙内院东西楼六间中庭三间东西腰房六间外院东西殿六间以及补葺山门舞楼一切彩画碑记》，庠生陈时夏撰文，庠生吴夙吉书丹，笏首方趺，额题"万善同归"，楷书，现存庙内，保存完好。

续表

序号	名称	创建年代	可考年代	简　介	文保	公布情况
				照壁一堵（今已不存），垣墙二围。并且提到了庞村大小庙宇，即大庙（玉皇庙）、祖师庙、炎帝庙、文昌庙、牛王庙、东西大士堂、村西北龙王庙、村西南五龙宫等，这些庙宇现在大多仍存。[①] 玉皇庙舞楼于乾隆五十一年补葺，民国年间的重修，舞楼也在其列。据看楼脊枋题字，东看楼创建于民国十四年（1925）五月，西看楼为是年闰四月。 山门舞楼，悬山顶，五架梁进深四椽，合瓦屋面灰脊饰，前檐用小八角石柱，柱上额枋，上施坐斗直接承接挑尖梁头，额枋下由额、雀替施雕刻。耳房二层式，东西各两楹，硬山顶。东西看楼各面阔五楹，进深两椽，空间虽不宽大，但是仍可容纳不少观众。2013-06-16		
4	徐庄 关帝庙 舞楼		乾隆年间	关帝庙坐北朝南，中轴线上现存建筑为正殿，中殿，舞楼，残毁严重，正殿在路北，其余则在路南，舞楼坐南朝北面向正殿。据舞楼脊枋题字“时乾隆……年春……谷旦本村创修舞楼三楹维首……” 舞楼为单层台，悬山顶，仰瓦屋面灰脊饰，七架梁进深六椽。区分前后台，前檐用抹角砂石柱，柱上施额枋，上施瓜棱坐斗承接梁头。面阔三楹 8 米，其中明间 3.8 米，进深 5.3 米，基高一米，柱高 2.76 米，两侧耳房均面阔 2.55 米，进深 3.5 米，檐柱后 1.71 米砌山墙。2013-07-02	无	未公布
5	谷口村 济渎庙 歌舞台		嘉庆三年 （1798） 以前	谷口村旧名“哭头村”，在今市区西五里处，该地旧名“杀谷”，据传是长平之战时秦将白起坑杀赵军四十万处，村中现有骷髅庙一所，据庙中现存碑文记载，为唐玄宗幸潞时敕有司建立，祀赵国死难将士，又将杀谷改称省冤谷[②]，当地人痛恨秦将白起尤甚，于是村中副业为制作出售白起豆腐，视豆腐为白起肉，先切、再蒸、后煮，世代食之不绝。村中人众多“申”姓，传说因此地冤魂太多，故而以“申”谐“神”，神可镇鬼魂也。	晋城市重点文物保护单位	已公布。参见曹飞《山西清代神庙戏碑辑考》，三晋出版社，2012 年 4 月，第 225—234 页。

① 民国十五年（1926）勒石，高平县立第五高级小学校教员冯遇春撰，山西省第四师范毕业高平县第十学区联合校长郭嵩耀书，楷书，笏首方趺，现存庙内，保存完好。

② 〔清〕光绪十年（1884）《重修骷髅庙记》，时高平知县陈学富撰文，李廷一书丹，碑文载：“唐明皇幸潞，见头颅似山，骸骨成丘，触目惊心，敕有司理之。鸠工建庙，颜其额曰‘骷髅庙’，易其谷曰‘省冤谷’”。

续表

序号	名称	创建年代	可考年代	简　介	文保	公布情况
				济渎庙坐东朝西，中轴线上依次为正殿、拜殿、中殿、春秋楼（下为山门通道）以及院外舞楼。始建不详，明万历四十年（1612）《增修邑哭头村高禖祠记》云："迨我明兴，诏立赵王庙，俾有司而时祀之，而鬼声熄。土人更因泉临池，立济渎庙其上，而附以高禖祠焉。"此赵王庙即本村之骷髅庙。该碑又云："遂恢其址，为大宇于旧济渎庙之北。"可见，济渎庙的创建当在明代初期。①嘉庆七年（1802）《增修庙宇神池改作歌舞台碑记》云："上院左殿地藏、右殿眼光，中院左殿药王、右殿高禖，下院左殿牛王、右殿五瘟，祷无不应，感而遂通。"可知院落格局以及所祀诸神。 济渎庙戏台的创建年代已经不可确知，嘉庆七年碑刻中言："外有歌舞台一座，局势湫隘，则改诸爽垲，恢宏而廓大之……自戊午年开工，庚申年告竣。"可见，戏台之建是早于嘉戊午年，即嘉庆三年（1798）的，此次是在原有基础上改修罢了。而后道光辛丑年至甲辰年间，济渎庙再兴补修工程，此次"改修者山门春秋楼三间，左右文昌、财神楼六间，创修诸北禅房五间，南禅房一间，鱼亭三间，彩画者次院亭楼七间，药王、牛王、高妹、五瘟殿凡十二间，在外舞楼三间，以及前所改建创修者，并焕然一新。"② 济渎庙现为晋城市重点文物保护单位，2011—2013年间，济渎庙进行了修缮，然而却没能修缮庙外舞楼，令人莫名其妙。 济渎庙戏台建于嘉庆戊午年（1789），单层台，悬山顶，七架椽，面阔三楹，前檐施方形凹角石柱，方凳础，柱头施坐斗，上承接梁头。面阔9.3米，其中明间4.95米，进深7.6米，其中前台4.81米，基高1.1米，戏台距山门28.3米，观剧空间十分宽敞。 2013-06-17；2013-07-14		

① 明万历四十年（1612）《增修邑哭头村高禖祠记》，邑举人张国仁、叔昭甫撰文，同邑许治耕书丹，玉工尚自力刊石，现存济渎庙内，局部漫漶。

② 〔清〕道光二十四年（1844）《补修济渎庙碑记》，邑庠生郭廷熙撰文并书丹，壁碑，碑石由三块同样大小的石材拼接而成，高126厘米，总宽度174厘米，碑文楷书，现存前院西南角水池南侧墙壁，保存基本完好。

续表

序号	名称	创建年代	可考年代	简　介	文保	公布情况
6	琚庄 关帝庙 舞楼		嘉庆七年 （1802） 创修	此戏台坐南朝北，与东阁及关帝庙呈相交方向，关帝庙坐东朝西，戏台坐南朝北，是否为关帝庙戏台未可知。据戏台脊枋题字："时大清嘉庆壬戌年维首人合社仝立正月二十一日创修南舞楼三间五月十七日寅时竖柱上梁二十一日辰时上梁木匠□□庆，瓦匠尚德，泥水匠贾来开列于后，治耳不朽。"可知舞楼创建时间为嘉庆壬戌年（1802），也即嘉庆七年。 舞楼面阔三楹 9.65 米，其中明间 5.6 米，进深七椽 6.5 米，基高 1.5 米，悬山顶，柱高 2.93 米，角柱高 3.21 米，前台伸出 1.6 米，次间砌檐墙，上砌圆窗，圆窗之上设扇形假窗，不透空。2013-07-04	无	未公布
7	上庄 玉皇庙 舞楼		嘉庆十六年 （1811） 补修	上庄玉皇庙位于村北，村之水池之西，坐北朝南，依地势而分上下两院，上院正殿，侧殿，配殿，下院山门戏台，两侧戏房，东西看楼，庙宇侧门以及侧门外影壁，庙宇规制比较严整。玉皇庙的初建是在何时我们已经无从考证，据庙内现存嘉庆十六年（1811）《补修玉皇庙碑记》言："吾村旧有大庙一所，为合村春秋祀神之所"，此次补修将"殿宇、舞楼、垣墉、户□、什物、器具，一一修补完好"；道光二十三年（1843），玉皇庙更修了舞楼以及东西耳楼①，又据另一碑刻记载，玉皇庙在光绪九年（1883）还曾补修东看楼以及门楼，碑文写道："吾村玉皇庙下院东看楼毁敝，便门狭窄，观者曰曷不因旧址而改为乎？于是关圣会巡秋人等积资鸠工补修东看楼上下六间，创修门楼一间，照壁一堵，凡我在会人等，莫不踊跃从事，未几而告竣成功矣"。 悬山顶山门戏台面阔三楹 8.6 米，其中明间 3.45 米，进深 5 米，柱高 2.7 米，台口 1 米，戏台下山门通道高 2.7 米，耳房面阔两间 4.1 米进深 2.8 米，院落东西 11.8 米，南北（距正殿）26 米。看楼面阔四楹 9.7 米，进深 2.65 米，下柱高 2.1 米，上柱高 2.2 米，三架梁进深两椽，悬山顶。2013-09-20	晋城市重点文物保护单位	未公布

① 戏台脊枋题字"时大清道光二十三年（1843）八月十三日吉时上梁大吉更修舞楼三间东西耳楼四间公议会会首……梓匠崔和顺泥水匠张玉枝石匠尚□□住持僧人觉隆徒弟悬群永远为记耳"。

续表

序号	名称	创建年代	可考年代	简介	文保	公布情况
8	下韩庄大庙戏楼		嘉庆十七年（1812）修缮	下韩庄大庙位于村东北，坐北面南，所祀神灵已不可知，庙宇建筑多处损毁，渐几荒芜。庙宇二进大院，中轴线上自北向南依次为正殿、山门过庭、山门戏楼。 大庙始建不详，仅有正殿脊枋题字“时大清乾隆六年（1741）岁次辛酉仲吕月乙卯日吉时上梁重修正殿三间东西耳楼六间厦楼四间社首□□木匠□□泥水匠吴□石匠常□□修理之后……”，可知该庙之建在乾隆六年之前。 庙内现存嘉庆二十三年（1818）碑刻一通，言及“但从前之事不能不□□，修戏楼之后，十七年社中捐□卖银两若干，存身家下，社中存身欠帖一张，及以二十一年合瓦戏楼以及彩画，将社中银两扫数花完”，可知该庙戏楼的修建是在嘉庆十七年（1812）之前，并在二十一年（1816）“合瓦戏楼以及彩画”。 山门戏楼面阔三楹，悬山顶，五架梁进深四椽，合瓦屋面灰脊饰，前檐用小八角石柱，柱上额枋，上施坐斗承接梁头，由额、雀替均已毁失。两侧耳房二层式，各面阔两楹，硬山顶。2013-06-16	无	未公布
9	桥北炎帝庙舞楼		嘉庆十九年（1814）改修	炎帝庙位于村北，坐北面南，现存建筑有正殿，祀奉炎帝，东侧殿为高禖殿，西侧殿祀奉黄帝，东西各厢房三楹，看楼各三楹。山门舞楼以及东西耳房共七楹。庙内现存碑刻，纪年最早者为乾隆三十一年（1766）勒石之《修石桥碑记》，然碑文中并未言及炎帝庙丝毫。嘉庆甲戌年（嘉庆十九年 1814），“改修舞楼三楹，东西看楼六楹，创修东西小看楼各一，西亭三间，西厦三间，坑厕一所”，并且还补葺了村中观音堂、东阁，还于村中立土地神碑以祀之。①道光十六年（1836），炎帝庙进行了改修事宜，碑文写道：“正殿则重□新基，峻宇雕甍，楼檐错彩，驾角楼而挺秀，并置供□满堂，陪殿起楼龛，观台施画栏。”②	无	未公布

① 〔清〕道光七年（1827）《重修炎帝庙碑记》，邑□生秦銮撰文，邑增生缑谦书丹，邑□生李必沛篆额。笏首方趺，额题“重修炎帝庙碑记”，碑文楷书，现存庙内，保存完好。

② 〔清〕道光十六年（1836）《炎帝庙改修大殿碑记》，邑庠生张日升撰序，儒医张鹤书丹，笏首方趺，额题“炎帝庙”，碑文楷书，现存庙内，保存完好。

续表

序号	名称	创建年代	可考年代	简　介	文保	公布情况
				山门戏台面阔 6.2 米，其中明间 2.8 米，进深 4.7 米，柱高 3 米，础高 0.2 米，耳房面阔两间 5.4 米，进深 3.8 米。2013-09-01		
10	南赵村二仙庙舞楼		嘉庆二十年（1815）以前	二仙庙位于村北土坡上，正殿所祀主神为二仙，庙会日期农历四月十五，主要活动原为献戏，因经济困难请不起戏班，现为八音会演奏，庙内现住着南赵村妯娌二人，庙宇的修葺以及维护大多倚仗这二人。据二人介绍，2003 年维修，2007 年殿内塑像。 依据庙内现存至元二十一年（1284）《重修真泽庙记》载，二仙庙创建于宋乾德五年（967），政和乙未（1113）四月重修，贞祐复经兵火，此后荒凉四十余年，至中统二年（1261）才得到部分重修，后又至元二十年（1283）九月兴工，越明年五月告成，并勒石以志之。[①] 嘉靖二十九年（1550）、四十五年（1566），二仙庙都曾进行维修[②]。康熙十四年（1675），二仙庙建起山门外影壁，至今仍存。[③] 嘉庆乙亥年至丙子年间（1815—1816），二仙庙大殿、诸神殿、东西廊房、舞楼、耳楼、月台、通道、山门、照壁悉数进行了维修。[④] 正殿歇山顶，面阔五楹 11.84 米，围廊周匝，进深四椽 8.85 米，前后四柱，金柱用抹棱雕花砂石柱，有收分，覆莲础，柱头斗拱五踩双杪偷心造，耍头批竹形，基高 0.75 米。正殿前接献台东西 6.96 米，南北 11.2 米，基高 0.5 米，献台左右厢房各九间，面阔 20.7 米，进深 4.6 米，基高 0.2 米，硬山顶。	无	未公布

① 〔元〕至元二十一年（1284）勒石，高平县儒学教谕韩德温撰文，长平进士董怀英篆额并书丹，楷书。额题“重修真泽庙记”，笏首方趺，高 165 厘米、宽 65.5 厘米、厚 19 厘米。局部漫漶，现存庙内正殿左廊下。

② 〔明〕嘉靖二十九年（1550）、四十五年（1566）无题名碑记，撰碑书丹者不详，现镶嵌于厢房墙壁，大部分遮挡，辨认困难。

③ 〔清〕康熙十四年（1675）无题名碑记，撰碑书丹者不详，碑文严重漫漶，依稀可见“二仙庙修建影壁”等字样。

④ 〔清〕嘉庆二十一年（1816）《重修二仙庙碑记》，郡庠生王藩翰垣氏书，贺廷兰、常全镌。高 211 厘米、宽 71 厘米、厚 25 厘米。现存左配殿廊下，保存基本完好。

续表

序号	名称	创建年代	可考年代	简　介	文保	公布情况
				山门舞楼五架梁进深四椽，用青瓦，悬山顶，灰脊饰。面阔三楹 8.12 米，其中明间 3.57 米，进深 4.4 米，柱高 2.8 米。东西耳房面阔三间 9.53 米，进深 4.3 米，院落东西 17 米，南北 20.7 米。2013-08-06		
11	南许庄北庙戏台		至迟道光元年（1821）	村之人称之为北庙，是为关帝庙，位于村北，现仅存一山门戏台，顶部破损，底部山门通道处也已塌毁，保存情况堪忧。因无碑刻留存，关帝庙沿革不详。现存山门戏台脊枋有“大清道光元年（1821）岁次……”字样，漫漶严重，故其他字已经看不清了，但至少为我们提供了关帝庙戏台的创建或者维修时间。 山门戏台硬山顶，五架梁进深四椽，仰瓦屋面灰脊饰，前檐用抹角石柱，方凳础，柱上施额枋，上施坐斗承接挑尖梁头，下由额雀替均圆雕花卉图案。戏台面阔五楹 10.12 米，其中明间 3 米，次间 2 米，稍间 1.6 米，进深 4.82 米，下层山门通道 2.3 米，柱高 2.6 米，方凳础高 0.35 米。2013-08-14	无	未公布
12	南韩庄玉皇庙戏台		至迟道光五年（1825）	玉皇庙始建不详，据正殿脊枋题字知其在雍正七年（1729）重修①。庙内道光五年（1825）勒石之碑刻记录了玉皇庙在嘉庆十九年（1814）至道光五年（1825）间的一系列维修事宜，并且“创修东西看楼四间”②，咸丰十年（1860）的碑刻中记录了玉皇庙被盗去社物二十余件一事。③ 玉皇庙坐北面南，现存建筑有正殿三楹，侧殿各两楹，配殿各三楹，山门过庭，庙外应是看楼东西各三间。戏台外置，正对山门，业已拆除。山门处原地势较低，今人改造，填土并修整。玉皇庙的剧场有一个较为特殊之处在于山门过庭向外充当正面看庭	无	未公布

① 时大清雍正七年岁次乙酉重修神殿七间择定四月初四日吉时上梁大吉……合社仝立永为记耳，墨书，楷书，存正殿脊枋，局部漫漶。

② 〔清〕道光五年（1825）《琚庄里南韩庄村增修玉皇庙碑记》，撰碑人为教授文林郎候选知县壬午科举人，姓名处不能识读。楷书，笏首，额题“永垂不朽”，现存庙宇山门过庭东侧，下部被埋，上部文字尚清晰。

③ 〔清〕咸丰十年（1860）无题名碑记，壁碑，楷书，撰碑书丹者不详，现存庙内山门墙壁，保存基本完好。

续表

序号	名称	创建年代	可考年代	简　介	文保	公布情况
				之用，由于道光五年碑刻下半部分埋入土中，我们无法看到其是否有与此相关的内容，但是就现有建筑来看，这种推测是可能的。另剧场两侧的看楼是东西各三楹，这与碑文中记述的“四间”并不相同，原因未可知。 山门看庭面阔七间 16.5 米，进深 2.63 米，柱高 3.34 米。左右看庭各三间，面阔 7.9 米，进深 2.3 米，柱高 2 米。2013-07-04		
13	南赵村关帝庙戏楼		道光十二年（1832）以前	南赵村位于城乡接合部，城市化建设首当其冲，然而令人欣喜的是，庙宇大部都留存下来，村庄有 1200 多户，4000 余人，杂姓，现存庙宇五座，分别是北街庙（关帝庙）、东街庙（五谷庙）、南街庙（观音庙）、玉皇庙以及村北土坡上之二仙庙。 关帝庙位于村中，庙会五月十三，主要活动为献戏。庙宇一进大院，现存建筑有正殿、献殿、侧殿、山门戏台，戏房、厢房、看楼一应俱全。除东侧看楼未能修葺之外，其余建筑悉数修葺。关帝庙始建何时，今已不可考，庙内现存最早纪年的碑刻是勒石于道光三年（1823）的《补修关帝庙碑》，碑中也只是说“赵庄北街家旧有关帝庙。”[①] 道光十二年至十五年（1832—1835），关帝庙进行了一次比较大的维修，碑文如是记载：“于东北西北角殿起楼各一间。东西厦楼各二间，东西厢楼各七间，东西过楼各一间，高起旧东南耳楼二间，西南耳楼一间，戏楼三间，庙外加丹楹门楼一座。”[②] 至此关帝庙规制趋于严整。 正殿三楹，悬山顶，五架梁进深五椽，脊枋题字为 2009 年重修，献殿三楹，四檩棬棚悬山，侧殿各两楹，硬山顶。 山门舞楼，面阔三楹 7.8 米，其中明间 3.2 米，五架梁，进深四椽 4.4 米，柱高 2.8 米，下层山门柱高 2.2 米，院落东西 9.3 米，南北 18.8 米。 看楼东西各面阔七楹 16.4 米，上层进深 2.6 米，下层进深 2.2 米，上层柱高 2 米，下层柱高 2.8 米。硬山顶。2013-08-06	无	未公布

① 〔清〕道光三年（1823）《补修关帝庙碑》，撰碑书丹者不详，额题“流芳百世”，笏首方趺，碑文楷书，现存庙内，保存完好。

② 〔清〕道光十五年（1845）《百世流芳》碑记，丁卯科举人直隶省试用知县李渤撰并书，玉工李随里刊石。额题“百世流芳”，无题名，笏首方趺，碑文楷书，现存庙内，保存完好。

续表

序号	名称	创建年代	可考年代	简　介	文保	公布情况
14	庄子村 关帝庙 戏台		道光年间	庄子村主要姓氏：邢，关帝庙在村之西北，为村之大庙，坐北面南，五月十三庙会，三进院，中轴线上由北至南依次为佛爷殿、关爷殿、山门、戏台，配殿、看楼、戏台两侧耳房一应俱全。 同治五年（1866）勒石之《补修殿宇以及创修看楼碑记》中载："兹村古有关帝庙，殿宇连垣，禅房莫数，却无创建碑记。余自壬戌（同治元年1862）设馆庙中，语之父老，则曰：'建于乾隆庚辰年（乾隆二十五年1760）也'。"可知，撰碑人在当时也并没有找到关帝庙的创建碑记，只是从村民口中得知建于乾隆年间。若真是如此，当然也不能成为确论。但是调查后才得知，佛爷殿脊枋题字"时大清乾隆岁次庚辰创修堂殿三楹，东西角楼六楹，择吉巧月癸□□□寅时上梁永垂不朽是为记耳"，以及中央殿，也即关爷殿脊枋题字有"时大清乾隆岁次庚辰年维修中央殿三楹择吉巧月廿六日……住持广悟、广微，徒修身、修鉴……"，碑文中的时间大概由此而来。故可以确定的是大佛殿（堂殿）创建于乾隆庚辰年，而关爷殿为是年重修。 同治五年碑文记载的这次补修以及创修事宜，规模也着实不小，"自道光年间村中父老屡欲重新整理，奈功程浩大经营维艰，故三十余年仅创修看楼十余间，大工未得毕举，由是益信前人创始之难也。越明年癸亥（1863），诸公因复聚众筹画以期有成，一时果无不同心协力，乃造万善同归之籍远近捐银，又兼以维首数次巡秋共积资财，甲子春（同治三年1864）始大举工焉，凡殿宇墙垣则补葺之，梁柱木植则彩画之，不三年间而内外焕然一新。今岁季秋"，工程始告竣。 而后在民国九年（1920）、民国十八年（1929）也相继补修庙宇，庙内有碑记存证。① 此处不赘述。2010年庙宇原址维修。 戏台面阔三楹8.49米，其中明见3.53米，进深5.77米，悬山顶，后台进深2.9米，基高1.36米，柱高3.17米，两侧耳房面阔两楹4.35米，进深3.24米，悬山顶，东侧看楼	无	未公布

① 民国九年（1920）、民国十八年（1929）《补修关帝庙暨禅室碑记》，清监生邢廷部撰并书，玉工王金声刊石。现存庙内，保存完好。

续表

序号	名称	创建年代	可考年代	简　介	文保	公布情况
				面阔七楹 17.87 米，进深 3.01 米，下层柱高 2.19 米，上层柱高 1.85 米，硬山顶。西侧看楼通面阔七楹，硬山顶，北起第三楹辟为侧门，故而南四楹面阔 9.85 米，进深 2.86 米，上层柱高 2.08 米，下层柱高 2.51 米，北两楹面阔 4.2 米，进深 2.88 米，上层柱高 2.20 米，下层柱高 1.74 米。2013-07-14		
15	梨园村玉皇庙歌舞楼		光绪三年（1877）补修	梨园村约有 130 户，500 人，主要姓氏高、赵。据村中人介绍，村中旧多有经商之人，且多为丝绸、布匹、铁器生意。现多外出打工。 玉皇庙位于村中，坐北面南，依地势为两进院，中隔以砖砌花墙，庙宇建筑经进仁修葺保存较好，正殿三楹，悬山顶，东西侧殿各两楹，配殿各五楹，看楼各五楹，山门舞楼三楹，东西耳房二层式各面阔三楹，俱为硬山顶。玉皇庙始建不详，嘉庆戊辰年（嘉庆十三年〔1808〕补修。[1] 据庙内道光十一年（1831）碑文记载："邑正北鸦儿沟有护国灵贶王庙，香火甚盛，每岁六月初六日四乡之祝圣诞者多结队成会以往，旌旗蔽天，钲鼓之盛不绝由来旧矣，余梨园村社每年初四日即往祀神，初五日反（返）里以告虔也，其往之时，虚设神位，幢幡导前，牙□拥后，路越庄村则部伍整齐，以明祀神之肃"，然因什物陈旧，故于道光庚寅年积资置办什物一事，此碑或可窥见清代高平庙会之一斑。故此处稍提。 舞楼脊枋题字："时光绪三年（1877）补修歌舞楼，系□□会前人之功，今中华民国三年（1914）六月初十日兴工彩画上下……"山门戏台面阔三楹 7.1 米，其中明间 2.7 米，进深 4.9 米，柱高 2.5 米，方凳础高 0.4 米，前檐角柱后 0.8 米处砌山墙，下层山门通道高 2.2 米，耳房各面阔三楹 5.7 米，进深 3.9 米。看楼五楹面阔 11.6 米，进深 4.8 米，下柱高 2.4 米，上柱高 1.9 米，剧场院落南北 15.4 米，东西 10 米。2013-08-20	无	未公布

① 〔清〕嘉庆十四年（1809）《补修玉皇庙碑记》，撰碑书丹者不详，楷书，笏首方趺，现存庙内，保存完好。

续表

序号	名称	创建年代	可考年代	简　介	文保	公布情况
16	龙渠 牛王庙 舞楼		民国四年（1915）	牛王庙位于村西，坐北朝南，一进院，戏台外置，渐几废弃。牛王庙始建于元至元二十三年（1286），明万历四十七年（1619）重修，然考察时并未见此二纪年之碑刻。[①]民国四年（1915）牛王庙彩绘舞楼。[②] 悬山顶舞台三楹，面阔 7.5 米，其中明间 3.5 米，进深 5.6 米，柱高 3 米，用裙带础，础高 0.3 米，前檐角柱后 1.1 米砌山墙，仅存东耳房面阔两间 6.1 米，进深 4.75 米，戏台距牛王庙正殿 28 米。2013-08-03	无	未公布
17	瓦窑头 汤王庙 戏台		至迟 1916 年	汤王庙位于村西北，坐北面南，两进院，中轴线上自北向南依次为正殿、献殿、山门戏台、山门外影壁，另影壁之南有村之蓄水池，水池旁有水井一眼，旁有龙王神龛，水池之南有观音庙，坐南面北，与汤王庙隔水而对。 汤王庙始建不详，庙宇东配殿有康熙乙亥年，即康熙三十四年（1695）年脊枋题字[③]，嘉庆十七年（1812）庙宇过庭前壁改换窗棂[④]，道光二十五年（1845）瓦窑头村四社维首公议禁止在庙院四周挖刨树木并放六畜[⑤]，同治三年（1864），汤王庙重修正殿。[⑥]	无	未公布

① 〔元〕至元二十三年（1286）《创修广禅侯庙记》，《三晋石刻大全·高平卷（上）》第 61 页收录此碑，调查未见。明万历四十七年（1619）《重修广禅侯庙记》，《高平金石志》第 220 页收录此碑，调查未见。

② 舞楼脊枋题字：民国四年（1915）四月望日□□大社黄道吉日彩绘舞楼五楹，画匠田种玉自彩画以后千祥云集百福骈臻三班维首仝立是为记耳。

③ 时大清康熙岁次乙亥年［康熙三十四年 1695（平阳大地震）］乙亥月……。墨书，楷书，后部漫漶，现存东配殿脊枋。

④ 〔清〕嘉庆十七年（1812）无题名碑记，壁碑，楷书，撰碑书丹者不详，现存山门过庭墙壁，局部漫漶。

⑤ 〔清〕道光二十五年（1845）禁碑，楷书，撰碑书丹者不详，现倒伏于院内，碑文可识。

⑥ 时大清同治三年（1864）春……垂记万年。墨书，楷书，中段漫漶，现存正殿脊枋。

续表

序号	名称	创建年代	可考年代	简　　介	文保	公布情况
				此外庙宇西看楼和东便门的脊枋上都出现了洪宪元年，即1916年，是年创修西看楼三间，改修了东便门一处。① 汤王庙曾作为“瓦窑头学校”，现存建筑毁坏严重，庙院内草木丛生，几无立足之地。前院山门戏台顶部已坍塌，耳房、看楼尚存。戏台面阔三楹，两侧耳房二层式，面阔各两楹，东西看楼各面阔三楹，俱为硬山顶。2013-07-04		
18	上庄二仙庙戏台			存，未进入、未测量。2013-09-20	无	未公布
19	南赵村观音庙戏台			观音庙，又名南街庙。坐南朝北，一进院，现存建筑有正殿三楹，东西配殿各三楹，山门外戏台，做东面西，与正殿延长线成直角相交。戏台南耳房下辟阁门。 观音庙始建不详，顺治十八年（1661）庙宇重修②，乾隆十年（1745）观音庙增置庙产，扩大庙宇。③ 戏台悬山顶，面阔三楹7.2米，其中明间3.31米，进深5.7米，柱高2.83米，前檐角柱后1.4米处砌山墙，基高1米，南耳房面阔两间6.4米，进深4.3米，北耳房面阔两间4.4米，进深4.3米，院落东西28米。2013-08-06	无	未公布
20	南赵村五谷庙戏台			庙宇坐北面南，一进院，现存建筑有正殿、侧殿、戏台以及耳房，建筑损毁严重，庙院荒芜。戏台单层台，面阔三楹，悬山顶。未进入，未测量。2013-08-06	无	未公布

① 时洪宪元年（1916）岁次丙辰创修西看楼三间，择定二月二十日吉时上梁阖社维首并石木瓦匠自修之后祈保合社人等平安以为后日永远为志耳；时洪宪元年岁次丙辰改修东便门一处，择定二月二十六日吉时竖柱上梁阖社维首并各班工匠自今之后祈报合村人等平安以为后日永远为志。

② 〔清〕顺治十八年（1661）《赵庄村南街重修观音庙碑记》，笏首壁碑，楷书，多处漫漶，现镶嵌配殿墙壁。

③ 〔清〕乾隆十年（1745）无题名碑记，额题“观音堂”，笏首壁碑，楷书，保存较好，现镶嵌配殿墙壁。

续表

序号	名称	创建年代	可考年代	简　介	文保	公布情况
21	上玉井村玉皇庙戏台			上玉井村，约有200户、1000人，主要姓氏为李。经济来源主要是务农。 玉皇庙位于村西，坐北面南，庙宇依地势而区分为上下两进院，庙宇损毁严重，正殿面阔三间，两侧殿各两楹，均为悬山顶，东西配殿各三间，硬山顶，下院山门戏台、耳房以及东西两侧看楼之顶部大面积残损。 玉皇庙始建不详，庙内虽有数通碑刻遗存，但大多残碑断碣，漫漶不可识读。由正殿脊枋题字可知正殿及其耳殿为乾隆三十二年（1767）重修。① 乾隆四十八年（1783）也曾重修②，另有同治二年（1863）纪年碑刻，然碑文已不可识，同治四年（1865），玉井村曾与邻村唐庄村因天旱无水，唐庄村向玉井村玉皇庙索取求雨神架，遭到玉井社拒绝并陈诉在案。最终唐庄村败诉，碑言："窃思祈求雨泽，本为善事，五谷丰登万民沾恩，况架乃神之所座，何分彼此，此本社非敢吝财。但此事有例不灭，无例不添，且合邑五百余庄，一逢天高，皆各自有祷雨之所，想此水为唐庄之水，神必唐庄所敬之神，架乃神之所座，与玉井社何设乎"。③ 山门戏台面阔三楹8.3米，其中明间3.06米，进深5.2米，柱高3米，下层山门通道高2.4米；两侧看楼各三楹，面阔7.8米，进深4.3米，上柱高2.3米。院落东西11.7米，南北深20米。2013-08-02	无	未公布
22	下玉井村二仙庙戏台			下玉井村现有200户、700人左右，主要姓氏为唐、何、贾。庙会日期为农历三月初三。 二仙庙位于村西，坐北朝南，一进院，原为玉井学校所在地，现存学校校门，尽施浮雕，甚为精美。	无	未公布

① 大清乾隆三十二年（1767）岁次丁亥正月十一日丙子动工……玉帝正殿并耳殿九间……合社众等石匠……泥水匠贾京、贾成全立永远为记。

② 〔清〕乾隆四十八年（1783）《重修玉皇庙碑记》，碑段为两截，笏首，正文严重漫漶，现倒伏院内。

③ 〔清〕同治四年（1865）无题名碑记，壁碑，撰碑书丹者不详，楷书，现存庙内，保存完好。

续表

序号	名称	创建年代	可考年代	简　介	文保	公布情况
				悬山顶戏台面阔三楹 8.1 米，其中明间 4.8 米，通进深 7.9 米，后台进深 1.7 米，檐柱高 2.9 米，金柱高 3.3 米，用裙带础，础高 0.32 米，基高 0.9 米，院落南北 23.1 米，东西 11.6 米，檐柱上对联，上联曰：良田必本心田龙脉应从心上觅；下联曰：吉地终归性地牛眠知自性中求。2013-08-03		
23	龙渠村玉皇庙戏台			玉皇庙，位于村中偏北，坐北面南，现为村老年活动中心，庙宇沿革不详。 山门戏台三楹，悬山顶，五架梁进深四椽，面阔 7.3 米，其中明间 2.9 米，进深四椽 4.4 米，柱高 2.36 米，戏台下山门通道高 2.6 米，耳房面阔三间 6 米，进深 3.8 米。2013-08-03	无	未公布
24	南陈村玉皇庙戏台			南陈村约有 480 户，1700 余人。 玉皇庙，村之人称之为大庙，位于村之东南，坐北面南，一进院，庙宇在 2011 年曾进行过重修，但是重修的规模仅限于正殿，其他诸如山门、戏台等的建筑并未得到修缮，故残损严重。玉皇庙始建不详，乾隆四十八年（1783）勒石之《补修玉皇庙碑文记》载："始于乾隆四十四年（1779）十月十三日起，以至壬寅（1782）之夏"，将"正殿东西斜殿并两廊门楼"重修。[①] 戏台顶部已全部塌毁，面阔三楹 9.3 米，其中明间 3.3 米，进深 5.1 米，戏台下山门通道柱高 2.2 米，东西戏房为二层式建筑，面阔各三楹 6.8 米，进深 3.4 米，俱为悬山顶。2013-08-02	无	未公布
25	北陈村成汤庙戏台			北陈村约有 400 户、2000 人，杂姓。 成汤庙位于村中偏西，所祀之神为汤王，庙宇两进院，中轴线上自北向南依次为正殿、献殿、山门戏台、山门外影壁。 据正殿脊枋题字："康熙四十三年（1704）补修大殿，延至光绪三十四年（1908）重补修正殿三间彩画庙宇……四季平安云尔为记。"可知汤王庙大殿的两次维修时间。嘉庆九年（1804），因村人不肃祀典，有范（犯）神威，北陈村合社公立碑铭，设立	无	未公布

① 〔清〕乾隆四十八年（1783）《补修玉皇庙碑文记》，董士英撰文并书丹，玉工刘成刊石，楷书，笏首方趺，额题"善积流芳"，现存庙内，保存完好。

续表

序号	名称	创建年代	可考年代	简　介	文保	公布情况
				禁规。[1]嘉庆癸未年（1803），汤王庙因司守缺然，易至倾圮，故新置住持，并于嘉庆十七年（1812）积钱，历十数年，从而增置田地。[2] 献殿面阔三楹9.8米，进深5.2米，卷棚悬山顶。山门戏台，悬山顶，面阔三楹9米，进深5.6米，东西看楼各面阔三楹9.2米，下层柱高1.9米，上层柱高1.8米。 2013-08-13		
26	南许庄真泽宫戏台			南许庄，约有200户、1000人左右，主要姓氏田、许。 真泽宫位于村北，坐北面南，现存正殿，山门戏台，西看楼。庙宇已近荒芜，庙宇东配殿、东看楼俱已坍塌，戏台顶部梁架大部损毁。山门已堵，走马板书“真泽宫”三个大字。真泽宫内并无碑刻留存，调查时也未见各殿宇脊枋题字，故其庙宇沿革不得而知。 山门戏台，面阔三楹7.6米，其中明间3.26米，进深5.4米，下层山门过道高2.16米，柱高2.8米，方凳础0.3米，前檐角柱1.05米。戏台与看楼相连，连接处建筑面阔两楹4.7米，进深1.5米，西看楼面阔三楹7.0米，进深2.5米，下层柱高2.2米，上层柱高2.35米。俱为悬山顶。东西耳房各面阔两楹3.1米。剧场南北20米，东西14.5米。 2013-08-14	无	未公布
27	琚庄村汤王庙山门戏台			成汤庙位于琚庄村西，坐北面南，庙宇主体建筑为两进院，连同院外剧场共三进院。现为晋城市重点文物保护单位。 现存建筑为正殿三楹，面阔7.63米，进深5.3米，基高1米，悬山顶，左右侧殿各两楹，面阔5.1米，进深3.9米，基高一米，硬山顶，及东西配殿各五楹，面阔12米，进深4.7米，硬山顶。	晋城市重点文物保护单位	未公布

① 〔清〕嘉庆九年（1804）无题名碑记，壁碑，撰碑书丹者不详，楷书，局部漫漶，现存庙内。

② 〔清〕道光三年（1823）《重修住持庙田碑》，额题“百世流芳”，嘉庆辛酉科拔贡、己卯科举人候选知县曹部撰文，邑庠生廉景宪书丹，笏首方趺，楷书，现存正殿前廊，保存较好。

续表

序号	名称	创建年代	可考年代	简　介	文保	公布情况
				山门（戏台），面阔三楹6.51米，其中明间2.6米，通进深4.7米，其中前台进深3.5米（距内金柱距离），檐柱高2.2米，明间装门，次间砌隔扇墙高0.65米，上安窗，左右耳房各三间面阔5.2米，进深3.61米，硬山顶。东西看楼面阔各三楹7.68米，进深4.73米，硬山顶。下层柱高3.43米，上层柱高2.74米，然均砌檐墙，每间开一窗。庙宇下院东西7.8米，南北9.5米，80平方米左右的空间，即便加上东西看楼，仍不能容纳太多观众。狭小的空间要求再建新的戏院以满足观戏之需要，便只好在山门外再建戏院了。庙宇建筑形制以及西看楼，山门戏台西耳房的改修题记，也印证了此说。[①]2013-07-04		
28	琚庄村汤王庙外置戏台			汤王庙山门外一街之隔，同一中轴线而建，是成汤庙的外院剧场。现存戏台三间，左右耳房各三间，左右二层看楼各六楹。由于无法进入该戏院，故实地测量无法实施。2013-07-04	晋城市重点文物保护单位	未公布

东城区古戏台附录表

序号	名称	创建年代	可考年代	简　介	文保	公布情况
1	张庄轩辕庙舞楼		至大三年（1310）	元至大三年（1310）碑记言轩辕庙重修事，然依据碑文，此名为重修，实则创建。碑文言："其构正殿三间，东西斜殿各二间。前有五道殿二间，广禅侯殿二间。中有舞楼二间，三门三间，并两廊房里角俱各完备。"如此，轩辕庙则规制整肃，并且有了酬神演剧的固定场所——舞楼。[②]2013-08-06	晋城市重点文物保护单位	未公布
2	张庄轩辕庙山门舞楼		嘉庆二十四年（1819）重修	轩辕庙山门舞楼的创建应该是在道光年间，道光二十年（1840）《黄帝轩辕庙增修碑记》中载："于是量形度地，鸠工庀材，东西增修禅室、舞楼。""量形度地"是为重新选	晋城市重点文物保护单位	未公布

---

① 大清道光十四年岁次甲午改修西殿五间三月十三日吉时上梁合社人众……；大清道光十二年岁次壬辰八月初二日卯时上梁改修西禅楼房三间，合社人众平安，匠艺石匠李，木匠郭，泥水匠贾，三班协力成工，永为记耳。

② 〔元〕至大三年（1310）无题名碑记，壁碑，撰碑书丹者不详，玉工高智竣镌石，碑宽80厘米、高35厘米，碑体后部剥泐。

续表

序号	名称	创建年代	可考年代	简　介	文保	公布情况
				址而增修。[①] 山门戏台，其脊枋有“嘉庆二十四年（1819）重修”题字，由此可知戏台的重修时间。悬山顶，面阔7.74米，其中明间3.44米，前台进深4.05米，后台进深1.26米，基高2.04米，柱高2.82米，下层山门柱高2.04米，东西耳房各三楹，面阔6.57米，进深4.3米，院落南北21.5米，东西21.4米。2013-08-06		
3	秦庄村玉皇庙舞楼		乾隆三十二年（1767）以前	东城秦庄村，有300余户、1500余人，主要姓氏秦。玉皇庙，庙会三月三。玉皇庙始建不详，正殿前檐用四方形抹角砂石柱，收分侧脚极为明显，有金元风格。庙内现存纪年最早的碑刻是勒石于明万历二十年（1592）的《重修仙姑土地神像记》，记载为玉皇庙仙姑殿、土地殿重修神像事宜。[②]玉皇庙戏台创建日期亦不可确知，庙内乾隆三十二年（1767）《补修玉皇庙碑记》中载：“……凡殿庑门榭，俱仍旧贯。惟于舞楼西偏外，增禅室四间。”可知舞楼之建是早于乾隆三十二年。[③] 戏台单层台，面阔三楹9.48米，其中明间5.27米，进深7.17米，基高1.98米，柱高3.06米，西耳房面阔二楹4.39米，进深4.3米，东耳房面阔5.21米，进深3.78米，东西看楼均面阔五楹11.64米，东看楼进深3.76米，西看楼进深3.88米。上层柱高2.05米，下层柱高2.33米，剧场院落东西18.15米，南北13.6米。2013-07-16	晋城市重点文物保护单位	未公布

① 〔清〕道光二十年（1840）《黄帝轩辕庙增修碑记》，邑庠生郜人殷鉴撰，邑庠生郜人冯璇书丹，玉工赵程刊，笏首方趺，碑高200厘米、宽64厘米、厚20厘米，现存大殿前西侧，保存完好。

② 明万历二十年（1592）《重修仙姑土地神像记》，撰碑书丹者漫漶不可识，玉工王一库镌石，壁碑，碑宽64、高40厘米，现于庙内后院东侧殿外墙镶嵌，局部漫漶。

③ 〔清〕乾隆三十二年（1767）《补修玉皇庙碑记》邑人庠生张继顺撰文，邑人庠生李世昌书丹，玉工王廷贵镌字，笏首方趺，碑高200厘米、宽64厘米、厚22厘米，现存后院西配殿北侧，保存基本完好。

续表

序号	名称	创建年代	可考年代	简　介	文保	公布情况
4	东山村祖师庙戏台		宣统二年（1910）	东山村，约有200户、500-600人，主要姓氏为李，外出打工为其主要经济来源。 祖师庙，位于村东，坐北面南，庙会六月二十八，与七佛山同步，主要活动为献戏。2010年部分翻修。 东山村祖师庙始建不详，庙内现存碑刻一通，为宣统二年（1910）《补修祖师庙捐资碑记》，戏台也应在此时补修。现存正殿三楹，悬山顶，山门外戏台面阔三楹8.6米，其中明间5.2米，五架梁进深四椽5.6米，基高1.2米，柱高3.2米，前檐角柱后1.4米砌山墙，圆凳础，础高0.3米，金柱高3.73米。西耳房面阔两楹4.8米，进深4.2米，戏台距山门18米，东西向距离因有其他新修之房屋，故而无法测量。2013-08-03	无	未公布
5	沟北村炎帝庙戏台			戏台外置，现已改建。面阔三楹，仰瓦屋面，筒瓦剪边，灰脊饰。两侧耳房各两楹。2013-06-15	无	未公布
6	张庄村玉皇庙戏台			玉皇庙位于村中，所祀之神为玉皇大帝。庙宇一进院，正殿三楹，侧殿各两楹，东西看楼各三楹，戏台山门倒座，面阔三楹。建筑系数为悬山顶。玉皇庙始建不详，庙内存道光十七年（1837）《重修玉皇庙碑记》，然碑文十分漫漶，难以识读，无法确知重修其详。 戏台五架梁，进深四椽，面阔6.42米，其中明间2.95米，进深4.18米，柱高3米，下层门通道柱高2.48米，东西耳房不规则，东耳房面阔三间6.78米，西耳房面阔一间2.35米。2013-08-06	无	未公布
7	西南庄关帝庙戏台			关帝庙位于村东北，坐北面南，一进院带东侧偏院，主殿分别祀奉关帝、玄武大帝。戏台外置，距庙宇山门28米。 硬山顶舞台面阔三楹10米，其中明间5.2米，进深6.8米，基高1米，柱高3.5米。西看楼面阔五楹14.4米，进深2.8米，戏台与看楼均被砌墙，改作他用。然剧场格局仍在。2013-08-09	无	未公布

北城区古戏台附录表

序号	名称	创建年代	可考年代	简　介	文保	公布情况
1	王何北五龙庙戏台		天启五年（1625）	王何北村位于高平市西北五公里处，五龙宫位于村东，原曾为厂房，现虽空出，然亦未能修缮。五龙宫坐北面南，因庙内无碑刻留存，故其始建不可考据，现存正殿、配殿、看楼、山门戏台。据正殿脊枋“大启五年（1625）岁次……”，可为五龙庙断代之证据。正殿悬山顶，面阔五间，六架椽，筒瓦覆布，琉璃脊饰已残缺，前檐用方形抹角石柱，方礅础，柱上施额枋，上施斗拱，柱头五踩双昂，平身科各一攒，皆出斜拱。两旁侧殿各三间，悬山顶。正殿前为月台，宽13.7米，深7.55米，基高0.2米。 五龙庙山门戏台，悬山顶三间，灰脊筒瓦，曾经改作他用，前檐均封砌。据山门门额天启五年六月吉旦所立之“古庆云”匾额，可知其和正殿为同期建筑。戏台面阔7.65米，其中明间2.6米，进深五檩四椽，4.83米，底层为砖砌，山门通道砌券式，高1.98米，宽2米。 “古庆云”是虞舜时代的古歌《庆云》，也叫作《卿云》，意指祥瑞之气，舜禅让帝位于大禹，歌曰：“卿云烂兮，纠漫漫兮，日月光华，旦复旦兮。”这首歌在封建时代具有崇高的社会、文化帝位，所以舞楼名为“庆云”。其用意在于称颂戏曲的音乐与歌词，抬高戏曲社会文化地位。[①]2013-06-24；2013-07-14	无	已公布。参见冯俊杰《山西神庙剧场考》
2	冯庄村汤王庙舞楼		康熙十五年（1676）	汤王庙位于村东岭上，坐北面南，一进院，正殿三楹，七架梁带前廊，进深七椽，悬山顶，筒瓦覆布，琉璃脊饰，两侧殿各三楹，东西厢房各七楹。汤王庙始建不详，庙内现存康熙十八年（1679）勒石之《重修成汤庙记》记载：“康熙丙辰夏，□士陈君元理，延庆登临谒庙，瞻顾咨嗟，以兴复自任。爰集耆庶王图安等，倡谋观募。幸而有众同心协力，遂量工命日，戒事致□。乃重修正殿三楹，尊王正位；创建两陪殿各三楹，奉王后、太子。洎东西殿上下，含舞楼，山门咸仍其旧而新之。经始于丁巳秋□，迄戊午冬初告竣。”是首次提到该庙舞楼，说“舞楼、山门咸仍其旧而新之”，可见汤王庙之有	无	未公布

① 冯俊杰：《山西神庙剧场考》，中华书局2006年版，第236—238页。

续表

序号	名称	创建年代	可考年代	简　　介	文保	公布情况
				舞楼是在康熙丙辰年（康熙十五年 1676）之前的，此次只是维修罢了。[①] 乾隆壬申年至乙亥年汤王庙再次兴工维修，此次将“正殿、角殿、陪殿、东西禅室、厨库、戏楼、两山门仍悉旧制，东山门外筑室三楹，为享赛斋戒之所。”[②] 道光十一年，成汤庙因历年既久，风雨剥蚀，并且“庙外石址仅存未修房屋墙壁，每逢演戏酬神，拴系骡马甚为不便”而“彩画各种殿宇，点缀禅室、舞楼，庙外创修厦棚棚东西七间，东耳房一间，以及东西墙壁、门楼一所。”并且解决了问题，使得“演戏酬神，庙貌内外焕然一新，且拴紧骡马无忧不得其所”。[③] 舞楼曾在 2008 年进行过修缮，然除台基外其他构件悉数更换，现之戏台面阔三楹，悬山顶，五架梁进深四椽，基高 1 米。2013-05-20；2013-06-08		
3	企甲院二仙庙舞楼	乾隆三十三年（1768）		企甲院位于县城之西北 2 公里，主要姓氏徐。二仙庙位于村中，现存建筑为两进院，中轴线上自北向南宁依次为正殿三楹，过庭，戏台。侧殿、配殿、看楼、戏房一应俱全。 二仙庙始建年代不详，庙内现存碑刻 11 通，除一通未知其纪年之外，全部为乾隆（5）、嘉庆（2）、道光（3）年间碑刻。其中，乾隆三十一年（1766）勒石之《增修真泽庙记》载:“旧止有堂殿，规模狭隘”，可见二仙庙在此次增修之前，庙宇规模狭小，甚至是寒酸的。遂于乾隆八年创建山门三间、东西耳房各两间，二仙庙才有了庙院，规矩稍显严整。乾隆二十九年至三十年再行维修和扩建，左右各建僧舍四间，与前之相比，碑文说“庙貌易颜”实不为过。[④]	无	未公布

① ［清］康熙十八年（1679）《重修成汤庙记》，赐进士光禄大夫兵部右侍郎加正□品里人李棠馥撰，笏首方趺，碑文楷书，现存庙内，局部漫漶。

② ［清］乾隆二十一年（1756）《重修成汤庙记》，吏部候选州司马毕荣怀、邑庠生缑文焯撰文，乡民毕兴姬书，刻字匠尚思旺刊石，笏首方趺，碑文楷书，现存庙内，保存完好。

③ ［清］道光十一年（1831）《创修厦棚彩画庙宇碑记》，邑庠生王逢寅撰文并书丹，刻字匠李运发刊石，笏首方趺，碑文楷书，现存庙内，保存较好。

④ ［清］乾隆三十一年（1766）《增修真泽庙记》，尧封邑庠廪膳生员赵兰馨撰文并书丹，额题“重修碑记”，碑文楷书，尚清晰可辨。现倒伏于正殿前，碑座已失。

续表

序号	名称	创建年代	可考年代	简　介	文保	公布情况
				二仙庙建起舞楼是在乾隆三十三年（1768），有《创修舞楼碑记》与舞楼脊枋题字互为参照。[①] 关于创修舞楼，碑文讲道："历年享祀，亦依月令而未之有变也。第祀必举乐，则吾岂敢然从俗。以歌舞侑神，实邑人所心有而乐为之者也"，碑文作者提到，二仙庙每逢祭祀事必用乐，而用俗之歌舞侑神，相比于乐之雅，在他自己来讲，是万万不提倡的，这里的歌舞，显然是指戏曲。但是他找到了一个谁都不会反驳的理由，称歌舞侑神是"邑人所心有而乐为之者也"。其实，这个理由在广大的农村是一个不争的事实。神庙演艺发展到明清，既是酬神之用，而更大程度上是在娱人了，故而雅也好，俗也罢，只要民众喜闻乐见，则都不是问题了。 解决了理论上的障碍，建设舞楼自然理所应当，遂在庙南建舞楼三间，如是，碑文作者又兴奋地说道："由此而一朝享祀，献妙舞于神前，将所谓式歌且舞，神人以和者，胥赖是矣"。乾隆四十五年（1782）至四十七年（1784），二仙庙创修东西禅楼，并于村西构筑马房一所为奉神演艺之用。[②] 光绪年间，二仙庙补修大殿、舞楼以及上下东西禅房、中央过庭。[③]		

① 〔清〕乾隆三十四年（1769）《创修舞楼碑记》，恩进士候选儒学司铎李树庸撰文，邑庠生张永津书丹，额题"创修舞楼碑记"，碑文楷书，较为清晰，现倒伏于正殿前，碑座已失；舞楼脊枋题字：时大清乾隆三十三年合社创建舞楼三楹，八月初二日吉时上梁，木匠王来泰石匠牛松瓦匠贾朝臣统祈百福并臻永久为记。

② 〔清〕乾隆四十七年（1782）《创修东西禅楼碑记》，知江苏宁府句容县事（下阙文），邑庠廪膳生员段维嵩篆额（下阙文），额题"创修东西禅楼记"，碑文楷书，现存庙内，底部被埋。

③ 《补修大殿舞楼碑记》，尧封邑庠生康文明撰文，附贡生张秀升书丹。碑文楷书，现存庙内，倒伏于正殿前。是碑落款并未确切给出勒碑之年月，只碑文中有"癸未冬于庙内联会一局"，查之清代自乾隆以降，癸未年有乾隆二十八年（1763）、道光三年（1823）、光绪九年（1883）、民国三十二年（1943），据上文知，舞楼创修于乾隆三十三年（1768），此碑言补修，故不是乾隆二十八年（1763）。又因庙内嘉庆十五年（1801）《东西两角殿塑神捐钱之序》中提到也曾重修大殿等建筑，按木作建筑维修大约60年周期，道光三年或也不恰当，权看作是光绪九年（1883）。仍待考证撰碑及书丹者生平，或可最终确论。

续表

序号	名称	创建年代	可考年代	简　介	文保	公布情况
				正殿面阔三楹 7.7 米，其中明间 2.55 米，进深 6 米，廊深 1.35 米，基高 0.8 米。侧殿各两楹，配殿各四楹，过厅三楹。下院看楼东西各三楹，面阔 7.3 米，进深 3.1 米，悬山顶舞楼面阔三楹 7.5 米，其中明间 3.25 米，通进深 5.35 米，后台进深 1.8 米，基高 1.75 米，柱高 3.14 米。上院落南北 15 米，东西 7.8 米，下院剧场南北 15 米，东西 9.5 米，下层过道拱券高 2.21 米，宽 2.16 米，长 8.7 米。2013-06-20		
4	边家沟村庄严寺舞楼		乾隆四十年（1775）移建	庄严寺位于北城街道边家沟村西北，坐北朝南。“村之主庙，名曰庄严寺。内外三院，不知创自何年，后院之正殿，曰三佛殿”。[①] 由此可知寺院建筑规制和所祀神灵。而关于庄严寺舞楼的变迁，庙内所存碑文中记述的甚为详细，乾隆四十六年（1781）刊立《增修庄严寺碑记》载：“向来舞楼在其东南，今始改建于正南，经始于丙戌年辛卯月，落成于乙未年丁亥月”。[②] 也就是说在乾隆乙未年，即乾隆四十年（1775），舞楼的建筑位置移到了庄严寺的中轴线上。这一变化使得舞楼建筑不再边缘化，而是被纳入了庄严寺的整体建筑规划当中，成为其不可或缺的一部分。戏台面阔三楹 7.35 米，其中明间 3.3 米，进深 5.1 米，基高 1.3 米，柱高 3.1 米。院落东西宽 16.5 米，南北深 21.7 米. 舞楼在道光二十年（1840）也曾维修，有戏台脊枋题字为证。[③] 至民国十年（1921）已是“外院有舞台，戏楼、戏房、看楼，配合适宜。另有戏厨，无不具备”的状况了。[④]2013-07-07	无	未公布

① 勒石于民国十年（1921），壁碑，圆首，额题“永垂不朽”，高 230 厘米、宽 70 厘米，现存庙内。

② 勒石于清乾隆四十六年（1781），楷书，张应旌撰文，申学闵书丹，冯江、李禄镌刻，笏首方趺，高 214 厘米、宽 60 厘米、厚 23 厘米，现存庙内。

③ 舞楼脊枋题字：“时大清乾隆四十年孟冬创修舞楼三间于道光二十年十月十三日阖社重修永为记。”

④ 同注释①。

续表

序号	名称	创建年代	可考年代	简　介	文保	公布情况
5	石门村玉皇庙舞楼	嘉庆二十四年（1819）		石门村玉皇庙坐北朝南，庙宇倾圮严重。玉皇庙创建时间不详，据庙内现存嘉庆二十四年（1819）《重修玉皇庙序》载："旧址俱为修补，重修拜殿、东西陪殿、东西禅房、东南厨房、西南楼棚，创修舞楼闪堂，满庙院齐墁。"可知在此之前，玉皇庙就已颇具规模。[①]此次工程，还创建了舞楼。同治五年至同治九年，玉皇庙迎来大规模修缮，舞楼亦在其列。"补修玉皇庙三间；重修牛王殿三间、关王殿三间、□王殿一间、东禅房三间、蚕姑殿三间、高禖词三间、土地祠三间、西禅房三间、东大门、西大门、舞楼三间；补修东南房三间、西南房三间；补修祖师庙一院、二仙庙一院；补修观音堂一处；重修山神庙一处；补修钟楼一处、牛屋四间。"这其中也提到了祖师庙、二仙庙、观音堂以及山神庙，为我们了解同治年间石门村的庙宇情况提供依据。[②] 戏台单层台，面阔三楹 6.657 米，其中明间 3.081 米，进深 4.922 米，基高 1.08 米，柱高 3.012 米，悬山顶，东耳房面阔 5.937 米，西耳房面阔 4.972 米，进深俱为 3.01 米。2013-07-07	无	未公布
6	王降村关帝庙戏台		道光十九年（1839）	关帝庙位于村西，坐西朝东，庙宇残损严重，几近荒芜。 据关帝庙内遗存的四块清代碑刻，关帝庙始建并不可考，道光十九年（1839）刊立《重新改修关帝庙碑记》载："国朝雍正间有余悦姓，祖讳彩者曾作领而补修之，墙壁有记略而未详，兹不具论"，然调查并未见其墙壁题记，若此说可信，则关帝庙建于清初应该是没有疑义的。[③]而后咸丰七年（1857），关帝庙再行重修事宜。[④]	无	未公布

① 〔清〕嘉庆二十四年（1819）《重修玉皇庙序》，撰碑人不详，韩山僧圆恒书丹，笏首方趺，额题"万古流芳"，高 197 厘米，宽 50 厘米，厚 20 厘米。碑文楷书，局部漫漶，现存庙内。

② 〔清〕同治九年（1870）《重修补修庙宇序》，边友仁书丹，笏首方趺，额题"流芳百代"，碑文楷书，现存庙内，保存完好。

③ 〔清〕道光十九年（1839）《重新改修关帝庙碑记》，邑庠生悦继昌撰文，国学生悦奉箴书丹，国学生悦联魁篆额，玉工牛太平镌石。碑文楷书，笏首方趺，保存较好，现存庙内。

④ 〔清〕咸丰七年（1857）《补刻重修关帝庙捐钱碑》，壁碑，撰文书丹者不详，现镶嵌于前院墙壁，局部漫漶。

续表

序号	名称	创建年代	可考年代	简　介	文保	公布情况
				碑刻中提到关帝庙舞楼是在咸丰七年《重修舞楼碑记》，且已是重修。碑文言关帝庙："大厦高台，弦歌尤尚"，可见其演剧还是相当兴盛。碑文又言道："庙之前复有戏台三间，不意道光年间，岁值庚戌（道光三十年 1850），关圣之戏台榱崩栋折。"可以确定戏台之建至少是在道光朝。①庙内道光十九年（1839）《重新改修关帝庙碑记》中载："且数年止戏，收谷而资费少蓄"，虽然没有明确提到关帝庙舞楼，但止戏应是止关帝庙之戏，故可将关帝庙戏台之建推至道光十九年之前。2013-06-23		
7	南王庄关帝庙戏台			高平县北城办南王庄村，主要姓氏杨姓。 关帝庙，位于村中间位置，正殿民国九年（1920）脊枋题字中言其"北堂庙"，并言是创修。②现存建筑为一进院，正殿，以及左右配殿，山门。庙外建戏台，单层式，悬山顶，合瓦屋面，前檐方形抹角石柱，柱础用方凳础，柱头上施额枋，额枋下施由额，浮雕龙与花卉图案，斗拱用一斗二升交麻叶，平身科无斗拱。此戏台隔扇做法与康营村成汤庙、岱岳庙之隔扇做法相似。或为当时之流行样式，可相互参照。 面阔三楹 7.60 米，其中明间 3.62 米，进深五椽 6.25 米，基高 1.43 米，后台用隔扇隔开，进深 2.26 米。柱高 3.32 米，现仅存西侧耳楼四楹，面阔 10.63 米，进深 4.85 米。2013-06-19	无	未公布
8	北沟村关帝庙戏台			北沟村，主要姓氏刘。关帝庙位于村西，坐东朝西。戏台外置，正对正殿。 戏台面阔三楹，七架梁进深六椽，合瓦屋面，北侧耳房已毁，南侧耳房二层式面阔两楹。未测量。2013-06-23	无	未公布

① 〔清〕咸丰七年（1857）《重修舞楼碑记》，邑庠生李良玉撰文，邑庠生悦可法书丹，玉工武宝兴镌石，笏首，碑文楷书，现存庙内，底部严重漫漶。

② 时民国九年正月二十日辰时动工创修北堂庙楼房上下十间五月二十三日吉时上梁，兴工维首人等，玉工王土旺，木匠王大圪、王聚财，泥水匠王四囤仝沐手永垂不朽为记。

续表

序号	名称	创建年代	可考年代	简　介	文保	公布情况
9	王降村洞真观戏台			洞真观位于村西南，坐北朝南。庙内虽存《创建洞真庵记》，但碑刻严重损坏，可以识读部分并无纪年。庙内现存建筑有正殿，依其脊枋题字，于明成化十六年（1480）创建，时间或与碑刻同。 碑文中提到了洞真观的主人，碑文言道："吾于道者牛公有考焉。公法讳志玄，王……形朴而野幼不从学，但栉风沐雨，勤稼穑而已，岂能叩玄……旦颖悟浮世，勇退急流，召同室而与谋，俱辞家而入道，割……脱网兽，高飞远走，无往而不自适也。虽未能企及数……致也，遂礼王志惠为师，水其心，云其身，友明月，临清风……"由此可见洞真观所祀神灵是一位叫作牛志玄的人，颖悟浮世，急流勇退从而辞家入道，并拜王志惠为师。① 戏台面阔三楹 8.88 米，其中明间 3.337 米，进深 5.485 米，基高 1.859 米，柱高 3.043 米，悬山顶。东耳房面阔三楹 7.549 米，进深 4.21 米，西耳房面阔三楹 6.975 米，进深 4.92 米。2013-06-23	无	未公布

原村乡古戏台附录表

序号	名称	创建年代	可考年代	简　介	文保	公布情况
1	章庄村皇王庙舞楼	顺治十七年（1660）		堂皇庙之始建，庙内遗存清顺治十七年（1660）《创建舞楼钟楼记》中有如下记载："（信善庠生李尔珍，同兄尔馨等）既而復使告余曰：昨砌基址得一石，有文，乃大宋天圣五年（1027）丁卯创建。首事李坦、赵观等字迹犹可考者。"若从其说，则堂皇庙之创建在宋天圣五年，然庙内现存无有此碑刻。堂皇庙之创建仍无确论。另外，顺治十七年碑刻中也对该庙所祀神灵给出了更正："询为何神，或曰商汤也，或曰是唐宗。夫汤祷桑林，六事赍未，既□远近沾足，为民救□旱。而太宗亦尝吞蝗，曰：食其苗心，宁食吾心！又为民受灾者，立庙祀之，不□诚然欤！"明万历三十九年（1611）碑刻中载：	无	未公布

① 《创建洞真庵记》，撰碑书丹者不详，额题"创建洞真庵记"，碑文楷书，笏首，碑座已失，碑刻大部损坏，现倒置庙内。

续表

序号	名称	创建年代	可考年代	简　　介	文保	公布情况
				“□意圣殿，其廊颓毁，可不复为修补？”，于是合村人等于是年重修庙宇。故堂皇庙在明万历之前已经建成应无异议。顺治十七年“创建戏楼暨月台，兼重修钟楼”，至此堂皇庙之酬神演艺有了固定的场所。 山门戏台，悬山顶，面阔三楹 7.90 米，其中明间 2.45 米，进深 4.43 米，基高 2.45 米，柱高 2.5 米 。两侧耳房面阔各三间 5.67 米，进深 4 米。2013-07-02		
2	皇王头村皇王庙歌楼、舞楼	雍正十二年（1734）		雍正十二年（1734）《重修皇王庙碑记》载：“爰募缘输资，督率鸠工，不旬日而庙貌焕然矣。庙之外创起歌楼三楹且黝垩之，丹雘之，金碧而辉煌之，诚皇王山一大观也哉”，是时不但重修庙宇，而且创建了歌楼。 道光三年（1823）刊立《重修皇工庙碑记》中对嘉庆道光年间的庙宇维修做了记载：“嘉庆二十四年（1819）闰四月初十日开工重修皇王大殿三间，东北角殿三间，西□房三间，后有食房内局一处，南有峡厨厦棚一所，庙前舞楼三楹，山门外照壁一座，皆是重修也，所有东殿西北角殿东南钟楼，正南山门，西南戏房俱以沾补于道光元年（1821）秋七月完工，二年夏五月金妆神像，彩画殿宇，沾洗门窗，刷洗墙壁，一切重新也，所有本庄东庙殿宇舞楼，总是年深日久，瓦烂椽坏，每逢大雨之时，上盖滴漏，再者戏台场中不亮低暗，新加柱顶阳脚石条上盖，重修殿脊，加添宝瓶，乃合天地乾坤正气之象，于道光三年（1823）夏六月觅□丹青，彩画殿宇舞楼，一果重修，今日功程告竣，勒石永垂不朽。”[①] 此一系列维修不仅仅局限于皇王庙本身，并且连同皇王头村东庙舞楼、殿宇一并补修，其中“戏台场中不亮低暗，新加柱顶阳脚石条上盖”，是对舞楼演出效果的人性化考量与创造。 皇王庙舞楼在庙外，地势稍低。距庙门约百米，业已拆除，并在 2009 年原址新建了皇王山戏台，原戏台之石柱、柱础散落于台前。2013-07-09	无	未公布

① 〔清〕道光三年（1823）《重修皇王庙碑记》，丹西居士邢志平撰并书丹，李泳镌石。现存皇王庙山门西侧，保存完好。

续表

序号	名称	创建年代	可考年代	简　介	文保	公布情况
3	下马游玉皇庙舞楼		乾隆十一年（1746）	乾隆十一年（1746）勒石之《重修文昌财神殿小引》，记录了玉皇庙重修文昌、财神二殿的经过，其中也提到了“前修舞楼已有捐资载石，今又增置东岭，斯地五亩”以及“前修舞楼使过银三十四两四钱，督工人张应奎”，却并未言及是创建还是维修，然不可否认的是至乾隆十一年，玉皇庙已经建起了舞楼。 山门戏台，悬山顶，五架梁进深四椽，前檐小八角石柱，方凳础。柱头斗口跳，补间施栱板，浮雕花卉图案。面阔三楹 6.8 米，其中明间 2.8 米，进深 5.65 米，顶部样式悬山，柱高 2.61 米，东侧看楼面阔二楹 5.5 米，进深 3.12 米，柱高下层 7.7 米，西侧看楼面阔二楹 5.5 米，进深 3.1 米，柱高 7.5 米，俱为悬山样式。但看楼上层后世改建，已砌墙，庙院东西 11.3 米，南北 23 米。2013-07-09	无	未公布
4	交河村黑虎庙戏楼		乾隆十五年（1750）重修	关于玄坛庙戏楼的记载，唯有庙内现存乾隆十五年（1750）《重修戏楼捐金姓名开列于左》一碑。玄坛庙戏楼的创建时间在乾隆十五年之前。 舞台面阔三楹 6.0 米，其中明间 2.3 米，进深 5.0 米，基高 1.3 米，柱高 2.73 米，悬山顶。2013-07-02	无	未公布
5	下马游真性堂舞楼	乾隆三十九年（1774）		乾隆三十九年（1774）《创修舞楼碑记》：“白衣堂前人增修久矣，而舞楼缺焉未备，每逢演戏，或风或雨时有所阻，借棂借板，经营匪易”，故而白衣堂创建了舞楼，并立碑为志：“盖焕然维新，殿宇既增修于前，而巍然在望，舞楼复创修于后”，撰碑人对此也大加赞赏：“歌于斯舞于斯，□□玉，靡不集于斯，而阅斯楼者，谁不赞为宏敞也哉。”① 舞楼业已拆除，并原址修下马游南堂舞台，剧场院落仍在。2013-07-09	无	未公布
6	陈庄村万寿宫舞楼		乾隆四十三年（1778）重修	万寿宫之创始无考，庙内现存最早的碑刻是勒石于康熙十六年（1677）的《万寿宫塑神画殿并打石火盆记》，对万寿宫也只是说“旧有万寿宫不记其始”，碑文中提到“康熙七年（1668）重修大圣仙姑正殿三间，东西侧殿六间”并“妆塑神像，彩画殿宇”，除此	无	未公布

① 〔清〕乾隆三十九年（1774）《创修舞楼碑记》。

续表

序号	名称	创建年代	可考年代	简　　介	文保	公布情况
				之外，还在“东北殿创塑马王尊神”。至康熙十九年（1754），万寿宫由信士张珩创建匾额“万寿宫”，匾额至今仍镶嵌于山门。乾隆四十三年（1778）刊立《万寿宫重修舞楼碑记》记录了是年万寿宫重修舞楼的具体情况：“仍乎旧贯而不泥乎旧贯。北不迫于宫庭而位置以妥。南则离夫前殿而众圣以安，亦若有神助焉”，字里行间透露出重修者对于这次修建的得意之状。至光绪十五年（1889），万寿宫进行了一次大规模的重修，“正殿破漏茅塞修补之，戏台倾危修补之，中央殿瓦解强裂拆到重修之，门间东西环堵壑塌一以补葺之”，可见彼时的万寿宫倾圮之甚。 　　正殿五架梁，悬山顶，面阔三楹 9.12 米，进深五椽 5.91 米，有前廊；正殿前献台东西 11.1 米，南北 2.64 米。 　　戏台为单层台，硬山顶，三面观。五架梁进深四椽，合瓦屋面灰脊饰，檐柱、金柱均用小八角石柱，后台东侧山墙辟门，以供演员出入之用。戏台后墙紧贴前殿，面向正殿。另戏台后墙中间与前殿后墙中间均辟门，可相互连通。演戏之时，前殿权作为临时后台，供演员化妆休息之用，此与董峰万寿宫形制相同，或为相互仿照而建。 　　戏台面阔三楹 7.11 米，其中明间 2.6 米。通进深 5.16 米，其中前台进深 3.16 米。基高 1.23 米，檐柱高同为 2.47 米，施柱础，础高 0.28 米，柱径 0.215 米，金柱稍高为 2.99 米，柱径 0.23 米。前檐角柱后 1.7 米处砌墙，檐柱间施挡板石，高 0.28 米。 　　两侧看楼面阔五楹 11 米，进深 4.05 米，下层柱高 2 米，上层柱高 2.2 米。戏台紧靠前殿相距仅 1.10 米。剧场院落东西 12 米，南北 13 米。2013-07-13		
7	陈山村汤王庙戏台		乾隆年间	汤王庙创建不详，庙内现存唯一碑刻是勒石于乾隆二十三年（1758）的《重修汤王庙碑记》，碑中言道：“沁水高平交界原有慌庄，明为城山村，村后古有佛山一座……古迹有汤王庙一座……乾隆八年（1743）开工。佛山伐砍树木……乾隆十六年（1751）工满谢神，乾隆十九年（1754）小岭圪堆风水树□□四至永远不得伐砍……此庙坐落山根，东西南至道坑则在内，合社公议立，永远为	无	未公布

续表

序号	名称	创建年代	可考年代	简　介	文保	公布情况
				记”。[①]另据戏台脊枋题字可知，在乾隆时期创建或者维修了戏台，然具体时间已经无法识读了。[②] 戏台悬山顶，合瓦屋面灰脊饰，五架梁进深四椽，前檐用小八角石柱，柱上承接额枋，梁头直接置于额枋之上，自然用材，少见修饰，显得极为朴素。两侧山墙辟门，连通两侧耳房，进而与两侧看楼连通，形成近乎完整的回廊。 戏台面阔三楹6米，其中明间2.7米，进深5米，基高1.5米，柱高2.4米，础高0.3米，台口1米。耳房面阔各两楹4.2米，进深3.5米。看楼硬山顶东西各面阔三楹6米，进深2.7米，下柱高1.8米，上柱高1.7米。2013-09-13		
8	良户村大王庙舞楼		嘉庆十五年（1810）修看台，道光十八年（1838）创修看楼，舞楼在道光十八年（1838）之前	大王庙在村之东南，始建不详。据庙内碑刻，乾隆二十九（1764）至三十年（1765），乾隆三十九年（1774）、四十七年（1782），嘉庆十五年（1810），道光十九年（1839）至二十一年（1841）以及民国十七年（1928）屡有补葺。庙宇依地势而建为上下两进院（见附录图2-2），“位居离宫，大河临其前，不诚巍巍然也哉”[③]，“镇位离宫，负山带河”[④]，也正基于此，其庙坐南面北，中轴线依次为正殿、二道山门前接台阶两组（下11级，上13级）、舞楼，戏房下各辟山门。正面看台、两侧看楼分列下院东西，台阶两侧石砌看台各三阶，逐级升高，长3.84米，高0.42米，宽0.52米（见图1-4、图1-5）。看台之后，上下院隔墙之前，各有疑似正面看楼分列左右。因庙宇毁坏严重，仅有残柱遗存，然有石柱则说明原必有顶盖，看楼之	无	已公布。参见颜伟、曹飞《新见神庙剧场看楼、看台、看亭（厅）》，载《戏曲研究》第90辑，文化艺术出版社，2014年6月，第128—142页。

---

① 〔清〕乾隆二十三年（1758）《重修汤王庙碑记》，玉工李碧昌刊石。现镶嵌于西配殿墙壁，保存完好。

② 时维大清乾隆□□年□□月戊子日乙□时□□黄道大吉，竖柱上梁……

③ 引文据《高平金石志》，王树新主编，中华书局2004年10月版，所收录道光十八年（1838）《大王庙创修前院碑记》迻录，第304—305页。

④ 引文据《高平金石志》所收录民国十七年（1928）《大王庙补修碑记》迻录，第350页。

续表

序号	名称	创建年代	可考年代	简　介	文保	公布情况
				说或可成立，只是庙内现存碑刻并无相关正面看楼之记载，故此存疑并当作疑似看楼陈述之。面阔两楹 4.26 米，进深 2.9 米，现仅存二抹棱砂石柱。此看楼与下石砌看台之间施矮砖墙以相隔。 舞楼三楹，梁架已坍塌，面阔 8.25 米，其中明间 2.9 米，进深 5.3 米，基高 1.46 米，柱高 2.45 米，左右耳房各三楹，面阔 5.8 米。悬山顶看楼两侧对称，各三楹，面阔 7.2 米，进深 3.4 米。整个下院东西 13.4 米，南北深（戏台前檐至看台最下一级）8.01 米。 据庙内嘉庆十五年《大王庙碑记》“修看台、彩画费四十二千乙百零四文”[①]可知看台修缮于是年。又据道光十八年（1838）《大王庙创修前院碑记》中提到“院前有舞楼，东西仅建墙墉，不足以壮观瞻，何以别士女之望……自道光壬辰年（1832）……共举前院当建看楼数间……东西特立看楼上下十二间……”[②]，知为“壮观瞻”和“别士女之望”而创建两侧看楼。故而看台之建早于两侧看楼至少 20 余年。因其类似于体育场式的逐级升高的石砌看台的出现从而成为神庙剧场的又一特殊形式，使得神庙剧场中有了真正的观众坐席，并且与宋元时期瓦舍勾栏中出现的腰棚[③]也有相同之处，只是腰棚是三面环绕并逐级升高，此只正面。但它还是实现了扩容的目的，而且逐级升高的看台也大大提升了观剧效果。遗憾的是该庙建筑大面积坍塌，虽格局完整，但是诸如梁架、题记等细节还是无法看到。2013-07-02		

① 〔清〕嘉庆十五年（1810）勒石，经手人郭殿元等立石，楷书，壁碑，高 39 厘米，宽 73 厘米，碑题“大王庙碑记”，局部漫漶，现存大王庙二道山门前东侧。2013 年 7 月 2 日考察时抄录并拍照。碑文见附录一。

② 〔清〕道光十八年（1838）勒石，额题“万善同归”，楷书，笏首，2013 年 7 月 2 日考察时碑已多半埋入土中，引文据《高平金石志》迻录，第 304—305 页，且知碑为笏首，高 89 厘米，宽 52 厘米。

③ 参见车文明《中国神庙剧场中的看亭》，载《戏曲研究》第八十七辑，文化艺术出版社 2013 年版。

续表

序号	名称	创建年代	可考年代	简　　介	文保	公布情况
9	秦城皇王庙戏楼		嘉庆二十三年（1818）重修	嘉庆二十三（1818）年七月至次年三月，合村善士兴工补修皇王庙诸殿宇，“首理正殿并角殿，次后戏楼并耳楼，再其次东西两殿”。[①] 道光六年（1826）创修皇王庙骡棚，据碑文看，皇王庙原有骡棚，然规模狭隘，逢年演戏，容畜无多。故增置地基，于是年二月公议止戏，造就骡棚，意欲收到“逢年演戏，饲牲绰绰然有余裕矣”的情形。从另一个角度来看，创修骡棚之事也反应出当时皇王庙演戏之时的盛况。[②] 咸丰八年（1858），皇王庙在住持绪直的参与下重修了舞楼三间以及东西耳楼上下八间。[③] 同治三年（1864）刊立《重修三官阁歌舞楼碑记》中载：“戏台并两旁耳房局势□□规模卑狭，对神舍兮鄙陋，骏奔走兮未便。此在所宜改者也……咸丰七年（1857）鸠工庀材……咸丰八年（1858）……金碧辉煌，焕然皆新。”[④] 撰碑人闫丕显在碑文中提到了戏台规模卑狭，对神舍兮鄙陋，显然，闫丕显认为，戏台既然面向正殿，则不可不规模宏敞，美轮美奂，如此才是敬神之切切，否则便是对神灵的不敬。这种理由的阐述向我们提供了一个乡村士绅对于庙宇中戏台、神灵之间关系的一种观点，值得注意。 舞楼悬山顶，五架梁进深四椽，原为筒瓦屋面，现筒瓦已金全部毁失，只剩仰瓦（或为今人补修时所为），琉璃脊饰也已残存零星构件。小八角石柱，由额雀替雕刻花卉图案，柱头施斗口跳，补间施拱板，圆雕花卉图案。 舞楼面阔三楹 8.6 米，其中明间 3.14 米，进深 5.45 米，柱高 2.9 米，础高 0.3 米，基高 1.4 米，台口 1.5 米，耳房面阔两间 3.2 米，进深 2.9 米，戏台距正殿 12.5 米，东西 18.2 米。2013-09-19	无	未公布

① 〔清〕嘉庆二十四年（1819）《补修皇王庙碑记》，应试生袁桂撰文并书丹，现存正殿前廊，局部漫漶。

② 〔清〕道光六年（1826）《创修骡棚碑记》，邑士袁桂撰文，现存东侧殿前，碑刻下部漫漶。

③ 脊枋题字“时大清咸丰八年岁次戊午年重修舞楼三间东西耳楼上下八间四月二十日吉时动工择于五月二十九日黄道上梁，督工维首人……住持僧绪直……自修之后阖社人等祈福□安永远为记。”2013 年 9 月 19 日考察时拍照并抄录。

④ 〔清〕同治三年（1864）《重修三官阁歌舞楼碑记》，额题“皇帝万岁”，闫丕显撰文，张温泉书丹，现存正殿前廊，保存完好。

续表

序号	名称	创建年代	可考年代	简　介	文保	公布情况
10	下董峰村 白龙庙 舞楼		道光元年 （1821） 之前、 咸丰九年 （1859） 重修	白龙宫始建不详，据庙内道光元年（1821）所立《白龙宫补修碑记》载：“修理……棚，舞楼以及东西耳楼，庙南观音堂，具补葺之，东禅房，东敞棚，共重修之”，并且为白龙宫置地划界，且“一应产业，俱有文券存证”。此次庙宇修建工程开工于“本年十月”，然碑刻刊立时间为道光元年四月，故重修事宜应在道光元年之前。另据戏台脊枋题字可知白龙宫在咸丰九年重修了戏台以及耳楼，“大清咸丰九年（1859）仲冬月十九日开工，嘉平月初七日上梁重修戏台耳楼七间”。之后庙宇的再次修缮在光绪三十四年（1908）刊立《白龙行宫开松山创修补修碑记》中有详细的记述：“自同治甲戌年（1874）经社首秦铭等同心协力，创修增修改修补修，立有古碑可考”，且“自甲辰年（1904）春鸠工庀材，将白龙宫庙宇及合村诸神庙宇与十字街中房屋一院，又在十字街南□修碾磨西敞棚三间，大庙西骡屋一院，皆修理整齐，至戊申年（1908）春工程告竣”。而舞楼自然也在这两次重修之列。 山门戏台，悬山顶五架梁进深四椽，仰瓦屋面灰脊饰，前檐用小八角石柱，放得出，柱间施砂石挡板。柱上施额枋，下由额、雀替浮雕。柱上施三踩斗拱，无昂。栱面雕花刻瓣。补间施拱板，透雕花卉、瑞兽图案。面阔三楹 7 米，其中明间 2.9 米，进深 4.6 米，柱高 2.2 米，础高 0.35 米，台口 0.8 米，下层山门通道高 2.1 米，耳房面阔两楹 5.5 米，进深 3.8 米。 看楼面阔各三楹 8 米，进深 3.5 米。硬山顶。2013-09-14	无	未公布
11	上马游村 汤王庙 舞台		道光五年 （1825） 重修	汤王庙始建不详，据庙内现存碑刻道光五年（1825）《汤王庙重修舞台碑记》中载：“始创者原不可考。重修于国朝康熙贰拾捌年（1689），至今有百余岁”。乾隆四十三年（1778）《重新修理大殿以里一应神功墙碑序》中“特访绘工，将正殿内三角墙壁、椽柱、樽梁，以及神龛供柜、同行彩画油漆文装。汤王遵象，黄金满匣。左右二像亦复文雕雅绣，其他伺神众像，罔不□旧从新，并制纱幕三挂，以肃观瞻”。之后的一系列补修事宜集中在道光五年前后，除去上文提到的道光五年重修舞台之外“乙酉春（1825）鸠工庀材，不数月间缺者增之，坏者补之，而搏埴	无	未公布

续表

序号	名称	创建年代	可考年代	简　介	文保	公布情况
				黝垩，次第举焉。先是有□舞台地稍隘，今东西各扩三尺许名为因而功实倍于创。台之东积石为基者十余丈，取其固也。新建钟楼贰楹，门道一楹，台之西耳楼三楹。四面各九，诏其称也”，是年彩画正殿，并提到“舞台看楼于秋八月□成”，可知汤帝庙拥有舞台、看楼完备的观演艺场的建成在道光五年之前。 舞台为单层台，顶部、梁架已更换、维修，前檐用抹角砂石柱，方形础，柱头施斗口跳。额枋、由额等均已更换一新。两侧耳房各三楹，东侧耳房下辟山门，看楼东西各三楹，与耳房之间有台阶可供观众上下，并于两侧耳房间接连通。 面阔三楹7.04米，其中明间3.01米，进深5.21米，基高1.35米，柱高2.92米，看楼东西各三楹，五架梁进深四椽，面阔7米，进深4.3米，下层柱高2.4米，上层柱高2.13米。院落东西13.9米，南北56.02米。2013-07-12		
12	冯村 汤王庙 戏楼		道光八年（1828）重修	道光八年（1828）“补修汤帝正殿五间，财神东殿三间，东禅房三间，戏楼山门五间，东西耳楼六间并奎楼一切补葺上盖彩画栋宇及村中各庙”。咸丰十年“故特大社公议，择于咸丰十年（1860）闰三月十一日演戏三朝，奉官明示，严设禁场，禁止桑羊夏秋坟茔园圃山林树株并赌博娼妓穷人店房一概永远严禁”并“至于村人看戏，亦不许借椅桌板凳”之条例之一。民国十一年（1922）刊立《补修碑记》中载：“前清光绪二十年（1894）间开工。鸠工庀材，督理修饰，残缺者，补修之，剥落者，绚色之。度地象形，宜修者建梁之，宜增者落成之。陆续贰大殿及天花板及东西两小殿，并且三嵕、灵官殿、财神、五瘟殿，俱皆雕梁画栋金碧鲜艳。香塔再造，莲台又粧，境疑是天上景异人间。并东西禅室、舞楼、两奎楼俨若焕然而一新。遂而创修大门内东看楼一座，大门外出厦，又于庙大门□增修骡屋院一院。周围垣墉齐肃，又补修关圣殿三间，创修西廊禅室十二间一院，四起周建。又补修佛堂庙一院、玉皇庙一所、三官庙、大王阁、观音阁、白衣阁等。又高禖祠、祖师、龙王、二郎等庙，一应拆旧补新。”起于光绪二十年（1894），至民国十一年（1922）功成告竣，这一系列的修建历时长久且规模巨大。	无	未公布

续表

序号	名称	创建年代	可考年代	简　介	文保	公布情况
				对成汤庙及其各殿宇、舞楼、房屋等进行修缮并创建了看楼之外，还对冯村诸如佛堂庙、玉皇庙等其他庙宇进行了修缮。至此，成汤庙规模空前，壮丽严整。2013-06-19		
13	原村 关帝庙 戏台		道光十五年（1835）前后	道光十五年（1835）的《补修东西看楼上盖并置西北岭地碑记》也对是年关帝庙"补修看楼上盖，置西北岭中地十亩"等事宜有详细记载。 正殿三楹悬山顶，面阔 8.5 米，进深 5.24 米，基高 0.33 米。山门舞台，七架梁进深六椽，前檐用小八角石柱，方凳础，础间施石质挡板。柱上施额枋，由额雀替浮雕花卉图案，额枋上施斗拱，柱头三踩，无昂，明间斗拱三踩出 45 度斜拱。斗拱栱面均雕饰刻瓣。 戏台面阔三楹 5.8 米，其中明间 2.6 米，进深 4.4 米，柱高 2.1 米，础高 0.3 米，下层山门通道高 2.4 米，东西耳房面阔各两楹 3.1 米，进深 3 米，院落东西 11.6 米，南北 21 米。2013-08-11	无	未公布
14	常庄村 三教堂 舞楼	道光二十年（1840）创修		据庙内额题"三教堂"碑刻中的部分可以识读的文字信息，"……经始于顺治甲申年（1644），告竣于戊子年（1648）……"，可知三教堂大致的创始或者维修时间。① 直至道光二十年（1840），三教堂才建起了舞楼，"大清道光二十年岁次庚子仲……创修舞楼三间，西耳楼……"。② 另有乾隆四十七年（1782）所立《告示碑》以及同治五年（1866）所立《禁碑》。三教堂一方面是村民春祈秋报之场所，另一方面，它也逐渐承担了维护乡村公共秩序的任务。 舞台面阔三楹 8.42 米，其中明间 3.1 米，进深 4.84 米，基高 1.24 米，柱高 2.65 米，东耳房面阔二楹 4.98 米，进深 4.15 米，西耳房面阔二楹 4.77 米，进深 4.15 米，剧场院落东西 16.38 米，南北 16.13 米，近乎正方形。2013-07-16	无	未公布

① 额题"三教堂"碑记，严重漫漶，仅极少文字可以识读"……经始于顺治甲申年（1644），告竣于戊子年（1648）……"

② 脊枋题字，2013 年 7 月 16 日考察之日拍照并抄录。

续表

序号	名称	创建年代	可考年代	简　介	文保	公布情况
15	上董峰万寿宫戏台		道光三十年（1850）以前、依附式戏台创建于咸丰二年（1852）	万寿宫戏台建在前殿（三圣殿）背后，并紧靠三圣殿后山墙，面阔三间，悬山顶，四架椽，后坡与三圣殿顶部后坡相交连通，为抱厦式做法的变体，琉璃瓦件多为今人新换之物，前檐用小八角石柱四根，柱间施石质护栏，东西山墙只砌至台深的1/2处，为小型的三面观样式，柱上额枋、大额枋，柱头科斗口跳，补间惟有明间一攒，形制与柱头科同。戏台与三圣殿共用一后山墙，并且后山墙两侧各开一门，可相互连通，演戏时，用作上下场门。如此，则演艺之时，三圣殿就暂时变成了后台。 关于该戏台的创建，庙内现存碑刻并无记载，提到该戏台时，已是清咸丰二年（1852）《整修万寿宫记》，碑言："（道光）庚戌春（1850）……后翼宽闲地权借戏台，后场通用。后墙除梁下改为戏台闪屏。一设举作，固补修工费实繁，衍戏台场窄地狭，蓋危柱侧，彻底倒地，宽大重立"。① 可见，万寿宫似乎本来就有戏台，并绝非是依附式，而是因原戏台位置局促且大部毁坏而重新建立，并将三圣殿后翼宽闲地借作戏台后场。所以我们可以得出结论，万寿宫之有戏台在此（道光庚戌年1850）之前，而依附式戏台自此而始建。 舞台在前殿之后，紧挨前殿，悬山顶建筑，五架梁，面阔三楹7.7米，其中明间3.05米，进深四椽3.5米，基高1.05米，柱高2.3米，前檐角柱后1.65米砌山墙，须弥式础，础高0.38米。2013-08-06	13年列入国保单位	曹飞:《万寿宫历史渊源考——金元真大道教宫观在山西的孤例》，载《山西师范大学学报（社科版）》首次公布；冯俊杰《山西神庙剧场考》收录上董峰万寿宫依附式戏台；曹飞《清代山西神庙戏碑辑考》收录上董峰万寿宫碑刻一通，并对戏台进行描述。
16	良户村玉虚观歌舞楼	咸丰七年（1857）		玉虚观戏台创建于咸丰七年（1857），关于创建缘由及过程，是年所勒《创修歌舞楼碑记》中记录甚祥，"吾村有玉虚观，旧不缺祀矣□□所以为祈报也，然门外余一基址，若之人岂置为闲旷地哉。亦谓祈也报也赛也，将于是乎取资，但求筑一台榭，猝难得焉。然未尝不有待于后也。甲寅岁，村中理社事者，欲迎先农神皇于此。造台楼，图祈报，倡此盛举"。而功成之后，撰写碑文的廪膳生员宁元忠如是写道："嗟乎，观此者，南则山环水映，树迷离于斯台，有光焉，台则鸟革	2013年列入国保单位	王星荣《山西高平市良户村玉虚观及歌舞楼考述》，载戏曲研究 第60期，中国戏剧出版社，2002年。

① 〔清〕咸丰二年（1852）《整修万寿宫记》，秦铭撰文，李高刊石，现存庙内，保存完好。

续表

序号	名称	创建年代	可考年代	简　介	文保	公布情况
				翚飞，美轮奂于一邑，亦有光焉。然其所经志此者，欲村人睹斯台而肃然起敬，以思春秋祈报之本，而不徒为观游之在也。抑亦欲村之人思台之所由起，所由成，一心一意，相亲相睦，而无成不守社规焉，是庆吾邑之厚幸也”。一方面对于歌舞楼建成之后的盛况赞美有加，兴奋之情溢于言表；另一方面对于倡导之人之初衷、期许以及歌舞楼建成之后的功用做了延伸和拔高，所谓不徒为观游，而尤有深意，从而思春祈秋报之根本，相亲相睦，进而延伸到不守社规而一事无成的高度，最后将歌舞楼之兴建与乡村社会秩序的维护联系起来，不能不说撰碑人宁元忠的良苦用心。 歌舞楼今已改建，在原基址之上新建了良户村人民舞台。2013-07-02		
17	窑则头五虎庙戏楼		同治十二年（1873）	五虎庙戏台，据其脊枋题字，知是同治十二年（1873）重修。[①] 因其下为阁，并非山门式舞台，而戏台地基与阁顶之间尚有空间，故而戏台亦是一种另类搭板样式，其空隙为储物场所，悬山顶，五架梁进深四椽，屋顶局部毁坏。面阔三楹 6.1 米，其中明间 2.5 米，进深 5.3 米，柱高 2.6 米，础高 0.4 米，基高 1.8 米，台口 1 米，看楼悬山顶。五架梁进深四椽，面阔三楹 6.5 米，进深 3.4 米，下柱高 2.3 米，上柱高 2 米，上院南北 11.3 米，东西 10 米，下院南北 6.7 米，东西 12 米。2013-09-13	无	未公布
18	山河背村忠义阁戏台	光绪元年（1875）		忠义阁为村之东阁，下为砖石砌券门洞，上为庙，祀奉关羽，有“忠义阁”匾镶嵌于阁上。戏台在阁内偏北，坐北面南，与阁成直角，两侧为耳房，并连接东西看楼，且东看楼与忠义阁在同一直线上，从而阁、戏台、看楼形成一个形制较为特殊的神庙剧场。 关于忠义阁剧场，戏台脊枋题字“大清光绪元年（1875）岁次乙亥九月十五日动工，合社创修西北戏台三间，东耳楼一间，修至	无	未公布

① 时大清同治十二年四月初六日吉时上梁大吉重修戏楼三间西二楼两间总理维首张广俊、张珍、张东贵、张红则，张喜旺、张恭、张春成，玉工匠人李高梓工司来兴，泥水匠人李金城至修之后，永保阖村人口平安，六畜兴旺，万事亨通，诸事如意，永远万世为记耳。

续表

序号	名称	创建年代	可考年代	简　介	文保	公布情况
				二年（1876）三月二十日吉时上梁立修，工毕”是其唯一的史料留存。 舞台悬山顶，五架梁进深四椽。面阔三楹7.3米，其中明间2.8米，前台进深3.1米，后台进深1.6米，基高1.6米，柱高2.5米，础高0.4米，台口1米，东西耳房各面阔两楹3.2米，进深3.4米，东西看楼均为五架梁进深四椽之构造。面阔三楹7.3米，进深3.7米，因曾改作他用，将前檐砌墙，故不能进入。2013-09-14		
19	东掌村紫霞宫戏楼		至迟光绪年间（1875—1908）	紫霞宫，山门走马板有“紫霞宫”匾额，因其所祀神灵为观音，又俗称观音堂。坐南面北，现存建筑为正殿三楹，东西配殿各三楹，山门戏楼三楹以及左右戏房各两楹。规制尚且严整。依据正殿脊枋题字：“皇清康熙四十六年（1707）岁次丁亥十一月十三日辛酉崇修观音堂三间”，故知紫霞宫的创建在此之前。 山门戏楼之建修无考，虽有脊枋题字，但却漫漶，只有“……丁卯重修戏楼七间，四月十五日……”几个字可以识读。戏楼五架梁进深四椽，区分前后台。面阔三楹7.2米，其中明间3.3米，前台进深3.3米，后台进深1.85米，柱高2.6米，下门洞高1.93米，前檐角柱后1.1米处砌山墙，耳房面阔各两楹3.25米，进深3.15米，有光绪年间舞台题记。2013-08-06	无	未公布
20	里沟村玄坛庙舞楼		宣统元年（1909）	玄坛庙始建不详，据庙内唯一碑刻民国八年（1919）《重修黑虎庙创修禅室舞楼垣墙山门骡屋碑记》对玄坛庙的修建事宜有较为详细的记载：“清光绪三十四年（1908）春间率众兴工，将正殿三楹，南北配殿四楹，重行改造，并创建南北禅室六间，越二年，此工程告竣之一也；宣统元年又新建舞楼上下六间，北耳楼上下四间，南北垣墙，山门一所，未至一年，此工告竣之二也……不幸天降大雨，河水骤满，无奈桥座不广……遂将下院所造之桥，以及垣墙山门全行尽毁……必重行整理耳，加修筑垣墙，山门仍也，照旧成立，导河水于庙外，由东北引入大河之中，庙内自此永无水患矣，越一年，而工方成，此告竣之三也。后画栋雕楼……民国八年又建骡屋院堂，土平房两间，东屋三间，南敞棚两间，大门一间，迄今各工全成，此告竣之四也，斯工前后费时日十有余载。”而	无	未公布

续表

序号	名称	创建年代	可考年代	简　　介	文保	公布情况
				后在民国十五年（1926），玄坛庙又增置了三间看楼，“时中华民国十五年岁次丙寅十月十二日吉时上梁，维首等创修看楼三间自修之后合社人平安，永远为记”，至此玄坛庙剧场的形制基本完善，但现存玄坛庙的剧场并无南耳房以及南看楼。碑刻中也只言“北耳楼上下四间”，大概是因为地势局限或者是置地未能完备的原因吧。 这一系列的修缮之后，相比玄坛庙“风雨之吹残，□□址亦甚其隘也”的旧制，说是“灿烂夺目，焕然一新，不但适居神体，而且壮人观瞻”也就不足为过了。 舞楼为单层台，面阔三楹 7.5 米，其中明间 2.8 米，进深 5.1 米，基高 1.5 米，柱高 2.5 米，础高 0.3 米，台口 1 米。北耳房面阔两楹 5.3 米，进深 3.5 米。戏台距正殿 21 米，南北 10 米。2013-09-14		
21	下董峰村西沟汤王庙戏台			汤王庙位于村北，坐北朝南，庙宇规模稍显局促，然规制尚且严整。正殿三楹，五架梁带前廊，进深五椽。侧殿各三楹，东西配殿各三楹，东西厢房各三楹。 西沟村汤帝庙之创建庙内碑刻无有记述，正殿脊枋上“大清康熙庚寅年（1710）崇（重）修汤帝庙三间”是对该庙修建情况的最早记载。汤帝庙中所祀神灵不独为汤王，依据庙内现存光绪十八年（1892）刊立《创修本庙西殿碑志》载：“殿之左建即关圣帝君神祠，其殿之右遂即可以无建矣乎！故此邑社友不敢坐听不振，亦于正殿之右建立西殿，西殿之内设，即护国灵贶王、金龙大王、五谷财神神位，以为祈报告虔之地”。另有乾隆二十一年（1756）勒石之《重修关圣殿碑记》以及嘉庆十四年（1809）刊立《补修关帝殿碑记》记录了汤帝庙中关帝殿的两次维修事宜。 汤帝庙戏台的信息，碑刻中并未言及。戏台外置，与山门隔路正对，相距 18 米许，然现仅存基址，屋面梁架结构、左右山墙以及耳房等俱已不存。2013-09-14	无	未公布
22	陈庄村关帝庙戏台			关帝庙位于村西南，坐北朝南，戏台与关帝庙山门隔路相对。舞台面阔三楹 9.6 米，其中明间 5.5 米，较为宽大。进深 6 米，基高 1.2 米，硬山顶。因已改作它用，西面均砌墙，无法分辨其是否区分前后台，并且柱高等数据亦无法测量。2013-07-13	无	未公布

续表

序号	名称	创建年代	可考年代	简　介	文保	公布情况
23	冯村关帝庙戏台			冯村关帝庙位于村中偏南，坐东朝西。戏台未测量。2013-06-19	无	未公布
24	交河村玉皇庙戏台			玉皇庙现仅存正殿、山门以及院外戏台残基，其余建筑均已不存。正殿悬山顶，五架梁带前廊，通进深五椽。檐柱用四根粗大的模棱砂石柱，侧脚收杀明显。殿前石台为简易须弥式台基，青石质束腰上线刻花卉，瑞鹤等图案。山门当为今人所为，原亦毁失。戏台所处，正对山门，戏台地势很低，于山门处呈俯瞰之势。 玉皇庙内碑刻资料留存甚少，只有一块重修碑记，然已难辨其纪年。 戏台面阔三楹 5.9 米，进深 5.0 米，基高 1.0 米。残损严重，已难辨顶部样式。2013-07-02	无	未公布
25	良户村皇王宫戏台			皇王庙始建不详，山门匾额“皇王宫”是诰封学士田御远在康熙十七年（1678）所提写。这也是庙宇碑刻遗存中的最早纪年。另有康熙五十三年（1714）勒石之《□□庙创修碑记》，不过碑刻正文几乎全部漫漶。 山门戏台，悬山顶，多处损毁。面阔三楹 7.54 米，其中明间 2.9 米，进深 5 米，基高 2.3 米。柱高 2.44 米。舞台前台伸出 1.2 米。2013-07-02	无	未公布
26	水南村皇王宫戏台			皇王宫位于村东，坐北朝南，庙宇基本格局仍在，正殿，侧殿、配殿、看楼、戏台以及耳房，然建筑大部分残损，尤其戏台残损最为严重，现仅有基址，看楼梁架上盖摇摇欲坠。出于安全考虑，未能测量。 水南村皇王宫以及该村其他庙宇之创建、维修，是庙正殿内现存道光九年（1829）《创修皇王宫财神殿高禖祠碑记》记录甚详：“嘉庆二十四年（1819）四月间动工，鸠工庀材，创修皇王宫正殿三楹，东夹殿五谷财神一楹，西夹殿高禖尊神一楹，东禅室五楹以及院墙山门一并建立焉，当此之时，工程浩大，财力不继，难以告成，故延迟岁月，复捐金施财，计工出力，至道光八年（1828）妆塑神像，彩画庙宇，又于庙之背后建立观音庙一座，庙前南观音庙一座，并村东隅大王庙一座。无不焕然而维新。”①2013-09-13	无	未公布

① 〔清〕道光九年（1829）《创修皇王宫财神殿高禖祠碑记》，邑庠生李养和撰并书，玉工李金成刊石，现存皇王宫正殿内东侧，保存完好。

续表

序号	名称	创建年代	可考年代	简　　介	文保	公布情况
27	西坪村 观音庙 戏台			观音庙位于村中，坐南面北，一进院，然现之戏台与耳房已大部残毁，无法测量，幸而两侧看楼犹存，硬山顶建筑东西面阔各三楹 7.5 米，进深 2.5 米，下柱高 1.75 米，上柱高 2 米，庙院南北大致 17.5 米，东西 9 米。2013-09-13	无	未公布

野川镇古戏台附录表

序号	名称	创建年代	可考年代	简　　介	文保	公布情况
1	杜寨村 炎帝庙 舞楼	雍正九年（1731）		炎帝庙位于村东北，一进院，现存正殿、侧殿、东西配殿以及山门。戏台外置，独立一院。因地势的原因，戏台很低，与庙宇之间的高度差很大。 炎帝庙内碑刻与墙壁墨书题记比较多，始建虽不可考，但是有清代的一系列修缮轮廓比较清晰。"康熙二十三年（1684）增修正殿三楹，东西角殿四楹，至雍正九年（1731）又增修东殿三楹，西禅房三楹，南大门五楹，舞楼三楹。"[①]雍正九年的这次增修之后，庙宇的规制已经趋于完备了。戏台在嘉庆六年（1801），光绪十六年（1890）都曾补修。[②] 戏台面阔三楹，砂石柱，悬山顶，左右耳房各二楹，俱残损严重。逐次升高的观剧场所虽然是迫于地势而成，却一定程度打破了农村单一的平面或者仰视演艺场所的成规。2013-07-01	无	未公布
2	南杨村 汤王庙 歌楼	雍正十年（1732）		汤王庙位于村北，坐北面南，现存庙宇一进院，规模不大但却紧凑严整。正殿三楹，侧殿各一楹，俱为悬山顶，两侧看楼各三楹，山门戏台三楹以及东西耳房，耳房和看楼之间建有连接楼廊，可相互连通。现为南杨村党支部党员活动室，业已改造，主体未变，	无	未公布

① ［清］道光十一年（1831）《炎帝庙补修碑记》，上党郡儒学庠生牛易居撰并书丹，现存庙内，保存完好。

② ［清］嘉庆六年（1801）《炎帝庙補葺殿宇舞楼彩画与三官庙□水漕□瓦凡有所入所出今将一应花费开列于后》，墙壁墨书题记，维首张同书墙，现存正殿山墙，部分漫漶不清；光绪十六年《炎帝庙修东南耳房花费开后舞楼平房一间》，墙壁墨书题记，现存正殿西山墙，部分漫漶不清。

续表

序号	名称	创建年代	可考年代	简　介	文保	公布情况
				只是建筑前檐俱被改造成了落地窗，外墙壁贴上了瓷砖，可谓换表不换里，也算是旧貌换新颜吧。 汤王庙现存清代碑刻两通，都未能给出庙宇创建的确切时间。雍正十年（1732）《重修汤王庙碑记》中只是说："南杨村之有汤王庙由来旧矣。不知创自何时，建自何人，世远年淹而破瓦颓垣，不无荒烟蔓草之悲矣。"可喜的是碑文中记叙了该庙戏台的创建："又有歌楼峻起，壮丽□以饰观"。① 雍正十一年（1733），修建东西看楼，至乾隆元年（1736）正月竣工勒石。② 舞台面阔三楹 6.767 米，其中明间 2.653 米，进深 4.651 米，基高 2.567 米，柱高 3.3 米。2013-07-03		
3	杜寨村古佛庙舞楼		乾隆四十年（1775）重修	据乾隆四十年（1775）刊立《永远禁松山碑序》中载"大庙中舞楼、庙棚倾圮。欲增而新之"，可知是年维修。③ 舞楼坐南面北，悬山顶，前檐用抹棱砂石柱，通面阔三间 8.5 米，其中明间 3.3 米，进深五檩四椽 5.4 米，基高 1 米，柱高 2.79 米。前台伸出 1.3 米，左右耳房面阔三间 7.45 米，东西看楼面阔二间，俱已坍塌，粗略测量面阔各二楹 6.7 米，进深 4.3 米。2013-07-01	无	未公布
4	大野川天齐庙（东岳庙）戏楼		乾隆四十二年（1777）补修	高平县野川镇大野川村天齐庙位于村东，俗称东岳庙，所祀之神为东岳大帝。庙宇年久失修，毁坏严重，现存建筑有两进院，格局尚清晰。中轴线上依次为正殿、过庭、及戏台，侧殿、配殿、等附属建筑分列左右。依据正殿脊枋题字："时大明成化四年（1468）三月十八日施主田辰独建正殿三间，大清康熙……乾隆……年三社补修彩画，道光十年（1830）六月十八日三社补修彩画，	无	未公布

① 〔清〕雍正十年（1732）《重修汤王庙碑记》，撰碑书丹者不详，首事邵文式，贾尚元立石，玉工裴自成刊石，笏首，碑文楷书，现存庙内，保存完好。

② 〔清〕乾隆元年（1736）《雍正十一年十月十五日建东西看楼输金开列于后》，撰碑书丹者不详，壁碑，楷书，部分漫漶。现存庙内。

③ 勒石于清乾隆四十年（1775），壁碑，楷书，宽 76 厘米、高 45 厘米，碑体完整，略有剥泐。

续表

序号	名称	创建年代	可考年代	简　介	文保	公布情况
				合社平安以为誌耳。”可知大殿初建于明成化四年（1468），而后清康熙、乾隆、道光皆有补修。又据庙内现存碑刻，雍正及嘉庆年间也有重修。 碑刻中提及戏台，是在嘉庆元年（1796）勒石的《创建出厦补修殿宇碑室戏楼碑记》，碑中言道：“东岳庙□乾隆丁酉年补葺迄今已廿年矣，大殿前檐挑□后墙鼓皮群殿禅室戏楼尽皆□颓损坏”，可知戏台的创建应该在乾隆丁酉年（1777）之前，乾隆、嘉庆年间只是补修罢了。 戏台外置，悬山顶面阔三楹，五架梁进深四椽，合瓦屋面，脊饰已毁，前檐已砌墙封死，残破严重。东西耳房各两楹，顶部大部塌毁。面阔三楹 9.43 米，明间 3.6 米，进深 5.4 米，基高 1.2 米，柱高 3.5 米。2013-05-20		
5	芦家村观音殿舞楼		乾隆四十六年（1781）以前	观音堂始建不详，庙内现存清代碑刻两通，俱记载重修事宜。庙宇正殿已经改建，剧场院落还存有山门戏台及其耳房，东西看楼各五间，这些建筑并未得到修缮，加之院落内杂草丛生，显得十分破败。 两通碑刻都提到了舞楼的修建，乾隆辛丑年（1781）《重修观音堂记》中载：“经营修理……观音正殿以及东西两庑山□墙垣，更有前面舞楼。”可见观音堂舞楼的初建至少在清初。① 而后咸丰庚申年（1860）碑记中也记载：“择吉□□二月□工将观音正殿并两庑山门前□□（舞）楼，又置庙西地基一所。”并在工程告竣后“讽经演戏三天，共划钱三十四千二百四十九文。”② 观音殿位于村中，坐北面南，悬山顶山门舞台面阔三楹 6.7 米，其中明间 2.7 米，进深 4.4 米，下层山门通道高 1.7 米，柱高 2.16 米，础高 0.3 米，耳房面阔 5.45 米，进深 3.45 米，看楼面阔五楹 11.5 米，进深 2.5 米，柱高 1.9 米，柱高 2.85 米，硬山顶。院落东西 14 米，南北 10.5 米。2013-08-20	无	未公布

① 〔清〕乾隆辛丑年（1781）《重修观音堂记》，邑庠生槐东王廷翰宸章氏撰，恩赐□帛八十叟赵育德修仁氏书丹，笏首方趺，碑文楷书，现存庙内，部分字迹被遮盖，无法识读。

② 〔清〕咸丰庚申年（1860）无题名碑记，邑庠生张加元撰并书，笏首方趺，为乾隆辛丑年碑刻之碑阴，保存较好，碑体用铁片固定，故部分字被遮盖，无法识读。

续表

序号	名称	创建年代	可考年代	简　介	文保	公布情况
6	北常庄村玄帝庙戏台	嘉庆元年（1796）		玄帝庙位于村北，坐北朝南，现存建筑一进院，悬山顶正殿三楹，东西侧殿，配殿、厢房一应俱全，戏台东耳房下辟门，山门走马板书“玄帝庙”。庙内无碑刻留存，庙宇沿革不详。 据戏台脊枋题字：“大清嘉庆元年创建……民国辛酉……”可知戏台创建于嘉庆元年（1796）创建，民国辛酉年（1921）应是再行补修。 戏台为单层式，悬山顶，五架梁进深四椽，合瓦屋面灰脊饰，前檐小八角石柱，方凳础，础间施石质护栏，柱上施坐斗，上直接承接梁头。显得比较朴素。面阔三楹 7.8 米，其中明间 3.1 米，进深 5.1 米，基高 1.6 米，柱高 3 米，础高 0.4 米，台口 0.92 米，耳房为硬山顶，各面阔两楹 4.6 米，进深 4.2 米。戏台距正殿 18 米，院落东西宽 8 米。2013-09-12	无	未公布
7	北杨村三清庵舞楼	嘉庆四年（1799）		戏台单层台，悬山顶，五架梁进深四椽，合瓦屋面灰脊饰，已维修。面阔三楹 8.9 米，其中明间 3.2 米，进深 5.5 米，基高 1.4 米，柱高 3.7 米，东西看楼均面阔三楹 8.1 米，进深 2.8 米，柱高 2.7 米，下层高 2.12 米，悬山顶。院落东西向 16.7 米，南北西 18.5 米。	无	未公布
8	南杨村二仙庙舞楼		道光三年（1823）增改；同治五年（1866）重修	二仙庙位于村南，又名南山庙，庙宇坐北朝南，庙会七月初七。庙宇建筑悉数新建，已非原貌，戏台为 2003 年重建。 依据庙内现存碑刻，大清同治五年（1866）《重修二仙庙碑记》中载：“吾村之南有山焉，曰维屏（阙文）二仙，稽其碑碣，由来久矣。虽时加修葺，而恒多残（阙文）殿宇舞楼厂棚悉增改于道光之三年，业（阙文）片瓦无复存者。”可见二仙庙之戏台之建修至迟在道光三年（1823），同治五年的这次维修舞楼也应在其列。2013-07-03	无	未公布
9	沟村关帝庙舞楼	道光六年（1826）创修		戏台五架梁进深四椽，硬山顶。面阔三楹 8.3 米，其中明间 3.2 米，通进深 5.9 米，基高 1.5 米，柱高 2.6 米。金柱高 3 米。戏台下门高 3.6 米，宽 2.2 米，搭板槽 15 厘米 ×5 厘米。南耳房面阔两楹 3.9 米，进深 4.4 米，南侧看楼面阔三楹 7.8 米，进深 4 米，上柱高 1.7 米，下柱高 2.3 米。 2013-07-04；2013-09-10	无	已公布。参见颜伟、曹飞《新见神庙剧场看楼、看台、看亭（厅）》，载《戏曲研究》第 90 辑，文化艺术出版社，2014 年 6 月，第 128—142 页。

续表

序号	名称	创建年代	可考年代	简　介	文保	公布情况
10	寺沟村 南庙 戏台		道光十五年（1835）以前	寺沟村现有100多人，主要姓氏杨，无庙会。 南庙，所祀之神为观音，坐南朝北，庙宇依地势而成两进院，上院正殿三间，东西侧殿各三间，配殿各三间（已塌毁），下院山门戏台，东西看楼各三楹。南庙所祀何神已不可确知，庙内现存清代碑刻两通，俱言社事条规。很显然，南庙在当时是寺沟村的社庙。道光十五年（1835）《重立规条开列于后》中："公议每年二月十五，九月初一日敬神演戏"[①]，可确知道光年间南庙的祀神演艺日期。关于戏台，碑刻中没有提及。 山门戏台悬山顶，五架梁进深四椽，仰瓦屋面，面阔三楹7米，其中明间2.5米，进深4.9米，柱高2.8米，台口1米，耳房东西各两间面阔5.1米，进深4.1米，下层山门通道柱高2.1米，看楼东西各面阔三楹7.1米，进深3.6米，上下柱高均为1.9米，俱为悬山顶。戏台距正殿18米，东西9.6米。2013-09-12	无	未公布
11	大西社· 上西社 关帝庙 舞楼		道光二十六年（1846）重修	上西社关帝庙位于村东，坐北朝南。现存建筑一进大院，正殿三楹，东西侧殿各两楹，配殿各三楹，东西厢房各三楹，戏台三楹以及东西耳房各两楹，东侧耳房下辟山门。 关帝庙始建不详，庙内存碑刻三通，乾隆五十八年（1793）勒石《施地记》记录了一件有意思的事："兹因恒父昔年曾于上西社村大庙关圣大帝前有献戏心愿，不忆恒父偶尔捐馆[②]，斯愿未酬。今忽有耕地三亩，典价银叁拾两。社首张金裕等着恒备价典施。佥云：与其献戏而报崇朝，曷若典地而备焚修？恒言：遇有永远可置，何必着恒典施？村众所云：此时虽属典施，日后待伊回时，亦可复置永远。恒即俯首明言，勉襄厥事。"[③]	无	未公布

① 〔清〕道光十五年《重立规条开列于后》，玉工韩九兴刊石，壁碑，楷书，现存山门内墙壁，保存完好。

② 捐馆是去世的代称。

③ 〔清〕乾隆五十八年（1793）《施地记》，信士□恒□男培栋仝勒石，壁碑，楷书，60厘米×42厘米，现存大殿前墙壁，局部漫漶。

续表

序号	名称	创建年代	可考年代	简　介	文保	公布情况
				道光二十六年（1846）《重修西北祖师阁舞楼碑记》中提及了关帝庙戏台："关圣帝庙诉其旧制，东西耳楼四间，舞楼三间。"[①]除此外，戏台脊枋上亦有题字，但是只能看清"大清……"字样，其余已经漫漶了。 戏台为单层台，面阔三楹，悬山顶，仰瓦屋面灰脊饰，前檐小八角石柱，方凳础，柱间施石质护栏，无斗拱，东西戏房各两间，硬山顶，整体显得较为简朴。2013-09-11		
12	后山沟村关帝庙舞楼		道光三十年（1850）以前	关帝庙位于村西，坐北朝南，现经过修缮，大殿院落保存较好，舞台和看楼塌毁严重，并未修缮。关帝庙始建不详，然据庙内碑刻等遗存，不晚于嘉庆九年。嘉庆九年（1804）题记现在仍留在大殿壁上[②]，道光三十年（1850）增修东西禅房与看楼。[③]碑中载："外创东西阁二眼，必资东西看楼之廊。兹村庙宇渐就倾耳，舞楼远备□□而□者莫慰。诚敬之心怀愿欲酬者，新有演乐之厦厨尔……爰是创立东西禅房六间，又有东西看楼上下十六间。"如此，则关帝庙剧场院落趋于严整且如此规模的看楼，也反映出关帝庙当时的演艺之盛。 舞楼过路搭板式，已塌毁，格局仍存。戏台面阔三楹 7.58 米，其中明间 3.38 米，进深 5.8 米，台基被掩埋，柱高 2.75 米。2013-07-04；2013-09-18	无	未公布
13	圪台村十字岭五龙庙舞楼		咸丰九年（1859）重修	五龙庙位于圪台村外十字岭上，该庙清咸丰九年（1859）《补修五龙庙碑记》中言："祠之左角殿为蚕姑，右角殿为三嵕，为药王。东祠曰三义；西祠曰高禖。而五龙主殿，故称五龙庙焉。由庙外西行百余步，有金仙祠。祠中有池，梁上悬龙映池水，水动龙举，骇然怖人，若忘其非池中物也。"碑文内提到的诸殿宇以及金仙祠大都不存，石柱、础等	无	未公布

① 〔清〕道光二十六年（1846）《重修西北祖师阁舞楼碑记》，额题万善同归，笏首方趺，碑文楷书，现存关帝庙西侧殿前，倒伏，157 厘米 ×79 厘米 ×20 厘米，碑体断为两截。

② 〔清〕嘉庆九年（1804）施井泉题记，施主乔天润敬，墨书题壁，现存正殿煸情，保存完好。

③ 〔清〕道光三十年（1850）《创修禅房看楼碑记》，本邑童生孙汝霖撰并书丹，玉工王德信刊。

续表

序号	名称	创建年代	可考年代	简　　介	文保	公布情况
				建筑构件散落，如今的建筑全部为新修之砖瓦房。戏台的基址仍在，且有碑刻可以参照，故此处收录。 五龙庙的始建不详，咸丰九年（1859）补修碑刻中只是说："夫诸祠之建已久矣，阅乾隆、嘉庆代有修葺"，此次补修，舞楼在其列，"南舞楼三楹，舞楼耳房一楹，陈优以为祈报。"[①] 光绪三十一年（1905）碑刻中言："殿宇舞楼禅舍亦皆耀然整齐矣。"[②] 戏台为单层台，基础、山墙仍在，屋顶全无，梁架仅剩一额枋。2013-09-10		
14	路家村 关帝庙 舞楼		同治四年 （1865） 重建	戏台屋面结构已塌毁，然过路式样仍存，剧场形制仍较完整。舞台面阔三楹 8 米，明间约为 3.1 米，进深 5.9 米，基高现仅存 1 米，柱高 2.7 米，台口 1.3 米，门洞高现仅存 1.8 米（门洞内泥土淤积所致），宽 1.6 米，搭板槽为 10 厘米 ×10 厘米，耳房面阔各两楹 5.5 米，进深 4 米。北看楼面阔三楹 7.8 米，进深 1.4 米，上柱高 1.67 米，下柱高 1.9 米，南看楼面阔三楹 8.7 米，进深 3.7 米，上柱高 1.9 米，下柱高 1.9 米。2013-09-19	无	未公布
15	北杨村 土地庙 舞楼		光绪三十年 （1904） 重修	土地庙位于村西，庙内光绪三十年（1904）勒石《重修土地庙舞楼碑记》，碑中记述了北杨村变卖社树、积社钱补修土地庙、舞楼及督工首事、住持等情况。依据碑文："每岁仲春二日献戏三朝，以答神庥，相传为土地诞云。是日又有古会，多历年所。贩鬻者以山货为大宗，传至今未艾也。光绪壬辰岁，舞楼顿倾，徒留基址，而庙貌亦颇摧残……于癸巳年四月兴工……重修舞楼三间，耳楼上下八间。"一可知舞楼修建之时；再者可窥见北杨村庙会之时的盛况。2013-07-03	无	未公布
16	东沟村 南阁 戏台	民国四年 （1915） 创修		戏台单层式，五架梁进深四椽，今人已经维修过。脊枋题字有："民国四年创修"字样，面阔三楹 6.33 米，其中明间 2.28 米，进深 4.83 米，基高 0.87 米，剧场院落东西 12.9 米，南北 18.1 米。2013-07-09	无	未公布

① 〔清〕咸丰九年（1859）《补修五龙庙碑记》，例授文林郎吏部拣选知县乙卯科举人刘善果撰，邑庠生王廷训书，笏首方趺，碑文楷书，现存戏台西山墙外，保存完好。

② 〔清〕光绪三十一年（1905）《补修五龙庙并创修西禅房一院碑记》，邑庠生张鸿翼撰文并书丹，玉工王跟东镌石，笏首方趺，碑文楷书，现存戏台西山墙外，保存完好。

续表

序号	名称	创建年代	可考年代	简　介	文保	公布情况
17	上野川汤王庙戏楼		民国十年（1921）改修	山门舞台面阔三楹 8.1 米，其中明间 3.2 米，前台进深 3.4 米，后台进深 1.8 米，基高 3.3 米，柱高 2.5 米，础高 0.3 米，耳房各面阔两楹 5.2 米，进深 4.3 米。东西看楼各面阔五楹 13 米，进深 3 米，下柱高 2.7 米，上柱高 1.9 米，院落东西 13 米，南北 19 米。2013-08-20	无	未公布
18	大野川土地庙戏台			土地庙位于村西北，野川中学院内。庙内虽无碑刻留存，但依据村中东岳庙雍正十三年（1735）勒石之《重修天齐庙碑记》中："高平县西去城十五里许有镇曰野川□□尊神有上古遗风其岁时（缺）竭诚（缺）答神功若□（关）帝、若三官、若土地，各有社规，而镇之东南隅有东岳祠亦人民□□□也。"其中提到了关帝、三官、土地，且如今三庙俱存。或可知土地庙之建在雍正十三年（1735）之前。 土地庙现存建筑有三进院，因庙宇曾改作别用，故而建筑大部分砌墙。土地庙建筑格局上比较特别的是在正殿与山门戏台之间，有两处六檩卷棚硬山顶的建筑，一前一后，均位于中轴线上，两座建筑除去两侧山墙开窗相异之外（前圆窗、后六边形窗），其余皆相同。 戏台山门倒座，面阔三楹，合瓦屋面灰脊饰，戏台正面东侧有台阶上下，当是今人所为。因砌墙无法进入，故戏台内情况未知。左右耳房各三楹，二层式，俱为悬山顶。 戏台面阔 8.2 米，明间 3.05 米，进深 4.72 米。基高 2.4 米，柱高 2.3 米。2013-05-20	无	未公布
19	大野川汤王庙戏台			汤王庙位于村西，戏台外置，距山门 20 米许。庙宇无法进入，庙内情况不详。戏台也已砌墙，面阔三间 8.5 米，进深 5.5 米，基高 1.5 米，悬山顶。两侧戏房已塌毁。2013-05-20	无	未公布
20	东沟村三教阁戏台			东沟村三教堂，位于村南。坐南朝北。 舞台面阔三楹 8.505 米，其中明间 3.278 米，进深 6.616 米，基高 1.1 米，柱高 3.36 米，悬山顶，剧场院落东西 13.6 米，南北 16.2 米。2013-07-09	无	未公布
21	沟村郭家沟土地庙戏台			郭家沟土地庙始建不详，庙内现存有崇祯二年（1629）为土地庙献贡桌碑刻，可见	无	未公布

续表

序号	名称	创建年代	可考年代	简　介	文保	公布情况
				土地庙之建至迟在明末。[①]现存建筑一进院，正殿三楹，东西侧殿各一楹。东西配殿各三楹，神像俱无。土地庙山门过庭处向外为六楹回廊，或可为观剧之用。 戏台外置，据山门15米许，硬山顶，面阔三楹6.7米，其中明间2.6米，进深5.1米，柱高3.3米，两侧耳房各两楹，西耳房面阔5米，进深4米，东耳房面阔4.6米，进深4米。2013-09-12		
22	北田家村无名庙宇戏台			北田家村现仅有40余人，主要姓氏田。庙宇位于村南，坐西朝东，无碑刻、题记等信息遗存，询之村人亦不知其为何庙。戏台坐东朝西正对主殿，面阔三楹6.6米，其中明间2.9米，进深4.8米，基高1.1米，柱高2.8米，础高0.3米，戏台距正殿11米。2013-09-10	无	未公布
23	圪台村关帝庙戏台			圪台村现有人口40余人，主要姓氏韦。关帝庙位于村中，坐北面南，庙会日期六月十八。现存建筑一进院，正殿严重坍塌，东西配殿各五楹，戏台面阔三楹，两侧戏房各两楹。庙内无碑刻遗存，庙宇及建筑沿革不详。戏台上有舞台题记。后墙檐柱有楹联，左：于今见古一曲清箫最可听；右侧柱已失。 戏台悬山顶，五架梁进深四椽，面阔三楹7米，其中明间2.7米，进深4.7米，基高1.5米，柱高2.4米，础高0.3米，台口1米，耳房面阔两楹5.1米，进深3.7米。2013-09-10	无	未公布
24	李庄村诸神庙戏台			李庄村约有70户，240人，主要姓氏李、常。诸神庙位于村南，坐北面南，庙宇依地势而为两进院，上院正殿三间，东西配殿各三间，下院戏台三楹，两侧耳房各两楹，东西看楼各三楹。诸神庙内现存清乾隆四十九年（1784）《李庄村合社公议五处神庙四至碑记》碑刻一通，碑文记叙了乾隆四十六年至四十九年间，诸神庙的维修事宜以及确定该村诸神庙、观音堂、蚕姑庙、山神庙、牛王庙的庙宇地界，却未提及该庙戏台。 戏台屋面大部塌毁，悬山顶，面阔三楹7米，其中明间2.6米，进深5.2米，基高1米，柱高2.6米，戏台距正殿18米，东西9.3	无	未公布

① 〔明〕崇祯二年（1629）《□家沟土地庙新增贡桌名□》壁碑，撰碑书丹者不详，李国安镌石，碑高40厘米，碑刻18厘米，现存高平市野川镇沟村土地庙门口，镶嵌在山墙最下部，局部漫漶。

续表

序号	名称	创建年代	可考年代	简　　介	文保	公布情况
				米。看楼面阔三楹 6.4 米，硬山顶，进深 4.1 米，下柱高 2 米，上柱高 1.84 米。2013-09-11		
25	大西社弘济院戏台			弘济院，村人称为佛爷庙。山门有“弘济院”匾额，故名之。位于村东南，其地理位置，庙内 2008 年所立新碑有言：“东邻马鞍山，北靠五龙凤翅山，西倚黑虎岭，南望相公山”。庙宇坐北朝南，两进院，正殿为佛爷殿，供奉如来佛祖，东侧殿供奉为雷公，西侧殿为药王殿，东配殿为十殿阎罗，西配殿为牛马王殿及关公殿。庙会日期为农历八月初六，笔者考察之时正赶上庙会第二天，沁水县上党梆子剧团正在庙外脚手架台子上演出。 庙内无碑刻留存，2008 年维修。 山门戏台，悬山顶，五架梁进深四椽，梁架业已更换。面阔三楹 6 米，其中明间 2.1 米，进深 4.6 米，柱高 2.6 米，下层山门通道高 2.9 米，耳房东西各面阔两间 4 米，进深 3.8 米。2013-09-11	无	未公布
26	大西社关帝庙戏台			大西社村约有 80 余户，400 人，主要姓氏为钟、李、韩。 关帝庙现仅存正殿三楹，戏台三楹，且均严重倾塌，村中有人在正殿与戏台中间建起二层民房，然并未完工，也不再继续修盖，村中人戏称此家人惧于神灵降罪，不敢再修建了。 戏台悬山顶，面阔三楹 7.1 米，其中明间 4.5 米，甚为宽大，进深 6.4 米，柱高 3.2 米，础高 0.4 米，基高 1.1 米，台口 1.2 米，戏台距正殿 20 米。2013-09-11	无	未公布
27	圪塔村西郭庄关帝庙戏台			西郭庄约有 70 余户，300 人，主要姓氏为郭。 关帝庙位于村东，坐西朝东。庙宇一进院，正殿三楹，两侧殿各两楹，南北看楼各四楹，舞台及左右戏房共七楹。据其正殿脊枋题字可知，关帝庙正殿创修于道光三年，其后之庙宇沿革不详。① 戏台面阔三楹 8 米，其中明间 3 米，进深 5.3 米，基高 1.5 米，柱高 2.8 米，础高 0.4 米，台口 1.1 米，耳房各面阔两楹 3.4 米，进深 4 米，戏台距正殿 14 米，南北 8.5 米。2013-09-12	无	未公布

① 大清道光叁年（1825）柒月动土，肆年玖月动工，创修关帝庙一连柒间，拾月初壹日吉时上梁。维首□□□□□□贵臣（以下字迹不清）。

续表

序号	名称	创建年代	可考年代	简　介	文保	公布情况
28	大西沟村 成汤庙 戏台			大西沟村现有200户，1000人左右，主要姓氏为郭、缑。 成汤庙位于村东，坐北面南，现存建筑一进院，正殿三楹是为汤王大殿，西侧殿为关帝殿，东侧殿祀奉龙王，西配殿为奶奶殿，东配殿为药王殿。汤王庙始建不详，庙内存碑刻两通，分别是乾隆三十四年（1769）《成汤庙募捐记》以及光绪十三年（1887）《补修碑记》，据光绪碑刻中："自康熙以及同治补修不下三五次"，然庙内无康熙、同治年间补修碑刻，不可确论。 山门戏台面阔三楹5.8米，其中明间2.15米，进深4.6米，柱高2.2米，台口0.84米，戏台下山门通道高2.1米，耳房面阔三楹5.85米米，进深3.85米，院落东西9米，南北13米。2013 09 19	无	未公布
29	后山沟村 山神 土地庙 戏台			位于村西北，山神庙旧迹不存，现村中人修一小屋，甚为寒酸，戏台坐西朝东，据村中人介绍，山上之泥土冲下来将戏台地基淹没，故而现之戏台看起来没有基础。 戏台硬山顶，五架梁进深四椽。面阔三楹7.5米，其中明间3.8米，进深5.5米，柱高3.1米。2013-09-19	无	未公布
30	后山沟村 崔家湾 龙王庙 戏台			崔家湾龙王庙位于村中东北位置，庙宇坐北朝南，戏台面北，悬山顶，仰瓦覆顶。面阔三楹8米，明间宽大5米，通进深5.79米，基高0.84米，柱高3.26米，后台进深1.92米。石柱砂石抹棱，然额枋似非本来之物，明间二柱向左右平移，使得明间甚为开阔，当是后人改造。2013-07-04	无	未公布

米山镇古戏台附录表

序号	名称	创建年代	可考年代	简　介	文保	公布情况
1	南朱庄 二郎庙 舞楼		康熙十三年（1674）补修；光绪三年（1877）补修看楼	二郎庙位于村东南，坐北朝南，二进院，后院已被占用作民居、商店。二郎庙，碑文中称其为昭惠灵显庙，是为其封号。始建不详，考诸庙内碑刻，崇祯九年（1636）二郎庙创建香亭[1]，康熙十三年（1674）补修	无	未公布

---

①〔明〕崇祯九年（3616）《昭惠灵显庙创建香亭记》，濩泽焦忠书，玉工石光海镌，壁碑，碑文楷书，现存庙内，保存完好。

续表

序号	名称	创建年代	可考年代	简　介	文保	公布情况
				舞楼[①]，康熙四十三年（1704）重修庙宇[②]，光绪三年（1877）“朱庄西社补修灵显庙香庭东西看楼东南耳楼。”[③]2013-08-23		
2	米西村定林寺舞楼	乾隆二年（1737）创建		关于定林寺舞楼的创建，乾隆二年（1737）《定林寺创建舞楼记》中载：“寺旧无舞楼，浴佛日则砌台演艺，住持恒厌其烦苦”因而“创建舞楼”。[④]定林寺舞楼建在庙外西侧，依山向东而立，并非中轴线建造。戏台悬山顶三间，五架梁进深四椽，原有隔扇，今已毁失，戏台北山墙辟拱形小门以供艺人通行。戏台通面阔 7.1 米，其中明间 2.63 米，进深 5.42 米，基高 1.5 米，柱高 3.01 米。2013-07-04	2001 年全国重点文物保护单位	已公布
3	成家山关帝庙戏楼		乾隆辛卯年（1771）重修	据戏台脊枋题字知该庙戏台重修于乾隆辛卯年（1771）[⑤]，戏台距山门 31 米许，悬山顶，五架梁进深四椽，现于前檐砌墙，村民置杂物于其中，舞台面阔三楹 8 米，其中明间 3.3 米，通进深 5.5 米，后台进深 2.2 米，基高 0.9 米，檐柱高 2.6 米，方凳础高 0.4 米，耳房已毁。2013-09-13	无	已公布。参见颜伟、曹飞《新见神庙剧场看楼、看台、看亭（厅）》，载《戏曲研究》第九十辑，文化艺术出版社，2014 年 6 月，第 128—142 页。

① 〔清〕康熙十三年（1674）《昭惠灵显庙补修舞楼施银开列于后》，壁碑，撰碑书丹者不详，玉工石养麟镌石，现存庙内，碑刻中部漫漶。

② 〔清〕康熙四十三年（1704）《重修灵显庙记》，撰碑书丹者不详，笏首方趺，碑文楷书，现存庙内，局部漫漶。

③ 〔清〕光绪三年（1877）《朱庄西社补修灵显庙香庭东西看楼东南耳楼碑记》，邑庠生司温泉撰，国学生司淦书丹，邑庠生司渼篆额，玉工李永清镌石，额题“永垂不朽”，笏首方趺，现存庙内，保存完好。

④ 勒石于清乾隆二年（1737），国学生焦希贤撰文，五瘟洞人姬复常书丹，楷书，壁碑，高 43 厘米，宽 52 厘米，现存庙内。

⑤ 戏台脊枋题字“大清乾隆岁次辛卯年（1771）春大社重修戏楼三间正逢庚子吉时上梁自修之后合社……”，位于戏台明间脊枋，墨书，楷体，部分漫漶，2013 年 9 月 13 日考察时拍照并抄录。

续表

序号	名称	创建年代	可考年代	简　介	文保	公布情况
4	云东村 柏山 三教堂 戏台	嘉庆二年（1797）创建		三教堂，位于村之东北，建筑大部已塌毁，院落荒芜。三教堂始建不详，庙内存崇祯元年（1628）碑刻，记录是年重修三教堂以及创建东角楼事宜。① 三教堂戏台创建于嘉庆二年（1797），庙内存专为建戏台而刊刻的捐资碑记。② 戏台面阔三楹 6.9 米，其中明间 2.8 米，进深 5.2 米，基高 0.5 米，悬山顶。2013-07-01	无	未公布
5	云南村 三官庙 戏台		嘉庆二十年（1815）以前	戏台坐西朝东，面向正殿，面阔三楹 7.061 米，明间 2.516 米，进深 4.396 米，基高 2.596 米，舞台柱高 1.779 米，两侧耳房面阔各两楹 4.044 米，进深 4.628 米，南北两侧看楼各三楹面阔 7.1 米，进深 3.4 米，南侧看楼底层柱高 2.376 米，二层柱高 2.23 米，北侧看楼底层柱高 2.126 米，二层柱高 2.664 米。2013-07-03	无	未公布
6	下冯庄 关帝庙 戏台		嘉庆二十四年（1819）重修	关帝庙位于村中，坐北朝南，与村之中阁相对。一进院，残损严重，现存建筑为正殿三间，悬山顶面阔三楹，六檩前廊式，柱上施通额枋，额枋下由额施浮雕。柱头斗拱三踩单下昂，补间斗拱各一朵，皆出 45° 斜拱。梁头伸出刻作六分头。 关帝庙戏台建在庙宇正对的中阁之上，现阁门仍在，但阁上戏台梁架已全部塌毁。庙内现存碑刻嘉庆二十四年（1819）碑刻一通，载及舞楼重修信息。③2013-06-28	无	未公布
7	郭村 大庙 舞楼		道光年间建修	此戏台应为村中之大庙所属，正对大庙相距 103 米。舞台面阔三楹 8.2 米，其中明间 3.2 米，前台进深 3.7 米，有隔扇区分前后台，明间后台进深 1.6 米，次间后台进深 2.2 米，基高 2 米，柱高 2.9 米，础高 0.4 米，金柱高 3.8 米，台口 1 米。耳房面阔两楹 3.8 米，进深 3.8 米，俱为悬山顶。其脊枋题字有“大清道光”字样，戏台或建修于道光年间。	无	未公布

---

① 〔明〕崇祯元年（1628）无题名碑记，撰碑书丹者不详，壁碑，局部漫漶，现存庙内。

② 〔清〕嘉庆二年（1797）无题名碑记，撰碑书丹者不详，笏首，碑文楷书，现镶嵌于庙内墙壁，碑文下部漫漶。

③ 〔清〕嘉庆二十年（1819）无题名碑记，壁碑，撰碑书丹者不详，现存庙内正殿墙壁，碑刻前部被遮挡。

续表

序号	名称	创建年代	可考年代	简　介	文保	公布情况
				剧场院落西墙有清光绪二年（1876）《创修墙垣碑记》一通，碑中对于剧场中的看楼发表了一些观点，碑中言："有舞楼宜有看楼，看楼者，所以别男女之嫌，避风雨之患也。"[①] 作者认为有舞楼就应该有看楼与之相匹配，使演者有楼，观者亦有楼，如此才是比较完备的剧场形制。另外，避风雨之患，当是其实用性的表现。而别男女则是礼制约束对神庙建筑的影响，所以说看楼某种程度上并不是剧场的需要，而是礼制的产物罢了。2013-09-12		
8	石嘴头三教堂舞楼		同治十二年（1873）补修	石嘴头现有100多户，主要姓氏郭，庙会日期六月二十八日，四月初十，三教堂位于村西北，坐北面南。据戏台脊枋题字，知其在同治十二年（1873）补修[②]。 戏台面阔三楹6.7米，其中明间3.3米，进深4.7米，基高3.2米，柱高2.3米，悬山顶，台口0.7米，耳房面阔两间5.6米，进深3.7米，院落东西7.8米，南北12米，看楼面阔各三楹8米，进深4.7米，柱高2米，硬山顶。2013-09-24	无	未公布
9	云东村关帝庙舞楼	民国七年（1918）		关帝庙，位于村东，做东面西，现为一进院，戏台外置，距山门约100米。主要姓氏：崔。庙会日期为农历六月初六。据舞楼脊枋题字，其创建于民国七年（1918）。[③] 戏台面阔三楹7.10米，其中明间3.6米，进深5.5米，基高1.0米，柱高3.0米，悬山卷棚顶，柱上施额枋，柱头斗拱三踩单翘，两头伸出刻作六分头，补间各一攒，出45°斜拱。由额，雀替均施花鸟圆雕，十分精美。因为没有开庙门，庙内情况不知。2013-07-01	无	未公布

① 〔清〕光绪二年（1876）《创修墙垣碑记》，授修职郎候选儒学训导癸酉科岁贡李毓华书丹并题，石工祁长顺镌石，壁碑，楷书，现存剧场院落西墙，保存完好。

② 戏台脊枋题字：时大清同治十二年岁次癸酉四月十六日补修舞楼七间更易檩椽瓦挖墙换砖……

③ 关帝庙戏台脊枋题字：时民国七年岁次戊午创修舞楼三间，耳楼二间，择吉于阴历十月初六……

续表

序号	名称	创建年代	可考年代	简　介	文保	公布情况
10	郭村 相如宫 戏台		民国 二十三年 （1934） 重修	据戏台脊枋题字可知为民国二十三年重修，面阔三楹7.8米，其中明间2.9米，进深4.9米，基高2米，柱高2.7米，础高0.3米，耳房面阔一间4.7米，进深4.2米，院落东西18米，南北18米，（距山门），山门前有台基，或可作观剧之所，山门东西两侧台基各面阔8.5米，进深2.7米，高1.8米。2013-09-12	无	未公布
11	井则沟 三教堂 戏台		民国 三十四年 （1945） 以前	井则沟约有140—150户，600—700人，主要姓氏牛。 三教堂位于村西，现存建筑为二进院，中轴线自西向东依次为正殿，山门戏台，山门外戏台。侧殿、看楼、耳房分列左右。正殿面阔三楹，五架梁进深四椽，悬山顶，由脊枋题字知其最后一次落架大修为道光二十二年（1842）。① 悬山顶山门戏台面阔三楹5.11米，其中明间2.48米，进深4.01米，基高2.54米，上柱高2.46米，现渐几倒塌。耳房面阔两楹3.75米，进深4.22米。南北四檩棬棚悬山顶二层看楼各三楹，下层为厢房，上层为看楼，有北看楼脊枋题字为“民国三十四年重修北看楼三间”。② 山门外南侧戏台为2004年维修，悬山顶面阔三楹7.3米，其中明间2.86米，进深5.21米，基高1.02米，柱高2.83米。2013-08-07	无	未公布
12	云东村 柏山 诸神庙 戏台			诸神庙，位于云东村管辖之下的柏山村，庙居村北，坐北面南。戏台外置，正对山门，六檩卷棚悬山顶，合瓦屋面灰脊饰。戏台面阔三楹7.10米，其中明间3.1米，进深五椽5.5米，基高0.8米，柱高2.90米，柱头斗拱三踩单翘，两次间各一朵，明间无斗拱，额枋下由额、雀替施浮雕。2013-07-04	无	未公布

① 正殿脊枋题字：时大清道光二十二年岁在壬寅三月壬子补修三教堂三间……自补修之后永远为之誌焉耳。

② 北看楼脊枋题字：时在中华□□三十四年岁□□□□月壬午乙亥日，古有北看楼三间破坏，今经公议……

续表

序号	名称	创建年代	可考年代	简　介	文保	公布情况
13	云东村 龙王庙 戏台			龙王庙，位于云东管辖下的东河自然村，主要姓氏：刘，龙王庙现存建筑有正殿三楹，坐北朝南，东西耳殿各两楹，均为悬山顶，正殿原走马板位置有“云泉生产大队村委会”，可知原作他用。龙王庙始建不详，庙内存崇祯二年（1629）碑记，是年重修龙王大殿。① 东西配殿各三楹。硬山顶，山门外西侧现仍存看楼四楹，面阔 12.3 米，进深 4.2 米，悬山顶。山门正对公路对面为戏台，新修之公路将山门与戏台隔开。且公路基础甚高，戏台面阔三楹，7.2 米，其中明间 3.3 米，进深 5.8 米，基高 1.2 米，顶部样式因塌毁已不可辩。东西硬山顶戏房各两楹。2013-07-01	无	未公布
14	云西村 三教堂 戏台			云西村位于县城之东北，距离县城 15 公里，村庄主要姓氏为赵姓。三教堂位于村西阁上，所祀之神为孔子，释迦牟尼，老子。戏台面阔三楹 6.9 米，其中明间 2.88 米，进深 5.17 米，基高 1.737 米，柱高 2.717 米，耳房面阔 3.973 米，进深 4.5 米，院落东西 17.26 米，南北 13.69 米。2013-07-04	无	未公布
15	上冯庄 三教堂 戏台			三教堂（西庙），位于村西，坐北面南，二进院，中轴线上依次为正殿，献殿，戏台，庙院建筑正在施工翻修。庙宇始建不详，东配殿脊枋有“大清康熙岁次丙寅年辛卯月辛亥日立东殿三间……仝立”题字。 戏台面阔三楹，明间宽大，五架梁，柱上施通额枋，额枋上施一斗二升交麻叶，梁头伸出刻作六分头。未测量。2013-06-28	无	未公布
16	下冯庄 二仙庙 戏台			二仙庙（大庙），又称奶奶庙，位于村中位置，坐北朝南，现存建筑为正殿三楹，东西二层侧殿均三间，悬山顶。戏台山门倒座，面阔三楹，东西耳房各三楹，两侧看楼各五楹，俱为悬山顶。二仙庙始建不详，据庙内碑刻，于天启三年（1623）重修。② 山门戏台五架梁进深四椽，合瓦屋面灰脊饰，前檐小八角石柱，柱上施额枋，柱头斗拱施一斗二升交麻叶，额枋下施由额，上施浮雕，由额下施雀替（只存西侧次间）。2013-06-28	无	未公布

① 〔明〕崇祯二年（1629）无题名碑记，撰碑书丹者不详，壁碑，楷书，现存庙内，局部漫漶。

② 〔明〕天启三年（1623）无题名碑记，壁碑，撰碑书丹者不详，现存庙内墙壁，局部漫漶。

续表

序号	名称	创建年代	可考年代	简　介	文保	公布情况
17	后河村 观音堂 戏台			观音堂为村之大庙，现一进院，建筑大部都被改造，戏台渐几踏毁。顶部已全部踏毁。 戏台面阔三楹 7.814 米，其中明间 3.245 米，进深 4.5 米，基高 1.384 米，柱高 2.667 米，方形抹角石柱，柱头上施额枋，下施雕花由额，柱头斗拱三踩单下昂，补间无斗拱。明间二柱用圆凳础，角柱俱有裙带础，耳房面阔 5.3 米，进深 3.8 米。2013-07-03	无	未公布
18	东墙村 三官庙 戏台			三官庙位于村之西北，坐北面南。庙内无碑刻留存，正殿脊枋有光绪九年（1883）重修正殿题记。 山门戏台面阔三楹 7.85 米，其中明间 3.05 米，进深 5.28 米，基高 2.9 米，柱高 3 米。悬山顶，五架梁，额枋上施坐斗承接伸出之梁头。2013-06-20	无	未公布
19	董寨村 西庙 戏台			西庙位于村西，坐西朝东，现已成为农户菜园。戏台面阔三楹 7.21 米，其中明间 2.69 米，进深 4.40 米，基高 3.02 米。2013-06-20	无	未公布
20	祁寨村 白衣阁、 祖师庙 戏台			祁寨村现有 100 多户，杂姓，无会，白衣阁，祖师庙位于村西，两座庙宇共用一个戏台，祖师庙在北，戏台与白衣阁相连，白衣阁坐西朝东，戏台坐南面北，正对祖师庙，戏台之院为独立之院。 戏台悬山顶面阔三楹 7.1 米，其中明间 2.7 米，进深 4.7 米，柱高 2.4 米，台口 1.1 米，下层山门通道高 2.1 米，耳房东西各两楹，面阔 4 米，进深 3.6 米，院落南北 8 米，东西 15 米。2013-09-12	无	未公布
21	祁寨村 东阁、 三教堂 戏台			三教堂位于村东，东阁坐东朝西，东阁之内北面接三教堂之戏台耳房。三教堂坐北面南，山门戏台面阔三楹 6.6 米，明间 2.7 米，进深 3.6 米，柱高 2.9 米，耳房各三楹，面阔 8 米，进深 3.6 米，院落南北 21.4 米，东西 15 米。2013-09-12	无	未公布
22	勾要村 关帝庙 戏台			关帝庙位于村东南，坐北朝南，所祀之神关羽，现存建筑三进院，戏台所在剧场院落与庙宇之前殿，后殿分列道路南北。前殿为近年维修，所祀之神为关帝，后殿为两层建筑，然不知所祀之神灵。关帝庙内无碑刻留存，故其庙宇沿革不详。 戏台面阔三楹 7.3 米，其中明间 3.3 米，区分前后台，七架梁，进深六椽，其中前台进深 3.5 米，后台进深 3.05 米，前檐角柱后 2.1 米处砌山墙。2013-08-05	无	未公布

续表

序号	名称	创建年代	可考年代	简　　介	文保	公布情况
23	勾要村玉皇庙戏台			勾要村，约有300余户，人口1000人，主要姓氏张、贾。主要经济来源为务农。村庄成东南—西北条带状分布，关帝庙、文庙、玉皇庙依次排列。 玉皇庙位于村西北，为村之西庙，所祀之神为玉皇大帝，庙会日期为农历九月初十，庙宇一进院，后世改造较大，现为鑫旺羊绒衫厂。戏台在山门外，与山门隔路相对。戏台面阔三楹，悬山顶，青瓦，用抹棱砂石柱，裙带础，柱头斗拱用三踩单杪。数据未能测量。2013-08-05	无	未公布
24	南朱庄机神庙戏台			机神殿，也即轩辕殿。位于村东，坐北朝南，原作为学校和工厂之用。庙宇始建不详，乾隆二十九年（1764）补修。[①] 舞台面阔三楹9.8米，其中明间5.9米，进深7.6米，基高0.7米，柱高3.9米，前檐角柱后1.2米砌山墙，耳房面阔一间2.2米，进深6.4米。2013-08-23	无	未公布
25	侯家庄慈云院戏台			慈云院位于村东，坐北朝南，舞台面阔三楹5米，其中明间2.8米，进深4.2米，基高1.3米，柱高2.4米，耳房面阔4.5米，进深3.8米。剧场院落南北11米，东西7.4米。2013-08-23	无	未公布
26	孝义村三教堂戏台			孝义村现约有居民400户，主要姓氏祁、赵。为曾任两广总督的祁贡的老家，其墓在孝义村西，至今碑亭及御赐碑铭保存完好。三教堂位于村北，坐北面南，门前有池，有三眼拱桥跨于其上，水池连同拱桥作元宝形。故而村中人说起他们的大庙之时，都用“池上桥，桥上庙”以形容之。 庙宇依地势为二进院，中轴线上自北向南依次为正殿，二道山门（过厅），山门戏台，侧殿、配殿、看楼、耳房一应俱全。正殿祀奉儒释道三教，东侧殿祀奉地藏王菩萨，西侧殿为奶奶殿。山门舞台面阔三楹8.4米，其中明间3.2米，进深4.6米，柱高2.7米，下层山门通道高2.2米，耳房各面阔三间6.8米，进深3.8米，看楼各面阔7.6米，进深3.2米，上柱高2.9米，柱高2.2米。剧场院落南北13米，东西16米。2013-08-23	无	未公布

① 〔清〕乾隆二十九年（1764）《补修机神殿碑记》，壁碑，撰碑书丹者不详，玉工李德刊石，现存庙内，局部漫漶。

续表

序号	名称	创建年代	可考年代	简　介	文保	公布情况
27	孝义村二爷庙戏台			村中人称之为二爷庙，然而询问村民二爷是为何方神圣，都未能给出确切的说法。农历二月二十二为该庙之庙会，现已不再有庙会。现存建筑为二进院，亦是依地势而为上下院，下院为剧场，庙宇建筑除后殿、过殿、戏台外多拆除或踏毁，院内杂草树木丛生，已无法进入，故而庙内碑刻遗存、建筑梁架结构都未可知，戏台数据亦未能测量。2013-08-23	无	未公布
28	窑栈村关帝庙戏台			窑栈村现有人口约 70 户、200 余人，主要姓氏李。关帝庙位于村西，坐北面南，一进院，庙宇未得到修缮，毁坏严重。关帝庙始建不详，明成化十二年（1476）以及万历三十三年（1605）均有重修①，正殿脊枋有乾隆四十六年（1781）重修信息。② 戏台为单层台，悬山顶，面阔三楹 6.8 米，其中明间 2.72 米，进深 4.8 米，柱高 3 米，基高 1.46 米。2013-09-08	无	未公布
29	南山村钱神庙戏台			当地人称之为钱神庙，有疑问，坐北面南，令人啧啧赞叹的是其建筑的高大壮丽，庙宇与村北阁以及排水口相连，排水口砖石拱券，券脸上施二戏水兽。从庙宇背后看，三座高楼耸立，摄人心魄。上下两进院，上院三座三层高楼间以两座三楹殿宇，一字排开，前有四檩五椽悬山顶献庭三楹，左右各三楹配殿构成上院，下院山门戏台，二层看楼分列东西。 悬山顶戏台面阔三楹，五架梁进深四椽，灰脊青瓦顶，用方凳础，础上方形抹角砂石柱，承托起额枋，由额雕花。看楼面阔五楹，均已改建，下院南北 16 米，东西 9.3 米。献庭面阔 7 米，进深 3.6 米。2013-08-10	无	未公布

① 〔明〕万历三十三年（1605）无题名碑记，壁碑，泽州集真观化主道士徐志春撰，玉工李应信、李尚龙镌石，宽 65 厘米、高 45 厘米，现存庙内东侧殿墙壁，部分漫漶。碑文载："自古成化十二年补修"。

② 正殿脊枋题字：时大清乾隆四十六年岁次辛丑七月初三日重修堂殿三间东西角楼择吉于十八日上梁，石匠李成金、木匠李仁、瓦匠段立庆，自修之后，阖社人口平安福禄祯祥，永为记耳。

北诗镇古戏台附录表

序号	名称	创建年代	可考年代	简　介	文保	公布情况
1	中坪二仙宫舞楼	至元五年（1268）		二仙庙关于舞楼的记载最早出现在至元五年（1268）《大元国泽州高平县举义乡话壁村翠屏山重修真泽行宫之记》碑刻中，碑文言："盖舞楼一座，三门三间。"以迄今发现的元代舞楼实物为参照，此时的舞楼应该是建在山门之内，面向正殿的中轴线上，并且独立存在。然寥寥片语，不足以为我们提供更多关于舞楼的信息。2013-09-23；2014-09-25	2006年全国重点文物保单位	未公布
2	中坪二仙宫山门舞楼		天启五年（1625）	山门戏台（北向）脊刹立牌上书："天启五年岁月"，由此可见，山门戏台的创建时间不晚于天启五年（1625）。① 清康熙二十二年（1683）的《六庄维修二仙庙记》，碑中载："速将大殿补葺，戏楼、三门相继为之重新。" 现存山门舞楼面阔三楹8.2米，其中明间3.2米，进深4.7米，基高2.56米，柱高2.8米，台口0.9米，耳房东西各面阔四间9.4米，进深4.4米，院落东西16米，戏台距正殿26米。	2006全国重点文物保单位	未公布
3	龙尾村东岳庙舞楼	至大四年（1311）		东岳庙始建不详，庙内存元至治元年（1321）《重修东岳庙记》，碑中载："前本村魏□因梦□圣感创建岳庙三间，全新塑像，彩绘庄严。至我皇元大德四年，庙为风雨摧坏。"如此来看，东岳庙之创建至迟在元初。除却重修，碑文记载的这一系列修建还包括诸多殿宇的增建以及东岳庙舞楼的创建信息，碑文载："至大四年（1311）维那李荣纠领□户创建东西廊三十间，西偏殿维那姬珍，东偏殿维那王福，舞楼维那宋显，三门维那姬彬，五道殿维那姬玉，而作新焉。"如是则至迟在至大四年，东岳庙就已经有了戏曲表演的专门场所——舞楼。②2013-08-24；2013-09-25	无	未公布

① 何孟哲《中坪二仙宫琉璃脊饰保存与价值评估之探讨》，载《宁波保国寺建成1000周年学术研讨会暨中国建筑史学分会2013年会》，会议论文。

②〔元〕至治元年（1321）《重修东岳庙记》，前高平县儒学教谕长平书院主人可斋宋鳞记，上党县南董村李荣篆额书丹并刊石，笏首，额题篆书"重修东岳庙记"，碑高170厘米、宽83厘米，现存庙内，局部漫漶。

续表

序号	名称	创建年代	可考年代	简 介	文保	公布情况
4	龙尾村东岳庙山门戏楼		乾隆四十九年（1784）重修	山门戏台脊枋有乾隆四十九年（1784）的重修题记。① 山门戏台，悬山顶，筒瓦屋面灰脊饰，面阔三楹 7.42 米，其中明间 2.9 米，进深 4.14 米，柱高 3.3 米，础高 0.3 米；东西看楼各面阔三楹 7.15 米，进深 4.4 米，下柱高 3 米，上柱高 2.7 米，俱为悬山顶。2013-08-24	无	未公布
5	西韩庄玉皇庙舞楼	万历十四年（1586）；顺治九年（1652）	咸丰七年（1857）重修	玉皇庙创建于明万历三年（1575），庙内存是年创建碑记，创建之初，玉皇庙仅有正殿——玉皇殿三楹。② 万历丙戌年，即万历十四年（1586），玉皇庙创建二仙殿以及子孙殿，是为正殿之两侧殿陪祀，并建起拜殿、舞楼以及左右行廊，玉皇庙此时已初具规模，并且神庙演艺有了固定的演出场所。③ 崇祯十二年（1639），善士张引祺等为玉皇庙施舍庙田。顺治九年（1652）《创建舞楼记》记载："众议建舞楼三间，使管弦有地。"从而再次创建舞楼。④ 然舞楼已于万历十四年创建，此时再次建造，可能是因为原之舞楼已经破败损毁，加之庙宇规模的扩大，只能再次择址新建，戏台脊枋题字有咸丰七年（1857）重修题字。康熙六年（1667），玉皇庙中殿——佛祖殿改换槅窗。⑤ 乾隆九年（1744），重瓦佛殿顶盖。⑥ 而后咸丰、同治年间玉皇庙皆有补修。	无	未公布

① 时大清乾隆四十九年岁次甲辰合社众善同住持重修戏楼三间，东西耳楼八间……同建，自修之后，合村人等平安，永垂不朽于后耳。

② ［明］万历三年（1575）《创建玉皇庙记》，壁碑，现存三进院玉皇殿东山墙，宽 93 厘米、高 55 厘米，大部漫漶。

③ ［明］万历十四年（1586）《新建二仙暨子孙祠记》，壁碑，张应利撰并书，玉工毕守平、李守己、李守益镌石，现存三进院东侧殿东墙，宽 70 厘米、高 40 厘米，保存完好。

④ ［清］顺治九年（1652）《创建舞楼记》，壁碑，邑庠生李恪撰，玉工李光仰刊石，现存一进院前殿西墙，宽 47 厘米、高 40 厘米，局部漫漶。

⑤ ［清］康熙六年（1667）《改修佛殿槅窗记》，石匠李光印刊石，壁碑，现存二进院佛殿东墙，宽 65 厘米、高 34 厘米，保存较好，局部漫漶。

⑥ ［清］乾隆九年（1744）《重瓦佛殿碑记》，陵川县马芝撰，玉工张建治刊石，现存二进院大殿西墙，壁碑，宽 106 厘米、高 30 厘米，保存较好。

续表

序号	名称	创建年代	可考年代	简　介	文保	公布情况
				山门戏台，面阔三楹 6.68 米，其中明间 2.8 米，进深 4.4 米，柱高 2.5 米，基高 2.5 米。耳房面阔 5 米，进深 3.5 米。前院南北宽 9.5 米，东西深 13 米。2013-08-27；2013-09-25		
6	北诗村炎帝庙舞楼		万历二十四年（1596）重修	炎帝庙舞楼的建修应不晚于万历二十四年（1596）。是年《重修神农庙碑》中记载："纠众邑人而重修焉……未数岁，而文馆五间，内外两舍各十间，舞楼三间，卷棚、抱厦各一，石台、供桌各一，斜房各二，月台、桥池、甬道，森然并列于其中……迨二十有四载而工始告成。"[①] 戏台面阔三楹 7.3 米，其中明间 3.1 米，进深 4 米，柱高 2.9 米，下层山门通道高 3.16 米，耳房面阔两楹 4.7 米，进深 3.9 米，东西看楼面阔三楹 6.8 米，进深 3.8 米，下柱高 2.8 米，上柱高 2.5 米，俱为悬山顶。2013-08-24；2014-09-27	无	未公布
7	长畛村祖师庙戏楼	康熙四十六年（1707）		据庙内现存康熙四十六年（1707）碑记载："复于丙戌仲秋创建南戏楼三间，东南角楼两间，至丁亥完备。"[②]2013-08-27 山门戏台，硬山顶，面阔 8.38 米，其中明间 3.17 米，进深 4.33 米，下层柱高 2.37 米，通高 4.5 米。耳房面阔 4.3 米，进深 4.14 米。2013-08-27	无	未公布
8	中沙壁三官庙戏楼	乾隆三十年（1765）		道光二十九年（1849）《补修三元宫碑文序》中载："乾隆三十年（1765）……重修正殿三间，东西耳楼四间，其余月台下东西行廊平房改为看楼十间与南戏楼两耳楼七间"，山门戏台面阔三楹 7.4 米，其中明间 2.6 米，进深 4.8 米，柱高 2.7 米，下层山门通道高 2.3 米，东西硬山顶看楼各面阔五楹 12.6 米，进深 4 米。院落东西 7.5 米，南北 16 米。2013-08-22	无	未公布

① 〔明〕万历二十四年（1596）《重修神农庙碑》，时赐进士第承德郎刑部陕西清吏司主事禹门牛从龙撰文，高平县后学王民顺谨志，螭首方趺，额题"重修碑记"，碑通高 304 厘米，宽 63 厘米，现镶嵌于墙壁，保存较好。

② 〔清〕康熙四十六年（1707）无题名碑记，壁碑，笏首，撰碑书丹者不详，玉工王臣刊石，现存庙内，下部漫漶。

续表

序号	名称	创建年代	可考年代	简　　介	文保	公布情况
9	西诗村三官庙舞楼		乾隆四十九年（1784）以前；道光二十七年（1847）重修	三官庙亦称三教堂，位于村中部，坐北面南。庙宇二进院，中轴线上依次为后院三教正殿，三官殿及二道山门过庭（二者是为一体），山门舞楼。戏台面阔三楹10.7米，其中明间6.3米，进深7.03米，柱高4.38，柱础0.38米，基高1.1米。耳房各面阔三楹6.62米，进深5.9米。2013-08-27	无	未公布
10	郝庄村玉皇庙舞楼	乾隆五十六年（1791）		玉皇庙位于村东南，坐北朝南，一进院，正殿面阔七楹，七架梁，进深6椽，前接七楹四檩棬棚抱厦。不过庙宇重修之后在外观上已经无法辨别。庙内乾隆五十年修东文馆碑刻。 戏台业已新修，梁架悉数更换，然脊枋仍在，据其上题字，知为乾隆五十六年（1791）建立。[①] 面阔三楹7.2米，其中明间2.7米，进深4.5米，基高2.2米，柱高3.1米，耳房面阔两楹4.8米，进深3.4米，院落东西10米，南北19.5米。2013-07-25	无	未公布
11	北诗午大庙戏台		乾隆五十九年（1794）以前	大庙位于村中心，坐北面南，庙会日期五月初五。正殿面阔三楹8.55米，进深6米，基高0.7米，悬山顶。配殿面阔三楹7.45米，进深4.2米，基高0.3米，俱为悬山顶。侧殿东西各三楹，面阔5.88米，进深4.6米。 山门戏台，悬山顶，五架梁进深四椽，前檐已砌封。戏台面阔三楹8.3米，其中明间3.24米，前台进深2.76米，后台进深2.6米，柱高2.85米，东西耳房各三间面阔6.5米，进深3.75米。看楼东西各六间，未能测量。大庙内已无碑刻留存，故其沿革无从确知。惟戏台有诸多舞台题记，最早者为乾隆五十九年（1794）高邑驻云班题记。[②] 可知戏台之建不晚于乾隆五十九年。2013-08-16；2014-09-25	无	未公布

① 东文馆戏台脊枋题字：大清乾隆五十六年辛亥，东文馆建立舞楼三间，西南、东南耳楼各两间，择于二月二十日正值黄道吉辰，上梁合木，社首、维首同合乡人等住持源捷，木匠□□□、秦楚、宋而海，鸠工庀材共趋厥事，修成之后，岁稔民安，永垂不朽，以此为誌。

② 高邑驻云班乾隆五十九年在此，麒麟阁、千里车、千金、打擂、牧羊图、仓州、台州、错杀、跑马、无孔岭、□□、朝山。2013年8月16日考察时拍照并抄录。

续表

序号	名称	创建年代	可考年代	简 介	文保	公布情况
12	掘墦头村奶奶庙戏楼	嘉庆十八年（1813）		奶奶庙位于村东部，坐北面南，山门戏台，硬山顶，面阔三楹 7.38 米，其中明间 2.86 米，进深 4.94，柱高 2.86 米，基高 2.21 米。耳房面阔 6.54，进深 3.77 米。戏台脊枋题字为有嘉庆十八年（1813）创建南戏楼题记。①2013-08-27	无	未公布
13	上沙壁定慧庵舞楼		嘉庆二十一年（1816）重修	据嘉庆二十一年（1816）《重修定慧庵碑记》中载“重修舞楼七间，东西看楼十间，增修小看楼四间”可知，舞楼和东西看楼是年重修。② 山门舞楼面阔三楹 6.4 米，其中明间 2.9 米，进深 4.8 米，柱高 3 米，下层山门通道高 3.5 米，看楼面阔五楹 10.8 米，下柱高 2.8 米，上柱高 2.3 米，剧场院落东西 9.5 米，南北深 16.5 米。2013-08-22；2014-09-27	无	未公布
14	秦家庄玉皇庙戏楼		道光七年（1827）重修	玉皇庙，位于村北，坐北面南，现存两进院，原为秦家庄村民委员会所在地。 悬山顶正殿面阔五楹，五架梁进深四椽，距正殿 1.7 米，前接三楹四檩卷棚悬山顶献殿，面阔 3.45 米，进深 3 米，基高 0.5 米，山门戏台面阔三楹 8.9 米，其中明间 3.3 米，进深 4.9 米，柱高 2.6 米，下层山门通道高 2.53 米，东西看楼悬山顶建筑，各面阔三楹 8 米，进深一椽 1.2 米，下层柱高 2 米，上层柱高 1.8 米，院落东西 6.05 米，南北 20 米。据戏台脊枋题字知其在道光七年（1827）重修。③庙外有一六十年代新修之戏台，为玉皇庙之庙外剧场，在玉皇庙中轴线偏西，坐南面北，然似为原之戏台改建之物，故此处也将其数据录入：面阔三楹 9.6 米，其中明间 5.2 米，前台进深 3.7 米，后台进深 3 米，基高 1.3 米，柱高 3.7 米，裙带础础高 0.4 米。2013-08-16	无	未公布

① 大清嘉庆十八年创修南戏楼三间东西耳楼四间，岁次八月初四日，仝三班匠艺住持心□，合社人等吉时合木，保佑合村人等平安，万载不朽，永为记耳。

② 勒石于清嘉庆二十一年（1816），霍联斗撰文，袁膺魁书丹，玉工袁瑞璟镌，笏首方趺，楷书，高 135 厘米、宽 50 厘米、厚 18 厘米，现存庙内。

③ 戏台脊枋题字：时大清道光七年岁次丁亥四月十六日午时天开黄道合木上梁，合社人等重修戏楼五间，仝三班匠人石匠□□、木匠秦子□、泥水匠赵良玳，自修之后以致历久弥新，永远为之记耳。

续表

序号	名称	创建年代	可考年代	简　介	文保	公布情况
15	炉引村善引寺戏台		光绪二年（1876）以前	山门戏台三楹，合瓦屋面，灰脊饰，五架梁进深四椽，前檐用方形抹角砂石柱。戏房二层式，各两楹。二层看楼各四楹，进深四椽，分列下院两侧。戏台面阔 7.9 米，其中明间 3.3 米，进深 5.0 米，柱高 2.89 米，戏台下山门通道柱高 3.0 米。看楼面阔 9.8 米，进深 3.6 米，上柱高 2.37 米，下柱高 2.66 米。耳房面阔 4.25 米，进深 3.7 米。下院东西宽 9 米，南北深 12.45 米。 据看楼脊枋题字，东西看楼的创修时间为清光绪二年（1876），可知，善引寺剧场形制至迟是年已经完成。2013-08-27；2014-09-25	无	未公布
16	丹水村二仙庙戏台		光绪八年（1882）重修	二仙庙内现仅存一通清碑，光绪八年《重修兼彩画凤山真泽行宫碑》中对二仙庙的庙宇沿革有如下记载："夫此行宫自宋太平兴国（976—983）以来，丹水村将仕郎赵玘率郝庄、丹水二村居民以建焉。至宣和五年（1123），历时既久，庙□倾颓。郝庄宋坚纠合其众，议欲兴葺。有日适值干戈四起，遂不终其志而卒。迄于金天会十四年（1136），徭役休息，其子广寅与诸弟率二村往营其事。乃于旧基南一丈，芟□□木，揆□重修。又有郝庄宋宗俊、丹水李瑗复继其后，各致其力，重修彩画，于金天眷元年（1138）告成建碑。后有寨平村与郝庄、丹水共议，愿同心合德，奠罚祀神，后修南戏台、东西看楼一院。工程告竣，未有勒石，不知经始落成于何年。唯□金胜重修残碑，自金天眷元年至今本朝同治十年（1871），七百有余岁。世远年湮，重修凡几。"① 二仙庙的戏台以及看楼亦在光绪八年（1882）修缮。如今，看楼已经无迹可寻，戏台已为新旧之结合体，将旧戏台充当现在新戏台的后台，之所以在此收录，是因为戏台后墙与耳房墙壁有诸多舞台题记。2013-07-25	无	未公布
17	丹水村观音庙戏楼		光绪十年（1884）重修	观音庙，位于村中，现仅存山门戏台，也已改作他用，下层山门处改为商店，上层为村之台球室。	无	未公布

① 〔清〕光绪八年（1881）《重修兼彩画凤山真泽行宫碑》，笏首，丹水村邑庠生李纯修邑庠生王作砺兼撰并书，寨平村邑庠生宋振轸篆额，玉工常国清勒石，高 185 厘米、宽 69 厘米，现存庙内，已用砖镶砌。

续表

序号	名称	创建年代	可考年代	简　介	文保	公布情况
				山门戏台悬山顶，面阔三楹 6.8 米其中明间 3.2 米，进深 4.6 米，柱高 2.6 米，前檐角柱后 0.8 米处砌山墙，耳房各面阔两楹 3.8 米，进深 4.4 米，下层山门通道高 2.3 米。据其脊枋题字，光绪十年（1884）重修。① 2013-08-22		
18	兴洞村三教堂戏台		光绪十年（1884）重修	三教堂位于村中，两进院，上院正殿、侧殿、配殿，下院为戏院，戏台、耳楼以及东西看楼。庙内无碑刻留存，据正殿脊枋题字可知其为道光八年（1828）维修。② 戏台单层台，硬山顶，面阔三楹 7.4 米，其中明间 3.1 米，进深 5 米，基高 1.8 米，柱高 2.8 米，耳房面阔两间 3.7 米，进深 4.2 米，院落南北 15 米，东西 7 米。看楼东西各三楹，五架梁进深四椽，始建不详，脊枋有光绪十年（1884）重修题记③，戏台或也在同时重修。2013-08-22	无	未公布
19	长畛村瘟神庙戏台	光绪二十三年（1897）		瘟神庙位于村北沟底，坐东面西。戏台硬山顶，面阔三楹 7.6 米，其中明间 3.04 米，进深 5.00 米，柱高 3.2 米，柱础高 0.331，基高 0.86 米。戏台脊枋有光绪二十三年（1897）创修题记。2013-08-27	无	未公布
20	兴隆村诸神馆舞楼	民国十年（1921）		诸神庙位于村南部，坐西朝东。其始建不详，正殿脊枋有同治九年（1870）重修题字④。民国十年（1921），诸神馆再次重修，并且创建舞楼，是年所刊碑刻如是说："创修东舞楼七间"。⑤	无	未公布

① 戏台脊枋题字：时大清光绪十年□月十一日天开黄道吉时合□重修戏楼七间……之后合社平安，千祥云集，万物攸同，以为永远不朽之计云尔。

② 正殿脊枋题字：时大清道光八年二月初九日吉时上梁重修正殿三间维首公议合村平安，匠人石工王秦、木工冯峻魁、瓦工袁和生，住持王永铣，徒李元客，王元琇大吉大利，永为记耳

③ 看楼脊枋题字：大清光绪甲申四月中澣正逢戊午良辰上梁大吉维首、社首等重修东看楼三间，东耳房两间，木匠米殿凤、石匠王赵孩、韩长在，住持杨教绪自修之后合村人口均安，永垂不朽耳。

④ 正殿脊枋题字：时大清同治九年岁次庚午季春桃月三日重修正殿三间，耳楼……维首□□□、米永富、赵咸发、赵瑞孩、姬二活、米永全、□□□、李忠□、李福□，木工郜经，石工王有礼，泥水□来□，仝为建立，永远为誌。

⑤ 民国十年（1921）《重修诸神馆暨创修东舞楼碑誌》，苏瑔撰文，额题楷书"万古流芳"，笏首，壁碑，高 145 厘米、宽 51 厘米，现存正殿墙壁，保存完好。

续表

序号	名称	创建年代	可考年代	简　　介	文保	公布情况
				戏台为单层台，悬山顶，五架梁，面阔三楹 7.73 米，其中明间 3.15 米，进深四椽 4.72 米，柱高 2.85 米，基高 1.7 米。东西耳房各两楹，面阔 4.47 米，进深 3.8 米。2013-08-27		
21	平头村观音庙舞楼		民国十二年（1923）改修	观音庙，又称奶奶庙，位于村西，所祀之神为观音，庙会自二月初六到初八。 戏台山门镜框式。据其脊枋题字知其在民国十二年（1923）改修。① 戏台通面阔五间，表演区三间 7.6 米，其中明间 2.8 米，进深四椽 3.7 米，下山门通道高 2 米（现已堵塞），柱高 2.7 米，院落东西 19.4 米，南北 31.8 米。2013-07-25	无	未公布
22	中沙壁诸神观舞楼		民国十五年（1926）重修	中沙壁约有 300 户，1200 人，主要姓氏为李、牛。诸神观位于村东南，坐北朝南，一进院，正殿所祀之神中为玉皇、东为祖师、西为三嵕，庙会日期分别为农历六月初六,六月十三,六月二十八。 山门戏台面阔三楹 8.6 米，其中明间 4.3 米，进深 4.5 米，柱高 3 米，下层山门通道高 2.2 米，耳房面阔两间 4.8 米，据脊枋题字知民国十五年（1926）重修②。看楼面阔三楹 7.6 米，进深 4.4 米，下柱高 2.4 米，上柱高 1.7 米，看楼于戏台耳房之间以二层穿厅连接，穿厅面阔两间 4.2 米，进深 2.2 米。院落东西 14 米，南北深 8.9 米。2013-08-22	无	未公布
23	姬家庄南庙（佛堂）戏台			姬家庄约有 160 户,700 人，主要姓氏姬。 庙宇位于村南，村之人称之为南庙，也即佛堂。据正殿脊枋题字知咸丰八年（1858）重修。戏台面阔三楹，面阔 6.7 米，其中明间 2.6 米，进深 4.8 米，基高 2.6 米，柱高 2.9 米，前檐角柱后 1.2 米处砌山墙。耳房面阔三楹 6.9 米，进深 3.8 米，院落东西 13 米，南北 13 米。2013-08-24	无	未公布

---

① 戏台脊枋题字：时中华民国十二年岁次癸亥夏历三月二十九日改修南舞楼三间耳楼二间，督工社首……告成于八月望日，自修之后，永垂不朽云尔，此为记。

② 诸神观戏台脊枋题字：中华民国十五年岁次丙寅桂月仲秋佳日黄道上梁大吉，督工人李汝东、李克敏、李荣溪，社首李喜孩、牛嵩庆、李建基、李福□、李万□、秦秋富、牛玉成、□□□、李□□，经理赵全□、王发□、韩锡，长□张凤启，□□合村人等重修诸神观南舞楼上盖七间，比古高尺余，复加眉梁，同砌东墙与一小房，又建修村南佛庙一处，以誌永垂不朽耳。

续表

序号	名称	创建年代	可考年代	简　介	文保	公布情况
24	姬家庄北庙（祖师庙）戏台			祖师庙位于村北，故而俗称北庙，其始建不详，乾隆五十年（1785）重修正殿。① 山门戏台硬山顶，五架梁进深四椽，合瓦屋面灰脊饰。前檐用四抹角砂石柱，无柱础，柱间施木质矮护栏。面阔三楹 6.8 米，其中明间 2.6 米，进深 4.5 米，基高 2.8 米，柱高 3 米，耳房面阔各两楹 4.6 米，进深 3.4 米。2013-08-24	无	未公布
25	南村雷音寺戏台			戏台山门倒座，悬山顶，合瓦屋面，灰脊饰，柱上施额枋，上承接斗拱，柱头三踩单下昂，平身科出 45° 斜拱。看楼分列寺院两侧，悬山顶，各六楹。戏台面阔 7.98 米，其中明间 3.03 米，进深 4.40 米，柱高 2.40 米，下层山门通道高 2.65 米，耳房面阔 6.7 米，进深 4.4 米。看楼面阔 13.64 米，进深 5.37 米，下柱高 2.45 米，上柱高 2.18 米。寺院东西 13.68 米，南北深 15 米。2013-07-20	无	未公布
26	南坪村三教堂戏台			三教堂位于村中，现存建筑一进院，正殿三楹，侧殿各三楹，东西看楼各五楹。据正殿脊枋题字，三教堂于同治二年（1863）重修。② 山门戏台悬山顶，五架梁进深四椽，合瓦屋面灰脊饰，前檐用四方形抹角石柱，柱上施额枋，下由额雀替施圆雕，柱头斗拱三踩单昂，栱面刻瓣。戏台区分前后台，现隔扇仍存。戏台面阔三楹 8.2 米，其中明间 3.2 米，进深四椽，其中前台进深 3.6 米，后台进深 1.55 米，基高 2.95 米，柱高 2.65 米，悬山顶，柱头三踩单昂，昂头耍头均变体，刻瓣。由额雕花。戏房面阔二楹 3.9 米，进深 3.36 米。后墙开圆窗。2013-07-20	无	未公布
27	拥万村佛堂戏台			佛堂位于村北，坐北面南。戏台悬山顶，面阔三楹 9.35 米，其中明间 3 米，进深 6.5 米，耳房各两间 5 米。2013-08-10	无	未公布

---

① 时大清乾隆岁次五十年三月初三日重修正殿三间，东西耳楼四间，吉时上梁，祈报合村人口平安，五谷丰收万载不朽永为记耳。

② 时大清同治二年岁次癸亥四月十八日重修正殿七间，天开黄道，吉时上梁，督工维首韩……住持……徒……木工韩……石工梁……泥水袁……仝建造，永远为誌。

续表

序号	名称	创建年代	可考年代	简　介	文保	公布情况
28	拥万村仁圣宫戏台			仁圣宫位于村北，坐北面南，现存建筑以矮花砖墙分界为上下两进院，下院山门戏台及东西耳房，二层看楼东西各五间，上院正殿三楹，以及东西侧殿，东西各三楹配殿。山门戏台镜框式，悬山顶，合瓦屋面灰脊饰，五架梁进深四椽。面阔三间 7.3 米，其中明间 2.6 米，进深 4.8 米，柱高 2.6 米，下层山门通道高 3 米，剧场院落东西 10.7 米，南北 13.5 米。2013-08-10	无	未公布
29	寨上村协天宫（关帝庙）戏台			协天宫，俗称关帝庙。位于村东，坐西朝东。因庙宇在山洼里，地势较低，庙院内淤泥沉积，将地基抬高了一米有余。关帝庙西为原村之东南阁，也即文昌阁，二者相连，现连同庙宇俱为农田所包围，建筑多已倾圮。关帝庙现存一进院，正殿悬山顶三楹，侧殿各两楹，配殿各五间。庙内现存康熙四十五年（1706）关帝庙创修碑记。① 正殿脊枋有乾隆七年（1742）重修题记。② 戏台悬山顶，面阔三楹 6.8 米，其中明间 2.8 米，进深 4.8 米，基高（现有）0.5 米，柱高 2.2 米，方凳础高 0.3 米，院落东西 7 米，南北 17.5 米。2013-08-22	无	未公布
30	野沟村二仙庙戏台			野沟村位于高平市东部。二仙庙位于村中部，坐北面南，庙门为建国后修建，门额题高级社，是农村合作社的产物。戏台外置，距山门 30 米许，面阔三楹 6.8 米，其中明间 2.19 米，进深 4.9 米，柱高 2.8 米，基高 1.1 米。存西耳房面阔 5.8 米，进深 4.32 米。2013-08-27	无	未公布
31	东韩村玉皇庙戏台			东韩村位于高平市东部。玉皇庙位于村东，坐北面南，一进大院，现存建筑有正殿五楹，山门戏台以及耳房共九楹，东西配殿厢房分列庙院两侧。戏台面阔三楹 7 米，其中明间 3.1 米，进深 4.6 米，基高 2.8 米，柱高 3 米。耳房三楹面阔 5.8 米，进深 3.8 米。2013-08-02	无	未公布

① 〔清〕康熙四十五年（1706）无题名碑记，转碑文署名“七十三岁老人舒畅乐书”，壁碑，宽 39 厘米、高 38 厘米，现镶嵌于正殿前墙壁，部分漫漶。

② 正殿脊枋题字：时大清乾隆七年（1742）岁次壬戌……三日吉时合木重修正殿三间，南北耳楼四间……永垂不朽是为记耳。

续表

序号	名称	创建年代	可考年代	简　　介	文保	公布情况
32	东韩村奶奶庙戏台			奶奶庙位于村西，二进院，坐北面南。据正殿脊枋“大清嘉庆七年（1802）重修”题字，知其正殿曾在嘉庆七年落架大修。山门戏台，悬山顶，面阔三楹 7.2 米，其中明间 2.7 米，进深 3 米，柱高 2.2 米，基高 2.7 米。耳房面阔 3.9 米，进深 3 米。下院南北 9.7 米，东西 6.9 米。2013-08-27	无	未公布

建宁乡古戏台附录表

序号	名称	创建年代	可考年代	简　　介	文保	公布情况
1	建南村济渎庙疑似金、元舞亭			庙宇中轴线上，济渎大殿前 15 米，紧靠二道山门有一方形台基，东西 8.03 米，南北 7.85 米，基高 0.5 米，村民介绍其上原有四圆木柱撑起四翼角建筑物，只东西两山砌矮墙，或为献戏之所，庙外墙壁上《建宁翠屏山公园济渎庙维修工程鸟瞰图》中有此建筑物，单檐歇山顶，山花东西向。台基之上仍有原位置素平柱础遗存，础中距东西 5.5 米，南北 5.2 米，近似正方形。2013-08-09	无	未公布
2	筱川村三圣庙戏楼	乾隆五十三年（1788）	道光年间补修	三圣庙位于村西，坐北朝南，有六通碑刻，其中五块都涉及到了舞楼等，戏台外置，正对山门，相距约 22 米，三圣庙戏台于乾隆五十三年（1788）创建，并勒碑为记[①]，道光年间（据脊枋题字）重修。 戏台硬山顶，面阔三楹 7.7 米，其中明间 3.4 米，进深 5.1 米，柱高 3 米，基高现仅存 0.3 米（因修建现之村委之建筑，故而抬高了地基），台口 1.5 米。2013-09-17	无	未公布
3	郭庄关帝庙舞楼		道光九年（1829）	碑刻中提到关帝庙舞楼已经是在光绪元年（1875）《重修关帝庙碑记》中了，碑文载：“自同治元年（1862）以来，止戏兴工，陆续修补、重修正殿五间，金妆神像，东西角楼四间，东西厢房十间，舞楼九间，书房五间，南庭五间，牛屋二间，迄今十数余年，功成告竣。”[②] 然而关帝庙舞楼的创建时期远	无	未公布

① 〔清〕乾隆五十三年（1788）《创建戏楼记》，鲁庵书石，壁碑，宽 78 厘米、高 34 厘米，现镶嵌于南殿东墙，保存完好。

② 〔清〕光绪元年（1875）《重修关帝庙碑记》，泽州府儒学郡庠生张凤祥撰并书，玉工临县人王念成、李永年仝刻，笏首，碑高 217 厘米、宽 67 厘米，现存庙内西侧殿前，保存较好。

续表

序号	名称	创建年代	可考年代	简　介	文保	公布情况
				早于此，现存戏台墙壁上的道光九年（1829）舞台题记[①]，可以确证舞楼创建不晚于此时。 舞楼前台面阔三楹 7.6 米，其中明间 3.7 米，通进深 4.9 米，前台明间进深 3.3 米，次间进深 2.15 米，用模棱砂石柱，柱高 3.3 米，台口 1.9 米；戏台前台用平棋天花，且明间部分用二垂莲柱装饰。后台通面阔五间 13.1 米，后台明间进深 1.6 米，两戏房各面阔 2.7 米，进深 2.75 米；戏台下山门通道高 2.2 米，戏台距正殿 15.2 米，东西 13 米。2013-09-17；2013-09-24		
4	张家村三教堂戏楼	同治元年（1862）		三教堂位于村中，坐北面南，为村之大庙。三教堂始建于顺治六年（1649），正殿脊枋题字以及庙内现存顺治六年（1649）《创建三教堂布施花名》、顺治十年（1653）《创修三教堂记》相互印证。[②] 顺治十五年（1658）“创修东房叁间”[③]，康熙四年（1665），三教堂“创修西耳楼二间”[④]，咸丰元年（1851）兴工，“创修戏楼三间”，于同治元年（1862）工竣，同治三年所勒碑刻与戏台脊枋题字可相互印证。[⑤] 戏台外置，单层台，距山门 20 米许，硬山顶，合瓦屋面灰脊饰，屋面局部已毁坏。前檐用抹角砂石柱四根，裙带础。戏台面阔三楹 7.75 米，其中明间 3.35 米，进深六椽 4.9 米，基高 1.1 米，柱高 3 米。2013-06-21	无	未公布

① 〔清〕道光九年九月……：凌鹏□、甲洞、大江东、沉香挟、大福山。按：此处《沉香挟》与光绪十九年题记《沉香秋》、光绪二十一年题记《沉香杖》三者最后一字字形相像，不知其是否为同一剧目。

② 正殿脊枋题字：时顺治六年岁次己丑年夏十九日张家庄创建三教堂兴工维首首人王嘉兴、张九清……不日告成……。

③ 〔清〕顺治十五年（1658）《本庄创建东房三间所具布施开列于后》，撰碑书丹者不详，壁碑，现存庙内，保存较好。

④ 〔清〕康熙四年（1665）无题名碑记，壁碑，撰碑书丹者不详，玉工秦一亭刊石，现存庙内，保存较好。

⑤ 〔清〕同治三年（1864）无题名碑记，壁碑，撰碑书丹刊刻者俱不详，中载：“大清咸丰元年十一月十九日兴工，创修戏楼三间”，现存庙内，保存完好；戏台脊枋题字：时大清同治元年十一月十一日兴工创修戏楼三间上梁维首……住持……石、木、瓦三班匠人……千秋百世万载不朽，永远为之记耳大吉。

续表

序号	名称	创建年代	可考年代	简　介	文保	公布情况
5	府底村玉皇庙舞楼		至迟同治年间	府底村主要姓氏牛、张。庙会日期七月十五。玉皇庙始建不详，正殿脊枋有乾隆五十四年（1789）重修题字。① 戏台的创建时期不详，庙内现存光绪三十年（1904）《重修玉皇庙关帝庙创建戏房骡屋碑记》中载："自同治年间陆续兴工重修诸神殿宇，彩画舞楼，其两处东西厢房□十余间，无不阙者补之，废者新之。又于玉皇庙之左创建戏房、骡屋一院。"可见在同治年间，舞楼就已存在。② 戏台面阔三楹 8.6 米，其中明间 3.2 米，进深 4.7 米，基高 1.9 米，柱高 2.6 米，因曾失火，戏台梁架已面目全非。院落东西 10.5 米，南北 11 米。2013-08-15	无	未公布
6	东庙村玉皇庙戏楼		光绪十五年（1889）补修	玉皇庙位于村北，坐北朝南，两进院，中轴线上自北向南依次为后殿、前殿、山门舞台，耳殿、配殿、厢房、看楼、戏房一应俱全。后殿西耳殿祀奉高门氏（可能指高禖祠），东耳殿则祀奉二仙。庙宇除却山门及戏台建筑外，其余均有严重程度的毁坏，庙院荒芜，令人目睹心伤。 山门建筑为八檩卷棚悬山顶，通进深七椽。向外两椽为山门抱厦，抱厦用四柱，砂石模棱，收分明显，柱头五踩三杪出 45° 斜拱，明间一攒五踩双杪。山门台基断砌造，走马板上书"无不覆祷"，大篆书体，落款"康熙二十五年（1686）岁次丙寅"，可知庙宇历史。光绪年间对庙宇曾有较大规模的补修。戏台脊枋有"光绪十五年补修玉皇神殿、前后配殿、戏楼三间"信息。 戏台面阔三楹 8 米，其中明间 3.2 米，进深 4.8 米，柱高 2.8 米，下层山门通道高 2.2 米，耳房面阔三间 8.4 米，进深 3.5 米。戏台隔扇（明间）有"金石丝竹匏土革木"八字，戏台墙壁有光绪、民国年间舞台题记留存。2013-09-17	无	未公布

---

① 时大清乾隆五十四年岁次己酉重修玉皇正殿三间，东西耳殿四间……吉时上梁祈求合村人等平安维首……住持修法，木匠……石匠宋□□□泥水匠成茂仝建祈福保安永垂不朽是为记耳。

② 〔清〕光绪三十年（1904）《重修玉皇庙关帝庙创建戏房骡屋碑记》，陵川县儒学生员宋兆□撰，陵川县儒学生员宋清书丹，玉工张振朝镌石，方首，碑体断为两截，现存庙内。

续表

序号	名称	创建年代	可考年代	简　　介	文保	公布情况
7	何家村三教堂戏台			何家村主要姓氏何，三教堂位于村东北，坐北面南，为村之大庙，舞台面阔三楹7.8米，悬山顶，已改造。2013-06-21	无	未公布

陈区镇古戏台附录表

序号	名称	创建年代	可考年代	简　　介	文保	公布情况
1	石堂会关帝庙舞楼	顺治三年（1646）		石堂会关帝庙坐北面南，中轴线上依次为正殿（五楹，大部已坍塌），左右二层厢房，过厅三楹以及左右耳房各两楹，西看楼，山门以及倒座戏台三楹。除却东侧二层厢房以及山门戏台保存完好外，其余均有不同程度坍塌。关帝庙创建于明末，庙内现存明天启三年（1623）创修碑记，时“创建正殿四楹，塑神像于其中，儿建东西廊房各四楹，东北耳房一座。”① 天启六年（1626）又有增修置地，庙貌始具规模。② 顺治三年（1646），关帝庙建起山门舞楼和钟鼓楼，并勒碑为记。③ 乾隆三十年（1765），再次重修舞楼④，民国十三年（1924）在修缮庙宇的基础上，增修看楼五间。⑤ 戏台面阔三楹7.91米，其中明间3.3米，进深4.2米，柱高2.5米，东西耳房各两楹，面阔3.7米，进深3.6米，下层山门柱高2.3米。西侧看楼面阔五间11.1米，进深1.6米，二层柱高2.25米，下层柱高1.87米。过厅基高0.9米，面阔三楹6.8米，进深5.4米，戏院南北10.6米，东西11.8米。2013-07-08；2013-08-15	无	未公布

① ［明］天启三年（1623）《创修敕封三界伏魔大帝神威远镇天尊关圣帝君庙碑记》，上党□邑庠生云阳山人暴家修撰文，玉工郭汝兴、郭鸣寯刊石，现存庙内正殿山墙，保存完好。

② ［明］天启六年（1626）《创修敕封三界伏魔大帝神威远镇天尊关圣帝君庙碑记》，撰碑书丹者不详，玉工郭鸣寯，郭养新镌石，现存庙内正殿山墙，保存完好。

③ ［清］顺治三年（1646）《创修关圣帝庙钟鼓舞楼誌铭》碑文言：“盖修舞楼”，撰碑书丹者不详，玉工郭□心刊石，壁碑，现存山门通道东墙，严重漫漶。

④ ［清］乾隆三十年（1765）《借用墙垣分明碑记》，碑文言：“修此房并戏楼内格间共使钱七十九两二钱二分”，撰碑书丹者不详，玉工李学仪刊石，现存庙内，局部剥泐。

⑤ 民国十六年（1927）《重修关帝庙碑记》，碑文言：“自民国十一年三月起工重修正殿五间，东西廊房各四间，中□三间舞楼三间，增修耳楼两间，看楼五间，看楼下骡屋五间，至十三年四月告厥成功。”，教育厅检定国民正教员师范毕业清增广生员李鋆撰文，山西省立第三职业学校肄业生高等毕业生连海文书丹，笏首方趺，现存庙内，碑体断裂。

续表

序号	名称	创建年代	可考年代	简　介	文保	公布情况
2	营里村 大庙 戏台		同治十年（1871）	村中人称之为大庙，然已不知所祀何神，庙宇坐北面南，戏台单层台，在山门外50米许，正对山门，悬山顶，五架梁，仰瓦屋面，面阔三楹，其中明间3.23米，进深5.94米，基高1.43米，柱高3.11米，据脊枋题字，戏台于同治十年（1871）建修。① 因曾改作他用，前檐砌封。2013-07-08	无	未公布
3	铁炉村 四坪山 炎帝庙 舞楼		光绪十一年（1885）外置戏台重修；山门舞楼改建	当地人称之为大庙，现已改造为学校，舞楼在山门之外，现只有基础与山墙留存，梁架结构已经毁失。炎帝庙始建不详，庙内现存碑刻两通，一为道光十九年（1839）《重修炎帝庙照康熙四十四年规条办理》；一为光绪十一年（1885）《重修炎帝庙碑记》，依据碑刻可以知康熙年间炎帝庙就曾有补修活动。 光绪十一年碑刻中载及炎帝庙舞楼的变迁，碑文言："自壬午夏肇端，补修正殿三楹，东西耳房六楹，两廊陪房共十四楹，其南则仍其旧趾，易为舞楼。两偏各修耳楼三楹，山门外增添出檐加修引道，路南旧有舞楼，今复扩其规模而重修之。至甲申秋告竣。"② 其中提到两处舞楼，一为山门外路南旧有之舞楼。一为是年改修山门而为山门舞楼并修耳楼。也就是说，炎帝庙在光绪十一年以前的舞楼是在庙外，即现存的庙外戏台基址。而改修之后，则成了庙外舞楼与山门舞楼共存的一庙二台形制了。 庙外舞楼面阔9.64米，进深6.97米，基高0.96米，山门舞楼不详。2013-07-08	无	未公布
4	闫家 玉皇庙 戏台		光绪十三年（1887）以前	玉皇庙位于村西北，坐北面南，庙内现存乾隆庚辰年，即乾隆二十五年（1760）碑刻，言玉皇庙创建事宜。依据碑文所载，玉皇殿、东西配房创建于乾隆壬申年，即乾隆十七年（1752）。乾隆四十六年（1781）玉皇庙又兴重修，并勒碑为记。	无	未公布

① 时大清同治十年（1871）岁次辛未九月十六日吉时上梁合社维首人等并……永远为记耳。

② 〔清〕光绪十一年（1885）《重修炎帝庙碑记》，额题"流芳百世"，邑庠增广生石村西里赵文焕撰，邑庠生陈区北里秦耀先书丹，邑□生南庄西里张耀篆额，笏首，碑座已失，碑高175厘米、宽51厘米、厚22厘米，现存正殿前廊下，局部漫漶。

续表

序号	名称	创建年代	可考年代	简　介	文保	公布情况
				戏台外置，距山门约有百米，正对山门，悬山顶，五架梁进深四椽，面阔三楹 7.5 米，其中明间 3.3 米，进深 5.1 米，基高 1.2 米，柱高 3.2 米，台口 1.3 米。戏台的创建年代不详，玉皇庙现存碑刻中亦未有言及戏台的信息，然戏台墙壁有光绪十三年（1887）舞台题记，可确知戏台在光绪十三年已经存在。2013-09-21		
5	东窑头诸神庙戏台			诸神庙位于村东，坐北面南，庙宇严重倾圮，且庙院内杂草树木丛生，无法进入。戏台面阔三楹，悬山顶，屋面用仰瓦，筒瓦剪边，灰脊饰。2013-09-21	无	未公布
6	王佛陀关帝庙戏台			关帝庙位于村中，坐北面南，有戏台，未进入，未测量。2013-09-21	无	未公布
7	刘家庙村诸神庙戏台			诸神庙位于村西，坐北面南，一进大院，现存正殿、侧殿、戏台、看楼等。正殿脊枋有“光绪九年（1883）”字样，可知为正殿最后一次落架大修的时间。 戏台单层台，面阔三楹 9 米，其中明间 4.15 米，进深六椽 6.7 米，其中后台深 2.6 米，柱高 3.5 米，柱础 0.6 米，基高 1.4 米。耳房东西各三楹，面阔 6 米，进深 4 米。东西二层看楼各六间，面阔 18.8 米，进深 4 米。院落东西宽 14 米，南北深 20.7 米。2013-08-29	无	未公布
8	迪阳村奶奶庙戏台			戏台外置，为单层台，硬山顶，面阔三楹，仰瓦屋面，筒瓦剪边，因曾改作他用，前檐砌封，仅能看见前檐二角柱，为圆形砂石柱，用圆形裙带础。2013-08-29	无	未公布

马村镇古戏台附录表

序号	名称	创建年代	可考年代	简　介	文保	公布情况
1	东周仙师庙舞楼	康熙十四年（1675）	乾隆三十九年（1774）重修	舞楼山门倒座，悬山顶，面阔三楹，五架梁对后单步梁，以为山门外向之回廊，面阔 7.26 米，其中明间 2.31 米，通进深 5.28 米，前台进深 3.59 米，下层山门通道高 2.78 米，金柱用圆木柱，隔扇大部毁失，檐柱用方形抹角石柱，柱高 2.79 米。檐柱之间施青石雕花挡板，较为精美。柱上施额枋，上施变体圆雕坐斗，用三踩单杪斗拱，栱面雕花，正心枋浮雕栱形，梁头伸出刻作六分头，由额雀替雕行龙图案。2013-07-15	无	未公布

续表

序号	名称	创建年代	可考年代	简　介	文保	公布情况
2	马村 玄帝庙 戏楼	乾隆 五十六年 （1791）		玄帝庙，又名祖师庙，庙会日期四月初一、初八。庙宇位于村东南，坐北面南，庙宇一进大院，正殿面阔五楹，侧殿各两楹，业已修缮。配殿东西各五楹，东为蝗王殿、西为药王殿，厢房各三楹，正在修缮。戏台为山门倒座，面阔三楹，两侧耳楼各三楹，顶部瓦件已修缮。 山门戏台面阔三楹 8.1 米，其中明间 3.2 米，进深 5.71 米，柱高 3 米，下层山门通道高 2.34 米，院落东西 16.5 米，南北 22.3 米，东西耳房面阔各三楹 8.5 米，进深 3.9 米。据庙内现存乾隆五十六年（1791）《创建蝗王大王祠戏楼记》中载："真武庙南隙地建修戏楼三楹。"① 2013-08-05	无	未公布
3	沟头村 白衣阁 舞楼	乾隆年间	光绪五年 （1879） 重修；民国十一年 （1922） 重修	沟头村有 220 户，1000 余人，主要姓氏张、郭。白衣大士庙位于村西南，坐南面北，与村之南阁是为一体，白衣阁内又建一阁，上建戏台，正对白衣阁。 白衣阁始建不详，正殿脊枋有乾隆五十二年（1787）重修题字，庙内现存民国十一年（1922）刊立《白衣阁补修碑记》中载及："沟头村旧有白衣神阁一所，左禅院前舞楼创始乾隆年间，重修光绪朝代，俱载有碑记，迄今数十年……于是择日兴工，将颓废者补修，剥落者彩画，阁院舞楼，金碧辉煌，焕然一新。" 阁上戏台面阔三楹 7.8 米，其中明间 3.3 米，进深 6.2 米，基高 2.1 米，柱高 2.7 米，台口 1 米，耳房面阔 4.7 米，进深 4.8 米。2013-09-03	无	未公布
4	阁老村 汤王庙 舞楼		嘉庆十二年 （1807） 重修	阁老村有人口 150 户，主要姓氏李，汤王庙为村之大庙，位于村西南，座北面那，曾经为村委会所在地。汤王庙始建不详，庙内存嘉庆十二年（1807）《汤王庙重修碑记》中言："吾村素有汤帝宫三楹，舞楼一座，由来久矣……乾隆间又修东西角殿四楹。"嘉庆十二年修缮还增建了看楼。 山门戏台面阔三楹 6 米，进深 4.9 米，基高 2.2 米，柱高 2,4 米，台口 1 米，耳房面阔 4.1 米，进深 3.9 米。2013-09-03	无	未公布

① 〔清〕乾隆五十六年（1791）《创建蝗王大王祠戏楼记》，举人常相撰，壁碑，现存庙内，保存完好。

续表

序号	名称	创建年代	可考年代	简　介	文保	公布情况
5	西牛村慈云堂舞楼		嘉庆二十四年（1819）	西牛村约有150户，农历二月二十四日庙会。慈云堂，俗称白衣大士庙，坐南朝北。除戏台外，庙宇建筑多数已经维修，然去原貌甚远，此处不述。慈云堂始建不详，庙内存碑刻一通，为嘉庆二十四年（1819）刊立，言慈云堂增修事宜。舞楼在此次修缮之列，碑文言："所有金装神像彩画，庙宇以及前后院落、舞楼上下，无不整齐。"① 戏台山门外置，正对山门，面阔三楹6.8米，其中明间2.9米，进深4.7米，柱高2.5米，础高0.5米，台口1米，基高1.7米，耳房面阔各一间2.2米，进深3.6米。2013-08-31；2014-09-27	无	未公布
6	东崛山汤王庙舞楼		道光二十九年（1849）重修	汤王庙、观音庙（老母庙）俱位于村南，且二者在一条中轴线上，整体甚为狭长。自北向南依次为汤王殿面南，双开口戏台一，双开口戏台二，菩萨殿面北，配殿厢房分列左右，两座戏台之间，东厢房之北辟门以出入。庙内现存道光二十九年（1849）勒石之《东崛山重修汤王庙碑记》中载："重修北庙汤帝庙……舞楼上下六间，……南庙三大士坐南向北……舞楼三间。"②可知二庙庙宇与戏台均在是年重修。 汤王殿戏台，分上下二层，面阔三楹7.84米，其中明间3.89米，进深5.55米，下层 高2.34米， 柱 高2.79米。2013-07-15；2014-09-27	无	未公布
7	东崛山观音庙舞楼		道光二十九年（1849）重修	戏台面阔三楹6.9米，其中明间3.4米，五架梁，进深四椽4.49米，基高1.63米，柱高3.26米。2013-07-15	无	未公布
8	康营村东关帝庙舞楼		同治元年（1862）以前	高平县马村镇康营村关帝庙位于村东，坐西朝东，庙宇现存一进小院。戏台外置，且与"古光狼"城门建在一起，为过路搭板戏台，碑刻中以及当地人均称其为舞楼关房。 戏台通面阔7.9米，明间宽3.35米，台口0.95米，进深5.9米，柱头斗拱三踩单昂，	无	已公布，参见冯俊杰《山西神庙剧场考》第395页

① 〔清〕嘉庆二十四年（1819）《增修慈云南堂碑记》，郡庠生陈占元撰文并书丹，笏首方趺，碑高126厘米、宽48厘米、厚20厘米，现存庙内，保存完好。

② 〔清〕道光二十九年（1849）《东崛山重修汤王庙碑记》，迪吉都建安熏沐撰文，沐手书丹，玉工董长盛、董长裕刻石，笏首方趺，碑高167厘米、宽53厘米、厚21厘米，现存庙内，保存完好。

续表

序号	名称	创建年代	可考年代	简　介	文保	公布情况
				抱头梁伸出刻作耍头三幅云，大额枋及雀替施木雕。戏台创建时期不详，庙内存同治元年（1862）碑记中载："余村旧有伏魔大帝庙一座，创始无稽，而补葺有数。惜哉庙工告竣，而舞楼关房未得妆彩。"可见同治以前戏台就已存在。2013-05-21；2013-08-20		
9	康营村成汤庙舞楼		同治十二年（1873）	岱宗庙与成汤庙沿同一中轴线建造，各自一进大院。岱宗庙在前，成汤庙在后，建筑规制均比较整肃，是二庙合一比较典型的例子。 后院成汤庙戏台亦建在倒座位置，只是为单层台，两侧耳楼下各辟门以出入。戏台悬山顶三间，七檩六架椽，前檐用方形抹角砂石柱，方凳础，础间连以石质矮护栏。戏台面阔 7.67 米，其中明间 2.5 米，"凹"字形隔扇亦存，上场门题"阳春"，下场门"白雪"，明间六扇为书法作品，金彩墨书写范仲淹《岳阳楼记》，有楹联两副，一为：桓温喜怒虚若实，优孟衣冠假作真；一为：假笑啼中真作假，新声歌里旧衣冠。	无	已公布，见冯俊杰《山西神庙剧场考》第 269—275 页。
10	康营村岱宗庙舞楼			前院岱宗庙戏台为山门倒座样式，悬山顶三间，另册耳楼硬山顶各三间。山门三门式，如今修缮之后，两侧门俱已封死，而东耳楼与东看楼之间辟门以出入。戏台面阔三楹 9.3 米，明间宽 3.6 米，进深六椽 5.7 米，台口 0.87 米，四根小凹角石柱，方凳础。戏台有隔扇，呈"凹"字形摆设，金柱楹联："极奸巨恶转眼终归失败，忠臣孝子到头毕竟团圆。"戏台墙壁原有舞台题记留存，但修缮之后，更换了墙砖，题记自然不能保存。东西看楼各四楹，硬山顶，四架椽，底层用方形抹角石柱，方凳础，上层用圆木柱，柱间连以木栏杆。 二庙戏台虽建筑规矩，装饰精美，但创建年代均不可确知，庙内现存唯一言及舞楼的碑刻已经是在民国年间了。民国十二年《补修成汤庙碑记》中言："据父老传闻，后院舞楼暨前之东西两殿、厢房、看台，盖增修于清同治十二年（1873）间。"可知两院舞楼于同治年间就已存在。2013-05-21；2013-08-20	无	已公布，见冯俊杰《山西神庙剧场考》第 269—275 页。
11	唐东村金龙宫戏台		民国八年（1919）	金龙宫，俗称龙王庙，位于村中位置，坐北面南，庙会日期为农历七月初一。	无	未公布

续表

序号	名称	创建年代	可考年代	简　介	文保	公布情况
				金龙宫现存建筑一进大院，中轴线上自北向南依次为正殿，水池，山门戏台，山门外影壁。侧殿、配殿、看楼、戏房分列庙院东西。 山门戏台，面阔三楹 7.6 米，其中明间 3.13 米，通进深 4.86 米，后台进深 2.4 米，柱高 2.57 米，础高 0.3 米，台口 1.46 米，戏台下山门通道柱高 2.1 米；东西戏房各面阔两楹 4.88 米，进深 5 米，两侧看楼各面阔三楹 7.64 米，进深 3.4 米，下柱高 1.68 米，上柱高 2.1 米。戏台看楼俱为悬山顶。依据庙内碑刻，看楼创建于民国八年（1919）。庙院东西 15.2 米，南北深 21 米。2013-08-05		
12	康营村西关帝庙舞台	民国二十四年（1935）		戏台外置，坐南面北，单层台，面阔三楹 6.5 米，明间 2.82 米，次间 1.95 米，后台进深 1.71 米。檐柱高 3.11 米，金柱高 3.72 米。进深 5.37 米。基高 1.35 米。戏台进深四椽，悬山顶，檐柱四角抹棱，上承额枋，额枋下施雀替，俱施浮雕。柱头施三踩单下昂斗拱，梁头直接伸出。戏台脊枋题字“民国廿四年创修舞台耳楼五间自修之后永保阖村人口平安是为誌大吉经理人□□村关帝会首木匠张德祥、石匠刘尚志、瓦匠张玉山。”2013-05-21	无	未公布
13	西崛山玉皇庙戏台			西崛山玉皇庙位于村东，坐北面南，一进院，现存正殿三楹，东西侧殿各三楹，厢房，戏台耳房，遗憾的是戏台梁架已踏毁。 戏台为单层台，面阔三楹 8.1 米，其中明间 3.05 米，进深 5.52 米，基高 1.2 米，柱高 3.4 米，耳房各两楹 4.06 米，进深 4.41 米。2013-07-15	无	未公布
14	东周村佛堂戏台			东周村主要姓氏张、王、李。 佛堂位于村北，坐北面南，戏台原址翻修时多用原来戏台之旧材料，然已非原貌。未测量。2013-07-15	无	未公布
15	东宅村海神庙戏台			马村镇东宅村，主要姓氏魏、冯。全村现有海神庙、观音堂、子孙殿、玄坛庙四座庙宇。庙会日期统一为六月二十五日。 海神庙位于村南，坐北面南，现存建筑正殿，侧殿，东西看楼，山门倒座戏台。海神庙创建时期不详，庙内存碑两通，万历四十年（1612）无题名碑记中载：“万历四十年正月初八日起工重修牛王殿连西行廊四间。”可知庙宇至迟在明末创建。康熙四十九年（1710）重修庙宇配殿——蚕神殿。	无	未公布

续表

序号	名称	创建年代	可考年代	简　介	文保	公布情况
				戏台已然新修，建筑构件悉数更换，此处不录。看楼则基本保持了原貌，面阔三楹，进深四椽，柱头施一斗二升交麻叶，梁头伸出刻作六分头，由额雀替施圆雕，皆为降龙题材，辅以花卉。较为精美。看楼二层拦板上施彩画，每楹四副，共二十四副。以下列出： 诞天后瑞霭凝香；窥古井喜得灵符；正织机神游沧海；破惊涛遂就严亲；油成菜资生民食；遇风涛乘槎挂席；祷苍穹雨济万民；演神咒法降二将；莆田尹求符救疫；奉圣旨锁护双龙；临海津法驱二李；证仙班九日升天； 明前迹复现神槎；示白湖凿泉疗疫；逢怪物祷神起碇；止阴潦万姓沾恩。助阴兵金人碎首；筑堤岸越水潮平；垂神灯粮船有赖；拥巨浪舟楫无虞；闻鼓吹郑和免险；草弹章托梦除奸；赖神功澎湖破贼；感灵佑奉诏加封。2013-07-19		
16	庄头村 前庙 （观音庙） 戏台			观音堂为村之前庙，位于村中，坐南面北，一进院，正殿三楹、侧殿各三楹，东西配殿各五楹，戏台外置，距山门30米许。 戏台悬山顶，梁架部分塌毁，面阔三楹5米，其中明间2.3米，进深5.1米，基高1.5米，柱高2.1米，础高0.3米。2013-09-03	无	未公布
17	庄头村 后庙 戏台			村中人称之为后庙，所祀之神未知，位于村北，坐北面南。 戏台单层台，梁架已经全部塌毁，仅存基座以及山墙和后墙壁。面阔三楹6.2米，其中明间2.5米，进深5.4米，基高1.3米，础高0.35，院落东西12米，南北8.3米。2013-09-3	无	未公布
18	张家庄 观音阁 戏台			张家庄现有75户，主要姓氏张，庙会日期为农历正月十八。 观音阁位于村南，坐南面北。戏台单层台，面阔三楹7.4米，其中明间4米，进深5米，柱高2.5米，础高0.4米，基高0.8米，耳房面阔两间3.3米，进深4.1米，院落东西10米，南北26米。2013-09-18	无	未公布

寺庄镇古戏台附录表

序号	名称	创建年代	可考年代	简　　介	文保	公布情况
1	王报村二郎庙舞亭	金大定二十三年（1183）		见正文。	全国重点文物保护单位	已公布。
2	王报村二郎庙下戏台			此为单纯之剧场，在二郎庙之下，与二郎庙位于同一中轴线。现存戏台，前台通面阔五楹12.24米，其中明间8.04米，前台进深3.65米，后台进深3.68米，戏台两侧稍间或为乐池。后台面阔三楹7.104米，进深3.757米，基高0.883米，前檐柱高3.03米，方凳础高0.5米，后台柱高3.505米。东西耳房面阔2.62米，进深3.74米，乐池面阔2.62米，进深3.54米，戏院南北31米，东西17.2米。 东看楼面阔六楹14.745米，进深4.80米，下层柱高1.9米，上层柱高2.702米，西看楼面阔六楹14.738米，进深4.779米，下层柱高1.8米，上层柱高2.601米，顶部样式硬山，在两侧看楼的券形小门上各有匾额，东看楼为“萃丰”，西看楼为“凝瑞”。2013-08-14	无	未公布
3	芦家峪二仙庙戏台		康熙四十九年（1710）重修	正殿须弥式台基中间束腰石（右），规格150厘米×43厘米，上石刻文字“高良东里芦家驿二仙□□庙东西厢房、耳房并戏台风雨损坏，本村住持维首重修吉旦，康熙四十九年（1710）永为记耳。”庙内现存戏台悬山顶，合瓦屋面，面阔三楹6.8米，进深4.9米，基高1.2米，柱高2.9米，后0.8米砌山墙。西耳房面阔5.5米，进深3.9米，东耳房下位山门通道。院落南北12.8米，东西11米。2013-08-19	无	未公布
4	寺庄村三皇庙戏楼		嘉庆八年（1803）重修	寺庄村三皇庙，位于村东，坐北朝南，现存正殿、配殿、戏台等建筑。 戏台单层台，悬山顶，据庙内现存嘉庆八年（1803）《补修庙宇并创树照壁碑记》载：“今届嘉庆八年，于十月十六日扣除散给外又积钱七十七千七百五十整，□大庙、牛王殿、戏楼一切瓦坡损坏重经牮理，又庙外创树照壁一座。”①	无	未公布

①〔清〕嘉庆八年（1803）《补修庙宇并创树照壁碑记》，国学生孙逢吉撰文，邑庠生孙云露书丹，玉工吕彬刊石，壁碑，现存庙内，碑体中部断裂。

续表

序号	名称	创建年代	可考年代	简　介	文保	公布情况
				戏台面阔三楹 8.4 米，其中明间 3.4 米，五架梁，进深四椽 5.6 米，基高 1.5 米，柱高 3.1 米，方凳础，础高 0.4 米，前檐角柱后 1.3 米处砌山墙。两侧耳房各三间面阔 8.2 米，进深 4 米，戏台距正殿 34 米，东西 25 米。2013-08-04		
5	贾村 关帝庙 舞楼	道光四年 （1824）		贾村约有 200 户，1000 人，主要姓氏刘。关帝庙位于村西，坐西朝东，现仅存正殿和侧殿，以及踏毁的戏台及耳房。戏台与正殿之间的空地已被开垦种上了玉米。关于舞楼之创建，庙内现存道光四年（1824）《建修舞楼碑记》中载：“每岁五月望三日逢关帝圣诞，献戏三朝，惜无舞楼，彼时竖椽悬棚以为台，朴素无华，虽享祀不忒，究亦建庙而未建舞楼之一憾也。”故而于道光二年（1822）开始募化兴工，道光四年（1824）功成勒石为记。 关帝庙戏台面阔三楹 8 米，顶部样式已难辨，应为悬山顶。其中明间 5.6 米，进深 5.8 米，基高 1.2 米，柱高 2.5 米，裙带础高 0.45 米，耳房面阔两间 5.6 米，进深 5 米。2013-08-19	无	未公布
6	安家村 关帝庙 骑门 戏楼		道光八年 （1828） 改修	安家村约有人口 60 户，200 人，主要姓氏安。 关帝庙位于村东，坐北面南，二进院，中轴线上自北向南依次为正殿、二道山门、一道山门戏台，侧殿、配殿一应俱全，正殿五架梁对前单步梁，进深五椽，前廊占一椽，有脊枋题字为“乾隆十年重修堂殿五间”，可知正殿在乾隆十年重修。东西山墙分别绘有“三英战吕布”“过五关斩六将”为题材的壁画。道光八年（1828），关帝庙“改修骑门戏楼，创修东禅房、西敞棚，又补葺正殿东西夹殿以及禅房。”① 山门戏台，悬山顶，仰瓦屋面灰脊饰，五架梁，面阔三楹 6.8 米，其中明间 2.7 米，进深四椽 4.9 米，方形抹角砂石柱高 2.4 米，方凳础高 0.4 米，下层山门通道高 2.8 米，前檐角柱后 1.04 米砌山墙，耳房面阔两楹 3.7 米，进深 3.8 米，一进院落南北 17 米，东西 15 米。2013-08-18	无	未公布

① 〔清〕道光八年（1828）《重修戏楼碑记》，岳邑增广生李鹤鸣沐手敬撰并书丹，额题“德光皓如”，笏首方趺，碑高 162 厘米、宽 50 厘米、厚 16 厘米，现存正殿前廊，局部剥泐。

续表

序号	名称	创建年代	可考年代	简　　介	文保	公布情况
7	柏枝庄·前长村修真院舞楼		道光十六年（1836）重修	修真院位于后河村村东，一进院，正殿坐北朝南，而戏台则坐西朝东，庙内现存道光十六年（1836）《前长村修庙碑记》中载："遂渐次兴工，于补修三大士等殿及舞楼外，又创修东北角殿三间，则□白衣龛神也，东厨房二间，东看楼三间，东南楼三间，舞楼阁屏十页，外院东厅楼三间，上则文昌帝君，西厅楼三间，门额一座，阅数载而焕然一新矣。"① 可知道光年间，此庙有过一次大的维修，所谓戏台阁屏，可能就是隔扇吧，并且在此次修缮中，创建了东侧看楼三间。戏台面阔三楹 7.6 米，其中明间 3.4 米，五架梁，进深四椽 5.07 米，基高 1.5 米，柱高 3.05 米，前檐角柱后 1.1 米砌山墙。2013-08-04	无	未公布
8	釜山村南阁戏台		道光十八年（1838）建修	釜山村约有 300 户，1300 人，主要姓氏为王、史。庙会日期为农历九月二十二，主要活动为物资交流大会，也有演戏活动。 南阁位于村中南部，南阁已拆除，也已不知所祀之神，唯有戏台及东西耳房留存，悬山顶戏台坐南面北，由脊枋题字依稀可辨为道光十八年（1838），或为创修，或为重修。至迟在道光十八年已存在。面阔三楹 9.75 米，其中明间 5 米，进深六架椽 7 米，基高 1.3 米，柱高 3.36 米，裙带础高 0.4 米，前檐角柱后 1.2 米处砌山墙，东西耳房均面阔三间 8 米，进深 5.8 米。2013-08-19	无	未公布
9	冯家庄村关帝庙戏台		道光二十一年（1841）建修	冯家庄村关帝庙，位于村西北，现已大部坍塌。 戏台在山门之外，面阔 8.9 米，其中明间 3.9 米，通进深 6.4 米，后台进深 2.5 米，基高 1.1 米，柱高 3.1 米，檐柱后 1.63 米处砌山墙，用方凳础，础高 0.35 米，金柱高 3.97 米，七架梁，进深六椽。戏台距山门 30 米。脊枋题字："道光二十年岁次庚子年吉期动工修，辛丑年又三月初三日吉旦上梁，木匠冯秋成，石匠李廷桂，瓦匠景天祥同经理□□吉日良辰立椽，元亨利贞，大吉大利。"。2013-08-04	无	未公布

---

① 〔清〕道光十六年（1836）《前长村修庙碑记》，长平邑廪生刘士彦撰文，古泫氏上炉焦□芳书丹，玉工部看德镌石，笏首，现存庙内，镶嵌于墙壁内，字迹尚且清晰。

续表

序号	名称	创建年代	可考年代	简　介	文保	公布情况
10	箭头村五虎庙舞楼	道光二十二年（1842）创建	宣统二年（1910）重修	箭头村五虎庙，位于村之东南，正殿坐东朝西，面阔三楹，带前廊，板瓦覆顶，柱头斗拱五踩双下昂，补间斗拱出45° 斜拱，由额及雀替雕行龙图案。 戏台外置，为单层台，面阔三楹，五架梁进深四椽，明间较宽大，悬山顶，板瓦覆顶，脊饰已不存。由额及雀替施浮雕，柱头斗拱一斗二升。据其脊枋题字可知戏台创建于道光二十二年（1832），宣统二年（1910）补修。①2013-06-27	无	未公布
11	小会沟关帝庙戏楼		道光二十五年（1845）重修	小会沟约有150户，580人，主要姓氏赵。 关帝庙位于村东，坐北面南。戏台单层台，悬山顶，五架梁进深四椽，合瓦屋面灰脊饰。面阔三楹9.14米，其中明间甚为宽大为5.55米，进深5.9米，柱高3.2米，院落东西12.7米，南北28米。据其脊枋题字，道光二十五年重修。②2013-08-17	无	未公布
12	柏枝庄西天院戏台		至迟道光二十七年（1847）	柏枝村约有200户，人口约800人，主要姓氏王。经济来源主要为务农。 西天院位于村北，坐北朝南，庙会日期为农历六月十五，九月十五。山门走马板上书西天院。村中老人回忆，西天院曾为书院。现存建筑正殿三楹，侧殿各两楹，东西配殿各五楹，戏台在山门之外，正对山门，面阔三楹10.1米，其中明间6.4米，七架梁，进深六椽7.2米，基高1.3米，柱高3.3米，前檐角柱后1.7米处砌山墙。耳房面阔三间7.7米，进深5.3米。 虽然西天院无有碑刻留存，关于戏台也无法确知其详，但舞台墙壁上至今留存有道光、咸丰、光绪、民国时期的演出题记，最早者为道光二十七年（1847）同盛老班，剧	无	未公布

① 戏台脊枋题字：时道光二十二年岁次辛丑创修舞楼三间耳楼四间，于闰三月十六日动工，维首：张德元、焦安、焦金斗、张栋，木匠张朝忠，石匠刘德会，泥水匠王长令。宣统二年补修舞楼耳楼维首，焦生金，焦□驴，张海泉，张海顺，泥水匠张小圪济，永垂不朽，是以为誌耳。

② 戏台脊枋题字：时大清道光二十二年七月十二日动工，二十五年二月二十八日下砖，三月十六日上梁重修戏楼五间，背后西楼房三间，木匠毕银杏，赵筠，刻头□段荣盛，石匠王海清，泥水匠王双喜，王德会诸匠合社人等协力同心，永远以为记耳。

续表

序号	名称	创建年代	可考年代	简　　介	文保	公布情况
				目有“大清道光廿七年同盛老班……，贴碧关、□西江、修□□、义仙传、天义报、杀家……游湖、宁武关、七盘山、打阵、生子、打□……”，可知戏台至迟在道光二十七年就已经存在了。2013-08-04		
13	河伯村·贾家庄仙姑庙戏楼		同治元年（1862）	贾家庄约40户，200人左右，主要姓氏为贾。仙姑庙位于山上，而仙姑庙戏台则位于村中，正对仙姑庙，悬山顶面阔三楹，青瓦，灰脊饰，较为简朴，七架梁进深六椽，前后三柱，脊枋题字：“时大清同治元年重修戏楼三间，耳房两间择于二月初六日黄道卯时动土，三月初八日黄道辰时……合社总理社首孙钰，贾士钰，贾邦国……”，可知戏台曾于同治元年落架重修。 戏台面阔8.33米，其中明间3.31米，前台进深4.02米，后台进深2.11米，基高1.41米，柱高2.78米，东西二层耳房各一间，面阔3.5米，进深4.61米。金柱对联一副，上联曰：褒善贬恶歌舞台堪作赏罚地，下联曰：亲贤远奸梨园子代修春秋天。2013-08-13	无	未公布
14	北王庄成汤庙戏台		同治十一年（1872）重修	成汤庙，村之人称之为西大庙，位于村西，坐北面南，庙宇总体格局尚完整，但建筑未得到及时修缮，坍塌严重。 庙内现存有正殿三间，悬山顶，筒瓦覆布，灰脊饰，正脊、垂脊残损，吻兽、垂兽毁失。五架梁对前单步梁，进深五椽，据脊枋题字知大殿在乾隆庚午年（1750）重修。[①] 两侧殿各三间，硬山顶。东西配房各十间。 山门戏台三间，据脊枋题字，同治十一年（1872）重修。[②] 东西戏房二层式，各三间。俱为悬山顶。戏台面阔7.2米，其中明间3.2米，通进深5.2米，其中后台进深1.9米，柱高2.88米，戏台下山门通道高2.2米，耳房面阔7.3米，进深4米，院落东西24米，南北深26米。戏台金柱对联，右：弍十三经精微奥妙藏其内；左：廿十二史真废治乱在简中。2013-08-01	无	未公布

① 时大清乾隆庚午年（1750）丁亥月丙子日吉时重修堂殿三间佛殿三间，高禖祠殿三间，首事仝合社人等永为誌记。

② 大清同治十一年岁次壬申四月初八日辛卯时合明□□□□□□重修癸酉年甲子月……维首……仝立为誌。

续表

序号	名称	创建年代	可考年代	简　介	文保	公布情况
15	李家河·白家坡观音庙戏台		同治十二年（1873）以前	白家坡现只有六七户人家，观音庙也因在村外，逐渐荒废，庙宇坐北面南，现仅存悬山顶正殿三间，硬山顶西侧殿三楹，正殿五架梁对前单步梁，进深五椽带前廊。庙内有壁画。观音庙正殿创建于乾隆四十七年（1782）。[①] 戏台与正殿一路之隔，面向正殿，硬山顶，面阔三楹 7.7 米，其中明间 3.1 米，五架梁进深四椽 5.3 米，基高 1.2 米，柱高 2.85 米，方凳础高 0.4 米，前檐角柱后 0.8 米处砌山墙，戏台脊枋虽有题字，但已经漫漶不可识读，戏台墙壁留有同治十二年阳邑“双合班”演出题记，可证明戏台至迟在同治十二年（1873）已经存在了。2013-08-19	无	未公布
16	寺庄村南关帝庙舞楼	光绪八年（1882）		关帝庙建筑多已倾塌，院内杂草丛生，难以下足。其始建时间不详，考诸庙内碑刻，康熙二十四年（1685）重修，且那时候，庙宇称作“圣贤庙”[②]，而后，嘉庆、咸丰、光绪以及民国年间均有补修。 关帝庙舞楼的创建时期则有据可循，庙内现存光绪八年（1882）《创修舞楼暨耳楼碑记》中载：“然闲雅虽有静室，而歌舞未筑高台，每值献戏之时，鸾水结彩，制造舞楼，倘逢阴雨，辄被沥淋漓，戏即停止，殊非所以重祀典也。”由此可知，在此之前，关帝庙每逢演戏，都是临时搭建舞楼，然一旦遇上下雨天，演戏自然无法进行。故而在此次修缮中，创建酬神演戏的固定场所，以弥补临时搭建舞台或许会遇到的尴尬。 戏台外置，正对山门，单层台，悬山顶，面阔三间，五架梁进深四椽，仰瓦屋面。前檐已砌封，改作他用。2013-05-12	无	未公布
17	西阳村成汤庙舞楼		光绪十四年（1888）重修	西阳村，约有 300 户，1200—1300 人，主要姓氏部。 汤王庙位于村北，原西阳分为上村、下村，汤王庙位于上村，坐北朝南，所祀之神为汤帝，庙会原为五月十三。现有建筑有正	无	未公布

① 时大清乾隆四十七年十月初七日卯时动工，二十日成木创修观音堂三间，二月二十二日上梁，卯时合龙口，维首……合社等仝立。

② 〔清〕康熙二十四年（1685）《重修圣贤庙叙》，庠生李璜撰，玉工暴江立，壁碑，现存庙宇山门墙上，保存较好。

续表

序号	名称	创建年代	可考年代	简　介	文保	公布情况
				殿三楹，五架梁对前单步梁，侧殿各三楹，配殿各五楹，五架梁对前单步梁，进深五椽带前廊，顶部样式俱为悬山顶。 戏台悬山顶，五架梁进深四椽，面阔三楹7.6米，明间3.4米，进深5.1米，基高1.5米，柱高2.6米，前檐角柱后0.8米砌山墙。院落东西13米，南北18米。庙内现存光绪十四年（1888）《》中载："开工于光绪九年五月二十三日，殿宇舞楼，东西廊房，阁上阁下有仍旧而重新者，有卸旧而葺新者，至于大门外量度基址，创修花墙对立照壁……时值光绪十四年孟秋月磨石书文。"① 山门外影壁东西各一，均有砂石匾额，左"迎祥"，右"呈瑞"。2013-08-04		
18	柏枝庄·小河庄玉皇庙戏台		光绪十四年（1888）重修；民国十二年（1923）补修	庙内现存光绪十四年（1888）《补修西花山玉皇庙碑记》中提道："依旧补葺南面看亭、东西禅室、大门、舞楼，遂皆焕然而一新"；② 民国十二年（1923）《永垂不朽》碑记中则说"补修正殿三楹，东北蚕神殿二楹，西北送子娘娘殿二楹，东西禅房六楹，东西看厅六楹，大门楼一楹，戏房五楹，南舞楼三楹，耳房二楹以故"。③ 舞楼悬山顶，面阔三楹8.6米，其中明间5.1米，进深5.5米，基高0.95米，柱高3.2米，方凳础高0.5米。下院东西相距16米，南北深18米。2013-08-05	市保	已公布。
19	贾村炎帝庙戏楼		光绪十七年（1891）重修	炎帝庙位于村东，坐北朝南，所祀之神为炎帝神农氏，现存一进院，悬山顶正殿三间，东西侧殿各两间，悬山顶山门戏台，据戏台脊枋题字，为光绪十七年（1891）重修。④	无	未公布

① 〔清〕光绪十四年（1888）《补修成汤庙文昌阁白衣阁记》，附贡生部萸姬撰文，邑庠生邢志周书丹，邑庠生部嗣姬篆额，玉工王通茂、邓堆金镌石额题楷书"贞珉；永垂不朽"，笏首方趺，现存庙内，保存完好。

② 〔清〕光绪十四年（1888）勒石，邑庠生部嗣姬撰文，职员李兴泰书丹，玉工李金镌石，楷书，方首，现存正殿前西侧，2013年8月4日考察时抄录并拍照。碑文见附录一。

③ 民国十二年（1923）勒石，山西斌业中学校修业生邢治安撰文，国民学校教员王凤池书丹，玉工邓堆金镌，楷书，笏首，额题"永垂不朽"，现存正殿前东侧。碑文见附录一。

④ 戏台脊枋题字：时大清光绪十七年岁次辛卯三月初四日吉日动工重修戏楼三间，五月初三日吉时上梁维首……社首……匠工……永远为记，吉时仝立。

续表

序号	名称	创建年代	可考年代	简 介	文保	公布情况
				戏台五架梁进深四椽，仰瓦屋面灰脊饰，前檐用圆石柱，鼓凳础。面阔三楹 8.4 米，其中明间 3.3 米，原有前后台隔扇，现不存，前台进深 3.4 米，后台进深 2.2 米，下层山门通道高 2.1 米，柱高 2.3 米，用圆砂石柱，金柱用木柱，高 2.9 米，方凳鼓墩础高 0.5 米，前檐角柱后 1 米砌山墙，东西耳房硬山顶各面阔三间 7.1 米，进深 3.6 米，院落东西 15 米，南北 21 米。 戏台柱上有对联三幅。明间二柱上联：拜相封侯著功于麒麟阁，下联：舞风歌月得意在富贵场；前檐角柱上联：收天下春奇正都归这里，下联：演古今事人情宛出箇中；金柱上联：世事镜中花台上无非游戏，下联：人情水底月眼前都是梨园。2013-08-19		
20	郝家庄观音庙戏楼		民国二年（1913）补修	郝家庄为琚家庄行政村下之一自然村，现有人口 70 余人。主要姓氏郝。 观音庙位于村中心，坐南朝北，庙宇一进院，现存正殿三间，二层侧殿面阔各两间，西配殿三间，西看楼三间，东配殿、看楼已坍塌。戏台三楹，西耳房两间。观音庙始建不详，庙内现存乾隆四十年（1775）勒石《禁碑记》言："创修西房三间，西厂棚三间，于乾隆三十八年兴工，六月廿五日告竣。"①民国年间，观音庙又兴补修，民国二年碑刻言："创修看楼三间，重修戏楼五间，于民国元年（1912）三月十六日开工，至二年四月间告竣。" 戏台悬山顶，五架梁进深四椽，单层台，仰瓦屋面，筒瓦剪边，整体显得较为朴素。面阔三楹 7.8 米，其中明间 2.9 米，进深 5 米，基高 1.5 米，柱高 3.04 米，西耳房面阔两间 5 米，进深 3.9 米；西看楼硬山顶，面阔三楹 8.4 米，进深 3.2 米，下层柱高 1.9 米，上层柱高 1.6 米。2013-08-17	无	未公布
21	公家山观音庙戏台	民国十七年（1928）		公家山观音庙位于村中，庙宇未曾维修，建筑已大部分坍塌，其基本格局为一进院，正殿祀奉观音，坐北朝南，东西侧殿分别为牛马王、奶奶殿，戏台面向正殿，东西耳房已塌毁，二层看楼分列庙院两侧，东看	无	未公布

---

① 〔清〕乾隆四十年（1775）《禁碑记》，撰碑书丹者不详，玉工张立兴刊石，笏首方趺，额题"禁碑记"，现存庙内，保存完好。

续表

序号	名称	创建年代	可考年代	简　　介	文保	公布情况
				楼与东侧戏房之间辟门，东向。走马板书“渡□□”。庙内无有碑刻留存，仅戏台脊枋有民国十七年（1928）建修题字。[①] 　　戏台单层台，悬山顶，合瓦屋面，五架梁进深四椽，墙壁土坯垒砌，前檐小八角石柱，方凳础。面阔三间 5.8 米，其中明间 2.7 米，进深 4 米，柱高 2.5 米，础高 0.4 米，基高 1.2 米，台口 0.8 米。 　　看楼硬山顶，各面阔三间 6.9 米，进深 3.2 米。院落东西宽 8.5 米，南北深 8.7 米。2013-08-19；2013-11-20；2013-11-27；2014-09-24		
22	伯方村 仙翁庙 山门 戏台			仙翁庙位于村北山岗上，供奉八仙之一的张果老。仙翁庙一进大院，坐北向南，现存正殿、侧殿、配殿、献殿、行廊、玉皇阁、钟鼓楼、东西角楼、山门舞楼、庙外戏楼、戏房及看楼。 　　仙翁庙始建不详，明景泰六年（1455）《重修仙翁庙记》中说，元皇庆元年（1312）曾经重修庙宇，并且“创建东庑”。[②]明成化七年（1471）《重修仙翁庙记》中载：“自唐宋至我朝，其庙威应之灵验，不计年矣。”[③]由此可见仙翁庙历史十分悠久了。 　　仙翁庙正殿面阔五楹，悬山顶，通进深六椽，殿内后墙与两侧山墙墙壁布满壁画。十分壮观。献殿紧靠正殿，面阔三间，卷棚顶，六架梁对前后单步梁，进深七椽，其是东西向建筑，比较特殊。献殿之前并与之相连的建筑，是一座卷棚顶的长廊。与献殿相同，也是东西向建筑，三架椽，长廊通面阔三间，进深八间。廊内青砖墁地，北起第四间，青砖地面隆起，下为小拱桥。长廊最南端为玉皇阁，重檐歇山顶，二层建筑，上层供奉玉皇大帝，下层正对戏台，可以用作看亭。通面阔 8.95 米，其中明间宽 2.35 米，次间宽 1.55 米，进深四架椽 6.85 米，基高 0.76 米，虽可以作观戏场所，但实际上可以容纳的观众并不多。2013-08-05	1986 年省级重点文物保护单位	已公布。参见冯俊杰《山西神庙剧场考》，第 347 页。

---

① 戏台脊枋题字中华民国十五年岁次十一月初三日卯时动工经理维首人张文福，张小孩，张成起，张元昌，张东成，张金泉，张金成，张成姐，至民国十七年岁次七月廿七日黄道上梁大吉大利，木匠马过孩，瓦匠崔成财，石匠贯红□。

② 碑高 197 厘米、宽 68 厘米、厚 18.5 厘米，碑文楷书，笏首方趺，现存侧殿前，保存较好。

③ 碑高 172 厘米、宽 70 厘米、厚 21.5 厘米，碑文楷书，笏首方趺，现存正殿前，保存较好。

续表

序号	名称	创建年代	可考年代	简　介	文保	公布情况
23	伯方村仙翁庙外戏台			庙内戏台为山门戏台，悬山顶，面阔三楹 8.9 米，其中明间 3.08 米，进深四椽 3.63 米，柱高 2.64 米，台口宽 1.92 米，基高 2.64 米，原有隔扇，今不存。两侧戏房各两楹，面阔 4.45 米，进深 4.6 米。 庙外戏台坐西朝东，在山门外西侧，面阔三间悬山顶，五架梁对后双步梁，进深六椽。戏台面阔 9 米，其中明间 3.25 米，进深 7.2 米，基高 1.52 米。剧场南侧分布看楼九间，不过已经塌毁。2013-08-05		
24	箭头村三嵕庙戏台			箭头村，主要姓氏王，李。 三嵕庙，位于村之西北，坐北面南。 戏台面阔三楹，已经过修缮。五架梁进深四椽，悬山顶，仰瓦屋面，灰脊饰，柱头施额枋，下施由额，柱头上施一斗二升，梁头伸出刻作六分头，补间斗拱各一朵，出斜拱，所有部件均施彩绘。2013-06-27	无	未公布
25	长平村关帝庙戏台			存，未测量，未拍照。2013-06-26	无	未公布
26	杨家庄·炉庄观音庙戏台			炉庄为杨家庄之自然村，炉庄现有人口约 90 户，400 人，主要姓氏李。主要经济来源为务农。 观音庙位于村东，庙宇建筑南与村之东阁相连，现东阁已毁，该庙亦残毁严重。庙内空地已被村民辟为菜园。庙内现存正殿三楹，戏台三楹，两侧看楼各五楹。戏台南侧朝西辟山门。 戏台悬山顶，面阔 7.4 米，其中明间 2.9 米，进深 5.1 米，柱高 2.62 米，础高 0.3 米，台口 1 米，基高 1.42 米；看楼面阔 12.5 米，进深 3.6 米，硬山顶。2013-08-01	无	未公布
27	郜家庄关帝庙戏台			郜家庄，约有 40 户，人口 200 余人，主要姓氏郜。 关帝庙位于村东，坐北朝南，庙宇一进院，现存正殿三楹，东西侧殿、配殿、山门一应俱全。 戏台在庙宇之东另辟一院，戏台七架梁，悬山顶，面阔三楹 8.2 米，其中明间 3.3 米，基高 1.2 米，柱高 2.8 米，有隔扇区分前后台，通进深六椽 6.75 米，后台明间进深 2.2 米，次间进深 3.1 米，存有隔扇，金柱高 3.3 米，用方凳础，础高 0.3 米，前檐角柱后 1.8 米处砌山墙，金柱上存有对联一副，上联曰：戏本传真真事如戏；下联曰：今世作古古迹犹今。2013-08-04	无	未公布

续表

序号	名称	创建年代	可考年代	简　介	文保	公布情况
28	伞盖村仙翁庙戏台			伞盖村约有200户，800余人，庙会原为农历二月初一，现已没有庙会。 仙翁庙位于村东北山坡上，坐北面南，所祀主神为张仙翁，也即张果老。其始建不详，庙内存明永乐二十年（1422）《重修伞盖山总仙翁庙记》①，而后乾隆三十三年（1768）②、嘉庆十五年（1810）③、咸丰二年（1852）均有补修。④ 现存建筑用碑文中经常见到的一句“年深日久，庙宇倾颓”形容再合适不过。庙宇两进院，正殿几乎全部踏毁，唯有收分明显的前后三排柱（檐柱圆木柱，其余为砂石柱且后排柱自然用材，未经雕琢）以及东次间上斗拱一攒留存。斗拱三踩单下昂，要头六分头。正殿前紧接六檩五椽卷棚悬山献殿一座，面阔三楹，用筒瓦。献殿面阔三楹9.4米，进深4.7米，基高1.1米。 侧殿，配殿、厢房分列左右，现只可知西侧殿为三义殿，祀奉三国蜀汉刘、关、张，补修于嘉庆十五年（1810），其脊枋和庙内是年所立《三义殿补修》碑刻均在其事。其余殿宇已无法辨别所祀何神，悬山顶山门戏台，五架梁进深四椽，两侧耳房各三楹，山门拱券形。戏台面阔三楹7.4米，其中明间2.8米，进深4.8米，柱高2.2米，下层山门通道柱高1.98米，东西耳房各面阔7.9米，进深3.2米，院落东西20米，戏台距正殿13米。 2013-08-14	无	未公布

① 〔明〕永乐二十年（1422）《重修伞盖山总仙翁庙记》，调查未见，《高平金石志》第190页收录此碑。

② 〔清〕乾隆三十三年（1768）《重修仙翁庙记》，乙酉科拔贡戊子科举人候选知县赵湛撰文，邑庠增生赵渊篆额，邑庠生毕玉章书丹，玉工尚思望刻字，额题“仙翁庙”，碑高233厘米、宽77厘米、厚28厘米，保存完好。

③ 〔清〕嘉庆十五年（1810）《三义殿补修碑记》，岁进士候选儒学司训月川赵溶撰文，邑太学生赵登峰书丹，玉工王发盛，笏首方趺，碑高150厘米、宽49厘米、厚21厘米，碑体完整，略有剥泐。

④ 〔清〕咸丰二年（1852）《伞盖村补修张仙翁庙记》，特授和顺县儒学壬辰科举人王树常撰文，增广生王瑞麟书丹，玉工李明镌石，碑高233厘米、宽77厘米、厚28厘米，现存庙内，保存完好。

续表

序号	名称	创建年代	可考年代	简 介	文保	公布情况
29	草芳村关帝庙戏台			草芳村约有300人左右，主要姓氏为明。关帝庙在村西北，村中人称之为大庙，坐北面南，因庙内树木杂草丛生，且庙内建筑多处踏毁，出于安全考虑，没有进入，故而未能测量。山门戏台，东侧耳房塌毁。2013-08-12	无	未公布
30	什善村关帝庙戏台			什善村约有200户，800人，关帝庙，山门走马板书“汉精忠”，位于村中，庙会日期为农历六月初六。戏台为山门戏台，保存较好，但调查时未能进入庙内。2013-08-12	无	未公布
31	鹿宿村白龙庙戏台			鹿宿村，有人口1075人，主要姓氏为孙、张。 白龙庙位于村北，坐北面南，当地人称之为大庙。一进院，悬山顶正殿三楹，琉璃脊饰，筒瓦覆顶，吻兽等装饰俱以毁失，七架梁进深六椽带前廊，用方形抹角砂石柱，素方础，较为简朴，廊前有覆莲础遗存，当为重修前建筑之构件，正殿前有窄长的砂石台基，柱头及次间平身科斗拱五踩双下昂，耍头六分头，明间平身科五踩双下昂并施45度斜拱。东西二侧殿各面阔三楹，东西厢房各七楹，悬山顶。山门戏台悬山顶，三楹，五架梁进深四椽，前后三柱，仰瓦灰脊饰，原有隔扇区分前后台，天花也已毁坏，用方形抹角砂石柱，方凳础，由额雀替均雕花，柱头斗拱三踩单翘，栱面雕花，平身科出45度斜拱。 山门戏台面阔8.2米，其中明间3.6米，前台进深3.88米，后台进深1.95米，柱高3.2米，础高0.3米，金柱高3.3米，下层山门通道高3.34米，距正殿20.8米，东西戏房各三楹，面阔6.9米，进深4.2米。金柱上有对联，但辨识困难。2013-08-12	无	未公布
32	李家河白衣堂戏台			李家河约有200户，1000人，主要姓氏李、杨。庙会日期为农历七月初十，主要活动为物资交流大会，也有梆子、豫剧献戏活动。 白衣堂位于村中，坐北朝南，一进院，现为小卖部，正殿三楹，面阔8.7米，基高0.8米，悬山顶，侧殿东西各三楹，硬山顶。东配殿三楹，西配殿四楹，亦为硬山顶。戏台梁架已全部塌毁，基础还存。面阔三楹8.3米，其中明间2.9米，进深5.3米，基高1.2米，柱高2.6米，方凳础高0.4米，前檐角柱后1.05米处砌山墙。院落南北12.5米，东西10.5米。2013-08-19	无	未公布

续表

序号	名称	创建年代	可考年代	简　　介	文保	公布情况
33	拌沟村关帝庙戏台			拌沟村约有100户，500人，主要姓氏王。 关帝庙位于村南，所祀之神关羽，一进院，戏台单层台，悬山顶，多次至庙前，但均因看庙人不在而未进入。未能测量。2013-08-19	无	未公布
34	望云村观音堂戏台			观音堂在村中位置，现已不存，仅存戏台，硬山顶，仰瓦屋面，前檐已砌封。面阔三楹8.9米，其中明间3.56米，进深7米，基高0.34米，柱高3.22米，台口1.43米，基高0.34米。2013-09-20	无	未公布

神农镇古戏台附录表

序号	名称	创建年代	可考年代	简　　介	文保	公布情况
1	下台村炎帝中庙舞亭	金元风格		见正文。2013-07-21	2006年全国重点文物保护单位	已公布
2	故关村炎帝行宫演奇楼	崇祯十六年（1643）	光绪三十四年（1908）	崇祯十六年（1643）《创修演奇楼碑记》专载创修舞楼事宜："□□上下和神人，有取于演奇者大矣。信士申上用，当□□南楼告成□日，欲纠众创修南楼三间，以为演奇地。"至此，炎帝庙有了固定的演艺场所——演奇楼。① 而后光绪三十四年（1908），"村众捐金积谷，共襄盛事，重修乐楼三间，东南耳楼两间，补修西南耳楼两间，东大门钟楼三间。"② 至今，演奇楼脊枋尚有光绪三十四年所题写的墨迹，但题记中言"创修戏楼三间"，可见光绪年间的维修虽然在碑刻中言"重修演奇楼"，但实则是全面重建了。③	无	已公布

① 〔明〕崇祯十六年（1643）《创修演奇楼碑记》，撰碑书丹者不详，壁碑，碑宽72厘米、高38厘米，现存山门内墙壁，局部剥泐。

② 〔清〕光绪三十四年（1908）《重修演奇楼碑记》，申养气撰文，监生申秉均书丹，笏首，壁碑，碑高139厘米、宽45厘米，现存正殿内西侧墙壁，保存较好。

③ 戏台脊枋题字：时大清光绪三十四年创修戏楼三间，东南耳楼两间……于六月初二日吉时上梁，工成告竣，总领赵□□，申□□，维首□□□，申□□，□□□，齐□等，木工□□□，石工□□□，瓦工□□山，仝……为记耳。

续表

序号	名称	创建年代	可考年代	简 介	文保	公布情况
				至今，演奇楼仍然存于庙内，面阔三楹7.8米，其中明间2.95米，进深4.05米，基高1.49米。结构比较简单，装饰也算不上华美，但其自崇祯十六年至光绪年间一直冠以的“演奇楼”的名称却值得关注。2013-06-25		
3	西沙院炎帝庙戏楼	乾隆五十四年（1789）		戏台面阔三楹7.467米，其中明间3.254米，进深5.672米，后台面阔三楹6.35米，进深2.226米，基高1.304米，柱高3.002米，东西耳房各两楹，东耳房面阔4.403米，进深3.02米，西耳房面阔4.782米，进深2.93米，2013-06-24	无	未公布
4	石壑村关帝庙乐楼	道光二十一年（1841）	道光二十六年（1846）	石壑村关帝庙位于村中，现存单进院落，占地面积比较小，但尚且规整。其创始年代未可确知，庙内现存清碑二通，道光二十一年（1841）《补修关帝庙创建北岭玉皇殿乐楼西墙碑记》中载：“考之于明万历年间，历有重修斯庙也。”但无有明代碑刻留存，不可确论。关帝庙戏台之创建动因，碑刻中言道：“夫春祈秋报，非有歌舞之台，难展祭享之诚。”遂“起乐楼于南岩”并且“绘画乐楼”。道光二十六年（1846）戏台再次补修。 戏台面阔三楹8.3米，其中明间3.3米，进深5.25米，顶部样式硬山顶，基高0.4米，柱高2.9米，西耳房面阔3米，进深4.8米，院落东西16米，南北18.3米。2013-07-21	无	未公布
5	换马村祖师庙戏台		光绪三十四年（1908）	换马村祖师庙为村之大庙，亦称北庙，位于村北，坐北面南，现为老年活动中心。 戏台面阔三楹8.3米，其中明间3.5米，进深四椽5.5米，基高1.4米，柱高3.66米。据其脊枋题字，知光绪三十四年（1908）重修。[④]2013-06-25	无	未公布
6	张家山三教堂奇门台	民国二十四年（1935）		三教堂位于村之西北，一进院，山门戏台，面阔三楹6.21米，其中明间3.14米，进深四椽3米，基高2.8米，柱高1.73米，庙院东西6.3米，南北7.7米，础高0.25米。据戏台脊枋题字，知为民国二十四年（1935）建修，且称其戏楼为“奇门台”。2013-07-22	无	未公布

④ 时光绪三十四年岁次戊申巧月中旬之吉，重修以斯……。

续表

序号	名称	创建年代	可考年代	简　介	文保	公布情况
7	庄里村五谷庙舞楼	民国三十年（1941）		五谷庙，位于庄里村村南，坐北朝南。明《山西通志》载："炎帝神农庙在县北三十五里故关村羊头山上，元初徙建山下坟侧。谓之五谷庙。"之后历朝历代都有维修。但如今之五谷庙，建筑遗存可谓寒酸，山门、钟鼓楼建筑俱已不存，戏楼破败，梁架尽失，亟待补修。 五谷庙分上下两院，上院正殿面阔五间，进深六椽，悬山顶，据炎帝陵景区宣传展板上介绍："屋顶正中琉璃脊饰刻有'炎帝神农殿'题名，背面刻有'大明嘉靖六年（1527）'字样。"殿内原有炎帝与后妃神像，已毁失。① 五谷庙的始建时间不详，嘉靖五年（1526），五谷庙续修后妃神像，并且为神像增置暖宫。②天启七年（1627），补修五谷庙中的三峻殿。③崇祯四年（1631），重修庙内太子殿。④崇祯十六年（1643），五谷庙创建子孙祠。⑤顺治六年（1649），五谷庙补修殿宇，金妆神像，并创建"奇楼"，是年勒石碑中言："然庙貌即肃，而乐作不□其所，即钟鼓铿锵，亦非所以（缺文）。"从碑文中我们可以模糊的窥见到，此"奇楼"为"乐"之演出场所的信息，但是并无直接证据表明，故此存疑待论。⑥碑刻中出现舞楼的确切信息	无	已公布

① 五谷庙景区展板记录；此外，《高平金石志》第22页收录明嘉靖六年（1527）《炎帝陵琉璃脊题记》。证明其确实存在，不过笔者调查时未见。

② 〔明〕嘉靖五年（1526）《续修炎帝后妃像增置暖宫记》，残碑，高92厘米、宽39厘米、厚29厘米，笔者调查未见，自《高平金石志》第20页迻录。

③ 〔明〕天启七年（1627）《补修神农炎帝庙三墁殿碑记》，造碑石匠赵志新，碑首残缺，碑高111厘米、宽47厘米、厚20厘米，除碑首外，其余保存完好。

④ 〔明〕崇祯四年（1631）《重修炎帝庙太子殿碑记》，晋进士五一实复言撰，邑庠生脱凡申士杰书，刻字匠赵志新刊石，碑首残，高112厘米、宽47厘米、厚18厘米，自《炎帝古庙》第30页迻录。

⑤ 〔明〕崇祯十六年（1643）《创修子孙祠碑记》，碑高161厘米、宽77厘米，碑残破，无碑座，碑面剥泐。自《炎帝古庙》第32页迻录。

⑥ 〔清〕顺治六年（1649）《重修金妆神像补修殿宇兼创奇楼碑记》，碑仅存半截，碑首不存，残碑高76厘米、宽56厘米，自《炎帝古庙》第34页迻录。

续表

序号	名称	创建年代	可考年代	简　介	文保	公布情况
				已经是在民国三十年（1941）《重修炎帝庙各神殿禅房并补修桥梁扩大舞楼彩绘工竣及叙述款项来源碑记》中了。[①] 戏台面阔三楹 8.89 米，其中明间 5.06 米，较为宽大，进深 6.11 米，基高 1.03 米，西耳房面阔 4.27 米，东耳房面阔 4.35 米，进深俱为 5.02 米。2013-06-25		
8	东沙院无名庙宇戏台			此庙已不能确切的称之为何庙，门上石质匾额只能看清最后一“庙”字。庙位于村之东北，现存建筑有戏台，东西看楼以及正殿。正殿台基两侧各砌七个近似正方形的砂石，乃一副对联，右为“劲竹凌风阶前植”，左“名花向日砌内栽”。 戏台面阔三楹 7.794 米，其中明间 3.274 米，进深四椽 6.076 米，次间 2.011 米，基高 1.427 米，柱高 3.248 米，柱头斗拱用一斗二升交麻叶，只明间出 45° 斜拱，均施以彩绘。两金柱有对联，上联：戏将前朝古代事情从新演出来；下联：唱到结尾完场时候自此□回去。东西看楼面阔五楹 13.5 米，东侧下柱高 3.106 米，商住高 2.418 米，西侧下柱高 3.171 米，上柱高 1.923 米。2013-06-24	无	未公布
9	东郝庄诸神殿戏台			关于诸神殿之创建，乾隆十六年（1751）所勒额题《诸神殿》碑记中有“创修诸神殿为记”的信息，惜碑刻漫漶，无法确知更多的信息。[②]诸神殿的现状非常破败，正殿三楹，灰脊仰瓦，十分质朴。东西廊庑顶盖已经全部坍塌，戏台仅存三面墙壁，梁架尽失，戏台内长满荒草。 戏台三楹 8.186 米，进深 5.703 米，柱高 3.512 米，明间约为 4.049 米，基高 1.315 米。东西耳房各两楹，西耳房面阔 3.871 米，进深 3.603 米，东侧耳房面阔约为 5.554 米，进深 4.097 米。2013-06-24	无	未公布
10	西郝庄祖师庙戏台			戏台已残破不堪，舞台面阔三楹 8.634 米，其中明间 3.174 米，基高为 1.146 米，次间 2.319 米，2013-06-24	无	未公布

① 民国三十年（1941）《重修炎帝庙各神殿禅房并补修桥梁扩大舞楼彩绘工竣及叙述款项来源碑记》，自《炎帝古庙》第 38 页迻录。

② 〔清〕乾隆十六年（1751）《诸神殿》碑记，撰碑书丹者不详，笏首方趺，碑高 135 厘米、宽 47 厘米、厚 22 厘米，现存正殿前东墙根，碑刻字口比较浅，且曾被人用面粉填涂，辨识甚为困难。

续表

序号	名称	创建年代	可考年代	简　介	文保	公布情况
11	圪坨村老君庙戏台			老君庙坐北面南，斜向两进院，较为少见，应是受地形所致。现存正殿三楹，耳殿各两楹，通面阔 15.8 米，正殿距南墙 16 米，东墙辟门。戏台所在之院座东南面西北，与庙院东南角相接，戏台面阔三楹。另有五楹房屋与戏台相接，应为侧殿或为戏房之用。庙内现存唯一有纪年的石刻资料是勒石于乾隆三十六年（1771）的“福神”、“吉星”两块青石小匾，现镶嵌于正殿前廊两侧墙壁，知庙宇存在不晚于乾隆年间。 老君庙戏台面阔 7.2 米，其中明间 2.9 米，进深 4.7 米，基高 1.4 米，柱高 2.4 米，础高 0.4 米，石挡板 0.3 米。2013-07-21	无	未公布
12	口则村小川自然村财神庙戏台			小川村财神庙位于村之东南，戏台在山门之外，面阔三楹 9.1 米，进深四椽 7.1 米，基高 1.3 米，因无法进入，故而无法测量明间及其他数据。2013-07-21	无	未公布
13	小河西二仙庙戏台			二仙庙居村之西北，二进院，现存正殿三楹，配殿五楹，侧殿各两楹，舞台面阔三楹，7.5 米，明间 2.9 米，进深 5.5 米，基高 1.1 米，柱高 2.6 米，础高 0.3 米。2013-07-22	无	未公布
14	团东村药王庙戏台			已近全部塌毁，未测。2013-09-01	无	未公布
15	岭东村奶奶庙戏台			梁架全部塌毁，基址与墙壁尚存。2013-09-24	无	未公布
16	团西村炎帝庙戏台			炎帝庙戏台位于庙内，面向正殿，面阔三楹 8.13 米，其中明间 3.7 米，进深六椽 7.5 米，基高 1.3 米，柱高 3.5 米，础高 0.4 米。2013-09-01	无	未公布

附录B　碑刻

高平市部分戏曲碑刻

1. 元至元五年（1339）《大元国泽州高平县举义乡话壁村翠屏山重修真泽行宫之记》（北诗镇中坪村翠屏山二仙宫）

【碑文】

大元国泽州高平县举义乡话壁村翠屏山重修真泽行宫之记

郭良撰

张彦书

李从道额

自古仙登羽化者，特受异气，禀之自然，非力学所可至。故吸沆瀣，餐朝露，乘云气，御飞龙，呼乎物境外，绵日月而不衰也。若赤松、王乔之属，是已处于昆之室，一陈其嵩岳之巅，或随风雨上下，或驾凫鹤往来，后人有追之而俱去，望之而不到者。神仙之事，岂虚言哉！俗子或谓上□得道行解，变化轻举紫□者，事如诞妄，蒙窃惑焉。殊不知，西王母外之戴胜也，青鸟为使；穆公女之吹箫也，丹凤来迎。周王见之于异代，秦祠之于当时。前哲遗尘，显载□□。繇是观之，则流妄惑之说，不待辩争，断可以破尔。吾乡二真人，世传相辅之子，生而神奇，自幼致孝，妙然复有绝俗之志。既笄而山居，因遇异人，教以采饵灵药之法，遂隐形于石室；又云天赐红衣，袭服之，而白日飞升矣。虽其语不经，见搢绅者弗道，然而余尝于乡先生状元登第中靖大夫赵安时处，得太常寺墨碑本，中录《二仙五瑞记》，考之颇有可据者。乃唐昭宗乾宁元年，布衣上殿张瑜所纂，云大唐广平郡乐公二女灵圣通□，古墟任村人也。号紫团川，连赤壤，石关有之上望立庙久矣，亦不知几托年世。化现时，但以素首金钗之迹，洞□长存红裳绣履之仪。山曲屡见，无有远通，嵺□士庶，奔□

奉祠者不可胜计。时俭求之即丰，岁旱求之即雨，祸盈福谦，靡差毫百者，众果服信而有徵尔。吾瑞者，盖是年春祈之际，巫女通言：二神女要重葬先代之父母。其父讳山石、母杨氏，云藏骨在樱桃郊。村人寻访其处，月回为指踪，山间取石，有白蛇现。在石之日，有仙鹿引车地之时，闻空中有哀声。于时，士豪刘刚、王美合掌，幼数□指辈，葬之村南二里地。后黄巢之乱，此地独免屠烧者，非神相之力乎！又宋之方成于西边也，军士偶乏食，有神女鬻饭以给，数万人者，累日釜鬻常满，挹之不怯，竟莫测其所由来。或怪而问之，曰："我非恒人也，即晋阳之二仙女也，以未有功于民，故于斯而济国耳。"言讫不见，兹事尤异，兢播泽潞之间居士也，人之□诚不谬焉。推此数端，神应功德，昭然著见，宜乎明号，脱有阴阳，交冲淑真人、冲惠真人。榜曰灵真之观，纪在祀典，庙食无穷。泽北邑泫水东乡，天祐末年建立行祠，居民岁时致祭，朔而又朔，终而复始，靡有旷阙，神亦以此飨。然□□□□□泰之人，罔不废赖则之。长陵女子之神合幔骇言，闻夫人之□祠，深溪之泉，背随城而面太行，肘天党而履龙井。堆牧翠岫，稠迭四围，桑柘平原，已塞其贵。重念二圣灵迹碑文，往往罕记其详，使后之君子难为考信。仆□□此而显录之，庶作古文，里中众耆老行游疃右翠屏之山，坐于真泽庙前，四顾观览，看山外之山，坐之良久，翠庵叹而言曰：仰观山河胜概，东带长川□岸，桑土农耕之家何可胜数？因而指示曰：列于寅方，镇于癸位，见山形巇险，上有佛塔巍峨，偃蹇乔松，势若老龙之壮，斒斓怪石，形如猛虎之蹲。乃法玉山□南，卓立七村之山，上有龙潭，干旱祷而为雨。背有蟠溪凤凰头，上立佛堂。下有七贤庄，四时花柳青红，溪流东去。西有武峰之山，上立胡王□。背靠翠屏，山巅磊落，突兀危峰。上有灵贶之王祠，前有真泽之大殿。屏山之阳，武□之背，中有东西之路。有石蛇伤人，遇则天之有感，将石蛇断之。今得大道通行，乃石蛇古道也。西北有马头双峰，岚光接岫，森森寒松，流水带冰青漱玉，晚山衔日翠描金。双罄峰，古有仙人之旧迹。□城隍之故宫，祥云常绕卧龙岗，瑞霭镇迷千佛岭，乃古话阴之徵邦也。言既录毕，余应之曰："诚哉！此景可拟湘故事，为八景图。"因与同志本村大小人户，齐发原心，自施□财，将正殿重修壁画。并盖挟殿塑像壁画。□盖两廊二十二间，壁画塑马二匹。并盖舞楼一座，三门三间五道殿一座。太尉殿、太保殿，前后大小门窗二十余合。里外基阶墁砖，排□俱全，至今补修三□，□才完备。凡为民者，修立宫庙，奉事神祇，斋戒严肃，意诚而神至，德归厚矣。今立石标书祀典，□其圣迹，使后代识其功目，知此伦排名姓，彰□先□之德。至今岁次己卯，至元五年仲冬十二月日，社长秦弘、乡司郭良立石。

司吏李思恭 陈仕利 张芳贵 李宗彦 邢思恭 贴书郭好礼

晋宁路高平县典史史侯彬

晋宁路高平县尉王士钦

进义校尉晋宁路高平县主簿田祚

承事郎晋宁路高平县尹兼管本县诸军奥鲁劝农事李友闻

敦武校尉晋宁路高平县逵鲁花赤兼管本县诸军奥鲁劝农事伯帖木儿

2. 明万历二十四年（1596）《重修神农庙碑》（北诗镇北诗村炎帝庙）

【碑文】

重修神农庙碑记

我国家稽古定制，禋祀之典必考。古先圣哲，能福祉利民者，则庙貌有建，春秋以祭，凡以崇正德而重民生也。诗村北里，有古神农庙建焉，乃正祀也。迨考□碣，神厌其颓而火之。邑人刘孟秋、刘时敬、刘知、刘祝等，纠众邑人而重修焉。石者石，砖者砖，木者木，土者土，夫妇男女不遑起处。未数岁，而文馆五间，内外两舍各十间，舞楼三间，卷棚、抱厦各一，石台、供桌各一，斜房各二，月台、桥池、甬道，森然并列于其中，视古之遗址过半矣。修于万历六年之冬，缉于十二年之末，迨二十有四载而工始告成。由是庙貌聿新，则明烟聿谨，神灵有妥，则福泽益弘。时和年丰，民安物阜。老者恬熙于堂前，少者友望于閭里，非民之祈福于神，而神之大有补于民，若是耶。余性素好扬人之善，及见人之尚义好施，与夫知崇报者，引之若不足，而刘时敬等，因竭余文记之。余嘉其祀之正，而神与人两得其所依也。始其颠末云。

时赐进士第承德郎刑部陕西清吏司主事禹门牛从龙撰文

高平县后学大宇王民顺谨志

惟那头

刘孟秋、刘时敬、刘知、刘祝、刘时振、刘国川、刘圭、刘自银、唐俗勤、杨时孝、杨然、刘自力、毕思恭、刘崇德、李守明

万历二十有四年岁次丙申秋八月吉旦

3. 明万历二十九年（1601）《重修二仙宫碑记》（北诗镇中坪村翠屏山二仙宫）

【碑文】

二仙神□，其来远矣，灵感唐昭宗之前，褒封以旌在朝，共晓圣母之灵应。而芳名以上□于堂皇，在野皆知神母之威□。而芳声以下播于海宇，见德泽足以被苍赤，威灵足以震四方。于是谨奉圣旨，建庙宇于翠屏之前。当其时，堂殿，二门、两庑、舞楼之靡丽，前有二仙圣母，后有灵贶王之神，洋洋□盛，非一朝矣。历年以久，庙宇殆坏，人思神母之泽，又重修于大元，自大元至我朝五百余年，风吹雨洒，废坏已极。袁世刚不忍众神之失所，始发虔心，历请道士张守增选日，阴阳靳思爱同□进南坑村施主韩尚□、韩仲槐、韩尚枝三人，建立西庑中三楹，带管塑绘大圣仙姑像。完矣，谨立碑志于后。

中一楹 韩尚□ 同男韩世清 韩世澄 韩世津 同孙男韩应凤

南一楹 韩仲槐 同男韩尚宽 韩尚圹

北一楹 韩尚枝 同男韩国□ 韩国喜 韩国和

石匠 王九宽

木匠 袁思则

泥水匠 韩仲泫

岁万历二十九年秋仲月望日立石

4. 明万历三十三年（1605）《重修炎帝庙碑记》（河西镇焦河村炎帝庙）

【碑文】

重修炎帝神庙碑记

赐进士通议大夫南京太常寺卿邑人郭东撰文

邑庠增广生员袁逊慧书丹并篆额

泫邑南乡，村名焦家河，旧有神农庙一区，肇创于金明昌元年。在村西北隅，峻岭崎岖，人苦陟降。迄至我朝嘉靖乙酉岁，乡耆佥谋，遂迁于村北古道之左，殿宇楹廊，故址犹存，但历越既久，栋圮榱败，垣墉倾塌，英灵何所栖焉。□人往往视之，漫不关心，莫肯殚意修葺，以妥厥灵，□久废之秋者。有村居耆士焦元道、焦良卿、焦元德、焦朝光、焦承秋、焦承光、焦国安、焦满敖、焦朝甫、焦时享、焦荣贵、袁世海、赵孟鹤，谒庙瞻顾，见其楹桷摧挠，风凌雨剥，神像不□，禋祀无所，触目伤心，辄欲革旧宇而聿新之，谋诸阖乡而语曰："吾辈得遂饱暖之欲，无夭折之患，祷应□于影响者，皆帝所施也，今愿为兴废之举，何如？"众□然应曰："其盛事也，敢不协力以赞成乎！"于是元道等鸠工聚财，□率课成，□□经□□而修复，照地亩以捐财，量家资以施舍。凡财皆敛散，必置簿以稽查，力作惰勤恒，随时以省视。以□人心激动，砖瓦木石，靡靳所有，□度筑削，咸□其劳，循序而兴工，袭故而鼎建。重修正殿五楹，东翼殿三楹，西翼殿三楹，东廊庑五楹，西廊庑五楹，五道殿三楹，牛王殿二楹，舞楼三间，山门楼五间。复村西北，创修汤王庙三楹并西廊房，结架牢密，盘基坚固。由是，殿宇峭峨，廊庑森列，金碧翚□，制度邃严，凡崇阶之甃砌，垣壁之墁塗，咸称宏丽。且也，复各塑神像于其中，视旧观□杰多矣。是举也，经始于万历二十九年春月念日，落成于本年七月末旬。呜呼！庙貌既成，则神有居。凡秋冬报赛，水旱祈祷，咸履斯地矣。今事告竣，众思砻磨贞石，丐予以言，以纪不朽。予惟神农，号炎帝，以火德王，都于陈。因天时，相地利，揉木为耒，斫木为耜，教民树艺，躬亲垄亩。然天时寒燠不常，黎民疾病难免，乃味百草之滋，以疗斯民之疾。是以民食已足，民生已全，泽及当时，恩垂后世。则夫今日重修殿宇，正以报□世救民之功耳。□□祠□心哉，又岂为徼福之计哉。兹缘庙制甫成，□录之于石，而输财姓名，亦勒于碑阴之后也。姑为俚语，以为记云。

玉工李邦光刊

住持僧人始池、兴楚

石工李朝安

时皇明万历三十三年岁次乙巳秋月吉旦勒石

5. 明天启元年（1621）《侯庄增修馆庙记》（石末乡侯庄丰乐馆）

【碑文】

侯庄增修馆庙记

吾泫去治一舍余曰张寨里，其庄世为侯氏所居，因名。生齿渐繁，犹仍古朴，山枢蟋蟀其遗黎也。村故有庙，无峻宇雕墙，无丹绣浮屠，岁时伏腊，礼其神甚虔。考神主之名，曰牛王，亦土人务农种谷之意。《记》称天子牺牛，诸侯肥牛，大夫索牛，不独文角花蹄已也。至东夷占骨，西河畜牸，又事理之或然者。牛之重于人，世所从来矣，此庙之故号云。乡人侯守福、常居仁等相商曰："庙貌不扬则凄泊不真，非所以壮大观而崇祀典也。"于是首倡其义，输材纠工，创修正殿七间，东厦五间，西厦五间，舞楼三间，外群房一周，撤故陋而高明，易湫隘而垲爽，因改名曰馆庙。经营告毕而焕然聿新，亦一时盛举也，工始于万历四十四年孟冬，落成于天启元年一阳月。伐石而征记于余，余惟圣人之制，祭祀也，法施于民则祀之，以勤死事则祀之，以劳定国则祀之，能御大灾捍大患则祀之。日月星辰人所瞻仰，山林丘陵人所取材，非此族也，不在祀典。自白马青牛之教兴，而诸天罗列尚方，佛那与夫水陆诸神，凡所为荐敬而劝虔者，不一而足，此中祈报，大都从俗，非若古之燎柴、瘗埋、庋悬、浮沉、布磔之谓。而好善乐施，讵可湮灭而已乎？若夫山灵地脉，一方之利病系焉，修建之功岂曰小补哉？是为记。

赐进士第文林郎知南直仪真县事邑人鹏洲牛翀玄撰

邑庠夔岩陈鸿业书

首事 侯尚国 侯守福 常 保 程时润 侯 好 常居仁 常居敬 侯 封 常好敬 侯学□ 程国大 程一□

天启改元仲冬之吉

6. 明崇祯十六年（1643）《创修演奇楼碑记》（神农镇故关村炎帝行宫）

【碑文】

创修演奇楼碑记

盖格上下，和神人，有取于演奇者大矣。信士申上用，当本宫西楼告成之日，欲纠众创修南楼三间，以为演奇地。奈社内钱粮不及，无人施舍，风□□发虔心，捐金经营，毫不借人之力，问有志于善者，或施财，或犒匠，遂不日而南楼成之。今将姓名勒于炎帝行宫南楼西壁。

申上用 同男申懋勋 懋烈 懋杰 懋熙 孙申琮 申珽 申瑧 申琏创修

申上高施银四钱外，犒匠一饭

申国才 赵继友各犒匠一饭

申崇进 申俊□ 申上化 郭守余共犒匠一饭

申自存 赵一敬 申永寿 赵其福共犒匠一饭

申其志犒匠酒钱三百文

木匠申自兴

时大明崇祯十六年岁次癸未仲冬吉旦立

7. 清顺治九年（1652）《创建舞楼记》（北诗镇西韩庄玉皇庙）

【碑文】

创建舞楼记

玉皇神庙，本村古迹也，□□山之原，环峰□泉树，一方伟观，地秀神□祈□□向□□□前□基一新，□□□上元之日，众议建舞楼三间，使管弦有地，□□悠□诚□□□务众□心□，兴工三□，旨为□神，予以绵力薄财□□□合得□□□心喜施□多寡有殊仝登盖未越三岁告竣，虽功成，未竞乐鼓之，以□庙始者之殿□无此□将来者之善心勃发也，于是乎记。

邑庠生李恪撰

时顺治九年岁次壬辰十一月吉旦

住持梁□

玉工李光仰刊

8. 清康熙十四年（1675）《创修高禖神庙前舞楼碑记》（马村东周村仙师庙）

【碑文】

创修高禖神庙前舞楼碑记

吾乡饗祀高禖，历年献戏则架木为台。于是王寰赵君，病其观瞻不壮丽，纠同望楼崔善士，募化诸君子良缘，督同余叔父坤，维君汉章、黄君云霄、赵君余亮、鸠工办料，绘彩巍峨，厥功告成，述事题名，永志不朽云耳。

兹题名于后（略）

时康熙十四年四月谷旦立

9. 清康熙四十四年（1705）无题名壁碑（石末乡侯庄丰乐馆）

【碑文】

尝闻祭法，有功于民者则祀之，是以春秋索饗百神，岁行祈报，典至重也。吾乡社庙□以倾圮，且山门狭隘，何以要神祇修祀事哉！生常公子翰公凯贡监惠公泽禹古□孟严模，兄弟同心，叔侄济美，独捐囊资。改修山门一座，上连舞楼三楹，创建左右耳楼三间，费银二百一十有奇，而全无德色。《书》曰：作善降之百祥，常子可以当之矣。矧其乐善之心，有加无已，正殿廊庑复有意乎，余且将拭目以俟之。

侯璟 程子励 侯璨 侯王□ 程子启 侯炳 常毓 常五伦 常五绪 常弘猷 仝立

康熙岁次乙酉孟春吉旦刻石

10. 清雍正三年（1725）《创修舞楼碑记》（河西镇悬壶南玉皇庙）

【碑文】

创修舞楼碑记

尝读孔氏之书而有曰：祭如在，祭神如神在。是舞楼之建，因祭祀郊社而设，所以表敬神明之诚意也，岂玩物而戏哉！如我悬壶村玉皇庙，素无舞楼，以致祭祀不便，郊社不通，将何以表神明之诚意乎！由是合社人等，愿尽虔诚，竭力修造舞楼七间，以便祭祀，以通郊社，以酬天地覆载之德，以报神圣化育之功。兹厥功已成，自此而祈福保安，不惟表敬神之诚意，亦且增村党之荣光矣。故刊石，永远为记耳。

大清雍正三年十一月二十一日立

11. 清雍正四年（1726）勒石残碑（石末乡晁山村白龙庙）

【碑文】

……神像而以护国灵贶王配之，灵与灵相济而成雨泽也，南为山门，舞楼踞其上，左右俱有楼屹然，与北楼相对，其东西则各建廊房十□间……憩息之所。是役也，经始于康熙壬寅，迄雍正乙巳告竣，高甍连云，旅楹匝地，赫然大观，□足邀灵于龙神矣……后灵，孰若未祷而先灵，与其屡祷而屡灵，孰若不祷而自灵。继自今雨旸时若□□□登龙之灵更昭昭也。俎豆当万祀不祧矣，岂特为一时祷而……

清雍正四年岁在丙午仲冬之吉

癸卯恩科举人拣选知县邑人李珂撰

云麓散人李山书

住持显圣观道人牛来澄　姪部□记

玉工李馥□　杨清泓

12. 清乾隆二年（1737）《定林寺创建舞楼记》（米山镇米西村大粮山定林寺）

【碑文】

定林寺创建舞楼记

寺旧无舞楼，浴佛日则砌台演艺，住持恒厌其烦苦，而力未逮也。适善信居士牛翔、王秉轩等，有五台进香社余银，爰发善念，创建舞楼，齐心同愿。众咸曰：可。住持海山因出其厨粟，搜其工料，以偿其不足，而成其善举焉。工经始于乾隆元年九月，落成于二年四月。恐其久而忘所自也，勒石以志之。庶后之观者，知善信之姓氏，且可以因敝增新而致悠久，毋替也乎！

姓氏列后：朱铎　崔享祯　张有禄　王继臣　王溥　牛坤德　郭聚德　贾项　梁君德　王布德　杨成桂　牛朔　王秉轩　共助工银二十七两

王家庄众善人等共助人工二百工

本寺僧人海山　徒寂全　寂印助银壹拾柒两　大小梁六根并一切木料　食米七石

国学生焦希贤撰

五瘟洞道人姬复常书

乾隆二年四月初一日勒石

玉工李桂镌

13. 清乾隆十八年（1753）《增修炎帝庙舞楼碑记》（三甲镇徘徊北村炎帝庙）

【碑文】

增修炎帝庙舞楼碑记

自古圣帝明王，皆有大功德以及于民，利济群生，万世永赖。后之人，被神庥，荷圣泽，报功报德，皆其情之所不容已也，而炎帝神农氏为尤著。想其制耒耜，教稼穑，易木食之世，为粒食之天，又作方书，以疗民病，立市法以通货，厥功亦甚伟矣。故立祠奉之者所在，多有借俳优以答神惠，亦随在皆然，此舞楼所由设也。是庙之建旧矣，其间几经倾圮，几经修葺，而规模宏敞，壮丽巍峨，实为吾方之巨观。春祈秋报，宣约化民，岁时伏腊，聚国簇而恰比邻者，胥于是乎在。独舞楼建之庙内，每岁报赛，之下演戏，殊未甚便，其何以悦神明而慰民志哉？庙前数武一隙地，里中善信久欲修举之，奈其有志焉，而未之逮也。是岁春，共议斯举，而众志一心。庙内有柏树一株，售银六十两，本村众石工，筑立台基，于是，捐砖瓦者有之，助资材者有之，复募缘于两里、五庄之善士，输材效力，无不趋承恐后，是工之成也，此其时乎。爰鸠工庀材，不数旬而厥功成矣，轮焉奂焉，成斯庙之美观焉。由是以假以享，执□有恪，崇功报德，神人以和，岂非圣德之入人深、感人切，而民情之不容已者哉。计费百五十五两有奇，告竣之日，众人恳一言以垂后，余不揣固陋，爰笔之，以志其巅末，后之作起者，其亦知所由来焉耳。

邑庠生里人史首撰

邑庠生男史木青丹

住持道人秦守渊

玉工王国周

大清乾隆十八年岁次癸酉阳月谷旦立石

14. 清乾隆三十四年（1769）《新修玉皇地藏庙记》（河西镇下庄玉皇地藏庙）

【碑文】

新修玉皇地藏庙记

余少时则见庄之西北，玉皇、地藏、三官三殿，舞楼三间，年淹岁远，瓦废垣颓，神像尘封□不可拂思。革故以图新，虑工大而费冗，是以心虽切□□□举。丁卯岁春祈，余毕社首皆兴（阙文）席，酒半合，辞言曰："此庙不修且易坏，望诸公广施囊资，共成美举。"于是量户以捐银，计地以捐谷，自午至酉，而登之簿者，约千有余金。即年鸠工庀材，择吉定中，建于东院之正中曰玉皇殿，殿西院之正中曰地藏之宫，更增建于宫殿之间者乃春秋楼也，至若东院之东北三官位焉。西殿之西北牛马王位焉，斯时盈乡人无不欢欣鼓舞，踊跃争先，迄戊辰岁大工已大略讫矣，□戊辰而至于庚巳，其东西南之相继而成者，约二十余间，继此而□□漆工谋诸画工举，凡栋楹、梁桷、板槛之腐黑者治之；赤白之浸漫应饰者新之。则已兴坠，前功无废，后观工□。讫功，群居聚饮，嘱余为记。

邑庠生祁觞翩撰并书丹

大清乾隆三十四年岁次己丑菊月上浣之吉合社仝立

15. 清乾隆四十三年（1778）《万寿宫重修舞楼碑记》（原村乡陈庄万寿宫）

【碑文】

万寿宫重修舞楼碑记

昔黄帝问广成子在崆峒之上，往见之曰："敢问至道之精。"广成子曰："至道之精，窈窈冥冥，至道之极，昏昏默默。"圣姑乃马姓也，考之董峰万寿宫碑记，圣姑乃沁州永年村故里，参拜者非一社，舞雩者非一里。呜呼，以主从之质而参赞夫三才；以四德之资而亭毒于四海。想当年之三菩提三摩提者，吾不得而知之矣，则兹之云行雨施而泽被生民，其于至道之精、至道之极者，孰得而名之也哉！兹乡万寿宫之立已久，补修者非一次，无何而舞楼亦倾圮焉。乡之诸君子，一倡百和，经之营之，仍乎旧贯而不泥乎旧贯，北不迫于宫庭而位置以妥，南则离夫前殿而众圣以安，亦若有神助焉。遂不数月而巍然在望矣。自梓人画工既备之时，并艧其宫殿而展其阶梯焉。一乡人祈报于斯，恍如沧洲之金阙银台，玉楼紫阁矣。既成而请记于余，余无状人也，铨才亦不敢当，但谊不容辞，援笔而乐为后世道也。于是乎书。

郡增生张有章敬撰

鸠工庀材者二十二人名书后

住持尼僧源秀

玉工王正海镌

大清乾隆四十三年岁次戊戌己未月中浣之吉

16. 清嘉庆二年（1797）（河西镇牛庄村东阁戏台）

【碑文】

积善者昌，理所固然，而施济亦善行之一端也，费资财而置地基，作公用而惬众意，闻乐成德，好施立功，诚宜表记者也。吾乡此处演戏，实为春祈秋报，以期神人胥悦。乃看戏之地势甚狭，每遇歌舞之胜概，而显人众之难列，有能远听其声，不得近睹其彩，掉背而回者多多矣。有秀士萧奋□于斯有感，特出囊金，置此地基，施入社中，以作看戏之圆场，□今以往，优人喜得展其长，观者喜得容其身。独力行善，众人欢心，永垂不朽，以□为誌。

嘉庆二年十二月穀旦阖社同立。

17. 清嘉庆十五年（1810）《大王庙碑记》（原村乡良户村大王庙）

【碑文】

大王庙碑记

连年存积谷石以及卖树、置地、修理、彩画、妆修一应出入使费开列于左

嘉庆七年至十一年共得租谷十六石八斗，除每年敬神之费得净钱三十八千三百七十，得利钱十五千七百一十二，本利存钱五十四千二百八十二

文，三次卖树银一百四十五两，买地二处使银一百五十两，税契及树税使银十二两六钱九分，收入揭头银十两，以上净存钱四十八千乙百三十文，又存十二、三年租谷十六石九斗。除修理谷三石，道士用谷四石，下余卖净钱十六千六百四十四文。修看台、彩画费四十二千乙百零四文，庙置家居、请住持费十六千五百一十九，道士家费使钱五千三百四十九文，以上净除下余钱八百零二文墙碑使用，出入各有花账，现存殿元手。南置东阴亩地十亩六分，南至堎下跟，东至张界石，西至堎下跟，北至堎下根，置苍王墓地五亩，南至堎下跟，东至田府佳城石，西至堎下水心，北至里堎根。

嘉庆十五年

经手人郭殿元 袁秉德 赵永保 立

住持赵合□

18. 清嘉庆二十年（1815）《缮修三元庙增修阅剧楼碑记》（米山镇云南村三官庙）

【碑文】

缮修三元庙增修阅剧楼碑记

明有礼乐，幽有鬼神，幽明未始相接也。而神之所以为神者，则无时不即乎人之心。盖其在天之灵，无乎弗及。惟其所至，则临长其民而祸福之，以故村鄙之间，莫不祀事，而颛蒙之辈俱具尤虔。如兹云泉西里，在屏山之西僻，居村首，似不敢修明祀典，对越神明。而自古在昔，先民有作，奉祀三官之神，高禖之祠，关圣帝君，梓童帝君，以及牛王，东周眼光全体诸神，殿宇宏阔，廊庑严肃。奈历年久远，风雨所侵，鸟鼠危垣，庙貌尘封，观瞻不肃，似非所以尊崇三官之神也。村中绅士耆善，目击心感，重募资财，缮修补葺。凡殿庑门榭俱仍旧贯，惟于大门之外，增修阅剧楼六楹。虽非居神之所，亦一方之巨观也。自嘉庆十三年八月吉日兴工，于兹落成。但见美轮美奂，复恢弘于始建，肯塗肯雘，彰绘藻于重新，庶不负先民创建之志，且可嗣继起者重兴之功也。默思神明临下，有赫洋洋，如在享祀之际，天理昭彰，鬼神日在人心，宁不于田夫野老而一观其降格哉，惟期一乡居士，共竭以享以祀之诚，且笃相亲相爱之俗，乃能仰答诸神之况，亦可以迎未至之庥。庶蒙其福者，永永无极矣。因各输资财不一，不有刻铭，何以彰好善乐施之忱，□书年月，无以昭事神维谨之意。故勒诸贞珉而为之记，俾后之祈报于斯者，不忘所自云。

邑庠生李布德撰文并书

施银姓名略

大清嘉庆二十年十二月二十谷旦合社仝立

19. 清嘉庆二十一年（1816）《重修定慧庵碑记》（北诗镇上沙壁定慧庵）

【碑文】

重修定慧庵碑记

定慧佛刹，吾一村之镇也，远接来脉，近为垣屏。依村雄峙北巅，内外分列两院。历年已久，古碑断摧，重修者不知何时，安问创始？窃想有吾村即有斯庙，有斯庙即不可听其残坏，兹值圮颓之日，遂兴重修之举。首事霍在斌、袁子和等率众共议，依地亩起资，复轮值输工，有力者更随愿捐资，鸠工庀材，奋然兴作，仍照旧址补葺外院，展其地势，填凹平凸，另经基址重修舞楼七间，东西看楼十间，增修小看楼四间，不数年工成告竣。金装彩饰，内外焕然一新，虽属重修，实同创建也，合乡父老欣喜落成，嘱予作文以垂后。予自愧浅陋不文，惟序其事实耳。然兹庙功告竣，首事者共为督工，殊属可表，而随愿捐资者更不可泯，因著其名于碑，以为将来劝云。

本村邑庠生霍联斗撰文 袁膺魁书丹

住持僧源顺仝督（维首捐资者略）

大清嘉庆二十一年岁次丙子二月谷旦勒石

石工袁跟瑞 木工张怀 瓦工张廷槐 玉工袁瑞璟镌

20. 清道光二十年（1840）《合社公议禁约碑记》（河西镇西李家庄都会府）

【碑文】

合社公议：桌椅、板凳、盒子、食盒禁止村中借用，违者借一件罚一件。其余什物，村人借用者坏旧赔新，不许补葺交纳，旧物仍归大社，不遵者议罚。

维首家中所存社物，不许私当，亦不许借于旁人典当，违者议罚。庙内所存物件，不许和尚私当，亦不许借于旁人私当，违者议罚。禁止村人使匠工在庙内做工，舞楼禁止演洋歌，违者议罚。以上禁条各宜遵守。

大清道光二十年八月谷旦合社勒石

21. 清道光三十年（1850）《创修禅房看楼碑记》（野川镇后山沟村关帝庙）

【碑文】

创修禅房看楼碑记

且功必创而后建，物待修而斯整，陟降对越于东西，禅房惟□（待）庙堂之严，外创东西阁二眼，必资东西看楼之廊。兹村庙宇渐就倾耳，舞楼远备□□而□者莫慰。诚敬之心怀愿欲酬者，新有演乐之厦厨尔。乃积聚钱粮，□□因此不足起造，又既营谋于同社，复捐资于四方，深幸本乡聚族无不踊跃而动事，□欲君子又皆慷慨以抒（输）财，爰是创立东西禅房六间，又有东西看楼上下十六间，关帝庙正殿重为未□装饰，而垣墉之倾者彩画财资有缺，不能新色，未几而工人告竣，□将建庙貌辉煌，春赛秋祈，视平人祭祀之恭，岂惟壮邑之观，方可聚群英之美乎？且凡彰礼之笃要，非合村人等之协心赴功以及远近诸公之万□善好施不及，此业成功于当今，即所以仰答神功。既告竣于村中，维首与施财善士并勒石为记耳。

本邑童生孙汝霖熏沐撰并书

外乡本村通共捐来布施钱玖拾

通共使钱肆佰伍拾壹仟有零

维首张纯　崔□林　王子裕　崔□永　崔改顺　崔俊　崔松保仝立

大清道光三拾年岁次庚戌孟秋谷旦

玉工王德信敬刊

22. 清咸丰二年（1852）《整修万寿宫记》（原村乡上董峰村万寿宫）

【碑文】

万寿宫者，马圣仙姑登仙炼形之宫也。背拥方山绝路，而临深涧长流。左翼凤翅活发，右倚黄山壁立。朵朵青山环围聚秀，渠渠碧水流连争峦。古柏虬枝欲化龙，苍松直干似参天。烟霞静锁，风致峦闲，天然吉壤，真乃仙宅。考诸石碣，肇封于元，肇建于元，大修于明，补修多翻。迄今风雨飘摇，居诸代易，鸟革翚飞，雀啄鹊立。东南前西南前殿阁荒废，山北上山北下楼台不见。雨潇潇，风栗栗，宫院，殿祠，闲居，禅室，瓦兽错乱，墙堵倾颓。残者、缺者、旧染污者满宫院；赔者、欹者、零以落者中央殿。目击荒芜，几致抱歉弥殷；时睹坠累，几致负惭殊深。每欲修整，役繁费巨，不敢冒举，不敢冒作。抑郁踌躇，计将安出？越思越难，愈想愈拙。任其废坠，听其堕落？孰意仙姑有灵，知我社囊羞涩，知人营谋很难。忽道光丁未，浑迷善男，像其灵直，像其言说，每逢朔旦，每于望日，大施仙药，大广仙术，看病医伤，针疯驱邪。四方闻风，虔诚拜祷者，源源而来，不啻若江汉之朝宗；士庶被泽，肃静享祀者，济济□盛，不啻若肆市之争先。众善自来捐输，社手住持募化，累以锱铢，需以岁月。绵绵馈遗，门无虚日。买材取料，鸠工庀力。道光乙酉，时在春日，正殿上盖，翻挑更新。庚戌春，中央殿盖，亦翻□整饬，瓦劈脊兽，椽柱檩梁，坏者易之，好者因之。周匝墙墉，内皴圮，外酥裂，内依土墙，复涂以泥，外接砖基，尽裱以砖。内山屏两旁，新筑砖圈，矮矮两道；闪屏背后，新加木栅，长长一列。后翼宽闲地，权借戏台。后场通用后墙，除梁下改为戏台闪屏。一设举作，固补修，工费实繁，衍戏台场窄地狭，盖危柱侧，彻底倒地，宽大重立。东列宿殿，上盖因以信之。东小院关圣殿，上盖改换，东高禖祠、西药王殿、左右翼殿、西列宿殿、盖瓦补破漏，墙墉糊崩烂。东北云厨，上盖换，前墙土坯易以砖。西北闲居，上盖新。南西敞棚，又改平房三间。南马房五间，倒地重修。东偏云厨、禅院南室三门一架。凡上盖一以新换。三门中圈，卑矮狭小，加以方栏，改为方门，以耸壮观。前阶级下，地步窘狭，周方阔大，重为整墁。及今咸丰壬子，仰观碧瓦行行，脊兽列列，穿廊巨户，彩画油漆，明窗亮槅，丹朱涂饰，檐阿轩翔，山节藻棁，堂高巍巍，题步迭迭，仙姑宝相，金装锦幄，各殿神光，金碧显灼。西北翼殿，筑龛三间，庙东岗上，买地一段。工于是竣，工于此结。喜神之灵显，默佑吾侪。吾侪兴作，实藉神力。原其始终，序其本末。工琢磨勒碑石，写神恩显化于千古，表众善尚德于万年，垂吾等修理姓氏于不泯，记女冠神前辛苦于不灭。是为记。

大清咸丰二年九月望日

后学秦铭记

神前像言传人 崔凤阁

募缘姓氏 陈锐 秦拱璧 张金玉

资理钱银 秦国荣

修理姓氏 郭发 陈克恭 张振荣

下董峰社 秦德怀 秦文惠 秦永有 张元恒 张永 张宝兴 张克珍 张德兴 王栋 崔春栓 秦禹 崔琳 崔如意

住持女冠 赵元枝暨徒李明罗仝立石

梓宫 连永吉

泥水匠 韩得宝

玉工 李高刊

23. 清咸丰三年（1853）《补修创修碑记序》（河西镇西李家庄都会府）

【碑文】

补修创修碑记序

且夫庙宇之辉煌也，壮巍巍于村兮；神恩之浩荡也，灵昭昭无穷兮。是知圣之所地诚名矣，岂可因岁月而累乎？遥想当年共济踌躇，于道光元、二、三年间修阁台而肇始，于廿四以及卅年间补阁台而全终，兼庙内而缔结者早已源远而流长。然而有间矣，功事大，财道缺，阖村人民咸谓曰：布渥于村中者可也。于是立模楷、选工人、造事体，捐布施。或多或寡，报圣德之无疆；相济相周，助社务而告毕。试观东殿五间，西殿五间，则百工以成其事者，斯备演舞而宣扬也。然演舞虽得其所，而演舞栖息无房，从而于圣庙门外，有六甲施场于社一段，创修厨房三间，戏房七间，敞篷七间，照壁一座。其合方员而告成者，无不卓于人耳目间矣。夫乃知经之营之，始知维首而维新，而藏焉修焉，又见烟村而烟色，则仰沾圣德，俯窥典型，讵不永观而厥成也哉！爰即施功，而例为之序。

祥泰炉捐钱五千文 中亨炉捐钱九千文 庞富盛捐钱十千五百文 应棕成文渊

各捐钱十千文 石抱玉各捐钱廿千文 庞焕捐钱五千文 世祥捐钱七千五百文 可魁捐钱四千文 世科 世芳共捐钱七千五百文 师永富捐钱三千五百文 张来德捐钱三千文 石踵玉捐钱三千文 庞永林 思财 太源 百元 保佑 庞仁 秦永金 李昆 刘顺昌各捐钱二千文 庞模 小孩 庞常清 安稳 金顺 庞旺各捐钱一千五百文 丙寅 天绿 平顺 世溢各捐钱一千二百五十文 庞智 万松 立顺 庞忠 桑瑞科 庞世太 庞典 李春 李石氏 李成氏 凤来 刘璧珍 郭培英 韩廷俨各捐钱一千文 庞天盛 宏鲁 胡顺 孟经福 庞思源 世发 默孩 庞庆 龙安 李百顺 刘老胖各捐钱七百五十文 庞元发捐钱六百文 刘迎春捐钱五百五十文 庞随拴 庞江 德聚 九如 长保 来锁 和成 秀礼 更太 李士太 庞□ 毓仁 增顺 清林 丙旺 庞福临 百林 小更 李凤燕以上各捐钱五百文 庞炎 铁之 甲全 随保 刘冻之 王庆则 石柏松各捐钱四百文 李庚午 庞德 发喜来 李海旺 李元顺以上各捐钱二百五十文 庞百顺 金成 阜全各捐钱三百文 周慢牛 庞新成 银会 槐锁 甲申 李群羊 庞瑞保 庞標 二孩 铁锁 阜亮 世华 庚戌 大嘴 庚之 狗娃 武根邦 刘酉之 丁丑 裕春 庞迷之 庞邠以上各捐钱二百五十文 九淮 福秀各捐钱二百文 武成邦捐钱二百□十文

居士陇西炳箕撰并书

大清咸丰三年十月二十日

阖社勒石

24. 清咸丰九年（1859）《重修彩画妆修玉皇庙、土地祠功德碑记》（南城区上韩庄玉皇庙）

【碑文】

重修彩画妆修玉皇庙、土地祠功德碑记

村东北隅有玉皇庙一座，前后三院，楼屋平房上下百有余间。自道光二年开工补修，迄今三十余年未获完全。坐谈之间偶及社庙，有韩姓名士衡者，其先世治光之元长孙也，耆年硕德，愿称善士，翘然□出，愿为之整饰焉。村中闻之，莫不赞勷其美，于是七月初间开工，会集三家工匠，施粉研朱，不惜丹青之费；挥金制石，莫辞拮据之劳。合社公议，不有以记之，无以表其善。是以垂碑勒石，以示久远，遂为之记序云尔。

彩画装修功德主韩士衡施钱百四十千三百八十三文

油画师牛春楼 常□蛟 韩秉均 王敦技

彩画前院戏台耳楼看楼大门上下东西共三十五间，工价钱八十九千二百七十三文

彩画后院正殿耳楼风口禅房上下东西共三十四间，工价钱七十五千三百七十二文

彩画中院过亭看楼厦棚骡院钟楼上下东西共四十四间，工价钱八十一千七百二十八文

彩画外土地祠一所代妆神像

咸丰九年十月二十八日合社公立

25. 清同治五年（1866）《重修舞楼碑记》（马村镇康营村东关帝庙）

【碑文】

重修舞楼碑记

祭祀之礼，所以崇德报功，典至钜也。古者陈以俎豆，荐以馨香，至后世则兼以优戏。噫！戏者，戏也，胡为以奉祀事哉？意者稽前代之盛衰，镜人事之得失，善者足以为劝，恶者足以为惩，因于敬恭明神之时，式歌且舞，上以格在天之灵，下以昭前车之鉴乎？惟然，而舞楼之修，亦有所不容已焉耳。余西境有强营村，人多急功好义，乐事经营，其村东关帝庙外，有舞楼一所，夹道跨修，历年已久，规模卑狭，栋宇荒芜，殊不足备歌舞而光祀典。且楼南隙地无屋宇以补修之，于村东保障亦属阙然。今有社首张淮等，从事更作，询谋佥同，捐赀募众，勇跃赴功于舞楼，增其旧制而加以润色。外如凤阁凌虚，内似蜃楼耀彩。远而望之，巍巍乎齐云落星，以拟其高也；近而即之，郁郁乎临春结绮，以拟其华也。舞楼之南，创修楼房五间，补其缺陷而结构宽宏，亦足以备祭祀演戏之用，是役也，鸠工者多人，庀材者多人，仗义而输财者又多人。于是，不数月间而焕然一新焉，功竣，社首等邀余作记，余不文，又不获辞，谨原夫舞楼之重建，嘉众善士之乐输，且喜于《灵台》之诗所谓经之营之，不

日成之者，适相符也。是为记。

北陈村府学廪膳生员廉敬撰

本里学生王作舟书

募缘人牛镇通 张淮 王荣 张铭 牛秉璋

维首张成明 牛子富 张和贵 牛镇海 张景运 牛小猪 张成基 牛映垣 张全锁

同治五年夏六月中浣之吉同立

26. 清同治五年（1866）《重修舞楼碑记》（野川镇路家村关帝庙）

【碑文】

盖闻舞者，乐之容也。乐所以表君子之德，舞所以相君子之功。吾村旧有庙，由来久矣。源其始，无稽可考，究重修之年，有碑可志。而关圣帝君，英文雄武，精忠大义，掌儒释道教之权，管天地人才之柄。上司三十六天星辰云汉，下司七十二地土垒幽酆。秉注生功德延寿，丹书定生死罪过，夺命□□，考察诸神，兼管群仙，而舞楼不起，将何以□祀典也哉！昔有舞楼，于咸丰甲寅岁夏□月，河水□发，陡将舞楼冲颓，计十余载，而村小民贫，是以莫□动作。今有村人路天□、路维亮与众维首偶坐，闲□有是举，恐独力难成，非一篑可为也。于是又协散□，数人同心耳，咸愿劳力三载，巡看夏秋，除讫□□大钱四十五千文，预备木料，村众莫不悦服。于同治四年仲秋朔动工，重修舞楼三楹，耳楼上下四□。□□浩繁，又置缘簿一册，聊借众力，共捐大钱一百□□五千九百文，其余村社陆续余钱六十二千九百有零文，□一载余，而工程告竣。金木石料、砖瓦工费以及油漆彩画，统共费钱二百九十三千八百□。而后春秋报赛，则神得其□，非所谓神人共悦，但愿丰年穰穰，来格来飨，勒石为志云。

大清同治五年八月 上浣之吉

邑庠生□松 熏沐撰 并书丹

27. 清光绪二年（1876）《创修墙垣碑记》（米山镇郭村大庙）

【碑文】

有舞楼宜有看楼，看楼者，所以别男女之嫌，避风雨之患也。我村旧有舞楼，而东西空阔无依，每演戏，士女云集，未免风冷雨凄之叹。无如村社贫寒，艰于土木，殊属憾事。丙子夏，鸠集村人，仅筑东西两垣，而各洞其户，总共费钱三十二千有零。虽不足云壮观，亦可免吹漂之苦。工既告竣，爰刻贞珉，以垂永久，至若添修五凤，敢请俟诸异日。

授修职郎候选儒学训导癸酉科岁贡李毓华书丹并题

合社维社首仝勒石

石工祁长顺

光绪二年岁在丙子九月吉旦

28. 清光绪十一年（1885）《重修炎帝庙碑记》（陈区镇铁炉村四坪山炎帝庙）

【碑文】

距大粮二十余里，有山曰四坪，山之北有庙曰炎帝。斯庙也，为五村祷祀之所；斯神也，为万代饮食之主。在昔仲夏，合社致祭，商贾云集，百货交易，方帝之日中为市焉，报帝之粒我蒸民焉。迄今庙貌倾颓，会亦中止，过者诚为恻然，而振兴之任，未闻孰能胜也。虽道光、咸丰年间补修者代不乏人，而究未完美。至光绪八年，有王家河政举王先生，东坪村培兰田先生者，忽动维新之志，遂协同五村首事，公相商曰："庙貌若是，而不为之整饬，是忘粒食之本也。余二人愿首倡其事，诸公共辅弼焉。"于是先购砖瓦，买木料，各村挨户拨工、拨地起钱，于是振兴矣。自壬午夏肇端，补修正殿三楹，东西耳房六楹，两廊、陪房共十四楹，其南则仍其旧趾，易为舞楼。两偏各修耳楼三楹，山门外增添出檐，加修引道。路南旧有舞楼，今复扩其规模而重修之。至甲申秋乃塈乃塗，爰丹爰护，而工始告竣焉。考其工不下数千余，计其费何止数百金，众已力疲，因又邀请善士募化，远迩劝捐勷助。夫以五村之众共为此举，犹不足，则古昔之创建知维艰也。人第见庙貌华丽，神像庄严，巍巍乎其有成功也，而不知焕然一新，二君之殚精竭虑实甚焉！然自落成，以迄于今，又越一周，诸务始备，其功之不易成也。如是岁月，诸君欲告奠勒碑，以示不朽，而索予为序。予不善文，因之教读之暇，游览其上，见是山虽高，而地势甚平，遂憬然曰："邑北羊头山上有坪数处，为神农树艺所，此山名四坪而庙炎帝，其即此意也。然五村僻处其下，而山耸其内；群峰环绕于外，而帝坐镇其中，真一方之盛，概万民之瞻依也。中古创建巨工，今日恢复□业，前后媲美，将见上合我国家崇祀之典，下随予小民诚感之怀矣。余不掩人善为心，爰珥笔以为序。"

邑庠增广生石村西里赵文焕沐手敬撰

邑庠生陈区北里秦耀先书丹

邑候选理学邑南庄东李东升书募

邑□生南庄西里张耀篆额

大清光绪十一年岁次（缺）

29. 清光绪十四年（1888）《补修西花山顶玉皇庙碑记》（寺庄镇小河庄玉皇庙）

【碑文】

补修西花山顶玉皇庙碑记

且夫事莫善于能创，尤莫善于能因，创于先则新基可立，因于后则旧址不颓，因创之机虽全凭乎人力，而成败之势实则赖乎神功。西花山顶旧有玉皇上帝庙宇一所，东北殿蚕神，西北殿高禖，自创建至今，多历年风霜剥蚀，房屋圮漏，檐宇不齐，栋楹寡色。村中父老、往来行人莫不触目而伤心，于是在社维首捐资布施若干，按社摊钱若干，鸠工庀材，依旧补葺。南面看亭、东西禅室、大门、舞楼，遂皆焕然而一新。因众人曰：山立村外，庙居峰头，风雨不意，屋室无多，若不再为增修，演戏时节将何以栖梨园子弟欤？所以四社维首王宏、李兴来、明可诚、王振都等公同商议，增修钟楼一座，外面西戏房五间，厦棚二间，虽非广大，其居亦可为容身之地矣。斯知有创制之机，狭者故可使之广，有因革之势，旧者亦复可为新。工程浩大，事竟轻举，果不数月，而观厥成者，正可验人力之与神功也。余才疏学浅，不堪为文，姑即素所表闻者勒诸贞珉，以遗后世而垂无穷。是为序。

邑庠生部嗣姬敬撰

职员李兴泰敬丹

总理李兴来 明可诚

管账王清玉 明恕

督工维首王士俊 王振都 王黑孩 王万祥 王秃则 王圪嵯 王金英 王黑汉 王礼保 王德禄 王鹤松 王西山 王三昌 王家璧 王宏

泥水匠王德禄 李跟来

木匠王三昌刻石

小王秃则 王满金

玉工李金镌

大清光绪十四年四月初四日破土开工七月初一日告竣四社维首仝勒石

30. 民国五年（1916）《创修龙王庙东看楼碑记》（马村镇唐东村龙王庙）

【碑文】

创修龙王庙东看楼碑记

龙王庙者，接迹唐安村东南，考残碑断碣，始于万历二十四年，世远代淹，墙垣颓废。光绪年间，重为增修正殿九楹，妥神位也；禅室二所，供祭祀也；舞楼七间，酬圣德也。规模粗就，大势可观，而犹叹其东南空地缺观楼焉。不惟演艺人无所依，院亦惜其未完也。由是言之，楼之建修可缓乎！然而□地为山，工之进行不易；成裘集腋，财之蓄积维艰。越十数年，幸有冯君文轩者，具好善之心，完未全之志，奋然振作，慨然捐资，积有百余金，鸠工庀材，建东看楼上下六间。拮据勿惮，风雨不辞，一人倡之于前，众善士勷赞于后，同力合作，焕然一新。是役也，楼非庙无以享祀典，庙非楼何以壮观瞻，盖庙藉楼而增光，即楼因庙而生色也。甲寅四月经始，五月告成。斯时，予教授丹西上韩庄村，适自校旋里，诸君持簿而来，属予作记。予笔墨疏陋，不堪为文，但念彼心诚，卒斯义举不必淹没弗彰，而谊切同里，尤难推辞。因略序巅末，聊作俚言数句，勒之贞珉，以垂不朽，夫岂徒张其绩而特表其功欤？抑欲后之踵事增华者，感此盛举而为善述善继云尔。是为记。

前清郡庠生委任国民小学教员绍庭武绳祖撰文书丹

时中华民国五年岁次丙□六月上浣之吉立

玉工王宝善刊

31. 民国十二年（1923）《永垂不朽碑记》（寺庄镇小河庄玉皇庙）

【碑文】

永垂不朽碑记

西花山之巅旧有玉皇庙，嗣经风雨剥蚀，庙宇倾圮，某等触目伤心，不忍坐视，惟恨力有未逮，乃举行募款以为集腋成裘之计。犹幸四方善士赞勷厥事，不数年，而募款若干，于是鸠工庀材，重事补葺。计自壬戌十月经始至癸亥六月十五日告竣，共需洋若干，补修正殿三楹，东北蚕神殿二楹，西北送子娘娘殿二楹，东西禅房六楹，东西看厅六楹，大门楼一楹，戏房五楹，南舞楼三楹，耳房二楹。以故前之不堪寓目者，今竟焕然一新矣。追维厥功，果谁之赐，功成浩大，曷已淹没，用将捐款人姓名勒诸石后，俾资计念云。

山西斌业中学校修业生邢治安撰

国民学校教员杨凤池书

经理募化人王鹤松 明国瑞 王毓芬 王丑则

总理明家瑞 王永盛

维首王家玉 王鹤松 王福元 王福宽 王很深 王凤业 王起成 王苇成 王德荣 王重庆 王枝生 王丑则

管账王锦

木工王文质 泥水王炳火 玉工邓堆金镌

中华民国十二年六月十五日补修碑记

四社维首仝勒石

32. 民国十四年（1925）《修补庙宇创建看楼碑》（建宁乡筱川村三圣庙）

【碑文】

补修庙宇创建看楼碑

建宁之东二里许，有村曰筱川，地势平坦，土壤肥沃，亦泫东富庶之区也。惟四面皆山，每当大雨时行，平地水深数尺，常为居民之患。俗云：赖有水兽，登高一呼，则兽至而水势立下，其影响如此，想是神恩默佑也。自古村之西北，有庙一院，内供佛像，庙东骡屋、碾房、门道、垣墙俱备，庙外南有舞楼三间，西南耳房两间，东有戏房七间，西则缺点，虽自民国七年补葺之，究未完善。于是合村公议，创修西看楼五间，加修东南耳房两间，随将庙宇各殿以及井台土地神祠重修整饰，可以妥神灵，可以壮观瞻，虽一村之光，亦四方善士相助之力。是役也，经始于乙丑春二月，告成于秋七月，金碧丹青，焕然一新矣。诸君嘱余为序，余才疏学浅，义不容辞，因援笔而为之记。

金色菊花奖章金色双穗奖章邑清增贡生张崇德撰文

邑师范研究所毕业生张文榜书丹

中华民国十四年岁次乙丑七月中浣之吉

住持赵信通

玉工张金智镌

后　记

本书是在我的硕士论文基础上修改而成的，作为区域性神庙剧场的调查研究成果，资料调查之功显然更胜于理论凝练，这既是本书的一点特色，也是有待提升之处。

山西师范大学戏曲文物研究所自1984年成立至今，一直以戏曲文物研究为特色，注重田野调查，研究成果丰硕。2012年至2015年，我跟随曹飞教授攻读硕士学位，对戏曲文物学产生了浓厚兴趣，期间得到了黄竹三、冯俊杰、车文明、延保全等诸位先生的教导，也怀着对前辈们学术传统的景仰，于是走上了戏曲文物的田野调查之路。在曹飞先生的建议与帮助下，选择高平市作为田野调查区域，工作也便开展起来。

对高平神庙剧场的调查是我学术生活的奠基。这种奠基并不仅仅是这些来之不易的资料堆砌起了这些文章，更是一种学术观念的培植。每当我走进乡村，穿行在街巷庙宇，在神庙空间里体味曾经的敬畏与喧闹，在精致的石刻文字里品读古人的虔诚与理想，在脸上布满皱纹却又散发着朴素恬淡的老者的话语中听到他们对生活的坚定与执着的时候，我深深地感到只有身处那个由山水、建筑、神灵、石刻还有世代生活的人们共同构建起的空间里才能有那么一时一刻的穿越感，也似乎可以与古人进行一点点对话，问起他们曾经的生存点滴。有时，我又会产生淡淡的失落感，因为当我再次坐在书斋里敲击键盘的时候，又会时不时的丢掉那些对话。

通过田野调查“走向历史现场”，并非只是“进村找庙、进庙找碑”，对学术的功利心如果太重，将乡村仅仅定义为一个“资料产出地”，则必然丢掉许许多多关于“乡土之美”的体悟，“快餐式”的学术研究也不能契合乡村的“性格脾气”，当然也就不能为乡村代言。

因而我总是想，乡村可以是学术研究的不竭之地，但学术研究也必须将敬畏归还给乡村。

高平考察工作的顺利完成，要得益于团队的共同努力。感谢山西师范大学戏剧与影视学院的所有老师对我的关心与爱护。感谢河北大学宋史研究中心孟伟教授以及杨波博士对我的无私帮助。感谢时任高平市委宣传部牛晓明部长的支持与帮助，感谢王潞伟、崔武杰、段飞翔、段金龙、赵丹荣、赵璐、刘祖彤、王娟娟、李贞、张裕涵、牛晋荣、吴蓓、张源潮，靳晓靓、侯璐莎对我的帮助。感谢南开大学刘俊、张林峰，福建师范大学王磊峰、张楠。

感谢山西师范大学戏剧与影视学院学科攀升计划经费支持！

感谢中国戏剧出版社张霞老师付出的辛勤劳动！

感谢中央戏剧学院麻国钧先生对我的关爱，并为本书惠赐序言！

颜　伟

2018 年 12 月 31 日